太原市迎泽区年鉴

2016

太原市迎泽区史志办公室 编

方志出版社
Publishing House of Local Records

图书在版编目(CIP)数据

太原市迎泽区年鉴.2016 / 太原市迎泽区史志办公室编.—北京：方志出版社，2017.3
ISBN 978—7—5144—2417—1

Ⅰ.①太…　Ⅱ.①太…　Ⅲ.①区(城市)—太原—2016—年鉴　Ⅳ.①Z522.53

中国版本图书馆 CIP 数据核字(2017)第 109773 号

太原市迎泽区年鉴(2016)

编　　者：太原市迎泽区史志办公室
责任编辑：徐　宏

出 版 人：冀祥德
出 版 者：方志出版社
地址　北京市朝阳区潘家园东里 9 号(国家方志馆 4 层)
邮编　100021
网址　http://www.fzph.org
发　　行：方志出版社发行中心
电话　(010)67110500
经　　销：各地新华书店
印　　刷：山西省史志印刷厂

开　　本：889×1194　1/16
印　　张：25.5
字　　数：495 千字
版　　次：2017 年 3 月第 1 版　　2017 年 3 月第 1 次印刷
印　　数：0001 ~ 1000 册

ISBN 978—7—5144—2417—1　　　　定价：298.00 元

太原市迎泽区政区图

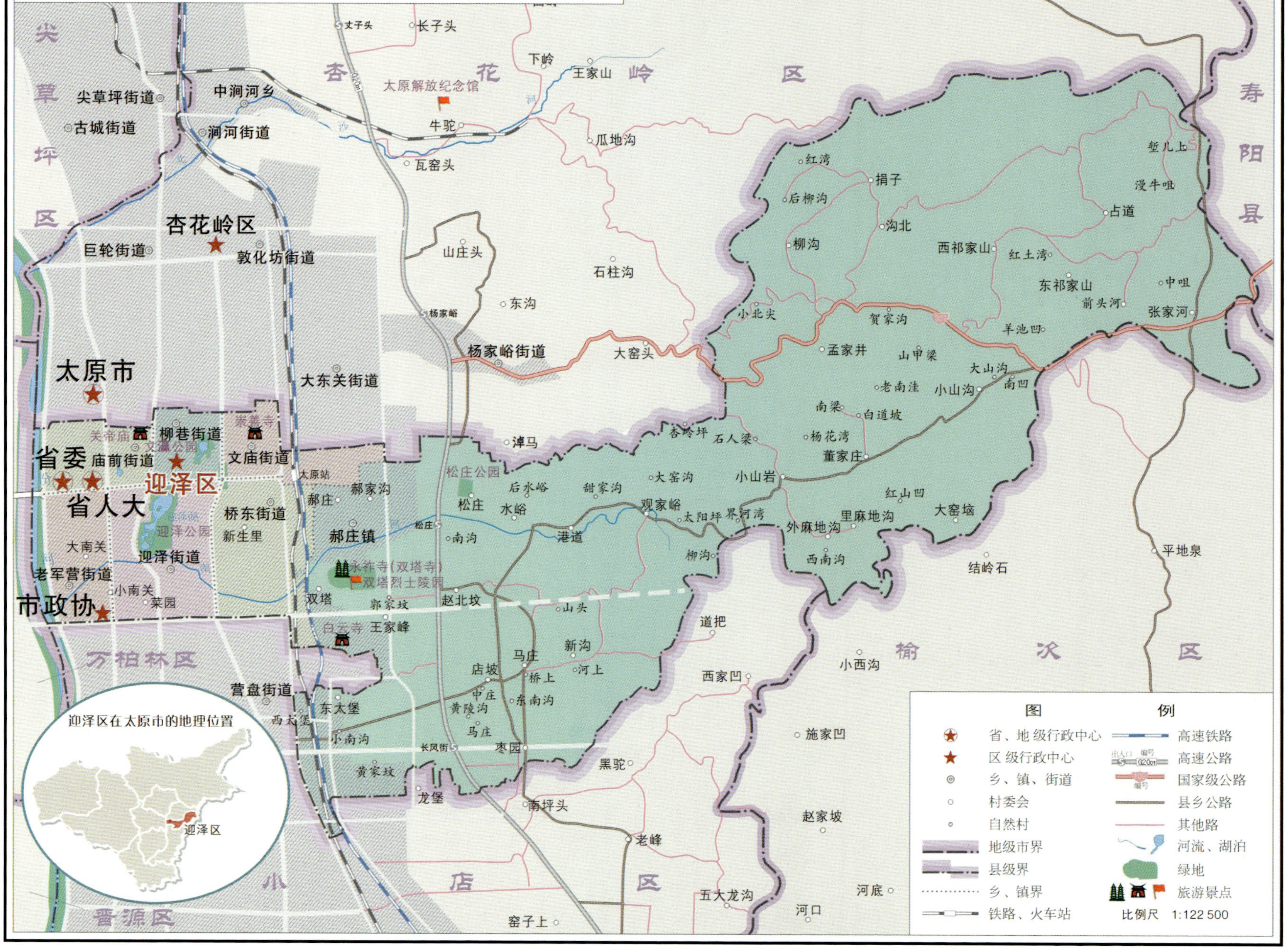

审图号：晋S(2017)037号

万柏林区
杏花岭
迎泽区
小店
市环保局、市发改委
金融大厦
国贸大厦
省政府
漪汾桥
市委
市中级人民法院
少年科技城
太原日报社
市房地局
外文书店
省眼科医院
省电力公司
五一路小学
山西戏剧职业学校
北京华联
天地坛
市政府
市劳务市场
市劳动局
田和商厦
山西剧院
柳巷街道
铜锣湾购物中心
市人民医院
省气象局
省农业厅
关帝庙
汾酒大厦
六味斋
郭家巷
柳巷街道办事处
省水利厅
华宇巷
文瀛公园
省公安厅
天美名店
庙前街道
省地税局
市公安局
太原师范学院
山西经济报社
庙前街道办事处
前所街
纯阳宫
纺织大厦
市水力资源勘测分局
西海子
南海西街
南海东街
富百家
五一广场
旧城街
起凤街
省机关事务管理局
天一宫
联通营业厅
迎泽宾馆
金广快捷酒店
省委
省人大
墨艺园
省财政厅
铁三局
湖滨国际大酒店
省测绘地理信息局
并州饭店
三晋国际大
迎泽大桥
南工人文化宫
景峰国际
邮政大厦
省科技厅
省广播电视厅
珠琳园
山西大酒店
东陵里巷
金港大酒店
老军营街道办事处
省歌舞剧院
三友电器
省图书馆
少年宫
省交通厅
劲松公寓
迎泽公园
迎泽区公安分局
省艺术职业学校
山大一院
省审计厅
山西水文水资源勘查局
中科院山西煤炭化学研究所
晋商博物馆
省纤维检验局
热力公司
化工部第二设计院
山西医科大学
省中医院
游乐园
五中
省邮政储汇局
大南关
省煤矿安监局
东岗路
省人民医院
省公安厅交警大队
佳泰花园
市疾病预防控制中心
市传染病医院
市公交公司
公交二公司
迎泽街道
管道桥
山西日报社
山西中医
老军营街道
省造林局
双西小学
新华印刷厂
市供电公司
省第二人民医院
市第八人民医院
小南关
省招生考试管理中心
营菜园西街
市地矿局
菜园
市质监局
山西财经大学（北校区）
省引黄工程局
市文化艺术学校
市妇幼保健院
省电影学校
省贸易学
市政协
南内环桥
太原卫校
赛格数码广场
青龙电脑城
阳光数码城
航天科工山西通信
鼎太风华
晋武宾馆
市人大
市委党校
太原市林业局
黄河京都大酒店
省轻工建设公司
大健康生活广场
古玩市场
省政干部
太原大学外语师范学院
迎泽区人民法院
省体育局
省体彩中心
合成帝景
省司法
美特好超市
紫竹苑
平阳路西一巷
市公路局
山西投资大厦
慧泽苑
太原旅游职
泽丰苑
王村南街
二营盘街

太原市迎泽区城区图

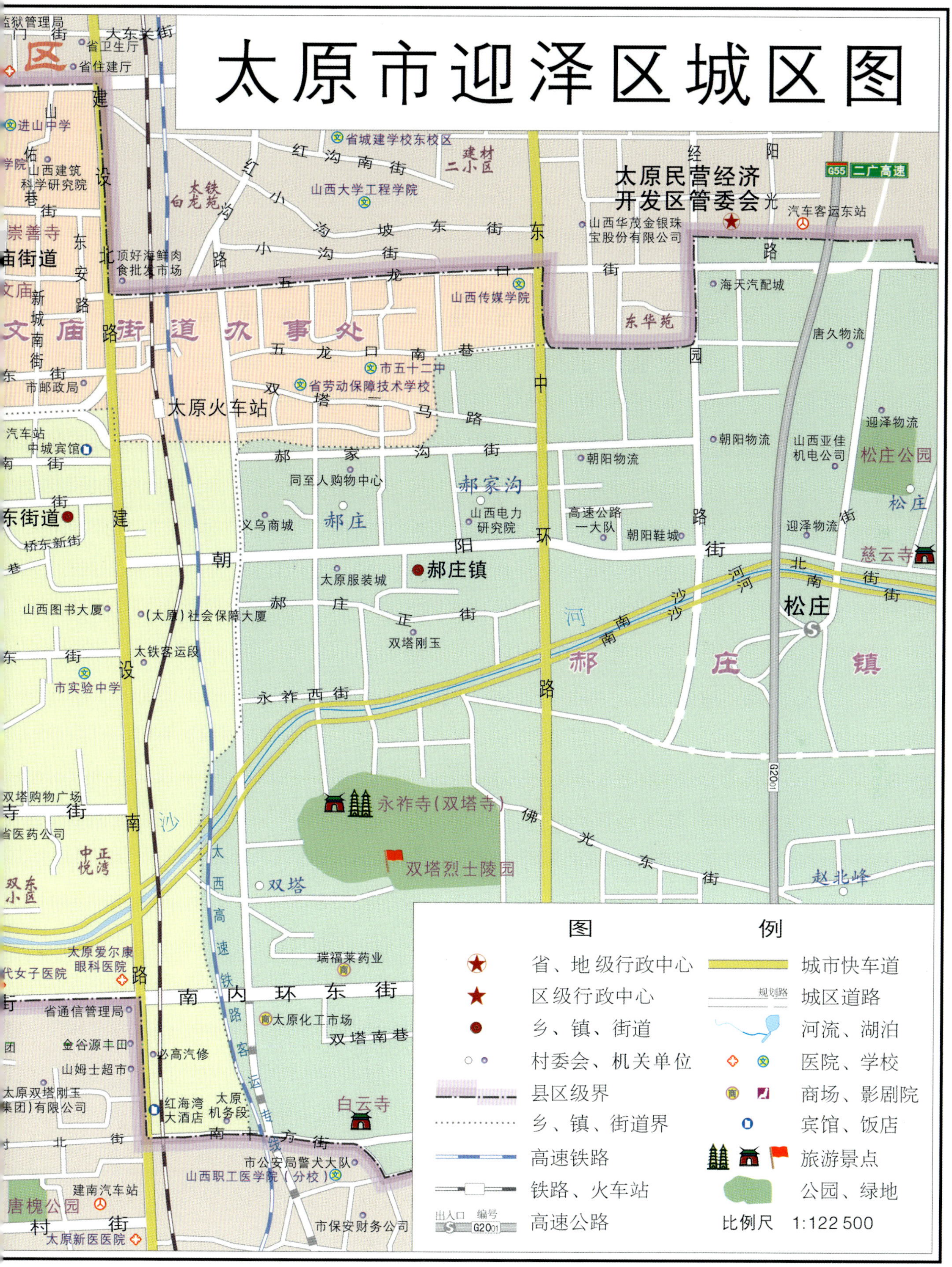

审图号：晋S(2017)037号

汾河夜景

迎泽大桥

2015年3月19日张复明副省长（后排左三）调研太原三十九中走进安全课堂现场

2015年5月29日耿彦波市长（右三）到新西小学与全校师生共同庆祝“六一”儿童节，区委书记刘文华（左一）、区长冯原平（左二）陪同

副省长、公安厅厅长刘杰（右一）视察工作

耿彦波市长（前排中）听取迎泽区特教中心办学情况

迎泽区纪委召开四届五次全会

迎泽区2015群众廉政文化精品节目展演

2015年8月26日迎泽法院首次对新任命审判员实行宪法宣誓

2015年8月21日迎泽区公交安全协管大队启动仪式

2015年9月3日长风东派出所民警在长风东高速口开展设卡盘查工作

2015年11月9日山西·太原2015年“119”消防日宣传活动启动仪式在杏花岭万达广场隆重举行

2015年度全区防汛会议

迎泽法院首次网络视频直播院长开庭

森防基地应急演练

双西小学

松庄小学

2015年1月6日庙前派出所
民警走进校园进行安全教育

迎泽区美术馆

2015年5月27日人大代表城乡清洁视察

迎泽街道开展“两代表一委员”进社区活动

南海街二社区“民族团结和谐饺子宴”

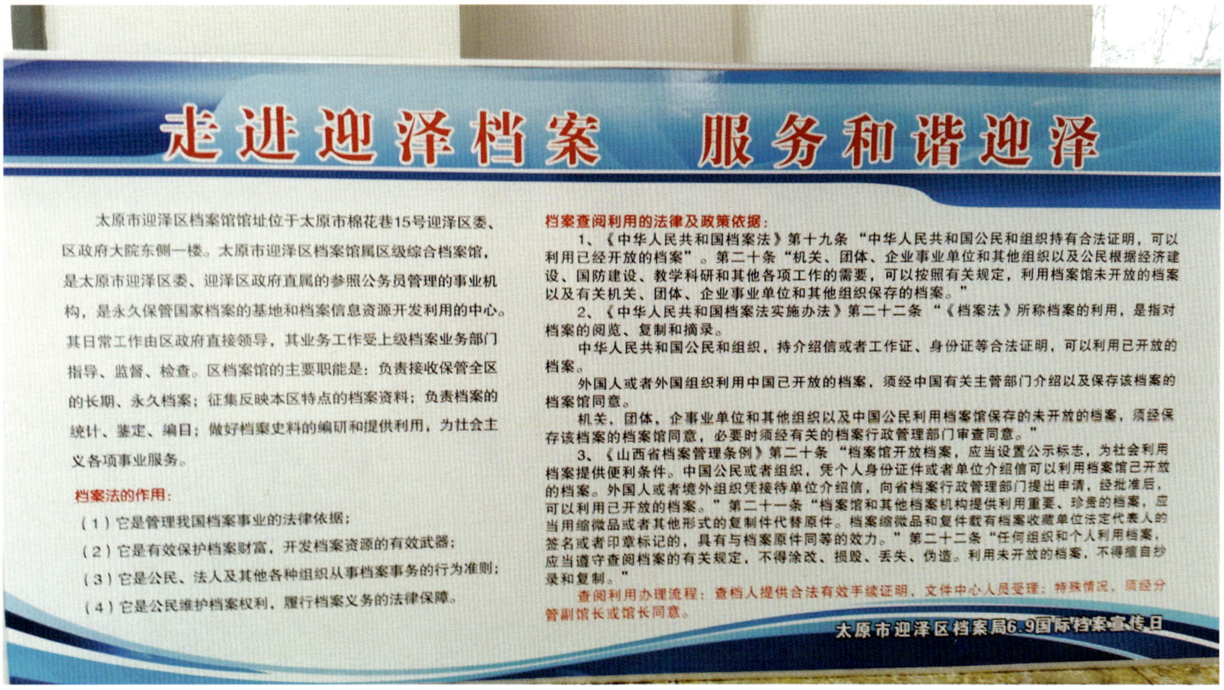

2015年6月9日档案宣传版面

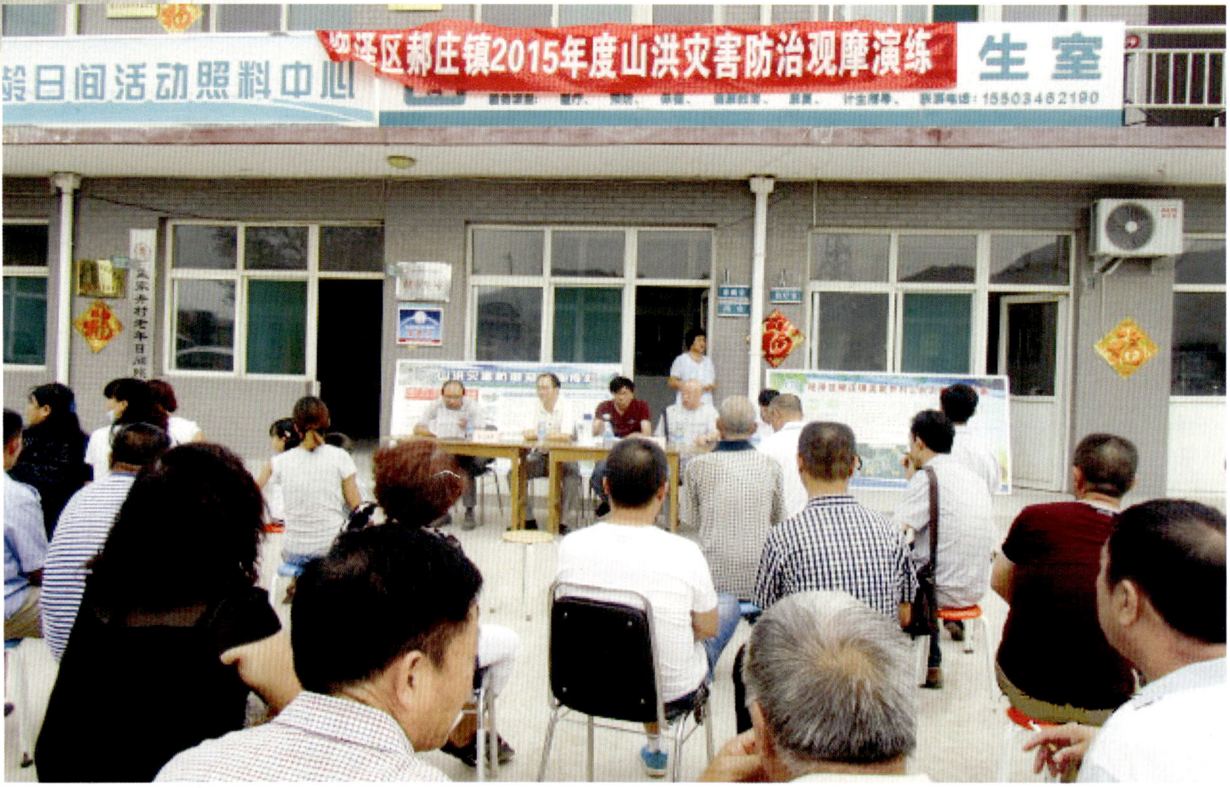

2015年7月29日孟家井山洪灾害演练

宜居社区院落

环卫工人进行便道清洗全覆盖

除尘车在进行喷水降尘作业

迎泽桥

汾河公园美景一

汾河公园美景二

儿童公园

湖滨国际会堂

《太原市迎泽区年鉴》编纂委员会

主　　任： 李　慧

副 主 任： 侯　森　　杨永生　　薛　凯（常务）　　魏　毅　　闫晓琴　　岳旭强

委　　员：（以姓氏笔画为序）

丁永爱	王　昱	王　健	王天明	王少骏	王文生	王文潇	王立新
王孝兵	王战平	王俊杰	王晓莉	王惠东	文建业	尹晓平	平庆如
叶　涛	田　华	白　冰	白进联	吉根秀	刘　丰	刘　鸿	刘永慧
刘庆虎	刘俊刚	刘新民	齐　洁	闫俊力	闫晓琴	孙成龙	孙晨阳
杜永生	杜志强	杜海旺	杨练兵	李　军	李　敏	李立军	李达平
李红如	李玺兵	李斌魁	李慧林	李慧明	吴建华	吴树公	何吉铮
宋衍立	张　彬	张文进	张映平	张晋松	张健康	张海忠	陈　伟
陈加林	陈勇兵	陈瑞宏	武　勇	林云峰	畅耀宗	周靖华	孟晋忠
赵　晖	赵　新	赵晋虎	胡红民	段瑜平	祝亚琴	秦书伟	秦宇星
耿建成	贾永明	徐文胜	高　力	高宪强	郭连芝	黄年悦	黄铁明
阎海军	梁生未	焦存胜	温秋生	樊世勋	薛　萍	魏明霞	

《太原市迎泽区年鉴》编审人员

主　　编： 范　勇

副 主 编： 王　昱　　刘晓明　　罗汝玲

监　　制： 丰　胜

编　　辑： 杨水云　　张国文　　宋向阳　　张　洁

统筹策划： 山西省方志发展中心

审　　稿： 太原市地方志办公室

编 纂 说 明

一、《太原市迎泽区年鉴》由太原市迎泽区人民政府主管、迎泽区史志办公室主办并组织编纂。

二、《太原市迎泽区年鉴》是系统记述迎泽区自然、政治、经济、文化、社会等方面情况的年度资料性文献，为认识迎泽、研究迎泽、建设迎泽提供翔实资料；为科学决策、指导工作提供最新信息。

三、《太原市迎泽区年鉴（2016）》记述时限为2015年1月1日至12月31日。

四、《太原市迎泽区年鉴（2016）》采用分类编辑法，以部类为单位，部类由分目和条目组成。条目为收录资料信息的基本单元。共设22个部类：（1）特载；（2）大事记；（3）区情概览；（4）中国共产党太原市迎泽区委员会；（5）太原市迎泽区人民代表大会常务委员会；（6）太原市迎泽区人民政府；（7）政协太原市迎泽区委员会；（8）社会团体；（9）武装；（10）法治；（11）经济管理与监督；（12）农林水务；（13）城乡建设与管理、环境保护；（14）财政税务；（15）商务；（16）教育科技；（17）卫生和计划生育；（18）文化；（19）社会生活；（20）街道（镇）；（21）人物；（22）附录。卷末设索引，以备查阅。

五、《太原市迎泽区年鉴（2016）》所有分目和条目，均由区直各单位、各街道（镇）及驻区省属、市属有关单位负责撰写，并经撰稿单位领导审核。撰稿人姓名署于各条目之后；连续多个条目为同一撰稿人撰写，则在最后一个条目署名。

六、《太原市迎泽区年鉴（2016）》中的综合性资料、数据，一般截至2015年底。“区情概览”部类中的“国民经济和社会发展”分目，由迎泽区统计局供稿。因统计口径等原因，有关部门所用个别数据与该部类中的数据不尽一致，凡涉及迎泽区国民经济和社会发展的全局性数据，以区统计局提供的资料为准。

总目

ZONG MU

目 录

MU LU

特 载

大事记

区情概览

中国共产党太原市迎泽区委员会

太原市迎泽区人民代表大会常务委员会

太原市迎泽区人民政府

政协太原市迎泽区委员会

社会团体

武　装

法　治

经济管理与监督

农林水务

城乡建设与管理　环境保护

财政 税务

商 务

教育 科技

卫生和计划生育

文 化

社会生活

街道（镇）

人　物

附　录

中共太原市迎泽区委常委会工作报告

——在中共太原市迎泽区第五届代表大会第一次会议上

中共太原市迎泽区委书记　刘文华

（2016年1月29日）

2015年以来，在市委、市政府的坚强领导下，区委坚持以邓小平理论、“三个代表”重要思想和科学发展观为指导，深入贯彻党的十八大、十八届三中、四中、五中全会精神和习近平总书记系列重要讲话精神，认真落实省委“五句话”总要求，主动适应经济发展新常态，全面从严治党，以“五个一批”为抓手，扎实推进“六大发展”，团结带领全区广大干部群众，苦干实干，积极作为，稳步推进和持续提升经济、政治、文化、社会、生态文明建设和党的建设水平，全区转型发展不断取得新成效。

一、深入学习贯彻习近平总书记系列重要讲话精神，不断凝聚和激发富民强区的新动力

一是坚持把学习党的十八大、十八届三中、四中、五中全会精神和习近平总书记系列重要讲话精神作为重大政治任务，在深刻理解、深入贯彻“四个全面”战略布局、五大发展理念等一系列新思想、新观点、新论断上下功夫，以学习统一思想，凝聚共识，提高思想觉悟，坚定政治定力，巩固和凝聚了全区上下全面建设小康社会、加快转型发展的新动力。

二是坚持把落实省委“五句话”总要求和市委推进“五个一批”加快“六大发展”作为工作的总遵循和总抓手，立足迎泽实际，发挥综合优势，牢牢把握总基调，主动适应经济发展新常态，不断提高转型发展的质量和效益，主动适应作风建设的新常态，以作风建设的新成效为经济新常态下的转型发展提供有力保障，激发和形成了全区上下加快改革攻坚推进富民强区的工作新劲头。

三是坚持把“以上率下”作为最基本的工作方法，深入开展学习讨论落实活动、“三严三实”专题教育，突出问题整治，通过深入学习以习近平同志为总书记的中央领导集体“崇尚实干、勇于担当、廉洁自律”的优良作风，学习以王儒林书记为班长的新的省委班子治晋兴晋强晋的政治担当和良好作风，学习以吴政隆书记为班长的新的市委班子迎难而上、马上就办的工作作风和精神状态，团结区四大班子领导，心往一处想，劲往一处使，坚持从自己做起，一级做给一级看，一级带动一级干，在全区经济建设、民生服务、城中村改造等重点工作中身先士卒，靠前指挥，带动全区形成了上下联动、积极作为、干事创业的工作新氛围。

四是坚持把“担当作为”作为基本的工作要求，团结带领全区干部群众，按照吴政隆书记对我区的指示要求，正确处理好“六大关系”，以新的发展理念，解放思想，改革攻坚，坚持在城中村改造、小街巷整治、城市管理精细化、社会稳定、民生事业方面走在全市前列，自觉在全市“六个表率”中担当起中心城区应有的责任，凝聚和焕发出了全区上下攻坚克难、勇于担当的工作新激情。

二、全面落实从严治党政治责任，深入推进党风廉政建设和反腐败斗争

认真学习贯彻习近平总书记全面从严治党重要指示精神，坚决落实省委市委决策部署，坚定不移推进党风廉政建设和反腐败斗争，为全区改革发展稳定各项工作提供了坚强政治保障。

一是坚决把纪律挺在前面。坚持教育在先、预防在先、警示在先，区委中心组对中央和省、市委有关党风廉政建设和反腐败工作有关部署、精神进行了13次集中学习，区委常委会28次研究党风廉政建设，4次专题剖析典型案例，区委主要领导5次与市管领导干部、各基层党（工）委纪（工）委书记、区直各部门主要负责人进行集体约谈。结合学习讨论落实活动和“三严三实”专题教育，以党校集中学习、主要领导讲“党课”、领头雁培训等形式，分期分批对全区各级领导干部进行了反腐败形势教育和落实“两个责任”的专题教育。通过不断加大对党的政治纪律的教育和违反纪律问题的督查力度，全区各级党员干部的纪律意识、规矩意识、担当意识、发展意识都有了极大的提升，在纪律和制度框架内开展工作的能力和素质不断加强，党的政治纪律和规矩真正成为了“带电的高压线”。

二是全面落实“两个责任”。不断强化党委履行主体责任的思想认识和行动自觉，区委常委会专门听取了区人大、区政府、区政协、区法院、区检察院党组履行主体责任情况、纪委履行监督责任情况汇报；制定了区委落实“两个责任”的《实施意见》和《责任清单》，明确了区委班子、主要负责人、班子成员落实主体责任的60项具体内容和纪委班子、主要负责人、班子成员落实监督责任的52项具体内容；建立了双约谈、双述责、联组巡察、上级交办案件签字背书、责任追究5项配套制度，下级纪委在案件线索处置和查办案件向同级党委报告的同时向上级纪委报告的双重领导制度；督促各工（党）委、各基层党组织，区直各部门制定两个清单，为“两个责任”落实提供了有效的抓手。今年以来区纪委不断加大对落实两个责任不力的单位和人员的问责，共查处“一案双查”案件7件，追究主体责任10人。

三是始终保持惩治腐败高压态势。加大纪律审查力量，对区纪委、区监察局内设机构和职能进行调整，纪检监察室由1个增加到5个，将区纪委、监察局参与的议事协调机构由94个调整减少到8个，对各基层纪（工）委书记的分工进行了专项督办，确保专职专人。加大线索处置力度，坚持“零容忍、无禁区”，严肃查处了各类违纪违法案件80件，挽回经济损失1571.33万元，给予党纪政纪处分110人，重处分11人，移送司法机关2人。坚决查处发生在群众身边的腐败问题，深入开展了以“群众举报乡村干部腐败为切入点，集中解决群众信访诉求问题”专项整治和农村集体“三资”管理专项清理整治，全年共立案查处群众身边腐败案件68件，结案68件，处分92人，同比增长119%。集中查处城中村等重点领域腐败案件，全区立案查处城中村案件27件，党纪政纪处分49人，其中重处分5人，移送司法机关2人，赢得了群众的信任和拥护，为城中村改造扫清了障碍，打牢了基础。

四是始终保持狠刹“四风”高压态势。以落实“八项规定”、解决发生在群众身边的“四风”问题为切入点，坚持抓“常”、抓“细”、抓“长”，持之以恒正风肃纪。对1041个单位（次）进行了明察暗访，查处违反中央八项规定精神问题13件，党纪政纪处分19人；对违规收送礼金红包进行整治，我区“礼金红包上交专户”收到违纪金13.75万元；对违反公务用车管理规定的14个单位进行了通报处理；全区副科级以上领导干部435人签订了抵制大操大办、借机敛财廉政承诺书。通过作风整治，各级党员干部的作风得到明显改善，全区上下呈现出奋发进取的工作氛围。

五是扎实推进“六权治本”。坚持标本兼治，在全区牢固树立法律红线不能触碰、法律底线不能逾越的观念，出台了一批落实“六权治本”要求的具体举措：建成并投入使用集行政审批、公共服务、便民服务等多功能为一体的综合性政务服务中心，本级审批服务事项全部集中办理；坚持依法行政，编制了“两个清单”，出台了健全重大行政决策机制的意见，建立了制度限制权力、制度建设会商等制度，权力监督制约机制进一步完善；建立健全执法责任、过错追究和工作责任推进及奖惩制度，权力运行更加规范透明。

三、积极适应新常态，经济保持了平稳较快增长

始终坚持以经济建设为中心，积极适应新常态，处理好存量与增量的关系、抓大与扶小的关系、统筹推进与重点突破的关系，深入开展稳增长、促改革、调结构、防风险各项工作，推动全区经济走上多点支撑、多元发展的健康可持续良性发展轨道。

一是着力抓好“五个一批”。把抓好一批重大产业项目、一批重大基础设施项目、一批重大民生项目、一批重大不稳定因素的化解和一批重大改革事项作为推动工作的重要载体和抓手，坚持每季度召开全区经济形势分析会，区委常委会、政府常务会及时研究解决经济运行中的重大问题，着力抓薄弱、补短板、增动力，不断增强经济工作的前瞻性、系统性、针对性，有效推动了全区经济平稳较快增长。

二是持续推进传统服务业提质改造。实施了柳巷智慧商圈建设，对朝阳商圈及周边街巷进行综合整治和业态提升，促进了核心商圈多元业态集成发展；把“三个突破”作为引领新常态、提升现代服务业的战略重点，创新推进互联网与经济发展、产业升级、城市管理、便民服务的融合互通，迎泽电子商务双北产业园引入21家电商企业，被省商务厅命名为全省电子商务示范基地。与腾讯科技（深圳）有限公司就腾讯智慧迎泽（微社区、微商圈）、腾讯太原互联网+智慧产业园项目达成合作共识，并完成签约，成为全国首家与腾讯达成“互联网+战略合作”的城区。

三是全面超额完成重点工程“六位一体”目标任务。以一批带动全局的重大产业项目为抓手，加强跟踪服务，加大协调力度，认真落实重点项目储备、签约、落地、开工、建设和达产“六位一体”滚动推进机制，启动了高新区迎泽电子商务产业园、“迈克斯众创空间”、太原IDC（大数据）中心多个项目，支持和推动了大众创新创业；不断扩大招商引资范围和领域，完成签约引资额242.72亿元，为年计划的103%；扎实推进12个方面的全面深化改革工作，取得了一定成效。

2015年，我区主要经济指标全面完成，增速均位居全市前列：地区生产总值完成534.98亿元，总量保持了十县区之首，在全省也位居首位，同比增长7.7%，在全市十县区中排名第三。服务业增加值完成45.82亿元，总量保持了十县区之首，同比增长7.9%，占到GDP的86.4%。规模以上工业增加值完成41.39亿元，同比增长4.8%，在全区十县区排名第三。社会消费品零售总额完成397.11亿元，同比增长10.6%，总量和增速均在十县区排名第二。一般公共预算收入完成16.1亿元，同比增长7.3%，在十县区排名第二。固定资产投资完成190.97亿元，同比增长24.8%。

四、城中村改造取得历史性突破，城市建设与管理迈上新台阶

把城中村改造作为加快迎泽转型发展和富民强区的一号工程，创新融资平台，抽调精兵强将，四大班子深入一线，靠前指挥，举全区之力打好城改攻坚战。在确保完成市下达郝庄、双塔、王家峰、东太堡4个环内城中村整村拆除任务的同时，自加压力，同步启动了枣园、赵北峰2个村，累计拆除122.71万平方米，拆除率达到100.73%，成为全市两个基本完成整村拆除任务的城区之一；结合城中村改造，切实加强集体土地上违法用地、违法建设打击力度。对郝庄地区28个村（社区）开展全覆盖巡查，杜绝违建的增量，加强违建的打击力度，依法实施拆除违法建设30余万平方米，有效遏制了违法建设的蔓延，进一步规范了土地管理秩序和城乡规划建设。

在加快推进城中村改造的同时，高度重视城市建设与管理工作。积极主动配合市重点道路建设，组织实施了南内环快速化改造、南沙河快速路续建和东峰路、松小线等重点道路建设工程房屋征收工作，在较短时间内完成了占压红线建筑物、构筑物的拆迁，为加快我区东部路网建设提供了保障。坚持建管并重，持续深化城乡清洁工程，改进了农村环卫工作机制，城中村的清扫保洁、垃圾清运全部由专业队伍接管；成立了小街巷便道清洗队伍，道路机扫冲洗实现全覆盖；改造旱厕24座，设立平价便民市场8个，清理取缔占道经营摊点900余处，清理涂覆小广告35万余处；投入资金6000万，高标准整治10个老旧片区，整治面积0.614平方公里，惠及人口5.7万余人，完成26条小街巷综合整治，建成5个乡村清洁示范村、10个小游园及街头绿地，完成建筑节能改造101.38万平方米；建立了视频实时监控系统和网格化管理体系，智慧环卫管理系统进一步完善。

五、全面改善省城环境质量，城乡生态环境持续好转

牢固树立“绿水青山就是金山银山”的理念，把全力推进城乡生态环境不断好转作为重大民生工程和绿色发展工程，深入推进“五大工程”“五项整治”，努力为省城的天更蓝、水更清、空气更清新做出中心城区应有的贡献。

一是加大环境整治力度。实施了松庄、港道、孟家井3个城边村气化工程。实施小型燃煤设施集中整治，完成了72家餐饮服务企业油烟治理，取缔烧烤摊点200余处。组织实施了全区23个农村、城中村、棚户区的3892户居民洁净煤置换工作。全面完成了市下达我区的全面改善省城环境质量指标任务。

二是大力推动东山生态建设。加快完善农村基础设施建设，完成南沙河小山岩河道治理，实施松庄饮水安全工程，解决1900余人饮水安全问题；在全省首家实施县级现代林业建设示范工程总体规划，新增造林绿化3000亩，启动了千亩林果基地建设项目，全年完成栽种400余亩，小山沟城郊森林公园被评为东山地区唯一的国家级AAAA级景区，洪杰等森林公园正在布局建设，东山生态走廊循环圈基本成型。

六、着力保障和改善民生，人民群众的获得感不断增强

始终把保障和改善民生作为一切工作的出发点和落脚点，坚持尽力而为、量力而行，从解决群众最关心、最直接、最现实的利益问题入手，突出重点，统筹兼顾，不断满足群众的基本民生需求。

一是办好一批雪中送炭的民生实事。更加注重保障基本民生，不断增强民生工作的针对性和实效性。大力实施就业创业优惠政策，完成城镇新增就业 18995 人；积极推进社会保障“全覆盖”，完成了城镇居民、新型农村养老保险及老农保的统一信息化管理与合并；对城乡困难群众医疗救助实行提标扩面，累计救助 8059 人次，总支出 354.9 万元；“敬老、帮孤、助残”，加大对特定人员的精准服务，为 1540 名高龄老人发放津贴 90 万元，发放散居孤儿养育金 33.48 万元，为残疾人发放各类补贴 167 万余元；大力推进社区提档升级，高标准改造、新建了一批社区办公场所，新建 12 个社区老年人日间照料中心，9 个社区老年餐桌，4 个农村老年人日间照料中心；投资 5000 万，完成社区双提档加大保障性安居工程推进力度，全年新开工建设 7417 套，完成率达 100%，基本建成 3567 套，完成率达 104.9%。完成既有建筑节能改造 101.38 万平方米。

二是推进各项社会事业长足发展。完成 8 所中小学校、3 所小学附属幼儿园建设，中小学数字校园基础设施建设实现“全覆盖”，中小学校生均公用经费标准分别提高至 920 元和 1100 元，小学一年级入学、小升初坚持“六公开”，“阳光招生”更加规范透明。完成卫生计生资源整合，区级公立医院重点专科建设有序推进，为外来务工人员免费开通职业推介、证件办理、子女教育等“一站式”服务窗口，流动人口计生服务管理水平不断提升。进一步完善了党管武装工作机制，较好解决了中心城区征兵难问题。大力推动军地互办实事，共解难题，双拥工作更具实效。

七、有效防范社会风险，确保了社会大局稳定

坚持把维护社会和谐稳定作为重大政治任务和政治责任，守土有责、守土负责、守土尽责，有效防范社会风险，切实维护了全区社会大局的安全稳定。

一是集中化解信访不稳定因素。牢固树立维护稳定是第一责任的理念，建立健全矛盾纠纷联调体系，积极开展“城中村”改造矛盾纠纷排查化解等专项活动，认真落实了人民调解“以奖代补”和“以案定补”两项制度。积极化解一批重大不稳定因素，开展大接访 32 次，接待来访群众 223 批 1120 人次，化解省市交办信访积案 90 件，化解率达 100%。成立了首家“流动人民调解庭”，组建了我省首家先行调解中心，对要求起诉的案件在立案前先行调解，在诉讼服务中心设立诉调对接窗口，与派出法庭、巡回法庭实现信息共享。圆满完成了抗战胜利 70 周年纪念活动和十八届五中全会期间的信访维稳任务。

二是全力抓好安全生产。牢固树立安全发展理念，积极推进安全生产党政同责“三级五覆盖”，创新机制体制，成立了全省首家消防安全管理中心，深入扎实开展了安全生产大检查、打非治违和重点领域专项整治行动，突出加强人员密集场所、消防、危险化学品和易燃易爆品生产经营企业、油气管道、城镇燃气等五方面的安全专项整治，全年没有发生较大以上安全事故，人民群众生命财产得到有效保障。

深化食品药品监管体制改革，建立了从生产加工到流通消费的全过程监管机制、社会共治和可追溯体系，责令改正390家次，立案295起，罚没款158万余元，确保全年未发生食品药品安全事故。

三是深入推进“平安迎泽”建设。组织开展了“四项战役”、“百城禁毒会战”、“夏季攻势”等专项行动，保持了严打高压态势。进一步提升反恐应急能力，在迎泽大街实行“一线两点三地”巡防模式，在柳巷、朝阳街等商业繁华区建立群防群治应急防控机制，在全市率先组建了“迎泽区公交安全协管大队”，对101个公交站点开展治安巡查，确保广大市民乘车出行安全。不断强化治安防控体系建设，“天网”视频监控建设稳步推进，加强街面防控，增强巡控密度，警情发案实现稳中有降。加大对流动人口聚集区、治安复杂场所、城中村、校园周边环境治安整治力度，加强社区矫正和刑释解教人员安置帮教工作，人民群众安全感进一步提升。

八、宣传思想文化工作的覆盖面和影响力不断提高，为发展凝聚更多共识

坚持把宣传思想文化建设作为加快转型发展、促进富民强区的重要动力源泉，加强理论武装，多种形式深入开展了以党的十八大、十八届三中、四中、五中全会、习近平总书记系列重要讲话精神为重点的宣传教育，激发和凝聚了全区广大干部群众振奋精神、坚定信心、加快转型、富民强区的强大力量；把握宣传思想工作主动权，充分发挥新兴媒体作用，提升主流舆论引导力，紧密围绕学习讨论落实活动、“三严三实”专题教育、城中村改造、迎泽历史文化及社会主义核心价值观等重点工作开展宣传报道，累计在各级媒体发稿6400余篇，其中党报党台发稿840余篇，中央级网站发稿110余篇，为全区经济社会发展营造了良好的舆论氛围；积极开展群众性精神文明创建活动，加强对文明单位的动态管理以及承担社会责任方面的工作考核。广泛开展“我们的节日”、学雷锋志愿服务、讲文明树新风、道德讲堂、网络文明传播等活动，努力营造文明和谐的社会新风尚；积极做好群众文化工作，新建30个社区体育健身活动场所，社区图书室实现全覆盖。深入挖掘文物旅游资源，对辖区内文物单位进行保护修缮，编撰完成《迎泽区老街老巷老景观》一书。启用文化宣传微信公众平台，开通迎泽区文化网站，区域文化发展宣传交流力度进一步加大。

九、大力发展社会主义民主政治，法治迎泽建设取得新成效

支持人大、政协依法依章程履行职责，区人大及其常委会围绕城乡清洁、社会保障、食品安全、大气污染防治等重点工作开展了一系列监督视察调研询问活动，严格程序任免了一批国家机关工作人员，依法履职水平进一步提高；区政协紧紧围绕“十三五”规划编制、城中村改造、民生实事情况开展调查研究，主动建言献策，协商民主重要渠道作用进一步发挥；充分利用统一战线优势，发挥楼宇商会、行业协会等社会组织作用，积极助推非公经济健康发展，帮助支持唐是文化集团等非公企业在新三板挂牌上市。优化资源配置，统战部与工商联、侨联合署办公，进一步提升了统战工作服务经济社会的效能和水平；以贯彻落实中央《关于加强和改进党的群团工作的意见》为契机，大力加强和改进群团工作，在全区集中开展了“工会组建月”活动和“农民工入会”集中行动，进一步扩大基层工会覆盖面，深入推进城市街道区域化团建工作，组织动员一批团干和团员青年深入城中村改造一线服务全区中心工作，在各街镇、社区举办女性文化学堂、巾帼创业就业培训，切实增强了全区各级群团组织的政治性、先进性和群众性。

十、从严落实管党治党责任，党的建设全面加强

牢固树立抓好党建是最大政绩理念，坚持严字当头，真管真严，敢管敢严，常管常严，不断完善区委统一领导，部门齐抓共管，一级抓一级，层层抓落实的党建工作格局，切实把从严治党责任担当好、落实好，为全区经济社会发展提供了坚强组织保障。

一是扎实开展了“三严三实”专题教育。坚持把开展好“三严三实”专题教育作为加强党的思想政治建设和作风建设的重要举措，落实市委“四个见实效”的目标要求，把握从严从实，围绕三个专题进行了9次集中学习，4次研讨交流，提升了践行“三严三实”的思想自觉和行动自觉。省委常委、市委书记吴政隆同志亲自参加指导了区委中心组“严以修身”专题的学习研讨，提出了“开展好‘三严三实’专题教育，既要注重思想武装，也要坚持问题导向的新要求。广泛征求意见，深入谈心谈话，深刻反思查摆，明确努力方向，专题民主生活会召开情况受到市委副书记、市长耿彦波同志的充分肯定和认可；认真制定整改方案，对查摆出的问题逐一明确责任单位和整改时限，并由区委常委牵头进行整改，努力在践行“三严三实”上发挥标杆示范作用；结合“三严三实”专题教育广泛开展理想信念、党性党风党纪、道德品行和法治教育，推动践行“三严三实”要求制度化、常态化、长效化，努力把专题教育的实际成效转化为推动全区各项工作的强大动力。

二是全面加强基层党建。把抓基层打基础作为固本之策，着力夯实基层党建基础，区财政投入6000余万元，用于提高基层党组织基础建设，保障基层党组织服务能力；严格落实党建工作责任制，组织全区各级党组织书记，认真开展履行基层党建责任述职评议考核，有力推动了基层党建各项任务落地见效；出台了关于加强基层服务型党组织建设的《实施意见》和《任务分解》，大力推进基层党组织强化两个功能、改进服务作风、转变服务方式、提高服务能力、完善服务保障，不断增强基层党组织的创造力凝聚力战斗力；积极开展“领头雁”培训工作，163名社区、村“两委”主干、856名其他领域的党组织书记和728名社区村“两委”干部参加了不同层级的集中培训，基层干部队伍的履职能力、廉政意识、法制意识得到有效提升；大力培育和发展社区社会组织，打造了校尉营社区的“福寿和”、文庙社区的“我们读吧”等亮点平台；着力整顿软弱涣散基层组织，新配备支部书记14人，调整不合格书记2人，调整“两委”成员7人，处置不合格党员9人，新发展党员4人，45个基层党组织实现了晋位升级。

三是从严管理监督干部。把从严治吏作为从严治党的关键，贯彻落实习近平总书记关于新时期“好干部”标准，切实树立“德才兼备、以德为先、以廉为基”的用人导向。对今年以来调整的5批次，35名干部（交流28人，免职7人）进行了选拔任用全程纪实，选派111名年富力强、经验丰富的优秀骨干力量，充实到城中村改造第一线，在实践中检验干部作风、提升干部能力。强化干部日常管理，加强干部监督约束，出台《迎泽区领导班子和领导干部谈心谈话办法》，严格执行《新任职领导干部跟踪考察工作制度》，建立干部日常考察档案和近距离观察干部台账，对429名干部的政治表现、工作业绩、廉洁自律及是否胜任现职等方面进行了解，形成了干部甄别管理新常态；制定“三个一批”实施方案，建立联席会议制度，确定试点单位，“三个一批”工作稳步推进。

以上是区委常委会一年来的主要工作。这些成绩的取得，是真抓实干，干出来的，一年的工作实践说明，事在人为，干和不干不一样，大干小干不一样。这些成绩来之不易，是市委、市政府正确领导的结果，是区四大班子团结奋斗、合力攻坚的结果，是全区各级党组织、广大党员干部群众苦干实干、奋力拼搏的结果。在此，我代表区委常委会向大家表示衷心的感谢！

同时，也要清醒地认识到，对照市委、市政府的各项工作要求和人民群众的期盼，摆在我们面前的任务依然艰巨。必须看到，经济保持了良好势头，但转型发展的制约因素还需要进一步破解；高度关注并且下功夫解决了一批民生问题，但还不能满足人民群众不断提升的更高民生需求；干部的能力作风在急难险重中得到锻炼提升，但与肩负的艰巨任务相比还不适应；党风廉政建设和反腐败斗争有了较大的成效，但推动反腐败压力向基层传导，构建不敢腐、不能腐、不想腐的长效机制依然任重道远。对此，区委常委会将高度重视，认真加以解决。

同志们，进入“十三五”，我们又站在了一个新的历史起点上。我们要认真践行“三严三实”，全面贯彻落实党的十八大、十八届三中、四中、五中全会精神，以及省委“五句话”总体要求，按照省委、市委十届七次全会的安排部署，进一步坚定信心，主动作为，为“十三五”开好头，起好步，为开创全区转型发展的新局面做出更大贡献。

太原市迎泽区人民代表大会常务委员会工作报告

——在太原市迎泽区第五届人民代表大会第一次会议上

中共太原市迎泽区人大常委会党组书记　侯富田

（2016年8月25日）

五年工作回顾

过去的五年，是我区改革开放、经济建设和社会事业健康发展的时期，也是我区民主法治建设不断推进的时期。五年来，区人大常委会在区委的正确领导下，坚持以邓小平理论、“三个代表”重要思想、科学发展观为指导，深入贯彻党的十八大、十八届三中、四中、五中全会精神和习近平总书记系列重要讲话精神，坚持党的领导、人民当家做主、依法治国的有机统一，围绕中心，服务大局，依法履职，扎实工作。五年来，共召开常委会会议39次，主任会议66次。听取审议区“一府两院”专项工作报告58项，提出审议意见156条；开展执法检查8项，专题调研5项，专题询问1次。

一、坚持问题导向，依法主动履职，切实增强监督实效

常委会紧紧围绕全区经济社会发展大局，切实加强工作监督和法律监督，完善监督工作方式方法，督促和支持“一府两院”依法行政、公正司法。

1. 坚持抓发展之要、固民生之本、促公平正义，科学把握监督重点

加强对经济社会发展的监督。常委会围绕推进经济结构调整、提升财政科学管理水平，加大对计划和预算执行情况的监督。每年听取和审议关于计划执行情况的报告，多次深入到产业、民生、基础设施项目实地调研，全力支持政府以提高经济发展质量和效益为中心，进一步调整产业结构、优化发展环境、加速项目落地，促进经济持续健康发展。注重加强对经济形势的分析，先后听取审议了区政府关于服务业发展、信息化服务管理平台建设、文化产业发展情况的报告，对我区民营企业发展情况进行了为期四个月的专题调研，就加快产业结构优化升级、扶持中小企业发展、推进城乡产业融合发展等提出了意见、建议。依法加强对全口径预算决算的审查监督。要求政府和有关部门深化财税体制改革，规范预决算编制和管理，提高财政资金使用效益。听取审议审计工作报告，要求政府对于重复出现的问题要从完善审计工作制度和机制上下功夫。

加强对重点工作和民生问题的监督。

打造宜居环境、增进民生福祉是区委和政府着力推动、人大持续关注的重点。五年来，常委会听取审议了区政府土地管理、城市规划、园林绿化、环境保护等工作情况的报告，就强化征地监管、加大规划执法力度、提高绿化管护水平等提出意见、建议。围绕城乡清洁工程进行跟踪监督，强调要健全长效机制，完善利民措施；围绕大气污染防治进行专题视察和执法检查，督促政府加快推进集中供热热源和配套管网建设，严格治污减排监管；围绕住房保障和重点工程房屋征收、棚户区改造等工作进行实地视察，督促和支持政府努力解决群众在拆迁安置过程中的实际困难，加大保障性住房和回迁安置房建设力度；围绕区政府惠民实事的落实情况进行集中视察，督促和支持政府把实事办好，让群众看到变化、见到实效、感到满意；围绕推动社会管理创新，听取审议了社区卫生服务、流动人口计划生育服务管理、特色学校建设、文化管理、社会保险、市场监管等工作情况的报告，提出要加快完善社区卫生服务中心人才管理机制，切实提高医疗服务水平；进一步统筹好教育规模、质量、结构和效益的关系，促进教育公平与均衡发展；进一步强化政府在文化事业发展中的主体地位和文化产业中的引领作用，不断提升文化软实力；稳步推进各项社会保险工作，维护好参保群众的合法权益；坚持“放”“管”并举，进一步加强市场监管，提高行政执法水平。

加强对社会安全稳定的监督。一是推进依法治区。常委会围绕“六五”普法规划和《2011~2015年“法治迎泽”建设实施纲要（草案）》进行调研，提出把法治建设纳入全区国民经济和社会发展规划，切实增强公民的法律意识和法治观念。为进一步拓展公民有序参与立法，建立了全市唯一的省人大基层立法联系点。配合省、市人大分别对《义务教育法》《农村土地承包法》《民事诉讼法》等法律法规在我区的实施情况进行检查，并提出意见、建议。二是加强司法监督。听取审议了区人民法院刑事审判量刑规范化、审判质量管理、行政审判、执行、民事调解等工作的报告，区人民检察院关于侦查监督、反渎职侵权、反贪污贿赂、公诉等工作的报告，要求“两院”切实加强队伍建设，进一步创新工作思路，严格依法办案，提升司法公信力。三是加强对安全工作的监督。对区政府安全生产、饮水安全、消防安全、食品安全、人防工程等工作情况进行了专题视察，督促和支持政府严格落实安全生产责任制，建立和完善动态监管机制，做好各种安全隐患的排查与应急预案。四是做好信访工作。注重回应群众合理合法利益诉求，积极畅通信访渠道，强化综合分析，及时化解矛盾纠纷。五年来共受理群众信访件114件，接待来访群众300余人次，为维护社会稳定发挥了积极作用。

2. 坚持探索创新、综合运用多种监督方式，切实增强监督实效

常委会不断整合各种监督形式，寓监督于支持，从精选议题、完善制度设计，

到加强跟踪监督、推动问题解决，努力将常委会工作与区委中心工作“合拍”，与“一府两院”整体工作“合力”，与群众愿望“合心”。

一是预算审查提出新要求。认真贯彻实施新预算法，建立全口径的预算监督机制；加强对本级预算的初步审查，预决算审查监督职能得到了拓展和延伸；建立审计查出突出问题整改情况向常委会报告机制，对落实整改责任、改进报告方式、完善报告内容、做好审议保障、加强督促办理、增强监督实效等提出了新要求，把督促问题整改同审查监督预算决算工作结合起来，在加强和改进人大预算审查监督工作上努力创新。

二是首问之举呈现新亮点。针对食品安全存在的突出问题，常委会对区政府食药、教育、财政、农委、卫计、工商、质监7个部门进行了首次专题询问。组成人员提问直奔主题，不避矛盾；应询部门认真准备，诚恳回答。询问结束后的审议意见函送区政府研究落实，并将整改情况向主任会议进行汇报，始于问而不止于问。专题询问作为一项全新尝试，第一次深入融合到人大监督工作整体之中，推动人大监督工作提升到一个新高度。

三是执法检查更具刚性。围绕区政府贯彻落实科学技术进步法、安全生产法、消防法、城市绿化“两个条例”，以及水污染防治法、大气污染防治法、保密法、法律援助条例的实施情况进行了执法检查，就法律实施过程中的突出问题和薄弱环节，深入了解实际情况，提出务实有效的改进建议。从前期调研、制定方案、执法培训到全面检查、审议报告、督促整改，环环相扣，步步深入，构成了较为完整的工作体系。

四是专题调研更富实效。重点对区政府城市建设与管理、社会管理、义务教育均衡发展、民营企业发展、商贸服务业发展情况等进行了专题调研。调研综合运用了分类座谈、个别走访、问卷调查、实地考察等多种方式，时间长、覆盖面广；调研报告内容翔实、切中时弊，为区委、区政府决策提供了重要依据和参考。

二、依法行使重大事项决定权和人事任免权

决定重大事项，是宪法和法律赋予人大常委会的一项重要职权。常委会把审议决定重大事项与促进全区经济社会发展紧密结合，与改善民生促进社会和谐紧密结合，抓住事关全局的重大问题，认真审议，依法作出决定。先后对预算、决算、财政超收安排支出方向、《2011—2015年“法治迎泽”建设实施纲要》、林业生态建设等作出决议、决定11项，为加快我区经济社会发展发挥了重要作用。

坚持党管干部原则，认真履行人事任免职责。严格执行任免程序，进一步完善对任免干部的供职、表决、监督等机制。认真贯彻国家机关工作人员就职向宪法宣誓制度，进一步增强了被任命人员履行职务的合法性和严肃性，强化了其忠诚为民的责任感和使命感。五年来，常委会共依法任免国家机关工作人员168人，人民陪审员122人，补选市人大代表4人、区人大代表11人。

三、突出主体地位，加强服务保障，充分发挥代表作用

1.圆满完成区、镇两级人大代表换届选举工作

根据省、市、区委的统一安排，常委会从今年3月份开始部署我区区、镇两级人大代表换届选举工作。这次换届选举工作时间紧，任务重，涉及面广，政治性、法律性、程序性强。常委会在区委的领导下，充分发扬民主，严格依法办事，认真制定方案，深入调查研究，及时解决问题，依法选举了区人大代表、镇人大代表，圆满完成了换届选举任务。

2.着力完善服务保障代表履职的方式和方法

一是加强培训，努力提高代表素质。五年来，常委会不断强化代表培训工作，进行了有重点、按计划、多层次的培训。常委会组成人员、代表小组组长、各工作委员会委员培训与全体代表集中培训依次递进，代表发现、收集和反馈民情民意与社会问题的能力不断提高。二是建立机制，密切与代表的联系。进一步完善了常委会组成人员联系代表、代表联系选民、代表列席常委会等制度；组织代表参加各种视察调研和执法检查，扩大代表对常委会工作的参与度；坚持为代表寄送有关文件资料，保证代表知情知政。

3.着力推进闭会期间代表活动的常态化和规范化

常委会始终把丰富闭会期间的代表活动作为代表工作的基础和代表履职的重要途径，在活动内容、形式上积极探索创新，不断提高代表活动的质量和效果。组织代表围绕全区的重点项目、重点工作，以及有关法律法规的执行情况，进行视察调研和执法检查；依托19个代表小组组织代表深入选区，察民情、听民意，形成上下联动、整体推进的良好工作局面。坚持开展代表向选民述职、代表进选区、宪法日宣传等活动，形成了代表主动联系选民、服务基层的良好局面；通过召开座谈会、邀请代表参与政风行风评议等形式，激发了代表的工作热情和履职意识。

4.着力加大代表建议、批评和意见督办力度

坚持每年召开交办会，听取和审议办理情况的报告，建立重点督办机制，加强建议办理工作的综合分析，形成“政府主导抓、人大督办抓、部门主动抓、承办人员具体抓”的工作局面，推动代表建议办理由“文办”向实际落实转变，建议的提出和办理质量逐年提高。五年来，共收到代表建议、批评和意见567件，属市权限范围办理的91件、区权限范围办理的476件，均在法律规定的时间内办结。常委会组织代表对2011~2013年人代会期间262件代表建议、批评和意见办理的整体情况“回头看”，将代表建议的内容、承办单位、办理进展情况、办理结果、代表满意度等情况进行专题调研，确保代表建议落到实处。

四、切实改进作风，提升工作效能，全面加强自身建设

常委会高度重视自身建设，强化作风效能，不断提升依法履职能力和服务保障水平。

始终把思想政治建设摆在首位。认真学习贯彻邓小平理论、“三个代表”重要思想、科学发展观和习近平总书记系列重要讲话精神，深刻领会和把握精神实质，更好地指导实践、推动工作。始终把坚持党的领导贯彻于人大工作的全过程，统筹安排人大监督、决定、代表等各项工作，确保区委决策部署的贯彻落实。坚持和完善各项学习制度，注重宪法法律和人大业务学习，不断增强常委会组成人员和人大机关干部的政治业务素质，提高依法履职的能力和水平。

始终把加强作风建设贯穿于依法履职的全过程。认真开展党的群众路线教育实践活动，提升宗旨意识，强化服务观念；深入开展学习讨论落实活动，严明政治纪律，强化主动、担当、创新的工作意识；深入开展“三严三实”专题教育、“两学一做”学习教育，坚定理想信念，切实增强思想自觉和行动自觉，始终以严和实的精神做好人大工作；坚持不懈抓作风建设，强化“一岗双责”，狠刹“四风”，深入推进党风廉政建设；改进会风文风，积极开展调查研究，密切与代表和群众的联系，营造风清气正、干净干事的良好氛围。

始终把组织建设和制度建设作为提高服务保障水平的重要抓手。积极推进常委会机关效能建设，注重发挥常委会机关的集体参谋和助手作用。不断完善常委会议事规则、机关管理各项制度，优化工作程序，靠制度管事管人管权的工作格局进一步强化。坚持集体领导依法按程序办事，不断提高常委会的审议质量和水平，力求审深议透。不断推进机关电子政务信息平台建设，严格公文办理、档案管理等工作标准。对一至四届人代会和常委会相关文件资料进行了全面梳理、汇编成册。加强机关队伍建设，改善工作条件，加强工作交流，不断强化真抓实干、团结进取、争创一流的工作氛围。常委会机关相继被评为太原市文明单位、太原市文明单位标兵。

各位代表，过去五年常委会工作所取得的成绩，是在区委的正确领导下，全体人大代表、常委会组成人员、人大工作人员共同努力的结果，也是区“一府两院”及社会各方面支持与配合的结果。在此，向刚刚卸任的四届常委会主任、副主任和委员，各位代表以及所有关心、支持人大工作的同志们，表示衷心的感谢，致以崇高的敬意！

各位代表，与新形势新任务的要求相比，与广大人民群众和代表的期望相比，我们的工作还有不少差距。主要是：监督工作有待加强，监督法还没有全面落实，监督的方式、方法需要进一步探索创新；与代表的联系还不够广泛深入，代表的主体作用发挥得还不够充分，为代表履职服务的水平还需进一步提高；常委会自身的思想、作风、制度等方面的建设还需要进一步加强，等等。这些问题需要在今后的工作中高度重视，切实改进。

五年的工作实践，使我们深切认识到：

必须把坚持和依靠党的领导贯彻到人大工作的全过程和各方面。只有把坚持党的领导和充分发挥人大职能作用有机统一起来，主动服从服务于全区大局，把区委的决策部署体现在各项决议、决定和监督工作之中，寓监督于支持，才能形成与党委同向、政府同力、百姓同心的高度统一，始终保持人大工作正确的政治方向。

必须把维护广大人民群众的根本利益作为人大工作的根本要求。为了人民、依靠人民是人大工作的力量之源、工作之本。只有最大限度地维护人民的根本利益，把人民群众最直接、最关心、最现实的突出问题作为人大依法履职的重点，代表人民的意愿、反映人民的呼声，为人民办事，人大工作才能有作为、有发展。

必须把坚持代表主体地位作为做好人大工作的重要基础。人大代表是人大工作的基础，只有不断加强和改进代表工作，密切与代表的联系，为代表执行职务服务，充分发挥好代表讨论和决定重大事项的参与决策作用，督促“一府两院”有效开展工作的监督推动作用，来自于人民、服务于人民的桥梁纽带作用，遵守宪法法律的模范带头作用，才能使人大工作永葆生机与活力。

必须把坚持弘扬法治精神作为人大工作的新常态。常委会只有牢固树立法治意识，严格依法履职，加强对法律法规实施情况的监督检查，确保宪法和法律法规得到正确实施，才能维护好、实现好、发展好最广大人民群众的根本利益，发挥好人大在加快创新发展中的法治保障作用。

必须把坚持与时俱进作为人大工作创新发展的动力和源泉。面对新形势新任务，常委会只有既坚持以往行之有效的经验和做法，又不断探索人大工作的新经验和新方法，才能把握好新时期人大工作的规律和特点，在工作实践中开创新局面。四届常委会的一些积极探索，如会前预审预算、启动专题询问、完善执法检查和专题调研、将询问环节嵌入常委会会议和主任会议等创新举措，推进了人大监督逐步转向程序性、实质性并重，使监督工作更具实效。

今后主要工作

今后五年，是我区全面实施“十三五”规划，全面建成小康社会的决胜阶段，也是我区适应新常态，加快经济社会发展的关键时期，各方面工作任务艰巨而繁重。今后五年人大工作的总体要求是：全面贯彻落实党的十八大和十八届三中、四中、五中全会精神，高举中国特色社会主义伟大旗帜，以邓小平理论和“三个代表”重要思想、科学发展观为指导，深入学习贯彻习近平总书记系列重要讲话精神，认真贯彻区第五次党代会精神，牢固树立和贯彻落实创新、协调、绿色、开放、共享的新发展理念，坚持党的领导、人民当家作主、依法治国的有机统一，围绕中心，服务大局，依法行使职权，积极开展工作，为加快我区创新发展、建设更具实力、更富活力、更有魅力、更加宜居、更加幸福的省城首善之区做出新的贡献。

围绕这一总体要求，常委会将重点做好以下几方面工作：

一、坚持党的领导，坚定正确的政治方向，增强做好新时期人大工作的责任感和使命感

深入学习党的十八大以来党中央治国理政新理念新思想新战略，不断提高马克思主义思想觉悟和理论水平。全面贯彻落实中央关于加强县乡人大工作和建设的若干意见精神和省、市委的具体《实施意见》，切实增强政治意识、大局意识、核心意识、看齐意识，把思想和行动统一到区委对形势的分析判断和对工作的部署要求上来。全面贯彻区委意图，通过依法履职，推动区委重大决策部署的贯彻落实，促进人民群众关注问题的解决，保证党通过政权机关实施有效领导。紧紧围绕区委中心工作、围绕增进人民群众福祉，科学谋划各项工作，始终保持人大工作与党心民心的同心合力、同频共振。

二、依法行使监督职权，实行正确、有效监督

常委会要紧扣新发展理念、改革举措、法治要求，坚持监督与支持相统一，加大监督力度，促进“一府两院”依法行政、公正司法，加快创新发展，推动“十三五”规划纲要全面实施。强化法治意识。坚持依法用权、为民用权，通过听取审议有关工作报告、开展视察、调研、执法检查、专题询问等多种形式进行法律监督和工作监督，用依法履职的实践彰显人大监督的权威和力量。开展好宪法宣传日活动，形成维护宪法制度、尊重宪法权威的社会氛围。推动我区基层立法联系点有效运行，发挥其直接听取干部群众意见、接地气的“直通车”作用。强化问题意识。坚持从人大监督工作的特点和规律出发，把区委重要决策、政府着力推进、群众普遍关注的问题作为监督重点，强化重要工作、重大项目、重点环节的监督，抓住抓准问题，把握关键处、谋到点子上，使监督更具实效。强化大局意识。主动适应新常态，紧紧围绕全区工作大局，在解决我区经济社会发展的重大问题和人民群众关注的热点问题方面，深入调查研究，积极回应社会关切，与“一府两院”良性互动，形成工作合力。今年下半年，常委会安排听取和审议“一府两院”专项工作报告10项。其中，围绕促进经济平稳运行，听取审议计划、预算执行、审计等工作报告；围绕城乡统筹、民生改善和依法治区，听取审议城中村改造、林业生态建设等工作情况的报告，听取审议区法院关于刑事审判工作和区检察院关于侦查监督工作情况的报告；就区政府贯彻落实《公共文化体育设施条例》情况开展执法检查；就区政府实事工程进行集中视察。

三、切实履行法定职能，认真做好决定和任免工作

围绕全区工作大局，对事关改革发展

稳定的重大事项，事关人民群众切身利益的重大问题，深入调查研究，广泛听取意见，认真行使重大事项决定权。坚持党管干部和人大依法任免干部相结合的原则，不断完善任免程序，认真实行宪法宣誓制度，强化任后履职监督，努力提高被任命人员依法行政和公正司法的水平。

四、完善服务保障机制，深化拓展代表工作

全面落实代表法和党的十八大对代表工作的新要求，尊重和体现人大代表的主体地位，支持和保障代表依法履行职责，充分发挥代表在加快创新发展、推动解决人民群众最直接最现实利益问题中的重要作用。组织好代表的履职培训和专题培训，增强代表履职意识和履职能力。认真组织指导好闭会期间的代表活动，健全常委会联系代表、代表联系选民等制度，组织代表参加视察调研和执法检查等活动，改进代表活动的方式和内容，拓宽代表知情知政渠道。进一步加大代表建议办理工作，强化领导重视、转办及时、协办有力、答复规范、落实到位的建议办理格局。加强建议办理工作的综合分析，坚持对代表反映集中、事关全局的建议重点督办，促进有关问题的解决，提升群众获得感。

五、坚持不懈加强自身建设，着力提高依法履职水平

积极适应新时期新常态对人大工作的新要求，不断加强人大及其常委会的思想、组织和作风建设。认真学习贯彻党的十八大、十八届三中、四中、五中全会精神、习近平总书记系列重要讲话精神，重点学习习近平总书记在庆祝中国共产党成立 95 周年大会上的讲话和省市领导讲话精神，坚持党的领导，严守政治纪律和政治规矩。坚持和完善学习制度，加强政治理论、法律法规和人大业务知识的学习，增强宗旨意识和法治信仰。充分发扬民主，严格依法办事，保证执法、支持司法、带头守法，全面提升运用法治思维和法治方式开展工作、解决问题的能力。进一步完善常委会议事程序和工作规范，提高审议工作水平和依法决策能力，力求做到工作有为、决定有效、监督有力、任免有序。注重调查研究和解决实际问题，结合我区经济社会发展实际，不断开拓履职思路，使人大工作更符合客观实际，更好地代表人民群众的根本利益。

各位代表、同志们，站在新的起点，我们使命艰巨光荣，人民期望殷切厚重。让我们更加紧密地团结在以习近平同志为总书记的党中央周围，在区委的坚强领导下，紧紧依靠广大代表和人民群众，坚定信心，锐意进取，为加快迎泽创新发展、建设更具实力、更富活力、更有魅力、更加宜居、更加幸福的省城首善之区做出新的更大贡献！

政府工作报告

——在太原市迎泽区第五届人民代表大会第一次会议上

太原市迎泽区代区长　李　慧

（2016年8月24日）

“十二五”时期工作回顾

“十二五”时期是我区发展很不平凡的五年。面对严峻复杂的经济形势和艰巨繁重的改革发展稳定任务，在市委、市政府和区委的正确领导下，在区人大、区政协的监督支持下，我们团结依靠全区人民，始终咬定发展目标不放松、坚定必胜信心不动摇、全力攻坚克难不懈怠，各项工作稳中有为、稳中有进，经济社会发展取得新成就，“十二五”规划目标任务圆满完成，为实现全面小康奠定了坚实基础。

经济总量大幅攀升，综合实力显著提高。五年来，我们坚持稳增长、促发展，积极应对经济增长动力和经济下行压力并存的复杂形势，充分发挥中心城区区位、历史、人文、资源禀赋优势，致力推进三产立区、商贸兴区、民营强区，区域经济快速增长，主要指标实现“两个突破、三个翻番”：地区生产总值突破500亿元大关，达到534.98亿元，居全省首位，年均增长8.52%；服务业增加值突破400亿元，达到458.1亿元，年均增长8.65%，占全区GDP比重85%左右，占全市份额四分之一；固定资产投资、社会消费品零售总额、一般公共预算收入三项指标实现翻番，分别达到190.9亿元、397.1亿元和16.1亿元，年均增长25.1%、15.7%和16.9%。五项主要指标增速全部高于我市平均水平，名列全省、全市前列。

服务业发展量质并进，领跑全省的优势持续扩大。五年来，我们坚持转方式、调结构，着力推进传统服务业在提质改造中加快转型，柳巷商圈在全市首家实现“智慧升级”，食品街完成商文旅一体化改造并成功创建国家AAA级景区，朝阳商圈新改建商城8座，新增营业面积60余万平方米。现代服务业在与“互联网+”深度融合中加速提升，扶持重点企业建立线上线下一体发展模式，启动太原大数据中心、互联网+智慧产业园、全国首家互联网+智慧行政区等引领性新兴项目，打造创业创新平台9个，电子商务双北产业园成为全省品牌示范。民营经济和小微企业在创新发展、集聚发展、外向发展中快速成长，推行“三证合一、一照一码”登记模式，在全市率先建立区级融资平台，助力企业发展和项目建设，全区市场主体增至3万余户，较“十一五”末提高12.2%。累计引进招商项目48个，引资816.7亿元；实施重点项目162项，完成投资265亿元；打造楼宇总部基地41个，入驻企业1600余家，中海油、渣打银行等知名企业区域总部落户迎泽，百圆裤业首开全市民营企业中小板领域上市先河，唐是文化成功登陆“新三板”，我区被评为全省县域经济发展先进区。

综合承载力不断提升，城乡面貌发生巨大变化。五年来，我们坚持以人为本、生态优先，抓建设、强管理，着力改善城市形象、提升城市品位。道路通达水平进一步提高，配合省、市完成铁路三项工程和太行路、建设路等20条重点道路建设，改造小街巷11条，新建改造县乡公路、森防通道15条。城乡面貌进一步改观，实施了青年东街、民政园等棚户区改造，征迁1.3万余户、110余万平方米，新改建道路周边棚户区全面启动改造；举全区之力推进城中村改造，基本完成6个村的整村拆除，累计拆除122.71万平方米，超额完成市下达任务；严厉打击“两违”，依法拆除违法建设30余万平方米；连片整治老旧片区22个、背街小巷54条，新建城市游园绿地25处，新改建公厕100余座，主城区垃圾中转站全部完成标准化改造。健全信息化、网格化城管体系和火车站管理长效机制，在全市率先建立区街两级城管应急队伍，城市管理水平明显提高。环境质量进一步改善，关迁污染企业6家，拆除分散燃煤锅炉352台、土小燃煤设施1.5万余台，常年运行锅炉全部完成清洁能源替代，新增集中供热399.58万平方米，二级以上优良天数由2013年的104天增至221天；在全省首家实施县级现代林业建设示范工程总体规划，新造林4.18万亩，森林覆盖率由“十一五”末的17.53%提高到25.53%，台骀山滑世界农林科技博览园被评为国家AAAA级景区，东山生态走廊循环圈基本形成。

民生事业全面发展，群众获得感持续增强。五年来，我们坚持把改善民生作为一切工作的出发点和落脚点，保基本、兜底线，累计投入民生资金67.8亿元，较“十一五”增长143%，占财政总支出比重达85%。建立惠民实事工作机制，着力解决群众急需急盼，每年实施20件重点惠民实事。持续推进保障救助提标扩面，社会保险实现“制度全覆盖”向“人群全覆盖”转变，在全省率先推行城乡低保标准一体化和低保对象参加基本医保全免费，新农合补贴、高龄津贴、散居孤儿养育金、残疾人“双补”等标准全市最高，新增就业10万余人，开工建设保障性住房2.6万余套。加快推进公共服务优质均衡发展，提档改造社区服务场所81个，平均面积由78平方米增至260平方米，86个社区全部配建图书室，60个社区建成全民健身活动场所，46个社区配备养老服务设施。倾力发展各项社会事业，新改扩建学校、幼儿园25所，新增学位1.1万余个，学校标准化建设实现全覆盖；深化教育改革，提升教学质量，在全省首家通过国家义务教育发展基本均衡区评估；完成区文化馆、图书馆、美术馆、郝庄镇文化站改造，设置社区卫生服务机构50所，公共文化服务、基本公共卫生服务、流动人口计划生育均等化服务惠及全区群众。全面落实惠农富农政策，在全省率先完成农村新“五个全覆盖”，在全市率先实现社区惠民项目资金覆盖所有行政村，实施农村饮水安全工程18项，惠及1.6万余人，扶持现代都市农业项目32项，农民人均可支配收入年均增长8.8%，超全市平均水平4000余元。我区被评为全国和谐社区建设示范区，防震减灾、社区中医药等工作跻身全国先进。

社会治理能力不断提升，政府自身建设持续加强。五年来，我们坚持把改革创新作为推动发展、创优环境、维护稳定的巨大动力，积极探索新机制、构建新模式、创造新动能。创新社会治理体系，推进普法依法治理，组建社会服务管理指导中心和信访服务中心，健全信访化解、矛盾调处和社区矫正、安置帮教一体化等长效机制，开展社会管理创新综合试点区工作，“迎泽模式”在全市推广，我区被评为全国法治县（市、区）创建先进单位和全国法治宣传教育先进区。完善动态治安防控体系，扩大“天网”工程覆盖，在全市率先组建了200余人的公交安全协管大队；引深社区警务战略和“平安迎泽”创建，大力开展“打黑除恶”和治安突出问题整治，社会面发案率持续降低。夯实安全生产“两个主体责任”，落实“党政同责、一岗双责”，在全省首家成立消防安全管理中心，在全市率先配备基层安全巡查员，建立了安全生产网格化监管模式，创新实施餐饮门店配置燃气安全设施、区属早期隐患人防工程灌浆处理、森防视频监控、街镇消防站建设“四个全覆盖”，持续开展安全隐患排查治理，取得全市安全生产考核“五连冠”。

推进法治政府建设，自觉接受人大法律监督和工作监督，主动接受政协民主监督和社会各方面监督，认真执行人大决议，充分吸纳政协意见，累计办结人大代表建议539件、政协提案677件；建立权责清单制度，梳理行政职权1964项，责任事项14353项，全部向社会公开；深化行政审批制度改革，集政务服务、社保服务、便民服务和政府采购于一体的区政务服务中心建成投用，本级审批服务事项全部集中办理；完善政府决策规则，创新法律顾问制度，健全目标责任和奖惩激励机制，改进政务督查，强化行政监察，率先推行审计全覆盖。稳妥推进公车改革，封存200余辆。加强廉洁政府建设，认真履行全面从严治党“两个责任”，严格落实中央八项规定精神和国务院“约法三章”，扎实开展党的群众路线教育实践活动、学习讨论落实活动和“三严三实”专题教育，狠刹“四风”，严肃问责不作为、慢作为，政府作风持续改进，干事创业氛围更加浓厚。

国防后备力量建设、双拥共建、民族宗教、妇女儿童、防震减灾、外事侨务、统计、档案、老龄、史志等工作都取得了新成绩。

各位代表！过去的五年，是迎泽历史上经济社会发展最快、城乡面貌变化最大、人民群众得到实惠最多的五年。五年来，在宏观形势复杂严峻、面临困难不断增多的情况下，我们着力稳增长、促改革、调结构、惠民生、防风险，集中力量解决了一批前所未有的难事，办好了一批群众欢迎的实事，办成了一批具有深远意义的大事，战胜了诸多困难和风险，经受住了严峻挑战和考验，不仅较好完成了改革发展稳定的总体任务，更增强了在复杂环境中引领发展的能力，积累了在创新实践中破解难题的宝贵经验，谱写了迎泽砥砺奋进、振兴崛起的新篇章，为“十三五”发展奠定了坚实基础。

成绩来之不易，这是我们坚决贯彻党中央、国务院决策部署和省、市一系列兴晋强晋战略举措的结果，是区委统揽全局、正确领导的结果，是区人大、区政协有效监督、全力支持的结果，是全区干部职工和广大人民群众凝心聚力、奋勇拼搏的结果。在此，我代表区政府，向全区人民，向尽责履职的人大代表、政协委员和历任老领导、老同志，向各民主党派、人民团体、驻区部队及所有关心、支持、参与迎泽发展的社会各界朋友们，致以崇高的敬意和衷心的感谢！

回顾过去五年的工作，我们也清醒认识到，经济社会发展还存在不少困难和问题：服务业新旧动能转换胶着，新兴产业发展相对不足，稳增长、调结构、促转型的压力依然较大，创新创业的活力有待进一步激发；城市基础设施相对滞后的问题仍未有效解决，城市管理中的一些难点、乱点问题尚未根除，环境保护、生态治理依然任重道远；社会保障体系有待完善，公共服务供给还需进一步提升，财政保障能力还需进一步加强，改善民生仍需付出百倍努力；社会治理还存在不少薄弱环节，安全生产中的隐患远未消除，维护和谐稳定的任务依然艰巨繁重；政府职能转变与中心城区发展的要求还有差距，一些干部效率不高、作风不实的现象依然存在。对此，我们将积极应对，勇于担当，认真解决。

“十三五”时期的指导思想和目标任务

各位代表，“十三五”时期，是全面建成小康社会的决胜阶段，也是我区继往开来，落实省委“两个走在前列”目标要求，加快迎泽创新发展的重要时期。

区第五次党代会确定了我区“十三五”时期新的发展定位是：担当新使命，争当排头兵，建设省城首善之区。提出了“六个跨越提升”的发展要求：经济发展水平实现新的跨越提升，城市建设实现新的跨越提升，文化建设实现新的跨越提升，民生社会事业实现新的跨越提升，生态环境质量保护实现新的跨越提升，民主政治建设和维护社会安全稳定实现新的跨越提升。

按照以上发展定位、发展要求及“十

三五”规划《纲要（草案）》，今后五年我区经济社会发展的指导思想是：高举中国特色社会主义伟大旗帜，坚持以邓小平理论、“三个代表”重要思想、科学发展观为指导，全面贯彻党的十八大和十八届三中、四中、五中全会精神，深入贯彻习近平总书记系列重要讲话精神，以创新发展、协调发展、绿色发展、开放发展、共享发展新理念引领发展新实践，全面落实“坚持一个指引、两个走在前列、抓好三项任务”要求，持续实施“五个一批”，统筹推进经济、政治、文化、社会、生态文明和党的建设，充分发挥中心城区表率示范作用，力争各项工作走在全市前列，努力把迎泽建设成为更具实力、更富活力、更有魅力、更加宜居、更加幸福的省城首善之区。

今后五年我区经济社会发展的总体目标是：

——产业升级迈上新台阶。传统服务业竞争力不断增强，现代服务业规模不断扩大，产业体系更加完备，对全省、全市的引领和服务作用更加突出，地区生产总值年均增长7.5%以上，力争提前一年实现比2010年翻一番。

——民生改善达到新水平。社会保障和救助体系更加完备，公共服务体系更加健全，安全稳定形势持续向好，人民群众获得感和幸福感显著增强，居民人均收入与经济增长同步，提前一年实现比2010年翻一番，力争到2020年城镇常住居民人均可支配收入达到4万元以上、农村常住居民人均可支配收入达到2万元以上。

——城市功能得到新提升。城市基础设施不断完善，城市空间布局更加优化，城中村、棚户区改造基本完成，城乡管理水平全面提高，新型城镇化加速推进，城乡一体发展格局基本形成。

——社会文明实现新进步。社会文明程度和公民文明素质明显提高，现代公共文化服务体系基本建立，文化事业整体水平和文化产业综合实力明显提升。

——生态环境得到新改善。生产方式、生活方式绿色低碳水平显著提高，主要污染物排放量逐年下降，优良天气率力争达到80%左右，森林覆盖率力争达到32%以上，建成区绿化覆盖率达到37.21%以上，城乡人居环境全面改善。

——改革开放取得新突破。重点领域和关键环节改革取得决定性成果，开放发展步伐加快，开放领域不断扩大，开放型经济格局和对外合作机制基本形成，发展动力和活力显著增强。

——民主法治取得新进展。人民民主不断扩大，法治政府基本建成，司法公信力明显提高，人民权益切实保障；法治迎泽建设全面推进，社会治理能力和水平明显提高，社会更加和谐稳定。

“十三五”规划《纲要（草案）》已印发给各位代表，这里对主要任务和措施作简要报告。

一是推动创新发展，着力促进转型升级。大力实施创新驱动战略，培育发展新动力，拓展发展新空间，构筑产业新优势，加快发展生活性服务业，加速培育生产性服务业，优化提升互联网经济、楼宇总部经济和现代物流、特色农业等产业，以全面创新推动发展动力、发展结构和发展方式转型升级。

二是推动协调发展，着力构筑均衡发展格局。坚持经济社会协调发展、城乡一体协调发展、物质文明和精神文明协调发展；培育和践行社会主义核心价值观，弘扬社会主义新风尚；以迎接第二届全国青年运动会为契机，全面推进“五城联创”。

三是推动绿色发展，着力打造生态宜居环境。坚持节约资源和保护环境基本国策，实行最严格的环境保护制度，全面改善环境质量；加快推进东山生态绿化，构筑生态安全屏障；落实能源发展战略行动计划，促进低碳循环发展和资源节约高效利用。

四是推动开放发展，着力开创合作共赢局面。建立健全对外开放政策机制，加快各类开放平台建设，扩大交流合作；主动融入国家区域发展重大战略，提高招商引资质量和水平，扩大外资利用规模和效率。

五是推动共享发展，着力增进人民福祉。增加公共服务供给，以办好一批民生实事为抓手，推进基本公共服务均等化；促进就业创业，拓宽居民增收渠道，深化工资制度改革，建立公平、透明、可持续的社会保障制度。

六是推动全面深化改革和法治迎泽建设，为全区发展提供持续动力和法治保障。引深重点领域和关键环节改革，完善市场监管体系，健全公平竞争保障机制；规范权力运行，落实全面从严治党“两个责任”，营造廉荣贪耻的社会环境；树立底线思维和红线意识，全力维护安全稳定；加快法治迎泽建设，加强和创新社会治理，构建全民共建共享的社会治理格局。

各位代表，“十三五”发展的目标已经明确，关键在于落实。我们将在区委的正确领导下，与全区人民一道，同舟共济，万众一心，一步一个脚印把规划落实到具体项目、具体工作上，不断克服前进中的困难，不断增创发展中的优势。我们坚信，经过全区人民未来五年的共同努力，一个更具实力、更富活力、更有魅力、更加宜居、更加幸福的省城首善之区一定会展现在世人面前。

开局之年工作安排

2016年是实施“十三五”规划的开局之年，开好局、起好步至关重要。综合考虑各方面因素，建议今年全区经济社会发展的预期目标为：地区生产总值增长8.5%左右，服务业增加值增长8.5%左右，固定资产投资增长20%左右，社会消费品零售总额增长9%左右，一般公共预算收入增长5%左右。约束性指标完成市定目标任务。

根据上述预期目标，我们将按照“坚持一个指引、两个走在前列、抓好三项任务”的要求，狠抓发展第一要务、改革第一动力、民生第一关切、环境第一期盼、稳定第一基石、党建第一责任，把推动创新驱动、转型升级作为重中之重，以“五个一批”重点项目为抓手，全力以赴做好五个方面的工作：

（一）深化供给侧结构性改革，以结构优化的成效推进经济持续健康发展。抓住改革政策的窗口机遇期，抓好创新发展顶层设计，加快产业提质升级，培育新供给和新动能，提高发展的质量和效益。

培育壮大现代服务业。践行新发展理念，找准改革政策与区域产业转型的最佳契合点，推动产业结构优化升级。全力推进传统服务业和现代信息技术的融合发展，引导柳巷、朝阳等核心商圈向综合商务区转变。加快实施发展楼宇总部经济三年行动计划，再打造一批基础条件好、服务功能强、集聚效应优的楼宇总部基地。坚持项目带动战略，落实“六位一体”项目推进机制，加快苏宁广场、国海广场、红星美凯龙家居城市综合体、东城现代装饰城、中正天街等项目建设，以项目建设的实效激发经济社会发展活力。

深入实施创新驱动。完善创新激励机制，鼓励企业自主创新，推进产学研用深度融合，以全面创新驱动产业发展。把国家小微企业创业创新基地城市示范作为民营经济发展的强大动力，落实大众创业、万众创新政策，加快互联网+智慧产业园、太原大数据中心等“双创”孵化器建设，支持电子商务双北产业园、迈克斯众创空间等“双创”平台做优做强，努力打造“双创”发展新形态。准确把握金融改革创新政策，建立政府、企业与银行深度合作机制，再打造2家区级融资平台，用好用足政策性银行周期长、利息低的红利，服务经济发展。有效防范、依法处置各类金融风险，积极营造良好金融生态。

加大招商引资力度。把招商引资作为推动发展的强大引擎，积极参与“一带一路”建设和环渤海经济圈合作发展，主动承接东部地区加工贸易产业转移。强化精准招商，围绕金融、文化、电子信息、商贸物流、现代农业、生态旅游、会展服务等产业发展，瞄准国内外500强及行业龙头企业，谋划引进一批大项目、好项目。营造招商氛围，整合企业、商会、行业协会等力量，以企引企、以商招商，形成政府引导、企业为主、部门参与的良好氛围。优化招商环境，突出“亲”“清”二字，建立新型政商关系，贯彻落实省市支持服务业发展的政策措施，畅通绿色通道，努力打造“服务无缝隙”的政务形象，确保引得来、留得住。

（二）强化城乡基础设施建设，着力提升宜居程度和服务功能。按照我市建设生态宜居城市的总体部署，抓重点、攻难点，补短板、强配套，突出城市基础设施功能完善，注重地上地下统筹推进，全力打造生态宜居城区。

坚决打赢城中村改造这场硬仗。把城中村改造作为造福群众的重大民生工程，坚持“拆迁谁、改变谁、造福谁”，一鼓作气完成王家峰、东太堡等6个城中村拆迁“清零”，加快安置房建设，启动店坡、马庄、松庄、郝家沟等4个城中村整村拆除。坚持集中连片规划，高标准开发建设，做到拆迁与建设并举、安置与开发并重、政府主导与市场运作有机结合，鼓励和吸引大集团、大企业参与城中村改造，严格把控社会风险、资金风险、市场风险，确保3年内实现改造全覆盖。

大力实施棚户区改造。棚户区改造是提升城市品位、改善人居环境、彰显城市魅力的重要途径。抓紧推进青年东街、民政园、新生里、桥东街、东岗等棚户区项目回迁安置房建设，新开工建设安置房3800套，建成1400套左右，力保广大群众尽快回迁。继续加大改造力度，加快东五龙口铁路宿舍38号院、和平市场等棚户区改造，力争用2年时间基本消除辖区所有连片棚户区。

加快城市基础设施建设。以市政道路改造和小街巷综合整治为重点，配合完成五一路、南沙河路东段、南内环东延、迎泽大街下穿火车站及东广场建设等道路改造和轨道交通2号线建设任务，同步推进解放路快速化改造；高标准整治上马街、旧城街、羊市街、开化寺街等19条背街小巷和文源、桃园三巷2个片区。配合推进"海绵城市"建设，逐步实现雨污分流。严厉打击违法建设和违法占地，确保城乡建设在法治轨道上健康运行。继续推进既有居住建筑节能改造，完成120万平方米改造任务。

统筹推进东山片区发展。按照产城融合思路，坚持东山片区与建成区同步规划、一体发展，统筹产业布局、基础设施建设和环境改善。加快郝庄镇镇域规划和各村新农村建设规划，以规划指导发展，因村制宜引进特色项目，大力发展现代物流、加工贸易、观光旅游、特色种植等产业，打造经济发展新引擎。以完善交通路网为重点，启动观家峪至观枣线大修工程，完成大窑垴至松小线、柳沟至占道森防通道续建，加快创新路、创业路建设和村村通水泥路完善提质。以提升载体功能为重点，启动东祁家山等5个村的新农村建设，同步推进产业发展、村庄亮化、农村危房改造和美丽宜居乡村改厕等工作，加速农村人居环境改善和农民增收；实施小山沟水井管网配套和小山岩凿井工程，满足东山项目区生态发展用水需求；加快水峪等7个村的采煤沉陷区治理，确保3年完成。

全面提升城市管理。加快智慧城市建设，落实城管体制改革任务要求，科学整合公安、执法、食药监、街镇、应急分队等部门职能，形成齐抓共管合力。深入实施背街小巷整治、城乡环境提档升级、街面路黑线白湿润清新、街景容貌整洁靓丽、环卫领域创新完善等"五大工程"，配合市里新建大型生活垃圾转运站和渣土场各1处，逐步扩大环卫机械化作业和生活垃圾上门收集范围，持续提升宜居宜业水平。把"五城联创"作为加强城市管理、提升治理能力、增进民生福祉的重要抓手，强化规范和文化教化，弘扬正能量，培育新风尚，引导广大市民树立主人翁意识，践行社会主义核心价值观，不断提升文明素养，争当"五城联创"的参与者和推动者，为迎接第二届全国青年运动会营造良好氛围。

(三) 牢固树立绿色发展理念，持续改善生态环境质量。良好的生态环境是最普惠的民生福祉。继续实行最严格的环境保护制度，全面落实我市控制燃煤、防治尾气、生态绿化、严格监管等十大举措，全力把环境污染治理好、把生态环境建设好。

加大环境综合整治力度。深入开展冬季大气污染联防联控、环境敏感区综合整治等专项行动，拆除分散燃煤锅炉96台，集中供热替代230万平方米，建成区范围内分散燃煤锅炉全部清零。加快城边村气化工程，完成港道、松庄、孟家井等村气化改造。大力推广使用洁净煤，为城中村、棚户区和农村居民置换洁净煤2.5万吨。取缔露天烧烤，东中环以西地区所有餐饮摊点加装油烟净化装置。杜绝秸秆焚烧，实现农村秸秆综合利用全覆盖。加大黄标车和老旧车淘汰力度，全面完成市下达任务。全区PM2.5平均浓度值下降4%，力争二级以上优良天数增加20天以上，在全市空气质量重点监控排名前移。

筑牢生态安全屏障。推进东山绿化，完成提档造林3000亩。抓好身边绿化，结合背街小巷整治，新建5个小游园和5个街头小绿地，创建一批市级园林化居住区、园林化标兵居住区和园林化先进居住区，建成单位附属绿地、居住区绿地0.3公顷。配合做好迎泽公园提质改造，建设更多绿地和景观，为市民创造更加宜居的生活环境。

(四) 加快民生事业发展，不断提升公共服务能力和水平。坚持以人民为中心的发展思想，着力办好十大惠民实事，织密织牢基本民生保障网，扩大公共产品和公共服务供给，让人民群众得到更多实惠。

强化民生兜底保障。实行更加积极的就业政策，城镇新增就业1.59万人。深化养老保险制度改革，持续扩大参保覆盖面。进一步提高社会保障待遇和救助水平，家庭月人均收入高于低保标准1倍、低于2倍的低收入人群医疗救助封顶线由2万元提高到3万元；新农合政策范围内住院补偿比例提高5%~10%，最高达到90%；继续做好金秋助学、高龄津贴、散居孤儿养育金、低保残疾人一次性生活补助发放工作。新开工保障性住房6176套，基本建成2670套。按照精准扶贫的要求，加强对娄烦县静游镇的对口帮扶工作，创新举措，提高实效，坚决打赢脱贫攻坚战。

夯实民生服务基础。继续推进校安工程，启动36中、37中、39中改扩建项目；加快学前教育发展，新建公办幼儿园1所；全面提升教育信息化水平，打造协同办公、资产管理、资源应用3个信息化特色平台和9个“智慧教室”；提高生均公用经费，小学提高到1000元/人，中学提高到1200元/人；加强教师队伍建设，规范办学行为，促进义务教育优质均衡发展。高标准推进社区建设，统筹布局医疗卫生、居家养老、残疾人服务等配套功能，改扩建10个200平方米以下社区。大力发展养老服务业，启动1所区级公办养老机构建设，新建15个社区养老服务中心和17个社区（村）老年日间照料中心，完善多层次互补的社会养老服务体系。深化医药卫生体制改革，支持骨伤科医院等创建省级重点专科，力争启动区中心医院建设，完成棉花巷社区卫生服务中心危房改造。合理调整社区卫生服务机构设置规划，在4个基层医疗卫生机构设立80个“医养结合”床位，推行家庭医生签约和适宜护理技术上门服务。坚持人口和计划生育基本国策，提升流动人口计生服务水平，加大计划生育特殊家庭关爱扶持力度。

推动文化事业发展。进一步挖掘我区优秀传统文化和红色文化，为打造人文迎泽提供丰润的文化滋养。聚焦现实题材和重大主题，深入开展文化惠民活动，丰富群众生活，提升文明素质。完善公共文化体育设施，完成剩余26个社区全民健身活动场所建设，实现全覆盖。加强历史文化遗产保护，着眼留住历史文脉、保存城市记忆，进一步挖掘和保护文物古迹、老街老巷及非物质文化遗产，完成郑村烈士陵园修缮。加快文化产业发展，努力培育具有影响力的区域文化企业和文化品牌。推进区级旅游发展规划，以台骀山滑世界农林科技博览园建成AAAA级景区为契机，打造东山休闲度假、观光旅游特色片区。

多措并举促进社会和谐。牢固树立总体国家安全观，落实“三个坚决防止”要求，牢牢守住安全稳定底线。深入开展平安创建，严厉打击“盗抢骗”等多发性侵财犯罪，从严整治治安突出问题；加快“天网工程”建设，建成区80%以上区域、镇政府所在地和70%以上的重点村实现视频监控覆盖；树立“互联网+”工作思路，依托微信公众平台，打造服务联动群众新模式。依法处置信访问题，着力化解一批不稳定因素。加强民族宗教事务管理服务，维护民族团结，保障宗教活动规范有序。严厉打击非法集资，强化物流市场监管，维护良好的经济秩序。全面落实安全生产“党政同责、一岗双责、失职追责”的要求，举一反三抓好各类安全隐患的排查、治理和防范。进一步完善消防网格化管理体系，推广互联网在消防领域的创新应用，在全省率先建成远程烟、气、电、火情预警系统。扎实做好特种设备监管，深入开展15年以上老旧电梯和20年以上油气输送管道专项整治。围绕创建国家食品安全城市，健全监管责任和风险评估体系，加强检验检测和日常执法监管，确保人民群众舌尖上的安全。

进一步加强国防教育和国防后备力量建设，积极推进双拥、优抚、人防等工作，认真做好统计、物价、应急、治超、外事侨务、妇女儿童、防震减灾、档案、老龄、史志等工作，努力促进各项工作取得新进步。

（五）加强政府自身建设，打造为民务实、清廉高效政府。适应新形势、引领新常态，坚持依法行政、高效务实，保持朝夕勤勉、永不懈怠，坚定不移推动自身建设迈上新台阶。

加快法治政府建设。主动接受人大法律监督、工作监督和政协民主监督，加强行政监察和审计监督，重视社会舆论监督，全面接受人民监督。加强与人大代表、政协委员及各民主党派、工商联、无党派人士多渠道沟通协调，完善人大代表建议和政协提案的办理联系机制，提高办理质量和落实率。健全完善重大行政决策集体研究、专家论证、合法性审查、事后责任追究等工作机制，确保各项决策程序合法、过程公开、责任明确。进一步树立宪法法律权威，提高政府工作人员运用法治思维和法治方式解决问题的能力，确保权力在法治轨道上运行。持续推进普法依法治理，启动“七五”普法，努力营造全社会尊法学法守法用法的良好氛围。

优化政务服务环境。自觉践行创新、协调、绿色、开放、共享的新发展理念，多策破解经济下行压力，着力推动经济稳步向好。引深行政审批制度改革，加快政务服务网络向基层延伸，完成服务群众工作信息系统建设试点区工作，努力打造全市审批环节最少、办事效率最高、行政成本最低、投资环境最佳、人民群众最满意的政务服务最优区。继续推进商事制度、农村土地制度、区属企业等各类改革，优化资源配置，激发发展活力。深化政务公开，完成区政府内外网整合和政务服务中心数据库虚拟化改造，完善互动功能，规范公开内容，使权力运行更加透明。加强干部队伍建设，强化为民服务意识，提升群众工作能力，努力打造服务型政府。

强化党风廉政建设。牢固树立“四个意识”，坚决贯彻“两手硬”重大要求，认真落实全面从严治党“两个责任”，健全重点领域、关键部门廉政风险防控体系，推进“权责清单”制度向基层延伸，监督制约权力运行。始终把纪律和规矩挺在前面，严格落实中央八项规定精神，坚持不懈狠刹“四风”，以零容忍态度惩治腐败，坚决杜绝损害群众利益的不正之风，构建良好政治生态。扎实开展“两学一做”学习教育，认真学习习近平总书记和党中央领导集体崇尚实干、勇于担当、廉洁自律的优良作风，健全激励机制和容错纠错机制，为担当的干部担当、对负责的干部负责，营造干事创业的良好氛围，为推动创新驱动、转型升级，促进经济稳步向好提供坚强保障。

各位代表！“潮平两岸阔，风正一帆悬。”未来发展的蓝图已经绘就，跨越提升的号角已经吹响。让我们在市委、市政府和区委的坚强领导下，团结带领全区人民，开拓创新，真抓实干，勇于担当，主动作为，以“人一之我十之，人十之我百之”的工作干劲，扎实做好今年各项工作，努力实现“十三五”良好开局，奋力谱写建设省城首善之区新篇章，为“塑造山西美好形象、实现山西振兴崛起”做出新的更大的贡献！

2016 年十大惠民实事

1. 提高保障救助标准：家庭月人均收入高于低保标准 1 倍、低于 2 倍的低收入人群医疗救助封顶线由 2 万元提高到 3 万元；新农合政策范围内住院补偿比例提高 5%～10%，最高达到 90%；一、二级残疾人护理补贴和生活补贴由每人每年600元提高到720元。

2. 开展适宜护理上门服务：开展静脉采血、外伤小换药、伤口拆线、导尿、无创血压监测、血糖测定、配药、常规心电图检查等8项适宜护理项目上门服务，为行动不便的老年人和残疾人提供方便。

3. 扩大优质教育资源：启动36中、37中、39中3所学校改扩建，新增学位2700个；新建1所公办幼儿园，新增学位120个；打造9个“智慧教室”，为群众提供更多的优质教育资源。

4. 完善养老服务体系：启动1所区级公办养老机构建设，新建15个社区养老服务中心和17个社区（村）老年日间照料中心，为有需求的老年人提供多元化养老服务。

5. 推进城中村改造和采煤沉陷区治理：启动店坡、马庄、松庄、郝家沟4个村的城中村改造，推进新沟、水峪采煤沉陷区治理，改善提升城中村和农村居民的生活环境、生活质量。

6. 实施棚户区改造：实施民政园等棚户区回迁安置房建设，启动东五龙口铁路宿舍38号院、和平市场等一批棚户区改造项目，新开工建设安置房3800套，建成1400套左右。

7. 改善环境质量：拆除分散燃煤锅炉96台，完成120万平方米既有居住建筑节能改造，为城中村、棚户区和农村居民置换洁净煤2.5万吨，推进人居环境持续改善。

8. 提升小街巷和老旧片区宜居品质：高标准整治上马街、旧城街、羊市街等19条背街小巷和文源、桃园三巷2个片区，为全区人民创造更加宜居的环境。

9. 缓解停车难、如厕难问题：新建1500个公共停车位，在人员密集场所新建5个水冲式公厕，缓解中心城区停车难、如厕难问题。

10. 增建公共休闲健身场所：新建5个小游园、5个街头小绿地和26处社区全民健身场所，为市民提供更多的休闲健身场所。

政协第四届太原市迎泽区委员会常务委员会工作报告

——在政协第五届太原市迎泽区委员会第一次会议上

太原市迎泽区政协主席　张志勤

（2016 年 8 月23 日）

过去五年工作的回顾

2011 年 6 月，政协第四届迎泽区委员会成立。五年来，区政协常委会在中共迎泽区委正确领导下，在太原市政协的具体指导下，高举爱国主义、社会主义旗帜，坚持团结和民主两大主题，带领区政协各参加单位和广大委员，紧紧围绕协调推进“四个全面”战略布局和全市、全区中心工作，认真履行政治协商、民主监督、参政议政职能，充分发挥协调关系、汇聚力量、建言献策、服务大局作用，为我区圆满完成“十二五”规划，开创迎泽创新发展新局面做出了积极贡献。

一、强化理论学习，共同思想政治基础不断夯实

常委会把思想政治建设摆在首要位置。五年来，大力开展“建设学习型政协，争当学习型委员”活动，通过中心组学习、常委会专题讲座、委员集中培训、区政协网站发布学习资料等多种形式，组织和引导委员深入学习贯彻中共十八大，十八届三中、四中、五中全会精神，认真学习领会习近平总书记系列重要讲话精神，专题学习讨论习近平总书记在庆祝人民政协成立 65 周年大会上对人民政协的重要指示、中共中央关于加强社会主义协商民主建设的决策部署和中央统战工作会议精神。通过学习，广大委员加强科学理论武装，牢固树立了政治意识、大局意识、核心意识、看齐意识，把思想行动统一到习近平总书记讲话精神和中央、省、市、区委的部署要求上来，坚定了中国特色社会主义道路自信、理论自信、制度自信和文化自信。

二、围绕发展大局，积极发挥政治协商作用

中共迎泽区委进一步加强和改善了对区政协工作的领导，定期听取工作汇报，及时研究解决政协工作的重大问题，主动给政协出题目、交任务，支持区政协依照宪法、政协章程和相关政策开展工作。

常委会充分发挥人民政协作为协商民主重要渠道和专门协商机构的作用，精心组织协商活动，科学制定协商计划，使协商选题与区委、区政府的总体部署相衔接，与人民群众的重大关切相契合。五年来，共召开全体会议 5 次、主席会议 36 次、常委会议 21 次。委员们紧紧围绕全区经济社会发展重大问题和涉及群众切身利益的实际问题，通过专题协商、对口协商、界别协商、提案办理协商，就推进现代宜居城区建设、大力发展社区电子商务、提升公共文化服务能力、创新服务非公经济等提出了内容具体、情况翔实，富有前瞻性的建设性意见。在太原市政协举办的“推进社会主义协商民主制度建设座谈会”上，区政协就如何推进协商民主进行主题发言，受到充分肯定。

三、全员参与监督，民主监督工作扎实推进

常委会积极构建区委重视、政府支持、政协主动、部门欢迎、委员踊跃、群众满意的民主监督体系。

创新开展委派“两员”工作。把 236 名政协委员划分为 37 个“民主监督员”和“参政联络员”（简称“两员”）工作小组，委派到我区 35 个主要行政单位和法、检两院担任“两员”，为政协委员靠前监督、有效监督创造了有利条件。依托“两员”平台，寓民主监督于积极参与和热情支持之中，政协委员与政府职能部门和法检两院的沟通联系得到加强，监督的针对性和时效性有了保障。各受派单位自觉接受监督，与区政协“两员”开展良性互动，激发了政协委员认真履职的热情，有效带动和促进了全区各项工作的开展。

精心组织专项监督。由政协领导班子成员牵头组成专项监督组，带领区政协委员和相关“两员”小组成员对推进“城中村”和棚户区改造、城乡清洁工程、民生实事落实、社区惠民项目等情况展开专项监督。针对改造中存在的问题，提出要坚持规划先行，各项配套政策应当涵盖整治改造的全过程，把“城中村”和棚户区真正打造成居住条件改善、公共服务配套、人居环境优美的城市宜居社区。就惠民项目的有关问题，向市政协报送了《建议进一步完善我市社区惠民项目工程》的信息，引起市委主要领导的重视并作出明确批示。

四、聚焦中心工作，参政议政取得明显成效

常委会始终把政协工作放在迎泽全局中谋划、部署和推进，坚持围绕中心，建言立论，增进共识，推动发展。

提案工作取得新进展。认真落实省、市关于办理政协提案的规定，以提高提案质量、办理质量和服务质量为抓手，积极稳妥推进提案工作。五年来，共收到提案 973 件，经审查立案办理 712 件，转意见处理 261 件。所有提案均在当年规定时间内办复完毕，办结率为 100%，做到了事事有回音，件件有着落。所提意见建议被采纳落实或列入相关计划正在落实的 623 件，采纳落实率为 87.5%，对促进我区经济社会发展发挥了重要作用。

社情民意信息工作有了新突破。区政协按照提质量、出精品、上水平的工作思路，注重引导委员关注国事大事、热点难点、民生民情，并重新修订了《社情民意信息工作考核办法》，完善了激励机制。先后召开26次社情民意信息工作专题座谈会，就人民群众关注、党委政府重视的热点、焦点、难点问题进行调研，形成了《关于城镇化建设中存在的问题及建议》《建议残疾军人证应设置身份识别功能》《建议我国老龄工作提高精神层面服务力度》等一批高质量信息。五年来，共征集信息线索830篇，编报上级政协704篇，采用135篇，其中全国政协采用9篇，省政协采用13篇，市政协采用113篇，省领导批示1篇，市领导批示8篇。李仑委员撰写的《关于解决煤层气与煤炭矿权分置问题的建议》信息被全国政协以单篇专报形式采用，实现了太原市开展社情民意信息工作以来零的历史性突破。

视察调研收到新成效。五年来，就编制“十三五”规划、民营经济发展、法律服务和法律援助工作及我区中小企业自主创新情况等开展30余次视察调研，提出可行性意见建议230余条，形成《迎泽区现代服务业发展现状、存在问题与对策研究》《关于迎泽区都市现代农业发展情况》《我区文化产业现状及发展趋势》等专题报告18份。区政协对所选课题进行长期跟踪研究，持续建言。围绕建设文化强区，弘扬双塔文化，区政协编撰了宣传册《到此方觉世界宽——太原城市标志双塔》；区委宣传部采纳委员相关建议，举办了首届太原双塔文化服装艺术节；委员撰写的《深入挖掘太原城市标志双塔的文化内涵》，在市委宣传部举办的“微策微力，建言改革”群众性建议征集活动中获奖。

五、弘扬团结民主主题，倾力促进社会和谐

常委会注重发挥人民政协团结各界、联系群众的桥梁纽带作用，全力协助区委、政府做好协调关系，沟通思想，理顺情绪，化解矛盾，维护稳定的工作。

加强团结联谊工作。进一步发挥政协联系广泛、人才荟萃的优势，利用中秋、国庆等“我们的节日”，会同区委统战部适时开展茶话会、团拜会、文艺演出等各种纪念和联谊活动。先后以庆祝中国共产党成立90周年、纪念辛亥革命100周年和纪念抗日战争胜利70周年为主题，组织民主党派、无党派、工商联等各界人士举办了“文瀛秋韵”书画摄影展、“迎中秋 庆国庆”联谊会、重阳节送医进社区、百名政协委员参加太原国际马拉松比赛等系列活动，在弘扬主旋律、传递正能量中营造了爱国、团结、民主、奋进的和谐氛围。

畅通民意沟通渠道。按照中共迎泽区委关于开展“两代表一委员”工作的部署，依托六街一镇政协联络组，组织委员深入社区、农村开展“访民生、知民情、解民事”活动，通过走访慰问、惠民服务、法律咨询、专家送医等形式，搭建起区委、区政府和人民群众的连心桥。深入结对帮扶的小山沟村，帮助招商引资，推进了小山沟城郊森林公园的开发建设；多次组织委员深入棚户区改造现场，为依法、科学、和谐进行房屋征收与补偿建言，委员们提出的“政府主导、顶层设计、统一认识、科学规划”等建议，得到了区委区政府的积极采纳。

做好民族宗教工作。以促进民族和谐、宗教和睦为目标，加强与民族宗教人士的交流和沟通。在得知太原古清真寺地基下沉的情况后，多次实地查看，走访阿訇，撰写了专题社情民意信息，引起了市领导高度重视。会同民族宗教事务局举办佛教文化专题讲座，组织委员对我区宗教场所管理及教职人员社会保障情况进行视察，积极反映民族宗教人士的愿望和呼声，不断巩固各民族间的团结进步，进一步激发民族宗教界委员爱国爱教的热情。

六、坚持与时俱进，政协自身建设得到加强

常委会从政协实际出发，结合职能定位，不断加强自身建设，切实提高政协工作的科学化、规范化水平。

加强委员队伍建设。通过主席联系常委、常委联系委员、专委会和联络组联系委组委员，保持与委员及委员所在单位的经常性联系。为促进委员交流与合作，区政协建立了短信平台、专委会委员微信群，密切了与委员的日常沟通。严格执行委员履职考核有关规定，2012 年，对 2 名违反规定的委员给予了告诫处分并在常委会上进行了通报；2014 年，对 12 名未完成履职任务的委员进行诫勉谈话，对 1 名不履职的委员撤销了委员资格。

提高机关服务水平。扎实开展第二批群众路线教育实践活动、“学习讨论落实”和“三严三实”活动。结合区政协工作实际，深入查摆问题，积极整改落实，建立和完善了《区政协关于改进工作作风、密切联系群众的意见》《迎泽区政协委员社区工作室规定》等 6 项制度，进一步提升了机关的服务水平。

发挥文史资料作用。1998 年 3 月，政协迎泽区委员会成立。为全面回顾总结区政协成立 18 年来的工作历程，按照尊重史实、力求有据、重在特色的指导思想，编纂完成《迎泽政协》一书，以存史资政、鉴往知来。

各位委员、同志们，过去的五年，区政协工作取得了新的成绩，人民政协事业迈出了新的步伐。这些成绩的取得，是中共迎泽区委正确领导，区人大、区政府大力支持，各方积极配合的结果；也是全体政协委员和各界人士团结奋斗的结果。在此，我代表区政协常委会，向所有关心支持人民政协事业发展的同志们、朋友们，表示崇高的敬意和衷心的感谢！

我们也清醒地认识到，四届政协工作虽然取得了一定的成绩，但与中共迎泽区委的要求和人民群众的期望还有不少差距，主要是：协商民主制度建设还需进一步完善；民主监督的工作机制还需进一步创新；政协委员履职能力建设还需进一步提高；机关自身建设还有待进一步加强。这些不足，我们将在今后的工作中认真研究，切实改进。

五年工作的主要体会

五年来，四届政协坚持从人民政协的性质、任务和履行职能的实际出发，不断探索，大胆实践，积累了在新形势下做好政协工作的一些体会和做法，主要有以下四点：

一是自觉坚持中国共产党的领导，坚定正确政治方向。中国共产党是中国特色社会主义事业的领导核心。人民政协作为中国共产党领导的多党合作和政治协商的重要机构，必须毫不动摇地把坚持中国共产党的领导作为基本政治规矩和遵循，坚决维护以习近平同志为总书记的中共中央权威，坚定不移地走中国特色社会主义政治发展道路，不断巩固共同的思想政治基础，始终保持正确的前进方向。

二是围绕中心、服务大局是人民政协开展工作的基本原则。在开展工作中，一定要坚持人民政协性质、定位，坚决按照中央、省、市、区委的总体要求和工作重心来部署谋划、推进政协工作，自觉做到与党委和政府目标同向、协力同心、步调一致、共谋发展。

三是只有紧跟时代步伐，开拓创新，才能永葆人民政协的生机活力。创新是一个民族进步的灵魂，是一个国家兴旺发达的不竭动力。政协工作只有与时代发展合拍同步，才能实现在继承中创新、在创新中发展的良性循环，才能在发展中凝聚人心、集中民智，画出更大更好的同心圆。

四是必须充分发挥政协委员的主体作用。政协委员来自人民，代表各界，是政协作用发挥的主体力量。要充分调动和发挥委员的积极性、主动性、创造性，并通过他们广泛团结联系更多群众，围绕大目标，齐心谋发展，共同为全面建成小康社会的伟大事业，实现中华民族伟大复兴的中国梦而竭智尽力、不懈奋斗。

今后工作建议

区政协第五届委员会任期的五年，是我区全面实施“十三五”规划、率先全面建成小康社会宏伟目标的决胜阶段，是我区落实省委对太原市提出的“两个走在前列”、“建设全省首善之区”目标要求，加快迎泽创新发展的重要时期。新形势、新任务给新一届政协工作提出新要求。今后五年，新一届政协工作的指导思想是：高举中国特色社会主义伟大旗帜，全面贯彻中共十八大、十八届三中、四中、五中全会精神，深入贯彻习近平总书记系列重要讲话精神，坚持团结和民主两大主题，围绕中心，服务大局，以创新、协调、绿色、开放、共享的发展理念，着力在政治协商、民主监督、参政议政方面出实招，求实效，团结社会各界力量，为圆满完成“十三五”规划任务，努力把迎泽建设成为更具实力、更富活力、更有魅力、更加幸福的省城首善之区做出新贡献。

为此，提出如下建议：

一、以思想建设为引领，着力创建学习型政协

学习是政协的基本任务和优良传统。重视学习、善于学习、崇尚学习是建设学习型政协的基本要求。新一届政协常委会要把学习作为提升思想认识、综合素质和工作水平的重要方法和途径。研究成立迎泽政协“双塔学堂”，通过邀请专家学者、政协委员授课及互联网+自主学习等多种形式，围绕政治理论、大政方针、人文历史、城市管理、政协业务等专题，开展多角度、多渠道、多层次的学习，让广大委员在政协大家庭里学真知、学本领、学业务，聚智迎泽，知行合一，把思想、智慧和行动统一到建设省城首善之区的主旋律上来。

二、深入推进政治协商，凝聚改革发展共识

更好地发挥人民政协作为社会主义协商民主重要渠道和专门协商机构作用，根据区委、区政府的工作重心和迎泽发展的实际需要，在广泛深入调研的基础上，制定好政协年度协商工作计划和常委会工作要点，紧紧围绕全区经济、政治、文化、社会、生态文明建设中的重大问题和关系人民群众切身利益的实际问题，丰富协商内涵，活跃协商方式，扎实有效地搞好协商活动，推进政协协商民主建设，努力营造既畅所欲言、各抒己见，又理性有度、合法依章的良好协商氛围。

三、不断强化民主监督，助力全区重大决策贯彻落实

认真学习贯彻落实中共山西省委《关于加强人民政协民主监督的意见》，紧扣区委、区政府重大决策部署的实施推进、人民群众反映强烈突出问题的解决，找准监督方向，丰富监督手段，实施民主监督。继续推进“两员”工作，有序开展民主监督。始终把提高监督质量抓在手上，用高效的民主监督助推全区各项事业发展。注重把政协的民主监督与其他形式的监督有机结合起来，增强监督合力，提高监督实效。

四、坚持新的发展理念，围绕“十三五”规划参政议政

深刻领会、准确把握“创新、协调、绿色、开放、共享”发展理念的科学内涵和精神实质，坚持以新的发展理念指导新的政协工作实践。围绕我区实现“六个跨越提升”的目标任务，注重从实施“五个一批”、开展“五城联创”等重点工作，从推进供给侧结构性改革和“三去一降一补”等重点任务，从推进支柱产业结构优化升级、加强城市建设和管理工作、加快文化强区建设、推进脱贫攻坚、保障改善民生等难点热点问题中选题，扎实开展提案督办，积极反映社情民意。严把提案和社情民意质量关，重视提案办复结果的反馈。加强提案审查和社情民意两支队伍建设，着力提升两支队伍的履职能力和敬业精神，为我区构建良好政治生态、推动经济稳步向好发展咨政建言，献计出力。

五、发挥政协独特优势，汇集干事创业正能量

要牢牢把握团结、民主两大主题，切实凝聚社会各界的智慧力量。政协委员要始终坚持履职为民宗旨，把人民对美好生活的向往作为工作目标；要增强界别意识，体现界别特色，反映界别呼声，做社情民意的收集者、民情民生的代言人。贯彻落实《中国共产党统一战线工作条例（试行)》，加强与各民主党派、工商联、无党派人士、各人民团体的团结合作、同舟共济，联合开展重大课题调研、重要视察和监督工作。认真落实党的民族宗教政策，积极引导民族宗教与社会主义相适应，在全面建成小康社会和实现中华民族伟大复兴的宏伟目标下，促进民族团结、宗教和睦，切实发挥好人民政协的桥梁纽带作用。

六、加强自身建设，打造“懂政协、会协商、善议政”的委员队伍

“懂政协、会协商、善议政”是习近平总书记对人民政协的新要求，我们要以习近平总书记的要求为引领，深入推进政协各项建设。政协党组要充分发挥领导核心作用，认真履行政治领导责任，坚决把党风廉政建设主体责任落到实处。常委会组成人员要以身作则，带头讲政治、讲规矩、讲道德、讲奉献。重视发挥专委会和各界别的基础作用，鼓励支持开展形式多样的联动活动。通过深入开展“两学一做”学习教育和“双学一跟”活动，广大委员要进一步提高政治把握能力、调查研究能力、联系群众能力和合作共事能力。建立委员履职档案，严格考核奖惩，实现动态管理，调动委员履职的积极性、主动性，努力让每位委员在政协想干事、能干事、干成事。政协机关要坚持把纪律和规矩挺在前面，以严的精神和实的举措深入推进机关思想、组织、作风、反腐倡廉和制度建设，努力打造一支信念坚定、为民服务、勤政务实、敢于担当、清正廉洁的高素质政协干部队伍。

各位委员、同志们！全面建成小康社会、共圆中国梦的宏伟目标，“塑造山西美好形象，实现山西振兴崛起”的愿景蓝图，“坚持一个指引、两个走在前列、抓好三项任务”的部署要求，赋予人民政协新的使命。责任重于泰山，行动胜于万言。让我们紧密团结在以习近平同志为总书记的中共中央周围，在中共迎泽区委的坚强领导下，不忘初心，继续前进，建功“十三五”，圆梦在迎泽，为谱写政协工作创新发展的新篇章，为建设省城首善之区而努力奋斗！

太原市迎泽区2015年国民经济和社会发展计划执行情况与2016年国民经济和社会发展计划（草案）的报告

——在太原市迎泽区第五届人民代表大会第一次会议上

迎泽区发展和改革局局长　张健康

（2016年8月24日）

一、2015年国民经济和社会发展计划执行情况

2015年是全面完成“十二五”规划目标的收官之年，面对复杂严峻的宏观经济形势，全区上下在区委的正确领导下，在区人大及其常委会和区政协的监督支持下，主动适应经济发展新常态，围绕“六个表率”，抓好“五个一批”，以提高经济发展质量和效益为中心，把转方式、调结构放到更加重要的位置，狠抓各项工作措施的落实，真抓实干，奋力拼搏，经济社会发展在克服困难中奋力前行，全区经济保持了良好的运行态势。地区生产总值、服务业增加值总量位居全市第一，主要指标增速位居全市十县区前列，全面完成了市下达的各项经济目标任务，全区各项社会事业取得新的成绩，实现了我区“十二五”的圆满收官。2015年主要经济指标完成如下：

——地区生产总值完成534.98亿元，增长7.7%；

——服务业增加值完成458.17亿元，增长7.9%；

——固定资产投资完成190.97亿元，增长24.8%；

——规模以上工业增加值完成41.39亿元，增长4.8%；

——社会消费品零售总额完成397.11亿元，增长10.6%；

——一般公共预算收入完成16.13亿元，增长7.3%。

2015年经济社会发展的成效主要体现在以下七个方面：

（一）现代服务业快速发展，转型升级步伐加快

核心商圈持续发展，实施了柳巷智慧生活商圈建设项目，对朝阳商圈及街巷进行综合整治和业态提升，传统商圈核心竞争力得到进一步加强。大力发展楼宇总部经济，成立了楼宇社区服务中心，积极为楼宇总部经济做好服务工作。启动苏宁广场、东风商业综合体等重点项目，打造一批现代化总部经济发展载体。推进电子商务创新发展，其中“电子商务双北产业园”被省商务厅命名为山西省电子商务示范基地，“互联网+智慧产业园”已初步建成，且成为全国首家与腾讯达成“互联网+战略

合作”的城区，太原IDC（大数据）中心已与国家广电无线局、中国通信服务有限公司达成长期战略合作，双创孵化器及金融创投平台项目正在建设中。

（二）农业农村基础不断夯实，城乡区域协调发展

多样化发展都市农业。发展集餐饮娱乐、采摘体验、农产品产销于一体的休闲观光农业，完成农家乐生态餐厅8200余平方米，平整土地230余亩。启动小山沟市级美丽乡村示范村和董家庄、孟家井区级美丽乡村示范村创建工作，推荐台骀山滑世界农村生态游乐园申报省级休闲农业与乡村旅游示范点。稳步实施千亩林果基地建设项目，已完成栽种400余亩。开展三级示范社创建工作，新创建省级示范社2家、市级示范社2家、区级示范社3家，新成立合作社13家，我区合作社数量累计已达73家，带动农户800余户。

全力推进城中村改造。把城中村改造作为重大民生工程、发展工程和新型城镇化建设的重要突破口，牢牢抓住全市大规模推进城中村改造的有利契机，举全区之力打好城改攻坚战，在完成郝庄、双塔、王家峰、东太堡4个村整村拆除任务的基础上，自加压力，同步启动了枣园、赵北峰2个村的拆除工作，累计拆除122.71万平方米，拆除率达到100.73%，成为全市两个基本完成整村拆除任务的城区之一。

加快农村基础设施建设步伐。坚持城乡统筹，持续改善农村路网交通、防洪排涝、饮水安全等基础设施条件。实施了占道至柳沟、小山沟至大窑垴2条森防通道建设项目，完成观家峪至小山岩天然气管道沟槽的修复工程和3条园区道路建设，完成南沙河、马庄河、南十方排洪渠等清淤清障和水毁修复工程。实施松庄饮水安全工程和捐子村水源井管网配套工程，解决1900余人的饮水安全问题。综合整治村居环境，打造了小山沟、小山岩、董家庄、里麻地沟、外麻地沟等5个省级乡村清洁示范村。

做好全区采煤沉陷区治理工作。完成了新沟、水峪、港道、观家峪、张家河、大窑垴和小山岩7个采煤沉陷区村庄勘察任务，确定了治理范围，编制了采煤沉陷区综合治理规划。其中新沟村已完成搬迁安置小区选址，建设用地转征材料已上报省政府审核。

（三）有效投入持续扩大，重大项目提质增效

按照经济新常态下“调整存量、做优增量”的要求，紧扣“项目提质增效年”主题，进一步创新和完善重点工程项目“六位一体”工作机制，结合城中村、棚户区、城市道路拆迁改造，主动承接、策划实施一批重大项目，促进和扩大项目的滚动储备，形成拉动投资增长的新动力。全年项目储备2307亿元，完成目标任务的101.5%；项目签约242.72亿元，完成目标任务的103.3%；项目落地100.82亿元，完成目标任务的106.13%；项目开工148.76亿元，完成目标任务的201.03%；项目建设149.15亿元，完成目标任务的100.1%；项目投产121.75亿元，完成目标任务的

114.86%。“六位一体”目标任务均超额完成，“项目提质增效年”取得了实效。

（四）节能减排进一步加强，生态环境持续优化

环境质量提档升级。加大力度搬迁污染企业，严禁新污染项目入区，促进绿色、低碳、循环发展，完成太原双塔刚玉股份有限公司、迪爱生（太原）油墨有限公司工业企业退城入园启动工作。以雾霾治理为重点，抓好分散燃煤采暖锅炉拆除工作，拆除102台分散燃煤采暖锅炉。城边村气化工程进展顺利，完成观家峪至孟家井约6.8公里燃气主管道铺设，港道村已具备开工条件，孟家井村村内管网及入户已完工，松庄村南小区、黄楼及村委会已投入使用。完成西祁家山石灰石矿2015年生态恢复任务，创建8.2平方公里的高污染燃料禁燃区，为3892户居民置换洁净煤2.2万余吨，加强点位周边环境综合整治，加强违法排污企业整治，严厉打击环境违法行为，区域环境质量得到有效改善。

生态环境持续改善。加快东山现代林业示范工程建设，提档升级造林3000亩，启动了洪杰城郊森林公园等项目建设，开展汽车主题公园前期规划。结合片区整治和棚户区改造，高标准实施绿化配套工程，加快身边绿化，实施双塔东西街景观提质升档工程，打造城市园林新景观。

（五）转型综改持续深化，发展活力明显增强

按照省、市转型综改总体工作部署，制定出台了《太原市迎泽区资源型经济转型综合配套改革试验2015年行动计划》，提出了体制机制改革的基本思路、引领经济发展的重大事项、引导产业发展的重大项目。大胆创新、主动作为，中小企业成长工程、行政审批制度改革等十项重大改革进展顺利；城中村改造、片区和街巷整治改造等十七项重大事项顺利完成；社区基础设施提档升级项目、民政园棚户区改造项目等十八项重大项目实施顺利；采煤沉陷区治理规划、“十三五”规划、新农村建设规划三项重大课题有序推进，转型综改工作取得阶段性成效，为经济社会的发展注入了新的动力。

（六）市容市貌不断改善，城市建设加快推进

城市管理水平不断提升。加快智慧城市建设，建立了迎泽区智慧环卫管理系统，区数字城管平台对垃圾中转站进行视频监控，对符合安装条件的环卫车辆和执法车辆全部安装了GPS定位系统。加强环卫作业网格化管理，扩大垃圾上门收集范围，将机械化作业逐步向小街巷延伸。疏堵结合，整治占道经营，确保了42条主次干道无摊点、背街小巷摊点规范有序，设立平价便民市场8个，方便了市民生活，优化了居住环境，提升了城市品位。

城乡清洁稳步实施。着力抓好城中村、棚户区、背街小巷和农村地区的城乡清洁。高标准综合整治上马街、旧城街等10个片区和惠民北巷、桃园三巷等26条街巷，切实解决安全隐患突出、配套设施不全、路面损毁严重、排水设施淤塞及环境脏乱差问题。

城市建设加速推进。坚持地上与地下并重，整体推进路网、管网和公共服务设施建设，实施南内环快速化改造、南沙河快速路续建和松小线改建等重点工程房屋征收工作。配合市级部门实施东峰路、郝庄正街等朝阳片区市政道路建设，抓好棚户区及老旧房改造，稳步推进青年东街、东岗巷、新生里等6个棚户区改造项目回迁安置房建设。完成既有居住建筑节能改造101.38万平方米，提升了人居品质和城市形象。

（七）民生工程有序推进，社会事业协调发展

民生保障水平不断提升。保基本兜底线，持续加大民生投入，完成20件惠民实事，不断提升人民幸福指数。积极落实创业优惠扶持政策，统筹抓好高校毕业生、农村转移劳动力等群体的就业工作，城镇新增就业近1.9万人。完成了城镇居民、新型农村养老保险及老农保的统一信息化管理与合并。新建了4家农村老人日间照料中心。加大低收入人群保障投入，完善社会救助体系，制定了《迎泽区“救急难”救助工作实施细则（暂行）》，分级实施“救急难”便民救助工程和“爱心粮”工程，满足低保家庭需要。持续提高社会救助标准，城乡低保对象医疗救助封顶线由3万元提高到6万元。将一级重度残疾人护理补贴和生活补贴由每人每年480元提高到600元。新开工建设保障性住房7417套，缓解低收入群体的住房困难。

社区服务水平全面提升。投入5000万元，实施社区基础设施提档升级全覆盖工程。强化社区为老服务，建设完成3个社区老年人日间照料中心和9个社区老年餐桌，免费发放“爱心一键通手机”3316部，“爱心一键通”服务覆盖全区城乡60岁以上有需求的老年人。区财政对辖区注册登记的民办社会养老机构按床位补贴由每床600元提高到840元。投入2000万元，继续落实社区（村）惠民项目资金，依民所需所愿，实施了一批社区惠民项目。

公共服务优质均衡发展。实施8所中小学校舍建设工程，完成马庄、起凤街、校尉营3所小学附属幼儿园改扩建工程。投入资金近3000万元，建设数字校园19所，实现全区所有中小学数字校园基础设施建设的“全覆盖”。健全社区卫生服务机构与大型公立医院联动协作机制，提高基本医疗和公共卫生服务能力。优化人口计生服务环境，完成9个社区（村）计划生育服务室的装修改造，提升计划生育服务管理水平。推进文化惠民，实现社区图书阅览室全覆盖，完成剩余26个社区图书室的建设任务，新建成的社区图书室实现了与省、市、区图书馆读者证通用、图书通借通还。加强社区文化专管员和体育指导员队伍建设，开展全民健身、文化惠民基层行等活动，繁荣群众文化生活。

社会大局和谐稳定。坚持把维护稳定作为重大政治责任，建立健全矛盾纠纷联调体系，落实接访包案等制度，开展大接访32次，解决信访积案198件，化解了一批重大不稳定因素。全面深化“法治迎泽”建设，我区承办的特色“流动法律大讲堂”

活动被市司法局列为亮点工作，我区被全国普法办公室表彰命名为“全国法治县（市、区）创建工作先进单位”。落实各项安全生产责任制，完善安全生产监管体制，有效遏制重特大事故、重大食品安全事故、自然灾害和群体性事件发生。深入推进“平安迎泽”，强化治安防控体系建设，加大对流动人口聚集区、城中村、校园周边环境整治力度，严厉打击和惩治各类刑事犯罪活动，全力维护社会稳定，保障人民群众安居乐业。

加强国防动员和民兵预备役建设，深化双拥共建，做好统计、档案、民族宗教、史志、科普、妇女、儿童、侨务等工作，促进社会事业全面进步。

2015年是我区经济社会发展极不平凡的一年，取得的成绩来之不易。在充分肯定成绩的同时，我们也必须清醒看到存在的不足和问题：一是受地域空间、环境容量等要素制约，投资增长难度加大。二是重大产业项目不多，经济发展后劲有待加强。三是自主创新、新兴产业发展带动能力仍然较弱。四是实体经济发展面临困难较多，部分企业、特别是小微企业生产经营压力较大。针对发展过程中反映出来的问题，我们要认真研究分析，进行改革创新，切实加以解决。

二、2016年国民经济和社会发展的总体思路和主要预期目标

2016年是“十三五”规划的开局之年，也是推进结构性改革的攻坚之年，做好全年的各项工作意义重大。我区今年国民经济和社会发展的总体思路是：全面贯彻落实党的十八大和十八届三中、四中、五中全会和中央、省、市经济工作会议精神，按照区第五次党代会的部署，全面贯彻五大发展理念，主动适应经济发展新常态，坚持改革开放，坚持稳中求进工作总基调，坚持稳增长、调结构、惠民生、防风险，落实宏观政策要稳、产业政策要准、微观政策要活、改革政策要实、社会政策要托底的要求，着力加强供给侧结构性改革，突出创新驱动，实现重点突破，全面落实“坚持一个指引、两个走在前列、抓好三项任务”要求，着力抓好“五个一批”，努力实现“十三五”时期全区经济社会发展的良好开局，努力把迎泽建设成为更具实力、更富活力、更有魅力、更加宜居、更加幸福的省城首善之区。

按照上述总体思路，2016年全区国民经济和社会发展的主要预期目标是：

——地区生产总值增长8.5%；

——服务业增加值增长8.5%；

——规模以上工业增加值增长2%；

——固定资产投资增长20%；

——社会消费品零售总额增长9%；

——一般公共预算收入增长5%；

——农村常住居民人均可支配收入增长7.5%；

——万元地区生产总值能耗下降3.5%。

三、2016年国民经济和社会发展的主要任务

实现上述经济社会发展预期目标，做

好2016年经济工作，要牢牢把握经济工作的主动权，精准发力，扎实工作，努力在事关全局的重点工作上取得新突破。

（一）以创新驱动为抓手，开创供给侧结构性改革发展新态势

发展都市现代农业，突出产业转型升级。一是继续完善多元化的经营体制。积极拓展村级集体经济增收渠道，加大对经济薄弱村的扶持力度，支持农民合作社和龙头农企培育，发挥其组织和带动作用，着力发展高效、绿色型现代都市农业，力争农村常住居民人均可支配收入增幅达到7.5%以上。二是加快农业结构调整。做强特色优势产业，以千亩林果基地为依托，大力实施生态休闲观光旅游农业，重点打造小山沟城郊森林公园AAAA级旅游景区，加快农旅一体化发展。

培育新兴产业，强化发展新动力。形成“以重大技术突破为关键支撑、先导产业加速成长、优势产业加快做强、传统产业不断提升、重点领域跨越发展”的态势，创建互联网+智慧产业园项目。加大对我区“众创空间”和“科技孵化器”的培养、支持力度，建设小微企业创业创新基地，培育一批科技小巨人的战略新兴产业。引导企业“抱团”发展，我区中小企业居多，在企业的发展上有很大的局限性，政府要鼓励行业企业抱团投资，联手发展，改善结构，共同开拓市场，提升核心竞争力，通过“抱团”，还可引导企业相互担保、联保，增加小微企业信用度，解决小微企业融资难的问题。

拓展发展领域，全方位支持服务业发展。要通过转变发展理念，以“互联网+”和电子商务为突破口，促进整个服务业上规模、上水平。要加快培育新的消费增长点，改善消费环境，引导柳巷、朝阳街等核心商圈加快由传统商业街区功能向综合商务区功能的转变，重视消费对经济增长的基础作用，多点支撑促进消费扩大和升级。加快实施楼宇总部经济三年行动计划，再打造一批基础条件好、服务功能强的“总部经济发展基地”，推动城区空间的更新与新经济增长点的培育。积极扶持企业孵化园、商务秘书公司等符合我区发展空间的模式，用足用好国家对“双创”的优惠政策，为企业成长创造空间。

强化项目带动，提高投资有效性。继续以重点项目为抓手，全面开展“待办项目大起底”，多管齐下扩大有效投资，创新机制激活社会投资，充分发挥预算内投资的带动作用，确保符合条件的项目尽快落地实施，进而培育一批大企业，带动一个大产业。重点做好省市区重点项目、产业培育项目的推进工作，加快苏宁广场、国海广场等项目建设，跟进高新区迎泽电子商务产业园、太原大数据中心等项目建设。加大与央企、国企、军工企业、上市企业的对接，借力规模大、实力强、资金足、市场好的大型企业的资源优势，实现双方合作共赢发展。对财政投资项目进行绩效考核，强化支出责任和效率意识，切实优化财政资金配置，让有限的财政资源产生更好的经济社会效益。

（二）以统筹协调为导向，营造城乡并进发展新局面

合力构建现代化的中心城区。加快城市基础设施建设，配合市政府完成五一路、南沙河东段等道路改造，做好轨道交通2号线建设相关工作。持续做好背街小巷提档升级改造工程，高标准完成东岗巷、水西关南街、桃园三巷等19条背街小巷和文源等2个片区的综合整治工作。深入实施“五大惠民工程”，新建大型生活垃圾转运站、渣土场各一处，稳步提高城市管理水平。不断提升景观绿化水平，进一步推动园林绿化从重数量向量质并举转变，结合旧城和棚户区改造、片区整治项目，将现有绿地从单一功能向复合功能转变。争当“五城联创”的参与者和推动者，为迎接第二届全国青年运动会营造良好氛围。

努力形成特色化的美丽乡村。全力推进东部均衡发展，探索一条具有迎泽特色的区域发展之路。重点打造小山沟等美丽宜居示范村。完成两条森防通道建设后续工程，启动观家峪村至观枣线大修工程，实施好县乡公路养护工作。推进小山沟、小山岩凿井工程及管网配套工程，解决部分村庄及东山项目区生态发展用水需求。统筹推进村庄亮化、农村危房改造和美丽宜居乡村改厕等工程，全面完善农村基础设施，改善村民生活环境。

强力推进城中村和棚户区改造。以城中村、棚户区改造及东山地区发展为契机，有效破解土地和空间受限等发展制约，形成新的发展空间、增长空间。在完成去年6个整村拆除重点村拆迁扫尾、加快回迁安置房建设基础上，继续举全区之力，全面启动店坡、马庄等4个城中村整村拆除，确保3年内实现改造全覆盖。大力实施棚户区改造，加快推进青年东街、东岗巷等棚户区改造项目建设，新开工建设安置房3800套，完工1400套左右，同时将片区改造与零星改造结合起来，将改造与拆违结合起来，加快东五龙口铁路宿舍38号院、和平市场等棚户区改造，力争利用2年时间基本消除辖区所有连片棚户区，让群众尽早享受改造成果。努力探索农民就地城镇化、服务社区化、生活市民化的有效路径，并以此推动全区产城融合。

（三）以民生改善为根本，形成共享和谐的发展新气象

全面实施惠民工程。深入推进民心工程，继续建立健全就业创业政策，开展“公共就业服务进校园”等系列专项活动，鼓励、支持和引导高校毕业生自主创业，同时做好政府购买公共服务岗位吸纳高校毕业生就业和高校毕业生就业见习工作，确保城镇新增就业1.59万人。继续完善社会保障体系建设，优化办事流程，依托区行政服务中心打造全区社保业务平台。加大困难群众救助力度。将月人均收入高于低保标准1倍、低于低保标准2倍的低收入人群医疗救助封顶线由2万元提高到3万元。巩固提升新农合医疗制度成果，门诊封顶线从100元提高到200元，住院补偿比例提高5%至10%，最高达到90%。新建开工保障性住房6176套，基本建成

2670套。做好与娄烦县静游镇的对口扶贫工作，齐心协力打赢脱贫攻坚战。

全面建设生态文明。要紧紧围绕绿色发展、循环发展、低碳发展的要求，全面推进污染源网格化管理，严格按照新《环保法》要求，加大执法力度，对违法建设、超标排放、偷排漏排、无证排污等违法行为进行严肃处理。加快新沟、水峪等7个村的采煤沉陷区治理，确保3年全面完成；启动东祁家山等5个村新农村建设，统筹产业布局规划、村庄亮化、农村危房改造和美丽宜居乡村改厕，不断改善生活和发展环境。全面改善省城环境质量，拆除分散燃煤锅炉96台，集中供热替代230万平方米，实现建成区范围分散燃煤锅炉全部清零。加快城边村气化工程，完成港道、松庄、孟家井等村气化改造。大力推广使用洁净煤，为城中村、棚户区和农村置换洁净煤2.5万吨。取缔露天烧烤，东中环以西地区所有餐饮摊点加装油烟净化装置。杜绝秸秆焚烧，实现农村秸秆综合利用全覆盖。加大黄标车和老旧车淘汰力度，全面完成市下达任务。全区PM2.5平均浓度值下降4%，力争二级以上优良天气增加20天以上，在全市空气质量重点监控排名前移。提档升级造林3000亩，新建5个小游园和5个街头小绿地，创建一批市级园林绿化居住区、园林化标兵居住区和园林化先进居住区，完成单位附属绿地、居住区绿地0.3公顷，让人民群众切实感受到宜居环境的改善，努力构筑人与环境和谐共处的美丽迎泽。

全面优化社会事业。深入推进义务教育优质均衡发展，努力办好每一所学校，让更多的老百姓享受优质教育资源。加大学前教育普惠力度，加强师德师风建设，畅通家校沟通渠道，推进教育公平，更好地服务百姓。继续推进校安工程，启动36中、37中、39中改扩建项目；加快学前教育发展，新建公办幼儿园1所；普及推广教育信息化建设，打造9个“智慧教室”；提高生均公用经费，小学提高到1000元/人，中学提高到1200元/人。深化医药卫生体制改革，鼓励骨伤科等医院创建省级重点专科，力争启动区中心医院建设，完成棉花巷社区卫生服务中心危房改造。合理调整社区卫生服务机构设置规划，在4个基层医疗卫生机构设立80个“医养结合”床位，推进家庭医生签约和适宜护理技术上门服务，逐步为社区居民提供方便、安全、有效的基本医疗和公共卫生服务。着力推进流动人口卫生计生基本公共服务均等化，将流动人口纳入城镇基本公共卫生和计生服务范围。着力打造特色养老产业，以居家为基础、社区为依托、机构为支撑、信息服务为辅助，通过新、改、扩、购、租、转等方式增加养老服务供给，新建1所区级公办养老机构和15个社区养老服务中心、17个社区（村）老年日间照料中心，争取年内启动区社区福利院建设，提升老年餐桌和居家养老服务水平，满足不同群体的养老服务需求。高标准建设社区基础设施，解决10个200平方米以下的社区改扩建。进一步完善公共文化体育设施，再建26个社区健身场所。继续推进既有建筑节能改造，全力完成120万平方米改造任务。结合区政府重点工作，在拆迁改造、燃气管线治理等方面加强安全监管。全面织密打防管控网络，推进“平安迎泽”建设，进一步提高驾驭社会治安局势的能力。

（四）以改革开放为动力，形成跨越提升的发展新格局

加快招商引资步伐。把招商引资作为推动发展的强大引擎，积极参与“一带一路”建设和环渤海经济圈合作发展，主动承接东部地区加工贸易产业转移。创新投融资机制，推广PPP投融资模式，通过大项目的落地投产，拉长做粗产业链，推进产业转型升级，激发经济发展新动力。加快推动企业“走出去”和“引进来”，“以民引外”“以外引外”，推动晋商回乡兴企。强化招商服务，优化招商环境，树立“服务无缝隙”政务形象，“引得来、留得住”，切实把创新园打造成为我区对外开放的平台。加强招才引智力度，鼓励辖区企业引进高层次专业人才。

全力促进民营经济发展。继续拓展民营经济尤其是中小企业的融资渠道，推进企业金融服务中心建设，通过项目储备、专业培训、开辟绿色通道，加快企业对接资本市场步伐，培育、储备优质挂牌后备企业，夯实对接“新三板”的基础，激活民资全面发力。积极落实民营经济发展激励政策，建立帮扶企业库，采取一企一策，重点扶持一批高成长性中小企业快速发展，精心支持一批小微企业提升规模，把“双创”基地作为小微企业发展、解决大学生就业创业的基本载体，搭建区中小企业公共服务平台，支持迈克斯众创空间等“双创”平台建设，全力打造民营经济发展“升级版”。

着力推进体制机制改革。继续深化行政体制改革，处理好改革“最先一公里”和“最后一公里”的关系，大力推动简政放权，优化审批流程，提高审批效率，推行“智慧审批”，实行“网上经办”和“业务下沉”双轮驱动。推进社区减负增效工作，要创新思维、明确措施、落实到位，进一步推动政社互动，激发社会组织活力，通过政府购买服务的形式让社会组织参与社区管理建设。着力在关键领域取得重大突破，进一步推动转型综改区建设，做好改革的顶层设计，突破“中梗阻”，防止不作为，把改革方案的含金量充分展示出来，让人民群众有更多获得感。

有志者事竟成，众行者必致远。各位代表，当前我区正处于经济结构加快转型的关键时期，发展与改革的任务十分艰巨。我们要按照“十三五”规划确定的目标任务，在区委的正确领导下，在区人大、区政协的监督支持下，振奋精神，坚定信心，勤奋务实，担当作为，推动创新驱动，转型升级，促进经济社会跨越提升，为建设省城首善之区而努力奋斗！

关于太原市迎泽区 2015 年预算执行情况和 2016 年预算草案的报告

——在太原市迎泽区第五届人民代表大会第一次会议上

迎泽区财政局局长　何吉铮

（2016年 8 月 24 日）

一、2015 年区级预算执行情况

2015 年，面对经济下行压力持续加大的严峻挑战，在区委的正确领导和区人大的监督支持下，我区财税部门主动适应经济发展新常态，积极应对各种挑战，迎难而上，创新有为，较好地执行了区四届人大五次会议批准的预算。

（一）一般公共预算执行情况

2015 年经区四届人大五次会议审查批准的区级一般公共收入预算为 161000 万元，支出预算为 186094 万元（含上级提前下达的转移支付等）。

2015 年区级一般公共预算收入完成 161343 万元，为预算的 100.21%，同比增长 7.27%，加转移支付 49960 万元，上年结转收入 3924 万元，调入资金 39060 万元（含政府性基金转列一般公共预算 14060 万元，调入预算稳定调节基金 25000 万元），收入总量为 254287 万元；一般公共预算支出执行 223912 万元，为调整预算的 91.92%（经区人大常委会第 31 次会议审议批准），同比增长 26.17%，加上解上级支出 10350 万元，安排预算稳定调节基金 1907 万元，结转下年专项支出 18118 万元，支出总量为 254287 万元。收支相抵，实现当年收支平衡。

1. 主要收入项目执行情况：

税收收入 144784 万元，为预算的 98.29%，增长 2.9%。增幅较小的主要原因一是上年一次性收入较大，抬高了基数；二是受经济下行影响，企业收益普遍下降，主体行业税收呈现下滑态势。其中：国内增值税 10262 万元，为预算的 92.2%，下降 4.75%；改征增值税 10684 万元，为预算的 89.57%，下降 0.88%；营业税 53540 万元，为预算的 95.05%，下降 3.24%；企业所得税 5826 万元，为预算的 94.87%，增长 1.52%；个人所得税 4841 万元，为预算的 89.28%，下降 4.48%；房产税 12215 万元，为预算的 111.97%，增长 19.74%；土地增值税 21271 万元，为预算的 122.17%，增长 30.47%等。

非税收入16559万元，为预算的 120.87%，增长 70.61%，增幅较高的原因是地方教育附加等政府性基金转列一般公共预算收入以及一次性非税收入集中入库等。

2. 主要支出项目执行及落实情况：

教育支出33572万元，为调整预算（下同）的85.61%，同比下降17.56%，执行率较低的原因是为盘活财政存量资金，改变了按权责发生制结转支出的方式，各部门需结转的项目资金不再按权责制列支，而是由财政统一结转，纳入下年度预算安排，因此，与调整预算数相比，部分支出项目执行率较低（下同）。教育资金中普通教育支出30767万元，包括学前教育1198万元，小学教育20322万元，初中教育7691万元，主要用于支持五所校舍、三所附属幼儿园改扩建，义务教育标准化、特色学校建设以及改善薄弱学校办学条件，提高生均公用经费等。

社会保障和就业支出67675万元，为预算的93.98%，同比增长62.74%。增幅较高的原因是调入预算稳定调节基金22000万元，成立企业融资平台，强化财政资金政策导向作用，撬动社会资本，推进我区经济和社会事业进一步发展。社会保障资金中财政对社会保险基金补助支出3631万元，行政事业单位离退休支出13900万元，抚恤及退役安置支出6904万元，城乡居民低保支出1741万元，就业补助支出5183万元，基层政权和社区建设支出7301万元，企事业改革补助支出26063万元等。主要用于城乡养老保险提标、优抚人员补助、低保等困难群体救助、政府购买服务、资本金注入以及社区双提档建设等民生项目。

医疗卫生支出14849万元，为预算的84.57%，同比增长11.87%，其中：医疗保障支出5661万元，基层医疗卫生机构支出3238万元，基本公共卫生支出1963万元，计划生育支出1442万元等。主要用于实施基本公共卫生服务项目，国家基本药物补助制度，城乡医疗救助及慢性病防控等项目。

文化体育与传媒支出1169万元，为预算的90.83%，同比增长23.83%，其中：文化支出561万元，文物支出379万元，体育支出137万元，主要用于扶持五个文化产业和四个非遗项目，新建二十六个社区图书室和三十个社区体育健身场所，推动文化惠民工程，加快构建现代公共文化服务体系。

城乡社区事务支出44969万元，为预算的97.94%，同比增长18.95%，其中：城乡社区公共设施支出19259万元，城乡社区环境卫生支出22913万元，城管执法支出1787万元，主要用于南沙河抢险路建设、十个片区及多条小街巷综合整治、既有建筑节能改造、五个游园及街头绿地建设等重点城建项目。

农林水事务支出6954万元，为预算的93.53%，同比下降16.24%，其中：农业支出3471万元，林业支出2007万元，水利支出1279万元，重点支持小山沟至大窑脑等森林防火通道提档增绿、破损面修复，林果基地建设，松庄等村饮水安全工程等。

资源勘探信息等支出24321万元，为预算的92.64%，同比增长92.65%，其中：安全生产监管591万元，支持中小企业发展和管理支出23730万元，主要用于小微企业双创平台建设，企业融资平台注入资本金等。

2015 年上级对我区转移支付 49660 万元，增长 20.6%。其中：返还性收入 8892 万元，下降 0.6%；一般转移支付 14620 万元，增长 5%；专项转移支付 26148 万元，增长 42.8%。主要用于教育、社会保障、医疗卫生、农业、公共安全、节能环保等方面。

3. “三公”经费预算执行情况

2015 年“三公”经费预算为 1136 万元，全年执行 804.68 万元，为预算的 70.83%，同口径下降 15.43%。其中：公务接待费支出 19.2 万元，为预算的 9.23%，同口径下降 46.84%；公务用车购置及运行费支出 785.48 万元（含车辆购置费 77.76 万元、车辆运行维护费 707.72 万元），为预算的 86.51%，同口径下降 14.19%；未发生因公出国（境）费。

（二）政府性基金预算执行情况

2015 年政府性基金收入 3 万元，加转移支付收入 3775 万元，上年结转收入 20603 万元，收入总量为 24381 万元。政府性基金支出 4465 万元，为变动预算的 83.85%，调出资金 14060 万元，收支相抵后，结转下年支出 5856 万元。政府性基金主要用于城乡建设、社会保障等方面。

（三）社会保险基金预算执行情况

2015 年区级社会保险基金收入 48435 万元，为预算的 136.73%；社会保险基金支出 38211 万元，为预算的 92.52%，当年收支结余 10224 万元，年末滚存结余 42376 万元。

（四）举借债务情况

2015 年偿还债务 500 万元，主要是偿还检察院办公大楼工程欠款，年末债务余额 346.1 万元，不存在债务风险。

（五）落实区四届人大五次会议预算决议情况

2015 年，我们积极落实区四届人大五次会议的有关决议和审议批准的预算任务，稳步推进财税改革，完善预算管理，稳定民生保障，推进城市建设，为全区经济社会发展提供了有力保障。

1. 加强财政调控，抓好预算执行

2015 年，面对财政收入持续低位运行的严峻形势，我们时刻把握财税运行情况，强化收入监测分析，及时调整征管重点，确保各项收入应收尽收，圆满完成了全年收入任务。在狠抓收入的同时，积极调整支出结构，盘活资金存量，强化资金统筹，大力压减一般性支出和“三公”经费支出，切实保障“五个一批”等重点工程的推进，保障区委、区政府各项工作的顺利实施。

2. 完善投入机制，保障改善民生

坚持民生优先导向，统筹财力向民生领域倾斜，全年支出民生资金 194419 万元，占全区一般公共预算支出的 86%。小学生均经费由 840 元提高到 920 元，中学生均经费由 1000 元提高到 1100 元，城乡最低生活保障标准每人每月提高 25 元达到 505 元，城镇居民基本医疗保险和新农合财政补助标准每人每年提高 60 元达到 380 元，基本公共卫生服务费政府补助标准提高到 40 元，最低工资保障水平从 1450 元提高到1620元等，一批与人民群众生产生活密切相关的民生政策得到落实，进一步提升了全区人民的获得感、幸福感。

3. 深化财税改革，坚持依法理财

一是完善预算编制体系。制定科学合理的支出定额，细化编制内容，减少代编预算，提高了财政预算的精细化水平。二是落实预算管理制度改革。加大资金统筹力度，将地方教育附加等政府性基金预算转列一般公共预算合并安排；全面清理结余结转资金，盘活财政存量，全年共统筹资金5亿元。三是全面树立预算严肃性。严格执行人大批准的预算，加快预算指标分解下达节奏，执行进度明显加快。四是深入推进预决算公开。除涉密信息外，所有使用财政资金的部门都公开了本部门预决算和“三公”经费预决算，财政预算的透明度进一步增强。五是坚持依法理财。严格按照法律规定，将全部理财行为自觉纳入法治轨道，主动接受人大监督，审计监督。

2015年是“十二五”收官之年。回顾过去的五年，全区一般公共预算收入由2010年的77549万元增加到2015年的161343万元，年均增长16.9%，全区一般公共预算支出由2010年的94018万元增加到2015年的223912万元，年均增长15.2%。为推进全区经济结构转型、民生事业发展、生态宜居城市建设等各项事业的发展壮大提供了坚实的财力保障。

这些成绩的取得，是区委科学决策、坚强领导的结果，是区人大监督指导、大力支持的结果，也是全区各部门齐心协力、共同努力的结果。同时，我们也清醒地认识到，财政运行还面临一些困难和问题：主要是收支平衡压力越来越大，有些单位预算执行力亟待增强，一些重大投资项目开工不及时、建设推进慢，资金使用的安全性、有效性仍需提高等。我们高度重视这些问题，将采取有力措施加以解决，也希望各位代表、委员一如既往地给予监督和指导。

二、2016年区级预算草案

2016年是全面建成小康社会决胜阶段的关键之年，也是“十三五”规划的开局之年，根据省、市经济工作和财政工作会议精神，2016年全区财政预算编制的指导思想是：全面贯彻落实党的十八大和十八届三中、四中、五中全会以及中央、省、市经济工作会议精神，按照“担当新使命，争当排头兵，建设省城首善之区”的新定位，全面落实“坚持一个引领，两个走在前列，抓好三项任务”的要求，持续实施“五个一批”工程，深化财税改革，落实财政政策，加强预算管理，加大资金统筹力度，强化依法理财，促进我区经济社会持续健康发展。

落实上述指导思想，综合考虑我区财政经济发展的各种因素，2016年全区财政预算编制遵循以下原则：一是收入预算坚持实事求是，与经济社会发展水平相适应，与国家政策相衔接。二是支出预算坚持量入为出、有保有压，依法安排各项财政支出。留足财力优先“保工资、保运转、保民生”；集中财力重点保障全区中心工作和重点项目；统筹财力区分轻重缓急量力安排其他支出。三是推进中期财政规划管理，对重大支出项目，按三年统筹考虑，确保财政可持续发展。

（一）一般公共预算

2016年区级一般公共预算收入安排169420万元，增长5%。按现行财政体制匡算，2016年全区可用财力约为206901万元（含上级提前安排的转移支付和上年结转资金），其中：区级收入169420万元，税收返还8716万元，一般转移支付12205万元，专项转移支付8778万元，上年结转18300万元（含上年结转18118万元，市区结算补助182万元），上解上级支出10278万元，援助其他地区上划240万元。

按照收支平衡原则，一般公共预算支出相应安排206901万元，增长6.46%，其中：民生支出共安排178426万元，占全区一般公共预算支出的86.2%。按照政府收支分类功能科目，一般公共预算支出安排情况具体如下：

1. 一般公共服务支出安排15615万元，同口径下降17.84%，主要用于政府部门提供基本公共服务与管理方面的支出。

2. 国防支出安排620万元，与上年持平，主要用于民兵及预备役部队建设、国防教育等方面的支出。

3. 公共安全支出安排9240万元，同口径增长21.6%，主要用于公、检、法、司等部门维护社会公共安全方面的支出。增幅较高的主要原因是加大对审判法庭和公安技术用房等项目建设的投入。

4. 教育支出安排38151万元，同口径下降11.66%，主要用于普通教育、特殊教育等方面的支出。重点用于校舍改扩建、校园信息化建设、改善薄弱学校办学条件、保障义务教育生均公用经费需求等项目。其中：小学生均经费由920元提高到1000元，中学生均经费由1100元提高到1200元，特殊教育生均经费由6000元提高到7000元等。

5. 科学技术支出安排2431万元，同口径增长2.14%，主要用于科学技术管理方面的支出。

6. 文化体育与传媒支出安排1021万元，同口径增长3.1%，主要用于文化、体育方面的支出。重点安排文化产业扶持经费200万元，社区图书室及全民健身经费300万元，文物保护经费180万元等。

7. 社会保障和就业支出安排42498万元，同口径增长13.44%，主要用于社会保障及民政管理方面的支出。今年将落实城乡居民最低生活保障标准每人每月再提高25元等支出政策。重点安排财政对社会保险基金补助2266万元，基层社区经费8000余万元，公益岗位补助2282万元，义务兵优待金2600万元，退役安置及抚恤经费3300万元，企业改革补助2000万元等。

8. 医疗卫生与计划生育支出安排16039万元，同口径增长7.25%，主要用于医疗卫生管理、基本公共卫生和医疗保障方面的支出。今年将落实城乡居民基本医疗保险财政补助标准由每人每年380元提高至420元，基本公共卫生服务项目年人均财政补助标准由40元提高到45元等支出政策。重点安排基层卫生机构补助1900万元，基本药物零差率补助经费300万元，基本公共卫生及新农合区级补助420万元等。

9. 节能环保支出安排3693万元，同口径增长2537.69%，主要用于环境保护和节能减排方面的支出。重点安排农村洁净煤置换及采暖锅炉改造经费3000万元。本项预算安排增幅较高的原因是上年转移支付结转较大以及省、市环保项目要求区配套资金较高。

10. 城乡社区支出安排51132万元，同口径增长12.11%，主要用于城乡设施维护方面等的支出。重点安排片区及背街小巷整治经费3000万元，既有建筑节能改造经费2000万元，供暖补贴500万元，农村道路改造经费3000万元，新建游园及街头绿地经费400万元，城乡清洁工程经费12000万元，森防通道建设及绿化经费3500万元，精准扶贫经费2000万元等。

11. 农林水支出安排2800万元，同口径下降69.58%，主要用于支农方面的支出。重点安排农村饮水安全经费200万元，林果基地续建经费400万元，生态治理经费500万元等。本项预算安排降幅较大的原因是根据2016年政府收支科目设置，将农村公路建设、林业通道建设项目预算安排至城乡社区公共设施科目。

12. 交通运输支出安排665万元，同口径增长3.91%，主要用于交通运输管理方面的支出。

13. 资源勘探信息等支出安排2531万元，同口径增长412.87%，主要用于安全生产监管和双创平台建设等方面支出。增幅较高的原因是上年转移支付结转较大。

14. 商业服务业等支出安排8万元，同口径下降96.51%，主要用于商业管理方面的支出，下降幅度较大的原因是上级转移支付减少。

15. 国土海洋气象等支出安排657万元，同口径增长71.09%，主要用于国土资源管理方面的支出。增幅较高的原因是上年转移支付结转较大。

16. 预备费安排3000万元，与上年持平。

17. 其他支出安排16800万元，同口径增长108.7%，主要用于2016年人员增资、机关事业单位养老保险制度和职业年金制度改革、行政及参公单位人员车辆补贴、以及预算执行中根据省市要求需追加的项目经费等预留资金。预算执行中，将根据实际情况，调整至相关支出科目执行。

经汇总，2016年区级行政事业单位使用财政资金安排的“三公”经费预算为895万元，同比下降21.2%，其中：因公出国（境）费15万元，公务接待费100万元，公务用车购置及运行费780万元（公车运行维护费700万元、公车购置费80万元）。公务用车购置及运行费与上年基本持平，主要原因一是本次公车改革不涉及事业单位，区级事业单位仍然按照原标准安排公车费用；二是公车数量减少后，单车业务量增加，相应提高了执法执勤等车辆定额标准。

（二）政府性基金预算

2016年政府性基金上年结转收入5856万元，转移支付收入14万元，收入预算总量为5870万元。支出预算安排3870万元，具体安排情况为：水库移民基金支出77万元，国有土地使用权出让金支出2474万元，城市公用事业附加支出325万元，城市基础设施配套支出522万元，车辆通行费支出29万元，新型墙体材料基金支出2万元，其他政府性基金支出441万元。收支相抵后，结转下年支出2000万元。政府性基金主要用于城市建设，改制企业职工安置等。

（三）社会保险基金预算

2016年社会保险基金收入预算安排44501万元（含保险费收入30960万元，财政补贴收入12243万元，利息收入497万元，保费转移收入801万元），加上年滚存结余42376万元，全年收入总量为86877万元。支出预算安排51745万元，年末滚存结余35132万元。

根据《预算法》规定，预算年度开始后，预算草案在本级人民代表大会批准前，可以安排下列支出：上一年度结转的支出；参照上一年同期的预算支出数额安排必须支付的本年度部门基本支出、项目支出；法律规定必须履行支付义务的支出、以及用于自然灾害等突发事件处理的支出。根据上述规定，2016年1–7月份区级一般公共预算支出执行91712万元。其中，区级预算执行77611万元，转移支付执行14101万元。

三、完成2016年预算任务的主要措施

为顺利实施2016年财政预算，我们将重点抓好以下几方面的工作，确保年度各项目标任务圆满完成。

（一）加强财源建设，全力做好收入组织工作

加快转换经济发展动能，抓好项目落实，激发市场活力，扩大财源建设。创新财政资金投入方式，引导社会资本向实体经济和重点项目投入，推动产业结构调整，巩固现有财源，挖掘潜在财源，培养新型财源。密切跟踪财政收入形势，研判国家财税政策，加强分析、妥善应对，保障财政收入增幅保持在合理区间。继续落实减税降费政策，帮助企业降低成本，巩固营改增改革成果，增强企业后劲。坚持依法征收，合理调度组织收入，绝不在经济形势趋紧、收入持续下滑的时候杀鸡取卵、虚收探收，增加企业负担。

（二）优化支出结构，重点做好支出管理工作

一是科学编制预算。继续健全基本支出和项目支出定额标准体系，优化支出结构，科学合理分配财力。从严控制一般性支出和“三公”经费支出预算，勤俭办一切事业。二是从严执行预算。牢固树立“无预算、不支出”的法定原则，严格执行区人代会批准的预算，落实区人大决议，细化预算执行时间节点，加强资金运行监管，提高支出及时性和有效性。三是确保民生持续改善。坚持量力而行原则，加强对特定人群、特殊困难的精准帮扶，落实各项社会保障

政策。四是确保重点支出预算。大力压减各类工作性专项经费，盘活财政存量，增加对重点项目的投入，确保区委各项中心工作落到实处。

（三）推进财税改革，依法做好体制完善工作

按照深化财税体制改革的路线图、时间表，全面推进各项改革。一是紧密跟踪国家财税改革动向，围绕税制改革、转移支付政策调整等内容，主动研究，确保既得利益，争取更大红利。二是进一步盘活存量资金。继续清理收回两年及两年以上结转资金，统筹用于经济社会发展急需支持的领域。三是提高预算绩效。积极引入第三方，开展重大专项资金绩效评价，强化评价结果应用，增强花钱的责任意识和效率意识。四是强化预决算公开工作，提高各部门公开的主动性，自觉接受社会各界监督。五是深化国有资产管理改革，规范资产配置标准和流程，做好资产清查和产权登记工作，提高国有资产使用效率。六是加大监督力度。把财政监督嵌入财政资金运行的全过程，管控好资金运行流程和关键节点，强化预算单位主体责任，严肃财经纪律，有效防范各类财政风险。

各位代表，2016 年财政经济形势复杂严峻，财政改革任务繁重艰巨。我们要在区委的正确领导下，在区人大及其常委会的监督支持下，锐意进取，奋发有为，更好发挥财政职能作用，以更大的决心和毅力，完成全年财政预算任务，为实现“十三五”良好开局，全面建成小康社会做出积极贡献！

太原市迎泽区人民法院工作报告

——在太原市迎泽区第五届人民代表大会第一次会议上

迎泽区人民法院院长　赵晋虎

（2016 年 8 月 25 日）

2015 年工作回顾

2015 年，我院在区委、区人大和上级法院的领导、监督、指导下，认真学习贯彻党的十八大和十八届三中、四中、五中全会精神，牢牢把握司法为民公正司法主线，着力执法办案抓精品，司法为民抓精细，规范管理抓精准，队伍建设抓精良，深入推进法院各项工作，取得了良好成效。

一、立足审执工作，保障平安法治迎泽

我院狠抓执法办案第一要务，服务经济社会发展和保障民计民生，坚持维护公平正义，营造良好的法治环境。全年共新收各类案件 8165 件，旧存 631 件，合计 8796 件，同比增长 9.2%，居全省基层法院第三位；结案 7101 件，居全省基层法院第二，全市第一，结案率为 80.7%。

加强刑事审判工作，维护社会稳定。共受理刑事案件 992 件，审结 830 件，结案率为 83.7%。刑事审判突出严惩非法吸收公众存款等涉众型经济犯罪，依法惩处贪污、贿赂等职务犯罪，重拳打击黑恶势力犯罪，震慑了犯罪分子，维护了社会稳定。积极落实新刑诉法，强调审判中心主义，依法排除非法证据，确保量刑公平、公正。坚持宽严相济，依法从轻、从快处理主观恶性小、犯罪情节轻微、社会危害性不大的犯罪，加大轻微刑事案件和解、刑事附带民事案件的调解力度，最大限度减少对抗，修复社会关系。继续运用远程审判模式，审结 181 案，极大地提升了审判效率。这一举措受到中央全面深化改革领导小组办公室和最高人民法院的肯定并做为改革经验进行交流。

加强民商事审判，保障经济社会发展。共受理民商事案件 6414 件，审结 5207 件，结案率为 81.2%，调撤率 44.2%，审结标的额 10.3 亿元。坚持能动司法理念，加强与辖区重点项目、重点企业的联系；平等保护各类市场主体的合法权益，倡导诚实信用，维护市场经济秩序；妥善审理婚姻家庭、劳动争议等事关民生的各类案件。针对社会矛盾纠纷的变化，积极构建多元化纠纷解决纠纷机制。一是成立全省首家先行调解中心，全年先行调解案件 419 件。二是加强诉调对接，建立特邀调解制度，选任 66 名特邀调解员，借助社会力量参与矛盾纠纷化解。三是实现人民调解与司法确认无缝对接，交通巡回法庭司法确认交通事故纠纷791件，其中13件交通事故死亡案件顺利确认；桥东法庭与省医调委建立远程视频对接系统，共当场确认医疗纠纷190件。6月我院被省高院确定为“多元化纠纷解决机制改革示范法院”。

加强行政审判，依法解决行政争议。共受理行政案件116件，结案90件，结案率为77.6%。贯彻落实新行政诉讼法的实施，发挥行政审判监督、救济、解纷功能，保护行政相对人的诉权，畅通立案渠道。积极推进行政机关负责人出庭应诉制度，在合法自愿原则下开展行政案件调解工作。积极服务市政工程、城中村改造工作，对非诉执行案件及时依法裁定，法官走村入户宣讲法律，及时疏导解决矛盾，维护大局稳定。

加强执行工作，建立信用惩戒机制。共受理执行案件1239件，执结947件，结案率76.4%，执结标的额1.29亿元。以限制高消费、限制出境、罚款、拘留等措施为抓手，加大反规避执行力度，运用信息技术，主动争取有关部门协助，实现“点对点”查控被执行人银行存款、车辆、户籍、出入境、房地产等措施，促使被执行人履行义务。落实失信被执行人名单公示制度，在户外大屏幕、公交车电视、楼宇电视、各大报纸网站公开曝光16名失信被执行人，其中11案4人摄于社会压力主动履行了义务，效果良好。同时，集中打击拒不执行判决裁定、妨害公务、非法处置查扣财产等犯罪行为，积极改善执行环境，强化社会诚信意识，让打赢官司的当事人及时实现权益。

加强立案信访，畅通司法救济渠道。落实立案登记制，敞开群众诉求大门，做到“有案必立，有诉必理”，最大限度保障群众司法救济途径。强化诉讼服务中心功能，实现窗口接待、人员分流、缴费“一站式”服务，开通诉讼服务网，实现网上预约立案、查询服务。为了应对激增的受理案件量，及时调整人员配置，保障审判一线。将精干力量配备到审判庭，送达、排期、开庭均由审判庭实施，以减少流程环节，加快案件审理。

不断提高信访接待服务水平和质量，提升化解初信初访的能力。坚持每月“逢五”院长接待、“逢六”执行局长接待制度，共办理院局长接待98次，接待179人，督办案件75件；办理远程视频接访4件5人。通过多渠道、多形式的接访措施，引导信访人在法治轨道内解决问题、化解矛盾。对生活困难、急需救助的信访人员给予司法救助，共办理救助5案5人，救助金额63474元；为困难当事人缓减免交诉讼费13.8万元，保障弱势群体的诉权。

二、立足规范管理，提升服务大局的能力和水平

以“党的群众路线教育实践活动”和“学习讨论落实活动”为载体，深入开展执法司法突出问题专项整治活动，实现管理方式由人工到信息化、由粗放到精细化的转变，实现用制度管人、管案、管事，促进了审判管理、队伍管理、司法政务和纪律作风的全面规范。

以审判管理为中心，规范审判权力运行。大力加强司法规范化建设，先后制定了审判管理方面的规范性文件11项，强化立案、审判、执行、信访等各个环节的管理。在立案环节，对诉讼服务窗口功能进行了明确标识，公示立案流程和服务标准，实行首问责任制和一次性告知，让群众切身感受到热情周到和便利的服务。在审判环节，规范庭审程序，确保当事人有理讲在法庭、证据举在法庭、疑惑解在法庭、裁判形成在法庭。建立健全案件质量责任制，按照“让审理者裁判、由裁判者负责”的改革思路，逐步推进办案质量终身负责制。在执行环节，进一步规范执行行为，细化执行结案标准，正确适用查封、扣押、评估拍卖等措施，加强对执行款物的管理，杜绝消极执行、乱执行等问题。同时完成了人民陪审员倍增计划，新选任120名人民陪审员，选择其中优秀人员驻庭，参与案件审理与监督。

以制度建设为中心，规范法院日常管理。贯彻严格管理、强化考核、注重督促、强化责任的原则，对现有制度规定进行整理，共修订、完善人员管理、司法礼仪、廉政纪律、教育培训等方面的制度21项。并组织干警集中学习，主动掌握，严格落实。

以基础建设为中心，规范服务和保障工作。进一步改善办公条件，提升司法为民服务水平。较高标准改善了诉讼服务中心，新审判法庭的建设已接近尾声。推进信息化建设转型升级，进一步夯实并拓展网络软硬件设施建设，提高信息化综合应用水平，确保网络信息安全。实现了庭审全程录音、录像，案件流程同步监控，司法数据集中管理。派出法庭实现远程签批，提高了办案效率。

以平安建设为中心，积极参与社会综合治理。健全社会管理综合治理目标责任制，严格按照“一岗双责”的责任要求，综治工作与执法办案工作同部署、同检查、同考核、同奖惩，做到真抓实管。实行24小时轮流值班制度；加强“天网工程”，做到全院及周边监控设施全覆盖，人防物防技防相结合，建立全天候、立体化的社会治安动态防控体系；与周边派出所、交巡警、社区警务等单位的安保工作联系常态化，形成网格化防控和有效威慑，保障社会安全稳定。

三、立足司法公开，提升案件质量效率

始终把司法公开作为维护司法公正，提升司法公信，树立司法权威的一项基础性工作来抓，切实做到以公开促公正、以公正促公信，展现法院公开透明、阳光司法的良好形象。

新媒体拓宽公开渠道。运用“互联网+”技术，拓宽三大司法公开平台。在原有官方网站、微博、微信平台的基础上，开通我省法院系统首家手机APP平台。公众可随时随地通过手机与法院实现图文点对点互动，获取诉讼服务，查阅裁判文书和执行信息，实现网上预约立案和信访，方便当事人诉讼，增加法院司法公开透明度。开展了全市首次网络庭审直播，群众通过网络观看案件庭审现场，满足群众的知情权，实现“以案说法”、宣传法治的良好效果。

不断丰富司法公开内容。依托诉讼服务中心平台，加强诉讼引导和服务，公开立案到执行的审判流程，除法律规定不能公开的以外，做到对立案、庭审、宣判、执行等诉讼过程的各个环节、各类信息以图文、音频、视频等方式及时公开，为公众提供全方位、多元化的司法服务。进一步明确裁判文书上网工作各主体的责任，将文书上网纳入绩效考核。各庭设专人在文书签章前进行检校，确保文书准确。充分利用官方网站、微博、微信平台，及时发布审判信息，加强与网友交流，主动回应社会关切。截至目前，已在官方网站、微博发布各类信息1100多条，微博粉丝数量已达到32万。公开各类审判、执行工作信息138篇，裁判文书上网814篇，发放各类法治宣传资料近千份。

以公开促公正取得成效。通过全面推进司法公开工作，一方面，满足了人民群众对司法的新期待；另一方面，增强了法官办案质量意识与责任意识，促进了审判质效的提高。案件服判息诉率、实际执行率等群众关注度高的指标与同期相比均有显著提升。同时，加强与媒体的联系沟通，有力宣传法院工作，弘扬法律精神。共举行新闻发布会4次，举办法院开放日两次，深入社区、学校、军营宣传法治8次。我院的先进做法、典型案例被人民法院报报道8篇次，省市级报纸、杂志、电台报道95篇次。

四、立足队伍建设，提升整体战斗力

继续巩固党的群众路线教育实践活动成果，开展“学习讨论落实”活动，以作风建设为抓手，以规范管理为重点，努力建设一支政治坚定、业务精通、作风优良、执法公正的高素质法官队伍。

继续巩固群众路线教育实践活动成果。先后开展了“群众路线整改回头看”、“执法司法突出问题专项整治”、“学习讨论落实”和“三严三实”等专题教育实践活动，每项活动均组织召开了专题会议抓动员，制定实施方案抓执行，定期进行督促检查抓落实。建立了防止“四风”问题的长效机制，确保作出的整改承诺全部兑现。坚决抓好“八项规定”的落实，精简会议和文件简报30%以上，减少“三公”经费开支25%以上。

狠抓党风廉政建设和司法作风建设。坚持党要管党、从严治党，认真践行“三严三实”，落实院党组主体责任和纪检监察部门监督责任，推动全院司法作风持续好转。组织干警观看警示教育视频片，做到警钟常鸣；签订了党风廉政建设责任书，明确了领导干部一岗双责，加强审判执行、财务管理、司法鉴定等重点岗位的监督管理，推进廉政风险防控机制建设；院长进行“三严三实”专题教育党课，加强全体干警组织纪律意识、为民服务意识、廉洁自律意识；严格执行请销假制度、着装制度、庭审规范等制度规定，重点治理了不按时开庭、着装随意、庭审不规范等群众反映强烈的司法作风问题。

主动接受人大、政协和社会各界的监督，邀请人大代表、政协委员和群众参加法院开放日活动，举行座谈，发放征求意见表，积极落实人大代表、政协委员的意见建议；主动向区人大常委会专题报告了调解工作，争取社会各界的支持，促进大调解机制的构建。

努力提升队伍素质。不断扩大培训工作的广度和深度，实现教育培训全员覆盖。制订了全年教育培训工作计划，确定学习内容、学习时间、培训范围和培训目标，每周对学习情况检查并通报。共举行了新民诉法、新行政诉讼法学习培训 7 次。法官撰写调研文章、学术论文 17 篇，获得省、市级征文奖项 4 篇，完成山西省法学会重点课题一项。坚持从优待警，落实困难送帮助、生病送慰问、生日送祝福“三送”措施；在全院开展丰富多彩的法院文化活动，陶冶情操、强健身体；通过参加摄影书画展、征文、自愿者等活动，有力提升了队伍的士气和凝聚力，为审判工作的顺利开展提供了良好保障。

通过全院干警的共同努力，2015 年我院荣获“全国优秀法院”、“全国有效实施失信被执行人名单制度示范法院”、“全国法院系统司法宣传先进单位”、山西省“多元化纠纷解决机制改革示范法院”等荣誉称号，各项工作迈入全国先进法院行列。各位代表，成绩的取得是党委正确领导、人大有力监督、政府大力支持、政协民主监督和社会各界帮助的结果，在此，我们表示诚挚的谢意！同时，我们也清醒地看到，法院工作中还存在不少问题和困难：一是司法改革带来的新压力、新变化准备不足，思想认识需要进一步统一和深化；二是立案登记制以来案件量急剧增长，少数干警的司法能力、司法水平、审判效率还不适应形势发展；三是少数干警司法为民意识不强，对待当事人态度生硬、行为失范等有损形象的情况仍有发生；四是司法公开的深度和广度还需进一步拓展，司法公信力有待进一步提升。对此，我们将在今后的工作中，认真加以解决。

2016 年工作计划

2016 年是“十三五”开局之年，也是司法体制改革的攻坚之年。我院要进一步贯彻落实党的十八大和十八届三中、四中、五中全会精神，落实省委、市委十届七次全会精神，把握正确的政治方向，主动适应经济发展新常态，着力推动“六大发展”。坚持司法为民公正司法，推进司法责任制改革，深化司法公开，充分发挥审判职能作用，为辖区经济社会发展创造安全稳定的社会环境、公平正义的法治环境、优质高效的服务环境。

一是把准方向服务发展大局。准确把握新时期人民法院的工作任务，找准服务和保障“十三五”规划落实的切入点和落脚点，增强经济发展新常态下工作的前瞻性、主动性、有效性。坚持宽严相济刑事政策，严惩黑恶势力犯罪、食品药品安全犯罪和涉众型经济犯罪，保持反腐败斗争的高压态势，净化政治生态；大力支持城中村改造工程，服务和促进辖区经济社会协调发展；健全多元化纠纷解决机制，树立先行调解、多元并举、司法推动、重在防范的纠纷解决新理念，搭建诉非衔接平台，完善诉调对接工作机制。加强涉民生案件的审判执行工作，加大对弱势群体合法权益的司法保护。公平公正处理行政案件，推进法治政府建设。

二是继续深化司法公开。以信息化助推阳光司法，依托“互联网+”进一步拓展公开方式，实现开放、动态、透明、便民的审判机制。加强新媒体在司法公开中的作用，建立司法公开考核评价机制和督促检查机制。大力加强诉讼服务中心建设，细化便民措施，延伸服务触角，满足人民群众日益增长的多元司法需求。充分发挥人民陪审员在司法活动中的作用，依法为律师执业提供更多的便利和保障，促进司法公正。

三是积极推进人民法院司法改革。全面推进以司法责任制为核心的审判权力运行机制改革，强化主审法官和合议庭的权责定位，切实让审理者裁判，由裁判者负责。大力推进以审判为中心的诉讼制度改革，着力推动庭审实质化，不断提升司法公信力。加强审判管理，合理配置司法资源，实行案件繁简分流，缓解审判压力，提高审判质效。

四是打造过硬队伍。思想上、行动上与党中央保持高度一致，担当起落实党委重大决策部署的政治责任。强化接受监督的意识，认真负责地向人大报告工作、执行人大决议，自觉主动接受人大代表、政协委员和社会各界的监督。坚持从严治院、从严治党，落实一岗双责，深入贯彻“六权治本”，坚定不移地推进党风廉政建设和反腐败斗争，确保司法廉洁。坚持不懈加强审判队伍建设，扎实开展“两学一做”学习教育活动，努力提升职业素养和司法水平，打造忠诚、干净、担当的法官队伍。

各位代表，新形势和新任务对人民法院工作提出了更新更高标准的要求，使命光荣，责任重大。我们将以更加务实的作风，开拓创新、攻坚克难、发奋努力，为全区经济发展、社会和谐稳定提供强有力的司法服务和保障！

太原市迎泽区人民检察院工作报告

——在太原市迎泽区第五届人民代表大会第一次会议上

迎泽区人民检察院检察长　陈加林

（2016年8月25日）

过去五年检察工作回顾

五年来，我院全面贯彻党的十八大和十八届三中、四中、五中全会精神，深入贯彻习近平总书记系列重要讲话精神，在区委和上级检察机关的正确领导下，在区人大及其常委会的有力监督下，忠实履行宪法和法律赋予的职责，强化法律监督，规范司法行为，加强队伍建设，各项检察工作取得了新进展。

一、充分发挥检察职能，主动服务全区经济社会发展大局

过去五年，充分发挥打击、预防、监督、保护等检察职能，共批准逮捕破坏企业生产经营、制售伪劣产品等破坏社会主义市场经济犯罪案件224件278人，提起公诉318件416人，为优化迎泽区经济社会发展环境做出了努力。尤其是在全市城中村改造推进过程中，积极作为，勇于担当，成立了专门工作小组，制定了党组成员包村联系、检察约谈等制度，抽调控申、民行等职能部门定期深入城中村，为群众提供便捷的法律服务。立查了店坡社区原主任焦某滥用职权、王家峰社区原主任孙某非法占用农用地、双塔社区原书记杨某、主任魏某贪污等一批群众反映强烈的涉农案件，为城中村改造提供了有力司法保障。

二、严厉打击各类刑事犯罪活动，保障人民安居乐业

五年来，积极投身平安迎泽、法治迎泽建设。严厉打击各类刑事犯罪活动。突出打击黑恶势力犯罪、严重暴力犯罪、“两抢一盗”等严重影响人民群众安全感的犯罪，维护了我区社会稳定。共受理提请逮捕刑事案件3510件4795人，批准逮捕3085件4195人；受理审查起诉案件4780件6401人，提起公诉4270件5582人。其中，加大惩处涉众型经济犯罪及损害群众切身利益犯罪的力度，批准逮捕非法吸收公众存款犯罪案件29件50人，提起公诉19件68人。正确贯彻宽严相济的刑事政策，把化解矛盾贯穿于执法办案的始终，办结捕前、诉前刑事和解56件。扎实做好涉法涉诉信访工作，推动社会矛盾源头治理。在全区的街道、乡镇设立了7个检察官信箱，即时掌握社情民意。共受理各类控告申诉案件388件，接待来访群众515人次，其中检察长接待272人次。妥善解决了张某信访积案，至此，我院涉检信访积案已全部化解。积极参与社会防控体系建设。针对迎泽区侵犯财产、侵犯人身权利“两类”案件发案率高的特点，选派干警深入到社区、学校，开展“打击和预防多发性犯罪集中宣传”活动，提高了人民群众安全防范意识，受到社会各界好评。

三、加大查办与预防职务犯罪力度，深入推进反腐倡廉建设

始终坚持有腐必反，有贪必肃，充分发挥检察机关在反腐倡廉建设中的职能作用。共查办各类职务犯罪案件122件138人，其中贪污贿赂案件93件102人，渎职侵权案件29件36人，大要案比例占到100%。立案查处了省直机关工作人员霍某贪污、某高校原院长徐某受贿、某县公安局交警大队原副大队长王某受贿、滥用职权等一批社会影响恶劣、群众反映强烈的案件。其中霍某因犯贪污罪被一审判处有期徒刑十三年。

坚持标本兼治，惩防并举。积极参与构建区委统一领导、有关部门和单位参加、检察机关发挥职能作用的社会化大预防格局。与相关单位召开联席会议15次，向有关单位发出预防建议122件。检察长带头到省电力勘察设计院、市国有资产运营公司等单位开展宣传教育28次，直接受教育人数达数千人。建立行贿档案查询便捷服务制度，2013年6月以来，已提供行贿犯罪档案查询19339条，为社会诚信体系建设做出了贡献。

四、强化诉讼法律监督，着力维护司法公正

坚持惩治犯罪与保障人权并重、实体公正与程序公正并重，强化对诉讼活动的法律监督。刑事侦查监督方面。监督立案116件128人，监督撤案24件28人，纠正漏罪58件、漏犯87人。重点加强了命案监督，检察长或分管领导亲赴现场介入命案，引导侦查24件。刑事审判监督方面。提起抗诉58件，抗诉成功35件；提出量刑建议3426人，被采纳3356人。民事审判和行政诉讼监督方面。综合运用检察建议、纠正违法等方式，支持起诉86件，被采纳85件；督促履行职责144件，被采纳144件。刑罚执行和监管活动监督方面。针对刑罚和监管活动的执行情况，提出纠正违法意见205件次，已纠正205件次。在我院监督下，6名社区矫正人员被原审法院作出收监裁定，1人受到行政处罚。

五、规范司法行为，提升检察机关公信力

坚持以规范化标准化建设为主线，不断深化执法规范和标准体系建设。以检察机关统一业务应用系统上线运行为契机，明确执法办案标准，细化办案流程，强化内部监督，实现了对执法办案全过程信息化、动态化、集中化管理。2015年，我院被评为全省检察机关案件管理工作示范院并在全国检察机关基层院建设抽样评估中取得优异成绩，位居全省第一名。同时，深入开展规范司法行为专项整治活动。通过查摆问题、整改落实、建章立制、签订责任状等措施，进一步规范了司法行为。深入推进阳光检察工程，以公开促规范。建成了电话、短信告知、司法文书、重要案件信息等多个信息公开平台，公开法律文书613份，案件程序信息1020条、重要案件信息72条，保障了人民群众的知情权、参与权和监督权。

六、加强检察队伍建设，提高公正廉洁执法水平

坚持以“五个过硬”为标准，从严治检，全力打造一流检察队伍。连续三年综合考核位居太原市十县区检察院之首；连续六年蝉联太原市检察机关“基层建设先进单位”；2014年，荣获省级“文明单位”称号；2016年，被省检察院评为“先进基层检察院”，被省政法委评为“严格执法公正司法先进集体”，被最高人民检察院评为全国“先进基层检察院”。强化领导班子建设。坚持领导班子“五个带头”，率先垂范，充分发挥民主集中制，规范决策程序，形成了强有力的战斗集体，连续多年被区委评为“优秀领导班子”。强化思想政治建设。着力巩固拓展党的群众路线教育实践活动、“三严三实”专题教育成果，扎实开展“两学一做”专题教育，通过学习党章、党规和系列讲话，教育引导党员干警进一步坚定理想信念，提高党性觉悟，争做合格党员。强化专业化建设。坚持以专业化建设为导向，分类开展专项培训，定期开展岗位练兵和业务竞赛。在全市检察机关各类业务竞赛中，2人获得第一名，9人被评为优秀选手，2人在省级技能大赛中获得优秀奖。强化党风廉政建设。健全问责制度体系，领导班子和纪检部门分别列出了“主体责任清单”和“监督责任清单”，层层签订责任状，传导压力和责任。深入推进“把纪律挺在前面”专项活动，纪检监察部门加大内部督察力度，坚持抓早抓小，开展了“一周一巡查”活动。与每位干警家庭签订了“廉洁家庭承诺书”，筑牢了家庭反腐防线。强化检察文化、职业道德建设。组织开展了“美在迎泽”等具有检察特色的文化活动，不断提高检察人员文化素养和职业道德水准。以本院先进人物为典型，举办的多期“道德讲堂”赴省内多家单位巡回宣讲，传播检察正能量，受到普遍赞誉。制作了《阳光检察耀迎泽》等多部宣传片，“两微一端”全线开通，在全社会树立起迎泽检察的良好形象。涌现出“山西省十大杰出检察官”侯强，入选“中国好人榜”的优秀干警冯磊等一批先进典型。

2015年，在最高人民检察院开展的全国基层检察院抽样评估中，评估组对我院总体评价是：“领导班子团结和谐凝聚力强，队伍奋发向上有战斗力，工作开拓进取有创新，较好地发挥了太原乃至全省检察机关排头兵的引领、示范作用”。

七、自觉接受监督，保障检察权依法正确行使

牢固树立监督者更要接受监督的意识，

完善和落实自觉接受监督的机制和措施，保证把人民赋予的检察权真正用来为人民谋利益。自觉接受人大监督。坚持定期向区人大及其常委会报告重要工作。五年来，区人大常委会对我院公诉、反贪、反渎、侦监等工作均进行了专项审议，我们诚恳听取意见，逐条梳理，积极整改，并及时报告。认真办理人大交办、批办、督办的案件，做到快受理、快查处、快反馈。自觉接受民主监督。主动向区政协通报检察工作情况，邀请政协委员座谈、视察、专题调研，听取对检察工作的意见、建议。自觉接受社会监督。深化检务公开，设立"检察开放日"，完善和落实人民监督员制度，提高检察工作透明度。

八、以机制创新为抓手，创出一流工作品牌

创新是检察事业发展的不竭动力。近年来，我们立足检察职能，根据实际工作需要，创新出几个叫得响、过得硬的"亮点"工作，在全省检察机关推广并运用。省内首创律师接待"一站式"服务机制。律师在接待大厅就能办理审核、查询、阅卷、申请会见、申请调取证据和变更强制措施等全部事项，保障了律师依法行使执业权利，解决了律师"阅卷难、会见难、取证难"等问题。自2013年3月实行以来，共接待律师790人次，短信告知1476条，满意率达100%。《法制日报》以"喝茶的功夫就能拿到所需案卷"为题在头版头条的显著位置进行了报道。创新远程公诉庭审模式。将现代科技手段与办案工作有机结合，探索出简易程序案件庭审新模式。通过检察院与法院、看守所三地的远程庭审系统互通对接，公诉人足不出院即可到点开庭。自2013年9月实行以来，已开庭721件856人，提高了办案效率，节约了司法成本，保证了办案安全。建成网上网下"一体化"检务中心。2014年在区委区政府的大力支持下，建成了全省一流的检务中心。中心设立了综合接待大厅、检察长接待室、听证室等"七室一厅"，实现了接待场所和办公区域分离。建成了面向社会的远程视频接访室，通过网络技术，信访人经预约、审查后，在任何地方都可以与承办人或部门进行在线对话交流。检务中心自2015年运行以来，已接待来访群众1500余人次。

各位代表，五年来检察工作取得了一些成绩，是区委和上级检察机关坚强领导、区人大及其常委会有力监督的结果。同时，离不开区政府的大力支持、区政协的民主监督和社会各界的关心和理解。在此，我代表区检察院表示衷心的感谢！

同时，我们也清醒地认识到，检察工作仍然存在不少问题：一是运用法治思维和法治方式服务大局、惩治犯罪、化解矛盾的能力亟待提升；二是法律监督不到位等问题依然存在，监督实效与人民群众对公平正义的期待还有差距；三是高层次人才总量依然不足，检察官断层缺员、案多人少矛盾日益突出；四是司法不规范等问题仍时有发生，司法规范化建设和从严治检力度还需进一步加大。对此，我们将切实采取措施，努力加以解决。

今后检察工作的思路和任务

今后五年的工作思路和任务：全面贯彻党的十八大和十八届三中、四中、五中全会精神，深入贯彻习近平总书记系列重要讲话精神，以维护司法公平正义为目标，以推进司法体制改革为动力，以加强司法规范化建设为抓手，以落实司法责任制为着力点，正确履行法律监督职责，为将我区建设成为更具实力、更富活力、更有魅力、更加宜居、更加幸福的省城首善之区提供坚强有力的司法保障。

一是主动服务保障全区经济社会发展大局。找准定位，积极履职，主动承担服务保障全区经济社会发展的重大责任。坚持运用法治思维和法治方式提供司法服务，尊重社会主义市场经济规律，尊重企业市场主体地位，牢固树立平等保护的司法理念，更加注重保护企业利益，改进办案方式，规范司法行为，严格区分“七个界限”，坚持“三个慎重”，认真落实“十个不准”的规定，做到履职不越位、服务不干预，为我区经济又好又快发展保驾护航。

二是着力在维护社会大局稳定上下功夫。突出打击严重危害人民群众生命财产安全的黑恶势力、“两抢一盗”等刑事犯罪，增强人民群众的安全感；严厉打击非法吸收公众存款、集资诈骗等涉众型犯罪，有力保障我区经济社会平稳发展，保护群众合法权益；坚决打击破坏城中村和棚户区改造的各类犯罪，对在城中村和棚户区改造过程中发生的强揽工程、寻衅滋事、妨害公务等影响正常社会管理秩序的刑事案件，依法快捕快诉，为城中村和棚户区改造营造稳定有序的治安环境。

三是加大查办和预防职务犯罪工作力度。坚持把反腐败斗争向基层延伸，严肃查处基层贪腐及执法不严、司法不公等突出问题。以“零容忍”的态度，加大查办在征收安置、工程建设、社会保障等民生领域的贪污贿赂犯罪以及不作为、乱作为导致国家和人民利益遭受重大损失的失职渎职犯罪。在查办案件过程中要正确处理罪与非罪的关系，依法惩治犯罪者、支持改革者、教育失误者。同时，紧密结合办案，进一步加强职务犯罪预防工作。

四是全面加强诉讼监督工作。认真落实修改后的刑事、民事和行政诉讼法，加强对司法活动的法律监督，着力解决不善监督的问题，维护司法公正。继续强化对侦查活动的监督，促进依法办案、保障人权。全面加强刑事审判、刑事执行监督，依法保障被告人、被刑事执行人的合法权益。加强民事行政检察工作，探索建立检察机关提起公益诉讼制度，重点开展行政违法行为专项检察活动，促进依法行政、高效行政。

五是稳步推进司法体制改革。扎实做好检察改革工作，保证改革健康有序推进。按照上级部署安排，全面完善司法责任制，建立司法人员分类管理制度，健全司法人员职业保障制度，促进依法正确行使检察权，不断提高司法公信力。

六是深入推进司法规范化建设。严格落实整改责任，加大司法不规范突出问题整改力度；严格落实办案质量终身负责制和错案责任倒查问责制；健全完善案件集中管理机制，强化对司法办案活动的源头控制、全程监管、事后评价，做到案件流转到哪里，监督管理就延伸到哪里，切实防止司法不规范问题的发生。

七是加快电子检务工程建设。推进信息化建设与传统办案模式相融合，利用检察专线网络、电子卷宗传输系统、网上办案系统，全面开展远程接访、网上开庭、无纸化办公等工作，不断提升检察工作信息化水平。深入推进“阳光检察”工程，依托检察门户网站、微博、微信等新媒体，及时发布检察信息，努力满足人民群众的知情权、参与权和监督权。

八是着力强化过硬检察队伍建设。深入开展“两学一做”专题教育，全面加强领导班子建设和队伍建设；大力弘扬“忠诚、公正、清廉、文明”的检察职业道德，继续开办具有检察特色的“道德讲堂”，引导干警坚守职业良知，维护司法公正；加强教育培训和岗位练兵，招录、引进高素质人才，提高队伍专业化职业化水平；严格落实“两个责任”，坚持把纪律规矩挺在前面，对违纪违法检察人员严肃查处，绝不姑息。

各位代表，今后一个时期将是我区实现“担当新使命，争当排头兵，建设全省首善之区”目标，加快迎泽创新发展的重要时期。我们将全面贯彻落实区第五次党代会和本次人大会议精神，依法履行法律监督职责，积极服务全区“六个跨越提升”，真抓实干，锐意进取，为谱写省城首善之区新篇章而努力奋斗！

大 事 记

DA SHI JI

2015年迎泽区大事记

1月

12日　太原市社区大学校长时耐敏一行五人到迎泽区社区学院进行工作调研。

15日　迎泽法院先行调解中心正式运行，这是新民事诉讼法确定先行调解程序后山西省成立的首家法院调解中心。

是月　迎泽区文物旅游服务中心对辖区97处文物单位进行大检查、大摸底。

2月

5日　在迎泽区文体中心举办三级社会体育指导员培训工作，培训人数89人。

9日　省委调研组到并三社区就加强群团工作进行调研座谈。

是月　太原市委副书记、市长耿彦波走访慰问困难老党员池玉明。

3月

2日　迎泽区妇联主席段瑜平到迎泽街道、桥东街道、老军营街道等贫困妇女家中进行“三八”节慰问活动。

4日　迎泽区纪委召开四届五次全会，总结2014年全区党风廉政建设和反腐败工作，研究部署2015年工作任务。

6日　太原市司法局副局长刘自国一行3人，对迎泽区司法局开展执法司法领域突出问题专项整治活动情况进行调研督查。

7日　太原市副市长张齐山带领市国土、规划、城改等有关部门负责人专题调研迎泽区城中村改造工作，区领导刘文华、冯原平、侯富田陪同调研。

9日　团中央组织部部长万速成一行到庙前街道南海街二社区调研。

11日　全国妇联副主席焦扬到海边街社区调研寻找“最美家庭”活动开展情况。迎泽区有1户家庭被评为“三晋最美家庭”，7户被评为市级“最美家庭”，261户被评为区级“最美家庭”。

16日　根据迎政办发〔2015〕18号文件精神，区执法分局开展集中整治“两违”行为专项行动正式启动。

17日　庙前司法所联合海边街社区组织开展由司法所工作人员、社区帮教人员、志愿者等参加的社区矫正帮教、法制宣传志愿服务活动。

18日~19日　迎泽区四届人大五次会议召开。会议听取和审议区人大常委会、区人民政府、区人民法院和区人民检察院工作报告，审议国民经济社会发展计划和财政预算报告，审查、批准2015年计划和预算，并作出相关决议。

19日　山西省副省长张复明到迎泽区三十九中学和大南关小学就校园安全能力建设工作情况进行专题调研。

24日　迎泽区委常委、区纪委书记李锦一行到区执法分局现场指导调研城乡管理行政执法工作，并就城管执法工作提出要求和建议。

26日　山西公共频道《法眼》栏目组在海边街社区举办免费的法律服务专场活动。

是月　迎泽区开展居家护理项目试点工作，确定12所试点机构和静脉采血、外伤小换药等8项试点项目。2015年累计受益8896人次。

是月　迎泽区政府拨付文物保护专项经费，用于抢救濒危文物，对“新沟刘家大院”等10余处文物单位进行实地调研、查看、拍照、档案记录。

4月

1日　迎泽区委组织部制定下发《关于集中整顿软弱涣散基层党组织的通知》，结合2014年度“联述联评联考”工作的结果，对照软弱涣散基层党组织的14种情形，确定45个软弱涣散基层党组织。

11日　迎泽区在双西小学举行2015年度全区行政执法人员资格认证考试，全区7个拟申领行政执法证件单位的96人参加考试。

20日　区文物旅游服务中心、区文化馆联合举办春季消防安全培训及消防演练活动。

22日　迎泽区开展区属企业2014年度综合考核。

23日~25日　迎泽区委组织部牵头组织村、社区“两委”主干，村级后备干部、村第一书记，大学生村（社区）干部162人在市委党校进行领头雁集中培训。

31日　迎泽区开始对经信系统区属国有企业进行审计。

是月　迎泽区教育局教研室在太原市开展的校本教研创新成果评比活动中取得佳绩。这次活动迎泽区选送成果10项，获一等奖4项、二等奖3项、三等奖2项。一等奖获奖单位有三晋幼儿园、校尉营小学、青年路小学、双塔北路小学。

是月　迎泽区文体局完成编纂《迎泽区老街老巷老景观》一书。

是月　太原市委常委、市委统战部部长刘海芸到南海街二社区对学习讨论落实情况进行调研。

5月

4日　山西大学青年志愿服务庙前街道雷锋小站在庙前街道新建路二社区落成。

6日　迎泽区营业面积最大的“老年餐桌”在文庙街道双塔寺一社区开业。该餐厅占地面积170余平方米，可同时容纳100余位老年人就餐。

13日~15日　太原市教育局特色小学示范校认定专家小组先后对迎泽区二实验小学、朝阳街小学、太师一附小、桃园小学、双西小学、贵都小学、太师二附小、大南关小学和青年路小学进行考察认定。

15日　迎泽区妇联组织郝家沟木兰拳队伍参加太原市第二届家庭文化节启动仪式暨“鑫铭万”杯“最美家庭·健康女性”健身舞（操）大赛，获一等奖。

19日　由山西省杂技家协会、太原市空竹协会、山西综合广播主办的“抖出快乐　杂技惠民服务”进社区辅导活动在迎泽街道解南一社区小广场举行。

22日　山西省妇女儿童发展规划调研组到迎泽区调研妇女儿童“十二五”规划完成实施情况，先后考察迎泽区三晋幼儿园、山西江宇美业集团有限公司、老军营街道桃二社区。

24日　太原市纪委书记李吉山到迎泽区调研城市管理行政执法工作。

25日　迎泽区教育局召开全区教育系统学习讨论落实活动总结暨“六权治本”推进会。

27日　庙前司法所在庙前街道会议室举行庙前街道办事处“一社区一法律顾问”签约仪式。

28日　迎泽区召开2015年度防汛工作会议。区领导冯原平、侯富田、贾津生、薛凯及区防指各成员单位负责人参加会议。

△　迎泽区委启动“三严三实”专题教育。

△　太原市政协委员一行30余人就民族宗教工作到南一、南二社区进行调研。

△　迎泽区经济和信息化局成立矛盾纠纷联调工作领导组。

29日　太原市委副书记、市长耿彦波，副市长王爱琴等到迎泽区特教中心、新西小学看望慰问。

△　迎泽街道举办“太原市迎泽区司法局关于一村（社区）一法律顾问”签约仪式。

△　迎泽区委统战部召开全区统战工作推进会。全区统战系统各部门、各街道党工委、郝庄镇党委、各区直机关党委分管统战工作领导、统战干事、部分社区负责人、驻区各民主党派支部负责人、无党派人士、党外知识分子共计91人参加会议。

是月　迎泽区开展流动人口服务管理联合督查专项行动。

是月　南沙河快速路新建路段下穿工程主体完成，隧道主体完成混凝土浇灌，隧道上方的新建路开始进行路面整修，南沙河新建路段隧道主体完工。

6月

2日　迎泽区根据区属企业领导班子及成员2014年度综合考核评价结果，向9家区属企业授予“2014年度先进集体”荣誉称号。

3日　迎泽区法院在全省法院系统首

家上线正式运行手机 APP 客户端，为公众提供网络便民服务。

△　迎泽区政府召开专题教育党课报告会，区委副书记、区长冯原平以《自觉践行“三严三实”，以优良作风推动“示范区、引领区、先行区”建设取得新成效》为题，做专题教育党课报告。

6 日　南内环快速化道路改造工程启动拆除工作。

8 日　迎泽区在司法部、民政部组织的第三批“全国法治县（市、区）创建活动先进单位”评选活动中获先进称号。

9 日　山西省法院系统召开法院多元化纠纷解决机制改革推进会暨人民法庭工作会议，迎泽法院被省高院确定为多元化纠纷解决机制改革示范法院。

15 日　由迎泽区妇联、区教育局共同举办的“2015 年绿丝带行动·护蕾行动”在迎泽区回民小学启动。

16 日　迎泽区安委会在保利广场开展“安全生产宣传咨询日活动”。

18 日～24 日　迎泽区文化馆组织举办柔力球培训，全区社区干部和体育骨干 90 余人参加培训。

19 日　山西省青联法制工委青年委员白芸一行参观庙前街道新建路二社区，开展青年座谈活动。

21 日～7 月 31 日　迎泽区开展集中整治火车站周边治安乱象行动。

25 日　为庆祝建党 94 周年和纪念中国人民抗日战争胜利 70 周年，迎泽区委老干部局主办“弘扬主旋律　增添正能量——太原市迎泽区离退休干部纪念中国人民抗战胜利 70 周年文艺演出”。

26 日　迎泽区领导冯原平、薛凯等走访慰问南一社区老党员阎秀峰，送去“七一”节日的祝福和问候。

是月　迎泽区政府在与省政府机关事务管理局及上级主管部门沟通、对接后，经省人民政府批准，区文体局具体实施，收回市级文物保护单位晋绥铁路银行旧址的使用权。

是月至 9 月　迎泽区为农村领证独生子女家庭、城镇困难独生子女家庭、城镇及农村独生子女夭亡家庭、城镇家庭成员伤残的独生子女家庭办理意外伤害保险。

7 月

1 日　迎泽区第一家红领巾校外课堂在庙前街道庙前街社区落成。

△　阳泉市委组织部检查组一行在太原市委组织部、区委组织部相关领导陪同下到迎泽街道，就《中国共产党发展党员工作细则》贯彻落实情况进行专项检查指导并召开座谈会。

3 日　太原市教育局和太原市总工会联合举办太原市“升华杯”教学竞赛表彰大会。迎泽区成绩显著，荣记小学团体一等功、中学团体二等功，6 人荣记个人二等功。一等奖获奖比例达 90%，在十县区名列前茅。

14 日　迎泽区国家安全领导小组办公室举行挂牌成立仪式。

20 日　山西省委常委、市委书记吴政

隆在迎泽区调研指导“三严三实”专题教育，市领导张明星、陈河才参加。

△ 太原市迎泽资产经营管理有限公司与山西建设发展有限公司、太原市迎泽区城市建设综合开发公司共同出资成立合资公司。

22日 山西省政府教育督导室主任贺茂义、副主任督学张利，市人民政府教育督导室副主任黄建林在省教育厅听取迎泽区责任督学挂牌督导工作的进展情况汇报。

是月 迎泽区开展2015年度严重精神障碍患者门诊医疗补助审批发放工作。

是月至9月 迎泽区开展贫困白内障患者实施免费手术筛查工作。

8月

6日 迎泽区委常委会研究制定《关于加强基层服务型党组织建设的实施意见》。

10日 迎泽区夏季征兵体检工作结束。

11日 迎泽区文体局与区纪检委共同组织的廉政精品话剧《谍杀》在星光剧场演出，近千人观看演出。

18日 山西省教育厅基础教育处副处长谢军华带队的检查组和市教育局副局长王树红、学前处处长田小真等一行8人到迎泽区督促检查2015年学前教育重点工作完成情况。

28日 迎泽区文体局组织文体市场各经营单位20家参加位于柳巷中心区域唱响量贩式KTV的安全演练活动。

29日 为确保纪念反法西斯战争胜利70周年活动的顺利进行，迎泽区委常委、统战部部长、迎泽街道包片领导张志勤，迎泽街道党工委书记田华一同对辖区的重点维稳对象站点进行走访。

是月 迎泽区文体局完成编纂《迎泽区文化惠民常识》一书。

是月 迎泽分局在全市率先成立迎泽公交安全协管大队，招录210名公交协管队员，坚守在全区101个公交站台，在站点开展日常危爆物品检查和可疑人员盘查等治安防控工作。

9月

3日 南内环快速化改造竣工，全线通车。

7日 迎泽区人民政府教育督导委员会主任、副区长贾津生在迎泽区教育局纪检书记及相关人员陪同下，到桃园小学对学校开学工作进行专项督导。

17~12日 “国培计划”（2015）——示范性网络研修与校本研修整合培训项目县级培训者培训在北京大学举行，迎泽区专职督学、教师进修学校教师及部分项目学校负责人作为迎泽区项目管理者参加培训。

15日 市人大调研组一行8人在市人大常委会副主任傅建荣带队下，对迎泽区义务教育阶段学校布局和生均用地情况进行视察调研。

△ 迎泽区人大调研食品安全风险监测相关工作。

△ 区执法队作为太原市10县区代表接受文化部文化市场司执法指导监督处检

查组检查，并获高度评价。

16日　迎泽区人大专题调研组一行8人在区人大常委会副主任雒继带队下，对迎泽区学校、幼儿园的食品安全工作进行专题调研。

24日　在中秋节到来之际，迎泽区妇联副主席郭晓军带队到桥东街道南巷社区、迎宾社区入户看望患“两癌”的贫困妇女。

25日　太原市教育局党委副书记、副局长兼市政府教育督导室主任刘富海、市政府教育督导室副主任黄建林到迎泽区大南关小学，对迎泽区责任督学挂牌督导工作落实情况检查指导。

29日　位于桃园南路38号的迎泽区政务服务中心大楼正式投入使用。

是月　迎泽区卫计局获“全省妇幼健康服务先进集体”称号。迎泽区为计生特殊家庭办理爱心综合保险。

是月　迎泽区组织开展第五批非遗项目申报工作，聘请涉及申报行业的5名专家进行评审，将“鼓楼羊杂割”“壶聚福锔瓷”“太原漆器描金彩绘手工技艺”3个项目列入第五批区级非物质文化遗产名录，推荐进入第五批市级非遗申报。

10月

8日　迎泽公安分局窗口单位进驻区政务大厅，开展一站式服务，缩短群众办事时间。

10日　由迎泽区文体局主办、山西新生活健身器材有限公司承办的“强健体魄·阳光生活”迎泽区群众健身广场舞大赛在省体育馆举行。

16日　由山西省委办公厅副厅级督查专员、督查室主任宋涛带队一行6人，在市教育局相关领导陪同下对迎泽区教育局开展学前教育“入园难”、义务教育“择校热”等问题进行专项整治工作落实情况的督查。

17日~31日　迎泽区在六街一镇举办以“金秋十月　文化惠民”为主题的文化惠民活动，演出7场，近2000人次观看。

18日~19日　迎泽区两家侨企山西琦达伟业食品有限公司和升东晟路桥有限公司到石家庄参加第十四届冀台经济合作洽谈会暨2015年石家庄国际经济贸易洽谈会。

20日　迎泽区教育局参加中国教育学会与卫生分会“十城市”第27届中小学体育教学改革研讨会。双西小学体育教师杜君宇的现场课《足球》获赛会最高奖“一等奖第一名”，并获“最佳教师”奖杯。

△　山西省教育厅副厅长任月忠带队，省政府教育督导室主任贺茂义、省政府教育督导委员会办公室正处长级督学张利，以及省政府尚秀芬、督学吴运通到迎泽区大南关小学、朝阳街小学，对迎泽区责任督学挂牌督导创新县工作落实情况进行省级评估验收，迎泽区通过验收。

21日　太原市妇联主席萧芬芬邀请太原市中心医院外科医生王静到迎泽街道并州路三社区进行家庭急救讲座。

23日　迎泽区文体局协助太原市规划院完成城市改造过程中文物具体地点的标注。

27日　太原市委副书记王成到郝庄镇朝

阳一社区调研妇女创业就业工作开展情况。

是月　迎泽区妇联开展“恒爱行动——百万家庭亲情一线牵”公益活动，招募134位“爱心妈妈”编织完成154件编织物寄往新疆阜康市。

11月

9日　山西省暨太原市“2015年‘119’消防宣传月启动仪式”在太原市万达社区广场举行，迎泽区消防安全管理中心被评为“山西省第二届119消防奖”先进集体。

10日　香港惩教社教育基金会一行3人在省、市外侨办领导、迎泽区委常委、统战部部长张志勤和迎泽区侨联、迎泽区教育局等相关部门陪同下，到迎泽区王家峰小学和并东小学进行考察。

11日　迎泽区人民政府与腾讯科技（深圳）有限公司就腾讯智慧迎泽（微社区、微商圈）、腾讯太原互联网+智慧产业园项目达成合作共识，在并州饭店迎泽厅举行项目合作签约仪式，成为全国首家与腾讯达成“互联网+战略合作”的城区。

12日　迎泽区经济和信息化局成立国家安全工作领导小组。

14日~22日　由迎泽区文体局主办，全球华人羽毛球联合会山西分会承办，2015年迎泽区羽毛球比赛在迎泽区文体中心体育馆举行。

16日~20日　迎泽区文体局主办、迎泽区空竹协会、迎泽区木兰拳协会承办，以“强健体魄·阳光生活”为主题的迎泽区首届空竹比赛和木兰拳比赛举行。

17日　由迎泽区档案局局长、省级评审员吴建华一行5人到区双塔北路小学开展综合档案室升级评审工作，双塔北路小学的综合档案室达到山西省机关档案工作目标管理三级档案室的标准，当场颁发证书。

17日~19日　太原市教育装备中心省二级图书馆认定组对迎泽区建设路小学、小五台小学、孟家井寄宿制学校申报省二级图书馆进行检查验收，并顺利通过。

23日~24日　由山西省教科院和迎泽区教育局举办的山西省第三届小学课堂教学改革研讨会暨太原市迎泽区新西小学现场会召开。省教育厅副厅长张卓玉、省教科院院长马玉玺、太原市教育局局长马兆兴参加会议。

28日　由迎泽区文体局主办、太原市陈式太极拳协会承办2015迎泽区太极拳展示活动在山西省体育馆进行表演展示。参赛队伍15支，人员近200名。

是月　迎泽区开展重大公共卫生项目和基本公共卫生服务全部项目的培训工作。

是月　迎泽区妇联慰问贫困女童50名，慰问金15000元。

是月　评选出省级平安示范家庭1户，市级平安示范家庭10户，区级平安家庭示范户144户。

是月　迎泽区人民政府与山西鸿创数聚信息科技股份有限公司签订太原IDC（大数据）中心、双创孵化器即金融创投平台项目合作协议。

12月

2日　迎泽区侨联与黑龙江省牡丹江穆棱市侨联缔结友好侨联签约仪式在省城太原举行。

4日~6日　公安迎泽分局按照省公安厅、市公安局统一部署安排，与省公安厅、市公安局多部门联合行动，仅用30小时，不费一枪一弹，将藏匿于迎泽区南海西街居民楼的4名新疆籍涉恐嫌疑人抓获，成功挫败一起预谋在太原市进行“圣战”的恐怖犯罪活动。

6日　全区开展为期14天的关注人群聚集区地毯式网格化治安清查行动。

16日　山西省第四届初中校长课堂教学改革研讨会暨太原市三十七中现场会在太原市三十七中学召开，来自全省11个地市的分管教育的领导、教研室主任、部分课改实验校的校长等200余人参加研讨会。

△　太原市疾控中心联合太原市中小学生卫生保健所，对区教育局及辖区内的三十九中、海边街小学、三晋幼儿园进行《学生健康信息监测网络直报》管理工作和学校传染病防控工作现场专项督导与评估。

16日~19日　迎泽区文体局协助市文物局完成竖立山西大学堂等7处第七批国家级文物保护单位保护标志石碑。

24日　迎泽区妇联被省妇联评为2015年度新闻宣传工作先进集体。

26日~27日　迎泽区文体局与太原市乒乓球协会在迎泽区文体中心体育馆内联合举办省城迎新年乒乓球联谊赛。

是月　黑土巷社区卫生服务中心、桥东社区卫生服务中心、水西关街一社区卫生服务站和老军营社区卫生服务站获“全省群众满意基层医疗卫生服务机构”称号。迎泽区获“全省妇幼健康优质服务示范区”及“太原市人口和计划生育工作目标责任制考核先进县（市、区）”称号。

是年　全年共有199名低保原发性高血压患者和89名低保2型糖尿病患者自愿免费使用国家基本药物进行治疗，共计免费使用国家基本药物95876元。

（张国文）

区情概览

QU QING GAI LAN

迎泽区概况

【历史沿革】 迎泽区得名于明太原城“迎泽门”，俗称大南门，为洪武九年（1376）太原城扩建时所建。

迎泽地区战国时属赵国，从秦至清代，在不同的历史时期属于太原郡、太原国、太原府。宋毁晋阳城，新建太原城后，迎泽地区为太原的政治、文化、经济中心。民国16年（1927）太原设市之前，迎泽地区属阳曲县。民国34年（1945），太原以城池为界，划为内八区、外八区，今区境为内一、二、三、八区及外一区管辖地。

太原解放后，于1949年5月27日将原16个区合并为8个区，改区公所为区政府，区境属第一、二、五、六区。1954年6月4日，太原市各城区以地区方位命名，遂将第一区命名为太原市南城区，辖13个行政街，区政府驻活牛市12号。1956年，区政府改称区人民委员会。1958年11月，区机关迁至柳巷南路19号。1980年8月，经南城区第七届人民代表大会选举产生南城区人民政府，下设8个街道办事处、216个居民委员会、428条自然街。1994年12月，区政府迁至棉花巷15号。

1998年1月1日，太原市市辖行政区划调整方案经国务院批准正式实施。以原南城区为主体，组建迎泽区，下辖迎泽、桥东、文庙、柳巷、老军营、庙前6个街道和郝庄、孟家井2个乡。共233个居委会、29个村委会。2001年，太原市撤乡并镇中，孟家井乡与郝庄乡合并为郝庄镇，全区辖95个社区、19个村。

【位置面积】 迎泽区地处太原市中南部汾河以东的河谷平原，市区中部，地理坐标为北纬37°47′56″～37°55′35″、东经112°31′07″～112°46′58″。东接晋中市寿阳县，南与太原市小店区、晋中市榆次区毗邻，西隔汾河与万柏林区相望，北与太原市杏花岭区相邻。总面积117平方千米，是太原市面积最小的城区，其中城区21.687平方千米，农村面积82.879平方千米。

【地质地貌】 迎泽区位于太原市中南部汾

河以东的河谷平原，地面平坦，地势北高南低，微向西南倾斜，地形从东到西逐步倾斜，属晋中盆地的北端。地面海拔高度为800米左右。东部土石山区，包括郝庄镇孟家井全部、观家峪村以东部分，海拔高度1000～1500米，主峰罕山为1591.4米；中部黄土丘陵地区，包括郝庄镇中部，海拔高度900～1000米；西部冲积平原区，包括郝庄镇西部及市区，海拔800～900米。

【气候】 迎泽区深处大陆内部，属四季分明的大陆性气候中的季风暖温带气候区。年平均气温9.5℃～10.3℃，极端最高气温一般出现在6月上旬至7月底，为36.10℃～39.4℃；最高气温曾高达39.4℃（1955年7月24日）。极端最低气温出现在12月至次年1月之间，最低气温曾出现过-25.5℃（1958年1月26日）。每年1月最冷，月均-6.4℃左右，7月最热，月均气温一般在23℃左右。气压最高为（12月份）929.7～935百帕；最低为（7月份）864.6～907.5百帕。风向冬季为西北，夏季恒为东南。结冰期为11月28日，融解期为3月23日。每年10月上、下旬进入霜期，终霜期为4月下旬。年降水量平均为464毫米。境内阳光照射较充足，全年日照时数为2556.3～2872.6小时，日照百分率在60%以上，全年中1月的日照百分率最高，一般可达63%～78%。境内平均湿度为7.3～9.3百帕，有明显的自东南向西北递减的趋势。月平均最大值出现在7月份，其最大绝对湿度为16.8～21百帕；月平均最小值出现在1月份，其绝对湿度为1.6～2.0百帕。平均相对湿度为53%～60%，其分布自西向东南逐渐递增，一年中相对湿度变化以夏季最大，秋季次之，冬夏季最小，且最小相对湿度曾出现过0%的极值纪录。雾日数全年平均为12～13天。最多年份雾日数25天，出现在1976年；最少年份雾日数仅两天，出现在1957年。出现时间多在秋季，春、夏两季相对较少。

【土壤植被】 迎泽区土壤以山地褐土、淡褐土性土为主，山区土地肥力较低，以坡耕地为主，植被质量较差，水土流失较为严重，孟家井乡多数村人畜吃水较为紧张。

【土地资源】 据调查，迎泽区土地利用总面积153977.3亩。

1. 耕地23775.5亩，占土地总面积的15.44%，其中，水浇地75.8亩，占耕地面积0.3%；菜地186.7亩，占耕地面积0.8%；旱地23513.0亩，占耕地面积98.9%。

2. 园地8883.3亩，占土地总面积的5.77%，多分布在郝庄、孟家井缓坡地带。

3. 林地56842.4亩，占土地总面积的36.92%。其中，有林地7684.1亩，仅占林地总面积的13.5%；灌木林47396.1亩，占林地总面积的83.4%；其他林地1762.2亩，占3.3%。

4. 牧草地6749.5亩，占土地总面积的4.38%。其中，人工草地、改良草地275.1亩，占牧草地总面积的4.1%，绝大部分是从质量较好的荒草地中划入的天然草地。

5. 居民点及工矿用地41989.4亩，占土地总面积的27.27%。其中，市建成区面积34515.6亩，占居民点及工矿用地的

82.8%；村庄面积 4088.2 亩，占 9.74%；独立工矿用地 3345.0 亩，占 7.97%；特殊用地 39.4 亩，占 0.09%。

6. 交通用地面积为 1558.4 亩，占土地总面积的 1.01%。其中，铁路用地已包含在城市用地之内；公路用地 272.6 亩，占交通用地面积的 17.49%；农村道路 1282.5 亩，占 82.31%。

7. 水域包括水库、坑塘、滩涂、沟渠、水工建筑物等，面积为 268.4 亩，占土地总面积的 0.17%。其中，滩涂面积为 32.1 亩，沟渠 126.7 亩，水工建筑物占地 73.3 亩，坑塘 6.3 亩。

8. 未利用地 13910.4 亩，占土地总面积的 9.03%。其中，荒草地 6492.6 亩，裸岩石砾地 213.3 亩，田坎 2907.5 亩，其他未利用地 4297.0 亩。

【矿产资源】 迎泽区已发现矿种 8 种。主要有：煤、石灰岩、石膏、砖瓦黏土等。

1. 煤：主要分布于东山一带，属于沁水煤田东山勘探区北部。含煤面积达 30.5 平方公里，占全区总面积的 29.2%。累计探明煤炭资源储量 7840.1 万吨。

2. 石灰岩：主要分布于东北部西祁家山一带，矿层主要赋存于古生界中奥陶统马家沟组，其质地好，厚度大，开采方便。累计探明储量 745.32 万立方米。

3. 石膏：主要分布于东部中奥陶统峰峰组一段中部，多为透镜状、似层状、窝子状产出。其矿层稳定、品位较高，累计探明储量 908.35 万吨。

4. 耐火土：主要分布于中东部石炭系本溪组铁铝岩段及太原组二段上部第四层灰岩之下，地质储量不详。

5. 铝土矿：其母岩均为铝土质黏土岩，主要赋存于石炭系底部本溪组中，地质储量不详。

6. 砖瓦黏土矿：主要分布于松庄、水峪、店坡一带的第四系离石组底部黄色黏土和第三系中部静乐组红色黏土层，累计探明储量 1596.8 万立方米。

7. 山西式铁矿：主要分布于东西祁家山等地。赋存于奥陶系马家沟组灰岩第六段侵蚀面之上，本溪组铁铝岩底部。品位较低，地质储量不详。

【水资源】 迎泽区位于太原东山（罕山）分水岭西侧，处于地下水补给区，其补给来源主要为大气降水渗入，属于太原盆地北端。根据 2005 年《太原市第二次水资源调查评价报告》，迎泽区 1956~2000 年地表水多年平均水资源量为 511 万立方米，地下水资源量为 930 万立方米，降水入渗补给量为 722 万立方米。

【自然灾害】 迎泽区属湿度、降水量较小的地区，且日照充足、大风日居多，极易发生干旱现象；而降水又集中在 6 月至 10 月，东部山区一遇暴雨，容易出现山洪，造成局部洪涝灾害。

地质灾害主要分布于郝庄镇，主要灾害有地面塌陷、地裂缝、滑坡、崩塌、泥石流等。具体有：张家河村地面塌陷、裂缝；大窑垴村地面塌陷、裂缝；观家峪村地面塌陷、裂缝；小山沟村村东南地面裂缝；孟家井村—康家垴地面裂缝；松山公路滑坡、崩塌；太钢东山石灰石矿泥石流隐患等共7处。

【民族宗教】 迎泽区是一个多民族散杂而居的城区，2015年有回族、满族、维吾尔族、蒙古族、朝鲜族、苗族等27个少数民族，少数民族人口8400多人，占全区总人口的1.39%，其中，回族5000余人。

2015年，迎泽区主要有伊斯兰教、基督教、佛教三大宗教，省、市驻区有8个宗教团体、8个宗教活动场所、18个宗教活动处所，教职人员50余人，信教群众4万余人。

【行政区划】 2015年，迎泽区辖迎泽、柳巷、文庙、桥东、庙前、老军营6个街道办事处和郝庄镇1个镇，社区居委会95个，村民委员会19个，自然村33个。

【人口】 据2015年全国1%人口抽样调查，年末迎泽区常住人口606360人，比上年末增加2419人。其中：城镇人口589155人，增加2411人；乡村人口17205人，增加8人。城镇化率97.16%，比上年提高0.01个百分点。男性人口295787人，女性人口310573人，性别比为95.24:100。全年出生人口5297人，人口出生率8.75‰；死亡人口2878人，死亡率4.76‰；自然增加人口2419人，自然增长率3.99‰。 （杨水云　张国文）

国民经济和社会发展

【概述】 2015年，迎泽区实现地区生产总值（GDP）5349825万元,增长7.7%，其中：第一产业农业增加值2241万元，增长-3.4%；第二产业增加值765847万元，增长6.3%，第三产业增加值4581737万元，增长7.9%，交通运输、仓储和邮政业增加值157884万元，增长4.4%；批发和零售增加值812055万元，增长7.6%；住宿餐饮业增加值313592万元，增长4.8%；金融业增加值1578379万元，增长13.5%；房地产业增加值183693万元，增长-21.4%；营利性服务业增加值1003600万元，增长5.2%；非营利性服务业增加值532534万元，增长17%。

人均地区生产总值88405元，增长7.2%。

产业结构。三次产业比重为0.0%、14.3%、85.7%，分别拉动经济增长0、1.0和6.7个百分点。

全区财政总收入完成303857万元，增长2.6%；公共财政预算收入完成161343万元，增长7.3%。

【农业】 2015年，迎泽区农作物种植面积182.4公顷，比上年减少27.2公顷。粮食种植面积170公顷，比上年增加13公顷。蔬菜种植面积7.7公顷。

2015年主要农产品产量一览表

表1

产品名称	产量（吨）	比2013年增长（%）
粮　食	374.9	0.2
其中：夏粮	0	
秋粮	374.9	0.2
其中：小麦	0	
玉米	223.3	0.1

续表

产品名称	产量（吨）	比 2013 年增长(%)
马铃薯	235.5	–45.9
油　料	6.3	350
棉　花	0	
蔬　菜	241.2	138.8
水　果	214	250.8

全年全区造林面积 239 公顷。零星植树 135 万株。育苗面积 27 公顷。

全年全区猪出栏 3736 头。肉类产量 374.4 吨，禽蛋产量 111.01 吨，牛奶产量 36 吨，水产品产量 50 吨。

全年农用化肥施用量（折纯）2.6 吨。

【工业】　2015 年，迎泽区规模以上工业增加值 413896.2 万元，增长 4.8%。其中：中央企业增加值 373088.3 万元，增长 2.8%；省属企业增加值 1415.5 万元，下降 25.9%；市属企业增加值 38031.3 万元，增长 16.6%；村及村以下企业增加值 1361.1 万元，下降 4.2%。

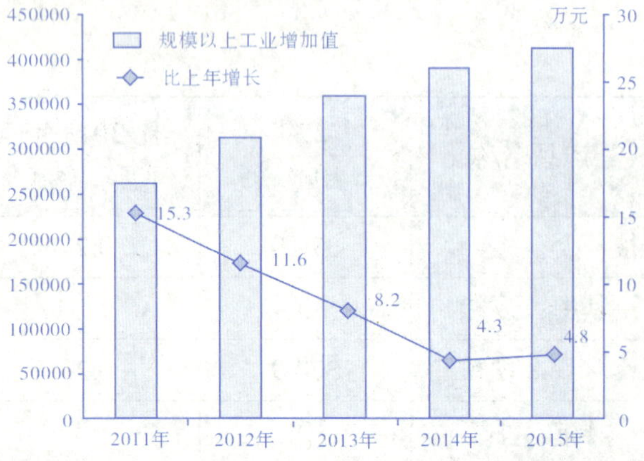

图 1　2011—2015 年规模以上工业增加值

2015 年规模以上工业增加值分类一览表

表 2

指　标	增加值（万元）	比 2013 年增长（%）
规模以上工业	413896.2	4.8
其中：轻工业	383605.0	2.8
重工业	30291.2	17.7
其中：国有控股企业	407119.1	3.7
其中：国有企业	30291.2	17.7
股份制企业	378189.0	2.7
外商及港澳台商投资企业	5416.0	14.4

全区规模以上工业增加值在五个行业中，增加值比上年增长的有 4 个。

2015 年规模以上工业各行业增加值一览表

表 3

行　业	增加值（万元）	比 2014 年增长（%）
烟草制品业	373088.3	2.78
电力、热力生产和供应业加工业	30291.2	17.65
印刷业	2776.6	–16.64
化学原料及化学品制造业	5416.0	14.36
食品制造业	2324.1	9.79

2015 年规模以上工业企业主要产品产量一览表

表 4

产品名称	单　位	产　量	比 2014 年增长(%)
食　醋	吨	1194	7.28
卷　烟	亿支	163.50	0
多色印刷品	对开色令	1991141	20.74
单色印刷品	令	94982	–8.69

规模以上工业主营业务收入 659800 万元，增长 9.2%。利税总额 277900 万元，增长 8.94%。利润总额 64500 万元，增长 3.37%。亏损企业亏损额 9900 万元，下降 30.77%。

【建筑业】 2015 年，迎泽区具有建筑业资质等级的总承包和专业承包建筑业企业总产值 3335562 万元，增长 5.5%；利税总额 216200 万元，增长 36.9%；利润总额 110299 万元，增长 99.7%；上缴税金 105901 万元，增长 3.1%。

建筑业企业房屋建筑施工面积 1119 万平方米，竣工面积 346 万平方米。

【固定资产投资】 2015 年，迎泽区固定资产投资 1909744 万元，增长 24.8%。其中：中央项目投资 120348 万元，增长 20.5%；地方项目投资 1789396 万元，增长 25.1%。

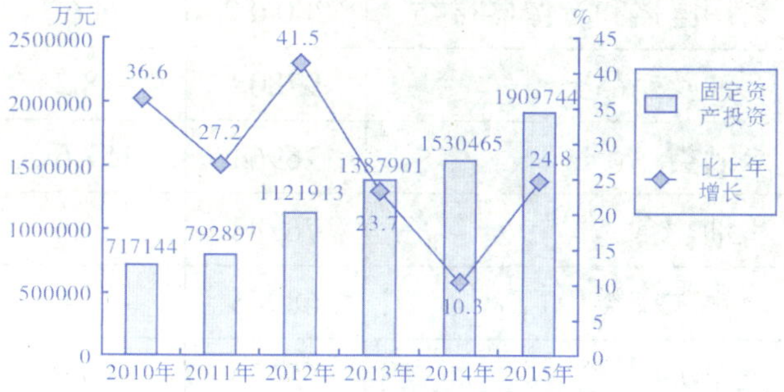

图 2 **2010—2015 年固定资产投资**

分产业看，第一产业完成投资 7317 万元，同比下降 39.5%；第二产业投资 472950 万元，增长 85%，其中，工业投资 459350 万元，增长 92.3%；第三产业投资 1429477 万元，增长 13.2%，其中卫生及社会工作投资完成 24973 万元，同比增长 87.5%；交通仓储业完成投资 66519 万元，同比增长 61.7%。三产业投资比重分别为 0.4%、24.8%和 74.8%。

分经济类型看，城镇建设项目中国有投资 724943 万元，增长 49%；非国有投资 162107 万元，增长 41.5%，其中：民间投资 133751 万元，增长 68.6%。

2015 年分行业固定资产投资一览表

表 5

指　标	投资额（万元）	比 2014 年增长（%）
总计	1909744	24.8
农、林、牧、渔业	7317	-39.4
采矿业	138583	1.8
制造业	17423	19.6
电力、热力、燃气及水的生产和供应业	303344	243.6
建筑业	13600	124.1
批发和零售业	36655	-29.9
交通运输、仓储和邮政业	66519	61.7
住宿和餐饮业	11900	59.7
信息传输、软件和信息技术服务业	64527	18.4
房地产业	1058689	12.6
房地产开发投资	955392	8.3
金融业	3770	—
科学研究和技术服务业	14656	-56.4
水利、环境和公共设施管理业	138293	19.5
教育	4528	-61.1
卫生和社会工作	24973	87.5
公共管理和社会组织	4967	143.8

全年在建固定资产投资项目85个。其中：5亿元以上项目5个，计划总投资1269507万元，完成投资173806万元，占全区固定资产投资的比重为9.1%；3~5亿元以上项目14个，计划总投资605048万元，完成投资316292万元，占全区固定资产投资的比重为16.6%。

房地产开发。全年房地产开发投资955392万元，增长8.3%。住宅投资784031万元，增长15.7%，其中：90平方米以下住房投资329611万元，占住宅投资的比重为42.0%。商业营业用房投资56001万元，下降28.1%。全年商品房竣工面积692389平方米，商品房销售额292699万元。

【国内贸易】 2015年，迎泽区社会消费品零售总额3971131万元，增长10.6%。

限额以上贸易企业零售额2557187万元，比上年增长10.3%，占社会消费品零售总额的64.4%。

2015年社会消费品零售总额一览表

表6

指 标	零售额（万元）	比2014年增长(%)
社会消费品零售总额	3971131	10.6
分地域：城镇	3971131	10.6
其中：城区	3959131	10.7
分行业：批发业	641917	72.2
零售业	2986126	3.7
住宿业	31879	–2.2
餐饮业	311209	2.7

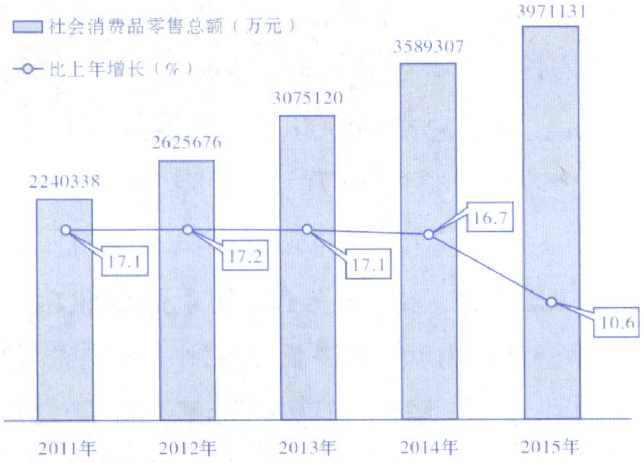

图3 2011—2015年社会消费品零售总额

2015年限额以上批发零售业商品零售类值一览表

表7

指 标	零售额（万元）	比2014年增长(%)
服装、鞋帽、针纺织品类	1020324	33.1
中西药品类	534712	–5.1
家用电器和音像器材类	280482	24.6
石油及制品类	97808	–18.2
烟酒类	76964	157.6
粮油、食品类	76288	–10.5
金银珠宝类	68965	–14.6
汽车类	65125	–13.9
化妆品类	40912	–23.2
通讯器材类	32437	–10.1

【人民生活】 2015年，迎泽区城镇常住居民人均可支配收入28352元，增长8.2%；农村常住居民人均可支配收入17970元，增长7.5%。城乡居民收入比为1.58:1。

（张 星）

机构设置和领导人名单

一、区级领导

1. 区委

书　记　刘文华

副书记、区长　冯原平

副书记、政法委书记　阎生华

常委、常务副区长　侯富田

常委、统战部部长　张志勤

常委、组织部部长　裴耀军

常委、区委办主任　秦　琦

常委、柳巷街道党工委书记　刘锦春（女）

常委、宣传部部长　曹　炬

常委、纪委书记　李　锦（女）

常委、人武部政委　尹亮君

2. 区人大

主　任　阴国平

副主任　雒　继

副主任　王素钧（女）

副主任　郗爱平

副主任、区总工会主席　李社庆

3. 区政府

区委副书记、区长　冯原平

区委常委、常务副区长　侯富田

副区长　贾津生

副区长　高　伟

副区长　王国栋

副区长、教育局局长　侯　森

4. 区政协

主　席　宋国庆

副主席　王　晋

副主席　秦喜顺

副主席　韩石俊（女）

副主席、区政府办公室主任　薛　凯

二、区委各部门、直属事业单位

1. 区纪律检查委员会

副书记、监察局局长　李慧明

副书记　申鹏程

副书记　贾立新

2. 区委办公室

常务副主任　赵　晖（女）

副主任、机要保密局 (国家密码管理局)

　局长　王飞月 (女)

副主任　尹秀山

副主任、信访局局长　文建业

副主任、督查室主任　范　勇

3. 区委组织部

常务副部长　白进联（女）

副部长、人力资源和社会保障局

　局长　李红如 (女)

副部长、老干部局局长　齐　洁

副部长、非公有制企业党工委

　书记　杨红梅（女）

4. 区委宣传部

常务副部长　张海忠（2012.7–2015.2）

　　　　　　徐文胜（2015.9）

副部长、精神文明办公室

　主任　张利宏（女）

副部长　高雨春

5. 区委统战部

常务副部长　丁永爱（女）

副部长；工商联党组书记、

　常务副主席　陈　伟

6. 区委政法委

副书记　梁生未

副书记、综治办主任　郭宇飞

副书记　颉　斐

副书记　于丽华（女）

7. 区机构编制委员会办公室

主　任　王　健

副主任　宋翠萍（女）

副主任　贾晋媛（女）

8. 区直机关工委

书　记　张　彬（女）

副书记　李梅汝（女）

9. 区委老干局

组织部副部长、老干部局局长　齐　洁

副局长　史颖瑞（女）

副局长　杨晓晖（女）

10. 信访局

区委办公室副主任、信访局局长　文建业

副局长　秦宇柱

11. 区委党校

常务副校长　王战平

副校长　秦立新（女）

副校长　初丛红（女）

三、区人大、区政协各部门

1. 区人大常委会机关

办公室主任　张文进

法工委主任　陆明军

财经工委主任　王素云（女）

科教文卫工委主任　王艳丽（女）

城建城管工委主任　刘宏霞（女）

人事工委主任　李光胜

2. 政协迎泽区委员会机关

秘书长、办公室主任　刘　鸿

提案、社情民意委主任　王树红（女）

经科委主任　边艳玲（女）

教文卫体委主任　谢龙虎

街道镇与法制委主任　孟晋林

民族（文史）委主任　郑雪静（女）

四、人武部、群团机关

1. 区人民武装部

区委常委、人武部政委　尹亮君

部　长　闫海军

副部长　李雁峰

副部长　侯虹江

2. 区总工会

区人大常委会副主任、区总工会主席　李社庆

常务副主席　杜海旺

副主席　雷晓英（女）

3. 共青团迎泽区委

书　记　张晋松

副书记　班永武

副书记　元艳芳（女）

4. 区妇女联合会

主　席　段瑜平（女）

副主席　郭晓军（女）

副主席　史方郁（女）

5. 区残疾人联合会

理事长　杜永生

副理事长　逯　慧（女）

6. 区文学艺术界联合会

主　席　祝亚琴（女）

副主席　赵　欣（女）
副主席　邵　华（女，2015.9）

7. 区科学技术协会

主　席　吉根秀（女）
副主席　侯利仙（女）

8. 区工商联合会

主　席　王天明
统战部副部长，工商联党组书记、
　常务副主席　陈　伟
副主席　刘　娜（女）

9. 区归国华侨联合会

主　席　李　红（女）

五、政府各部门、直属事业单位

1. 区政府办公室

区政协副主席、政府办公室主任　薛　凯
副主任、法制办主任　郝跃进
副主任、机关后勤服务中心主任　杜志强
副主任、政府应急管理办公室副主任、
　治超办主任　吴树公
副主任、史志办主任　王　昱

2. 区发展和改革局（转型综改办）

局长、转型综改办主任
　王文潇（2011.8–2015.10）
　张健康（2015.10）
副局长、物价局局长　张映平（女）
副局长　王会军
副局长、转型综改办副主任　石林全
副局长　王　兵（2006.6–2015.10）
副局长　曹建平
总经济师　邱　彦（女）

物价局

发展和改革局副局长、物价局局长　张映平(女)
副局长　冯晓霞（女）
副局长　张宇锋

3. 区经济和信息化局（包括党委）

党委书记　李慧林
党委副书记、局长　王立新
党委副书记、工会主席　贾俊林
纪检书记　牛　翔（女）
副局长　呼建国
副局长　高旭方
副局长　王亚生
总经济师　宋　丽（女）

4. 区教育局（包括党委）

副区长，教育局局长　侯　森
党委书记　高　力（女）
副书记　郭美萍（女）
纪检书记　张桂梅（女）
副局长　岳家靖
副局长　武　静（女）
副局长　郭　宏（女）
副局长　杨　辉

5. 区科技局

局　长　贾永明
副局长　秦建平
副局长　侯志萍（女）

6. 区监察局

纪委副书记、监察局局长　李慧明
纪委常委、监察局副局长、正科级
　检查员　张建生
纪委常委、监察局副局长　雷晓珍（女）

7. 区民政局

局　长　王文生
副局长、双拥办主任　吴建平

副局长　尹景明

副局长　王小玲（女）

8. 区司法局

局　长　王少骏

副局长　多胜利

副局长　马转花（女）

副局长　杨会明

9. 区财政局

局　长　何吉铮

副局长　梁晓娟（女）

副局长　贾建珍（女）

副局长　李斌玲（女）

总会计师　周丽华（女）

10. 区人力资源和社会保障局

区委组织部副部长、人力资源和社会保障局局长　李红如（女）

副局长　胡雅男（女）

副局长　陈　力（女）

副局长　张银花（女）

副局长　侯志宏

11. 区住房和城乡建设局（包括党委）

党委书记　黄年悦

党委副书记、局长　李达平

党委副书记、工会主席　田建强

纪检书记　姜　燕（女）

副局长、城中村改造领导组办公室常务副主任　张守文

副局长　王晋珉

副局长　郭小燕

总工程师　霍　鹏

12. 区城市管理局（包括党委）

党委书记　孙晨阳

党委副书记、局长　陈瑞宏

党委副书记、工会主席　刘跃芬（女）

纪检书记　孟秀丽（女）

副局长　董俊生

副局长　张红莲（女）

副局长　郭　厦

总工程师　阎学斌

13. 区交通运输局

局　长　武　勇

副局长　田　然

副局长　毕燕江

总工程师　王会生

14. 区水务局

局　长　王晓莉（女）

副局长　刘永治

副局长　宋　云

15. 区农业委员会

主　任　陈勇兵

副主任　王　兵（2015.10）

副主任　葛增友（2012.9–2015.10）

副主任　邢志强

16. 区商务局

局　长　胡红民

副局长　冯俊明

副局长　张世宏（2015.10）

副局长　高　娟（女，2010.4–2015.10）

副局长　郭向荣（女）

17. 区文体广电新闻出版局

局　长　畅耀宗

副局长　庞文利（女）

副局长　宋丽珍（女）

18. 区卫生局（包括党委）

党委副书记、局长
　黄铁明（2014.2–2015.10）
副局长、爱卫办主任
　梁忻华（2009.6–2015.10）
副局长　武文广（2012.9–2015.10）

区卫生和计划生育局（包括党委）

党委书记、局长　黄铁明（2015.10）
党委委员、副局长　梁忻华（2015.10）
副局长　白　珊（2015.10）
党委委员、副局长　蔚建威（2015.10）
党委委员、副局长　王明锋（2015.10）
党委委员、总工程师　蔺玉杰（2015.10）

卫生监督所

所　长　程海龙
党支部书记　董美建（女）
副所长　平剑英（女）
副所长　梁鹏程

疾控中心

主　任　韶惠丽（女）
党支部书记　柴小丽（女）
副主任　李　珏（女）
副主任　赵艳红（女）

妇幼保健所

所　长　刘　晶（女）
副所长　刘晓虹（女）
副所长　张宏雁（女）

19. 区人口和计划生育局

局　长　张健康（2014.2–2015.10）
副局长　李跃红（女，2009.6–2015.10）
副局长　白　珊（女，2009.6–2015.10）
副局长　蔚建威（2009.6–2015.10）

20. 区审计局

局　长　耿建成
副局长　赵丽萍（女）
副局长　周丽颖（女）
副局长　解丽萍（女）
总审计师　文淑娟（女）

21. 食品和药品监督管理局

太原市食品药品监督管理局
　迎泽分局局长　李　敏（女）

22. 区统计局

局　长　宋衍立
副局长、社会经济调查队队长　岳丽英（女）
副局长　刘东伟
总统计师　张哲宾

23. 区安全生产监督管理局

局　长　杨练兵
副局长　范聪连
副局长　任慧军
总工程师　赵志峰

24. 区民族宗教事务局

局　长　王惠东
副局长　张新明
副局长　庞　洁（女）

25. 区林业局

局　长　郭连芝
副局长　韩勇斌
副局长　王润莲（女）

26. 太原市城乡管理行政执法局迎泽区分局

局　长　闫俊力
政　委　杨学军

27. 区园林局

局　长　孙成龙

副局长　李跃红（女，2015.10）
副局长　武玉奎

28. 区防震减灾局

局　长　魏明霞（女）
副局长　冀雅萍（女）

29. 区档案局

局　长　吴建华
副局长　薛志茹（女）
副局长　温　洁（女）

30. 区老龄委办公室

主　任　平庆如（女）
副主任　闫永军

六、街道办事处

1. 迎泽街道办事处（包括党工委）

党工委书记　田　华（女）
党工委副书记、办事处主任　高宪强
党工委副书记、人大工委主任　徐丽珍（女）
党工委副书记、政协工作联络组
　组长　骆耀红（女）
党工委副书记　康一春
党工委副书记、纪工委书记　刘　峥（女）
武装部长　赵　博
工会主席、组宣委员　赵　颖（女）
副主任　皇甫清
副主任　卫　东
副主任　韦　博

2. 桥东街道办事处（包括党工委）

党工委书记　樊世勋
党工委副书记、办事处主任　刘俊刚
党工委副书记、人大工委主任　张勇生
党工委副书记、政协工作联络组
　组长　李会忠
党工委副书记　赵喜梅（女）
党工委副书记、纪工委
　书记　王跃芹（女）
武装部长　李新怀
工会主席、组宣委员　王　彩（女）
副主任　赵宝全
副主任　吕开武
副主任　畅秀峰

3. 文庙街道办事处（包括党工委）

党工委书记　孟晋忠
党工委副书记、办事处主任　周靖华
党工委副书记、人大工委主任　马东明
党工委副书记、政协工作联络组
　组长　任文英（女）
党工委副书记　冯清莲（女）
党工委副书记、纪工委书记　王爱香（女）
武装部长　段青龙
工会主席、组宣委员　韩　江
副主任　刘尽斌
副主任　吴　鹏
副主任、执法局局长　闫俊力

4. 庙前街道办事处（包括党工委）

党工委书记　秦宇星
党工委副书记、办事处主任　白　冰
党工委副书记、人大工委主任　高瑞萍(女)
党工委副书记、政协工作联络组
　组长　马笑宣（女）
党工委副书记　史秀萍（女）
党工委副书记、纪工委书记　张海斌
武装部长　宋清山
工会主席、组宣委员　王新涛
副主任　唐海玲（女）

副主任　段宏涛
副主任　王　纬

5. 柳巷街道办事处（包括党工委）

区委常委、党工委书记　刘锦春（女）
党工委副书记、办事处主任　王孝兵
党工委副书记、人大工委主任　于以江
党工委副书记、政协工作联络组组长　梁晓燕（女）
党工委副书记　高丽丽（女）
党工委副书记、纪工委书记　郑慧霞（女）
武装部长　李永平
工会主席、组宣委员　杜晓慧（女）
副主任　潘剑钢
副主任　赵志宏
副主任　施　泓

6. 老军营街道办事处（包括党工委）

党工委书记　闫晓琴（女）
党工委副书记、办事处主任　叶　涛
党工委副书记、人大工委主任　梁丽鸿
党工委副书记、政协工作联络组组长　李青枝（女）
党工委副书记　钱桂萍（女）
党工委副书记、纪工委书记　田　芬（女）
武装部长　贾振海
工会主席、组宣委员　李　娟（女）
副主任　林永平
副主任　郭艳红（女）
副主任　张　涛

7. 郝庄镇（包括党委）

党委书记、人大主席　尹晓平
党委副书记、镇长（说明：从 2013 年起城改办主任是张守文）　刘　丰
党委副书记、政协工作联络组组长　陈祚斌
纪委书记　耿旭红（女）
党委委员、人大专职副主席　尚凤山
党委委员、副镇长　董　澍
党委委员、武装部长　张福红
党委委员、副镇长　孙仁刚
党委委员、总工会主席、组宣委员　郭瑞蕊（女）

七、区法检机构

1. 区人民法院

院　长　赵晋虎
副院长　白唯鸣
副院长　马勇志
副院长　席凤昌
副院长　赵宏旺
副院长　王玉文
纪检组长　潘晋宁
政治处主任　魏新艳（女）
执行局局长　王　钢
审委会专职委员　常银刚
审委会专职委员　刘媛媛（女）

2. 区人民检察院

检察长　陈加林
副检察长　杜文山
副检察长　杨建生
副检察长　谭　军
纪检组长　马晓青
反贪局局长　鲍宏伟
反渎职侵权局局长　高春光
政治处主任　杨琍敏（女）
检委会专职委员　李淑琳（女）

八、市管部门

1. 太原市迎泽区国家税务局

党组书记、局长　王俊杰

副局长　高彦华（2015.2 退居二线）

副局长　白巧华（女）

副局长　赵晓东

副局长　张国红

纪检组长　闫耀忠

纪检组长　张　华（2015.10–，挂职）

2. 山西省太原市迎泽区地方税务局

党组书记、局长　温秋生

局　长　王建梁（二线）

副局长　汪生光

副局长　梁德琪

副局长　张文光

副局长　袁宇峰（女）

副局长　王　敏

3. 太原市工商行政管理局迎泽分局

党组书记、局长　刘庆虎

党组副书记、副局长　尹建英

党组成员、副局长　董永法

党组成员、副局长　宋建章

党组成员、副局长　周建勋

党组成员、副局长　李晋峰（女）

党组成员　徐国珍　贾宏宇

党组成员、纪检组长　刘　忠

4. 太原市环境保护局迎泽分局

局　长　刘永慧（–2015.6）

牛爱民（2015.6–）

副局长　陈秀萍（女，–2015.11）

王晓风（女，2015.11–）

王卿兮（2015.11–）

5. 太原市质量技术监督局迎泽区分局

党组书记、局长　焦存胜

党组成员、副局长　魏克强

党组成员、纪检组长　张燕峰（女）

6. 太原市城乡规划局迎泽分局

局　长　李玺兵

副局长　赵满翼

副局长　何海明

7. 太原市公安局迎泽分局

党委书记、局长　秦书伟

党委副书记、政委　王　璠

党委委员、副调研员　王政明

党委委员、副局长　吴长胜

党委委员、副局长　岳富民

党委委员、副局长　宋文广

党委委员、副局长　闫玉斌

党委委员、副局长　王治国

党委委员、副局长　安建中

党委委员、纪委书记　杨志强

党委委员、政工室主任　郝锦原

党委委员　弓志清

党委委员　杨冲霄

党委委员、指挥室主任　刘书江

8. 太原市国土资源局迎泽分局

局　长　李斌魁

副局长　张　彪

纪检组长　尹林华（女）

9. 太原市迎泽区公安消防大队

教导员　赵　新（–2015.5）

张　震（2015.5–）

大队长　杨　珑（–2015.5）

阎红涛（2015.5–）

中国共产党太原市迎泽区委员会

ZHONG GUO GONG CHAN DANG TAI YUAN SHI YING ZE QU WEI YUAN HUI

综　述

【习近平总书记讲话精神贯彻】　2015年，中国共产党迎泽区委员会坚持把学习党的十八大、十八届三中、四中、五中全会精神和习近平总书记系列重要讲话精神作为重大政治任务，在深刻理解、深入贯彻“四个全面”战略布局、五大发展理念等一系列新思想、新观点、新论断上下功夫，以学习统一思想，凝聚共识，提高思想觉悟，坚定政治定力，巩固和凝聚全区上下全面建设小康社会、加快转型发展的新动力。坚持把落实省委“五句话”总要求和市委推进“五个一批”加快“六大发展”作为工作的总遵循和总抓手，立足迎泽实际，发挥综合优势，牢牢把握总基调，主动适应经济发展新常态，不断提高转型发展的质量和效益，主动适应作风建设的新常态，以作风建设的新成效为经济新常态下的转型发展提供有力保障，激发和形成全区上下加快改革攻坚推进富民强区的工作新劲头。坚持把“以上率下”作为最基本的工作方法，开展学习讨论落实活动、“三严三实”专题教育，突出问题整治，通过深入学习以习近平同志为总书记的中央领导集体“崇尚实干、勇于担当、廉洁自律”的优良作风，学习以王儒林书记为班长的新的省委班子治晋兴晋强晋的政治担当和良好作风，学习以吴政隆书记为班长的新的市委班子迎难而上、马上就办的工作作风和精神状态，团结区四大班子领导，心往一处想，劲往一处使，坚持从自己做起，一级做给一级看，一级带动一级干，在全区经济建设、民生服务、城中村改造等重点工作中身先士卒，靠前指挥，带动全区形成上下联动、积极作为、干事创业的工作新氛围。坚持把“担当作为”作为基本的工作要求，团结带领全区干部群众，按照吴政隆书记对迎泽区委的指示要求，正确处理好“六大关系”，以新的发展理念，解放思想，改革攻坚，坚持在城中村改造、小街巷整治、城市管理精细化、社会稳定、民生事业方面走在全市前列，自党在全市“六个表率”中担当起中心城区应有的责任，凝聚和焕发出全区上下攻坚克难、勇于担当的工作新激情。

【党风廉政建设和反腐败斗争】 2015年，中国共产党迎泽区委员会学习贯彻习近平总书记全面从严治党重要指示精神，坚决落实省委市委决策部署，坚定不移推进党风廉政建设和反腐败斗争，为全区改革发展稳定各项工作提供坚强政治保障。坚决把纪律挺在前面。坚持教育在先、预防在先、警示在先，区委中心组对中央和省、市委有关党风廉政建设和反腐败工作有关部署、精神进行13次集中学习，区委常委会28次研究党风廉政建设，4次专题剖析典型案例，区委主要领导5次与市管领导干部、各基层党（工）委纪（工）委书记、区直各部门主要负责人进行集体约谈。结合学习讨论落实活动和“三严三实”专题教育，以党校集中学习、主要领导讲“党课”、领头雁培训等形式，分期分批对全区各级领导干部进行反腐败形势教育和落实“两个责任”的专题教育。通过不断加大对党的政治纪律的教育和违反纪律问题的督查力度，全区各级党员干部的纪律意识、规矩意识、担当意识、发展意识都有极大提升，在纪律和制度框架内开展工作的能力和素质不断加强，党的政治纪律和规矩真正成为“带电的高压线”。全面落实“两个责任”。不断强化党委履行主体责任的思想认识和行动自觉，区委常委会专门听取区人大、区政府、区政协、区法院、区检察院党组履行主体责任情况、纪委履行监督责任情况汇报；制定区委落实“两个责任”的《实施意见》和《责任清单》，明确区委班子、主要负责人、班子成员落实主体责任的60项具体内容和纪委班子、主要负责人、班子成员落实监督责任的52项具体内容；建立双约谈、双述责、联组巡察、上级交办案件签字背书、责任追究5项配套制度，下级纪委在案件线索处置和查办案件向同级党委报告的同时向上级纪委报告的双重领导制度；督促各工（党）委、各基层党组织，区直各部门制定两个清单，为“两个责任”落实提供有效的抓手。今年以来区纪委不断加大对落实两个责任不力的单位和人员的问责，共查处“一案双查”案件7件，追究主体责任10人。始终保持惩治腐败高压态势。加大纪律审查力量，对区纪委、区监察局内设机构和职能进行调整，纪检监察室由1个增加到5个，将区纪委、监察局参与的议事协调机构由94个调整减少到8个，对各基层纪（工）委书记的分工进行专项督办，确保专职专人。加大线索处置力度，坚持“零容忍、无禁区”，严肃查处各类违纪违法案件80件，挽回经济损失1571.33万元，给予党纪政纪处分110人，重处分11人，移送司法机关2人。坚决查处发生在群众身边的腐败问题，深入开展以“群众举报乡村干部腐败为切入点，集中解决群众信访诉求问题”专项整治和农村集体“三资”管理专项清理整治，全年共立案查处群众身边腐败案件68件，结案68件，处分92人，同比增长119%。集中查处城中村等重点领域腐败案件，全区立案查处城中村案件27件，党纪政纪处分49人，其中重处分5人，移送司法机关2人，赢得群众的信任和拥护，为城中村改造扫清障碍，打牢基础。始终保持狠刹“四风”高压态势。以落实“八项规定”、解决发生在群众身边的“四风”问题为切入点，坚持抓“常”、抓“细”、抓“长”，持之以恒正风肃纪。对1041个单位（次）进行明察暗访，查处违反中央八项规定精神问题13件，党纪政纪处分19人；对违规收送礼金红包进行整治，区“礼金红包上交专户”账户收到违纪金13.75万元；对违反公务用车管理规定的14个单位进行通报处理；全区副科级以上领导干部435人签订抵制大操大办、借机敛财廉政承诺书。通过作风整治，各级党员干部的作风得到明显改善，全区上下呈现出奋发进取的工作氛围。推进“六权治本”工作。坚持标本兼治，在全区牢固树立法律红线不能触碰、法律底线不能逾越的观念，出台一批落实“六权治本”要求的具体举措：建成并投入使用集行政审批、公共服务、便民服务等多功能为一体的综合性政务服务中心，本级审批服务事项全部集中办理；坚持依法行政，编制“两个清单”，出台健全重大行政决策机制的意见，建立制度限制权力、制度建设会商等制度，完善权力监督制约机制；建立健全执法责任、过错追究和工作责任推进及奖惩制度，权力运行更加规范透明。

【宣传思想文化建设】 2015年，中国共产党迎泽区委员会坚持把宣传思想文化建设作为加快转型发展、促进富民强区的重要动力源泉，加强理论武装，多种形式深入开展以党的十八大、十八届三中、四中、五中全会、习近平总书记系列重要讲话精神为重点的宣传教育，激发和凝聚全区广大干部群众振奋精神、坚定信心、加快转型、富民强区的强大力量；把握宣传思想工作主动权，发挥新兴媒体作用，提升主流舆论引导力，紧密围绕学习讨论落实活动、“三严三实”专题教育、城中村改造、迎泽历史文化及社会主义核心价值观等重点工作开展宣传报道，累计在各级媒体发稿6400余篇，其中党报党台发稿840余篇，中央级网站发稿110余篇，为全区经济社会发展营造良好的舆论氛围；开展群众性精神文明创建活动，加强对文明单位的动态管理以及承担社会责任方面的工作考核。开展“我们的节日”、学雷锋志愿服务、讲文明树新风、道德讲堂、网络文明传播等活动，努力营造文明和谐的社会新风尚；做好群众文化工作，新建30个社区体育健身活动场所，社区图书室实现全覆盖。深入挖掘文物旅游资源，对辖区内文物单位进行保护修缮，编撰完成《迎泽区老街老巷老景观》一书。启用文化宣传微信公众平台，开通迎泽区文化网站，区域文化发展宣传交流力度加大。

【法治迎泽建设】 2015年，中国共产党迎泽区委员会支持人大、政协依法依章程履行职责，区人大及其常委会围绕城乡清洁、社会保障、食品安全、大气污染防治等重点工作开展一系列监督视察调研询问活动，严格程序任免一批国家机关工作人员，依法履职水平提高；区政协紧紧围绕“十三五”规划编制、城中村改造、民生实事情况开展调查研究，主动建言献策，协商民主重要渠道作用发挥；充分利用统一战线优势，发挥楼宇商会、行业协会等社会组织作用，助推非公经济健康发展，帮助支持唐是文化集团等非公企业在新三板挂牌上市。优化资源配置，统战部与工商联、侨联合署办公，提升统战工作服务经济社会的效能和水平；以贯彻落实中央《关于加强和改进党的群团工作的意见》为契机，加强和改进群团工作，在全区集中开展“工会组建月”活动和“农民工入会”集中行动，扩大基层工会覆盖面，推进城市街道区域化团建工作，组织动员一批团干和团员青年深入城中村改造一线服务全区中心工作，在各街镇、社区举办女性文化学堂、巾帼创业就业培训，增强全区各级群团组织的政治性、先进性和群众性。

【党的建设】 2015年，中国共产党迎泽区委员会牢固树立抓好党建是最大政绩理念，坚持严字当头，真管真严，敢管敢严，常管常严，不断完善区委统一领导，部门齐抓共管，一级抓一级，层层抓落实的党建工作格局，把从严治党责任担当好、落实好，为全区经济社会发展提供坚强组织保障。开展“三严三实”专题教育。坚持把开展好“三严三实”专题教育作为加强党的思想政治建设和作风建设的重要举措，落实市委“四个见实效”的目标要求，把握从严从实，围绕三个专题进行9次集中学习，4次研讨交流，提升践行“三严三实”的思想自觉和行动自觉。省委常委、市委书记吴政隆参加指导区委中心组“严以修身”专题的学习研讨，提出“开展好‘三严三实’专题教育，既要注重思想武装，也要坚持问题导向的新要求。广泛征求意见，深入谈心谈话，深刻反思查摆，明确努力方向，专题民主生活会召开情况受到市委副书记、市长耿彦波的充分肯定和认可；制定整改方案，对查摆出的问题逐一明确责任单位和整改时限，并由区委常委牵头进行整改，在践行“三严三实”上发挥标杆示范作用；结合“三严三实”专题教育广泛开展理想信念、党性党风党纪、道德品行和法治教育，推动践行“三严三实”要求制度化、常态化、长效化，努力把专题教育的实际成效转化为推动全区各项工作的强大动力。全面加强基层党建。把抓基层打基础作为固本之策，夯实基层党建基础，区财政投入6000余万元，用于提高基层党组织基础建设，保障基层党组织服务能力；严格落实党建工作责任制，组织全区各级党组织书记，开展履行基层党建责任述职评议考核，推动基层党建各项任务落地见效；出台关于加强基层服务型党组织建设的《实施意见》和《任务分解》，推进基层党组织强化两个功能、改进服务作风、转变服务方式、提高服务能力、完善服务保障，增强基层党组织的创造力凝聚力战斗力；开展“领头雁”培训工作，163名社区、村“两委”主要干部、856名其他领域的党组织书记和728

名社区村“两委”干部参加不同层级的集中培训，基层干部队伍的履职能力、廉政意识、法制意识得到有效提升；培育和发展社区社会组织，打造校尉营社区的“福寿和”、文庙社区的“我们读吧”等亮点平台；整顿软弱涣散基层组织，新配备支部书记14人，调整不合格书记2人，调整“两委”成员7人，处置不合格党员9人，新发展党员4人，45个基层党组织实现晋位升级。从严管理监督干部。把从严治吏作为从严治党的关键，贯彻落实习近平总书记关于新时期“好干部”标准，树立“德才兼备、以德为先、以廉为基”的用人导向。对2015年度调整的5批次，35名干部（交流28人，免职7人）进行选拔任用全程纪实，选派111名年富力强、经验丰富的优秀骨干力量，充实到城中村改造第一线，在实践中检验干部作风、提升干部能力。强化干部日常管理，加强干部监督约束，出台《迎泽区领导班子和领导干部谈心谈话办法》，严格执行《新任职领导干部跟踪考察工作制度》，建立干部日常考察档案和近距离观察干部台账，对429名干部的政治表现、工作业绩、廉洁自律及是否胜任现职等方面进行了解，形成干部甄别管理新常态；制定“三个一批”实施方案，建立联席会议制度，确定试点单位，“三个一批”工作稳步推进。（苏卫国）

区委办公室

【概述】 2015年是全面深化改革的关键之年，也是全区适应新常态，开创转型发展新局面的重要一年。一年来，区委办以“三严三实”专题教育为契机，紧紧围绕区委的中心工作主动适应新常态，提升理念，强化服务，较好地完成了一年工作。

【学习贯彻讲话精神】 学习贯彻党的十八大、十八届三中、四中、五中全会精神和习近平总书记系列重要讲话精神。坚持周二集中学习制度，通过学习原文、专题集中讨论、交流发言等形式，在把握讲话实质、理解精髓和入脑入心上下功夫，切实在思想上政治上行动上与党中央保持高度一致，真正将“坚持绝对忠诚的政治品格、坚持高度自觉的大局意识、坚持极端负责的工作作风、坚持无怨无悔的奉献精神、坚持廉洁自律的道德操守”的要求落实到工作实践中，提高了“三服务”的能力水平。

抓好“三严三实”活动。把党的十八大、十八届三中、四中、五中全会精神，中央、省市区委关于“三严三实”活动的有关文件，习近平总书记系列重要讲话精神，作为学习重点，认真学习、深刻领会，真正做到思想上补课、精神上补钙、党性上锻炼。深入开展“三严三实”专题教育着力解决基层干部不作为乱作为等损害群众利益问题的专项整治活动，紧紧围绕“四个排查”确定的17种查找重点，认真开展问题自查，对排查出的问题分门别类建立台账，并填写问题排查统计表，建立问题清单。通过对照活动要求，对排查出的问题逐项认真整治，一项一项明确责任主体、整治措施和进度安排，实行销号管理，确保整治工作具体落地。针对专项整治工作中排查出的问题及整改情况，结合实际制定和完善相关规章制度，着力解决基层干部不作为乱作为等损害群众利益的问题。

【落实“两个责任”】　落实党风廉政建设主体责任。始终坚持把贯彻落实党风廉政建设责任制作为一项政治任务来履行，作为班子建设的重要工作来推进，以落实责任主体为核心，明确责任内容为关键，建立健全“纵向到底、横向到边”的责任体系。结合区委办机构设置实际，制定《中共太原市迎泽区委办公室关于落实党风廉政建设主体责任清单》，明确区委办公室领导班子对职责范围内的党风廉政建设负全面领导责任，确定区委办领导班子主要负责人是党风廉政建设的第一责任人，区委办领导班子成员根据工作分工，履行“一岗双责”，对职责范围内的党风廉政建设负主要领导责任，进一步强化领导班子的牵头抓总作用、班子成员的协同配合作用，明确责任内容，确保党风廉政建设主体责任落到实处。

落实“三严三实”要求，严格执行各项廉政规定，切实加强党风廉政建设。严格落实中央《八项规定》，改进会风文风，控制文件规格、减少文件数量。严格控制会议规格，严格实行无会周、无会日制度和会议日制度。严格执行制度规定，制定完善请销假、公务用车、办公用品购买领取、支部学习、印章管理、公务接待等一系列规章制度，提高制度执行力，领导带头执行，严格按制度办事，坚持做到用制度管权、管事、管人。按照区纪委要求，办公室所有在职在编的干部职工，全部作出会员卡零持有报告和不出入私人会所、不接受和持有私人会所会员卡的承诺。通过狠抓纪律作风，遏制“四风”，整肃纪律，净化思想，锤炼党性，区委办公室作风和形象有了明显提升。

【决策参谋服务】　以文辅政，当好参谋助手。把提供高水平的决策参谋服务作为衡量办公室工作水平的第一标尺，自觉站在迎泽转型发展的大局中来研究思考，提高公文的思想性、针对性，完成了区四届五次党代会、全区干部大会等大量重要会议材料和主要领导讲话以及迎接省市检查的大量汇报材料，进一步提高了以文辅政的质量和水平。

注重高效准确，提高信息服务质量。及时、准确、全面地收集、选编综合信息和调研信息，为区委领导决策提供了有价值的参考；紧贴区委中心工作，社会的热点、难点和焦点问题，坚持实事求是和可靠有用的原则，及时、准确、全面地收集、选编各类信息235期。

围绕中心工作，加大督查落实。重点围绕区委四届五次党代会的重要工作部署、20件惠民实事项目、安全生产、“三严三实”活动开展情况以及省市交办的重点民生问题进行督查，提高了区委决策的执行力。全年共编发《督查工作》22期、《督查专报》8期；受理上级和本级党委、政府主要领导批示32件，督促办理政协委员提案8件。

统筹协调，确保工作运行高效有序。规范有序地完成了区四届五次党代会等全区大型会议和全区性各类会议以及区委常委会和党政联席会等大量会务活动的组织协调工作；严格办公室值班制度，做到电话及时接、事务及时办、通知及时下，保障了区委日常工作的顺利进行。

认真完成机要保密任务。认真开展保密宣传月活动，定期组织全区涉密单位和重点单位做好计算机自查自检工作，筹备完成了全区保密工作会议以及全区信息安全与网络安全教育培训，顺利完成保密杂志征订，在高考、中考、成考以及卫生系统公共招聘事业单位人员等各类考试中，认真履行保密部门相关职责，确保各类考试中的安全保密。进一步完善保密制度，完成了设备的定期检修，顺利通过信息化省级验收，从严落实机房24小时值班工作，全年收发电报处理相关密件确保万无一失。

统筹协调做好其他工作。切实做好610工作。持续开展“净网”专项行动，把重要敏感节点和日常防控结合起来，坚持抓早打小，露头就打，绝不允许各种邪教做成势，协助公安等部门把对邪教组织体系和骨干人员的情报收集放在突出位置，努力获取一批内幕性、预警性情报信息，进行信息研判，确保精准打击，圆满完成攻坚对象下降50%的目标任务。切实做好关工委工作。大力开展“爱学习、爱劳动、爱祖国”主题教育活动，充分发挥基层关工委和“五老”优势，坚持不懈推进全区关心下一代工作，继续抓好社区网格关工小组建设，实现“五好”基层关工委建设的常态化、长效化，区关工委被评为“全国关心下一代工作先进集体”。（苏卫国）

纪检监察

【概述】 中共太原市迎泽区纪律检查委员会、太原市迎泽区监察局（以下简称“迎泽区纪委监察局”）具体负责全区党风廉政建设和反腐败工作的开展。迎泽区纪委监察局设行政编制28名，工勤编制3名，实有行政人员23名，工勤人员2人。内设办公室、农廉室、宣传教育室、党风廉政监督室、信访室、纪检监察室、纠风室、案件审理室、行政效能监察室、执法监察室10个职能室。下属行政效能投诉中心为全额拨款事业单位，副科建制，事业编制4名，现实有工作人员3名。迎泽区纪委为副处级建制，领导职数一正三副。监察局为正科级建制，领导职数一正三副。2015年，区纪委监察局牵头参与的议事协调机构进一步调整减少到8个，并对各基层纪（工）委书记的分工进行专项落实和督办，确保专职专人。对区纪委内设机构和职责进行调整，在保持总编制数，内设机构数不变的情况下，将纪检监察室增加到5个，执纪监督的科室增加到9个。

2015年，区纪委强化线索处置，改进监督审查方式。截至2015年4月底，五年内涉纪信访举报总量459件，实际举报总量230件涉及219人，全部按五类处置方式处置。区纪委指导、帮助各基层纪（工）委建立信访工作台账，规范和完善信访举报工作流程。2015年，受理来信、来访、来电及网络举报335件（次），实际举报106件，办结99件，其中谈话函询16件。保持惩治腐败高压态势。加大纪律审查力度，严肃查处一批违纪违法案件。2015年，全区纪检监察机关共立案80件，结案80件，给予党纪政纪处分和组织处理110人（其中重处分11人），党纪处分72人，政纪处分32人，组织处理6人。另移送司法机关2人，挽回经济损失1571.33万元。

【内设机构和职责调整】 2015年12月18日，区委常委会研究同意对迎泽区纪委机关、区监察局部分内设机构进行调整，并重新界定各内设机构的职责。将办公室、宣传教育室整合为办公室；将党风廉政监督室、纠风室（太原市迎泽区纠正行业不正之风办公室）、执法监察室和行政效能监察室整合为党风政风监督室，加挂太原市迎泽区纠正行业不正之风办公室牌子。撤销农廉室。纪检监察室更名为纪检监察一室。增设案件监督管理室、纪检监察二室、纪检监察三室、纪检监察四室、纪检监察五室。信访室不再加挂举报中心牌子。调整后，区纪委机关、区监察局仍设10个内设机构，即办公室、党风政风监督室（加挂太原市迎泽区纠正行业不正之风办公室牌子）、信访室、案件监督管理室、第一纪检监察室至第五纪检监察室、案件审理室。根据省市纪委关于纪检监察体制改革的有关精神，经区编制委员会研究，同意太原市迎泽区行政效能投诉中心更名为太原市迎泽区纪检监察宣教网络中心。更名后其单位性质、规格、经费渠道、领导职数不变。根据工作需要，增加事业编制5名，增编后总编为9名，其中：管理人员2名，技术人员7名。

【党风廉政建设】 2015年，区委书记及其他常委班子成员增强履行“两个责任”的政治担当，真正把“两个责任”扛在肩上、抓在手上。全年区委常委会先后28次研究党风廉政建设和反腐败工作，区委书记批办党风廉政建设和反腐败工作13次，其他常委批办9次。区纪委在落实监督责任《实施意见》和《责任清单》的基础上，督促全区73个区属单位、部门，291个村（社区）、学校和基层站所制定“两个责任”清单。建立双约谈、双述责、联组巡察、上级交办案件签字背书、责任追究五项配套制度，助推责任清单的落实。建立完善下级纪委在案件线索处置和查办案件向同级党委报告的同时，向上级纪委报告的双重领导制度。区委书记先后5次集体或个别约谈各基层党政领导和纪（工）委书记109人。区纪委书记42次听取监督责任落实情况专题汇报，同下级党政负责人约谈92人，诫勉谈话19人，还对新任的13名领导干部进行任前廉政集体谈话。区纪委对落实“两个责任”不力的单位和人员进行问责，查处“一案双查”案件7

件，追究主体责任10人。实行区直机关、事业单位行政一把手兼任党支部书记“一肩挑”工作制度，强化“两个责任”的履职意识和民主监督意识。

【“四风”现象处置】 2015年，区纪委保持明察暗访常态化。按照每周1次的频率，抓住重要节点，针对“四风”隐形变异的新动向，严肃查处公款、公车、专项资金等使用中的违纪违规问题。区纪委出动741人（次），对1041个单位（次）进行明察暗访。发出通报8份，查处违反中央八项规定精神问题13件，给予19名相关责任人党政纪处分。整治违规收送礼金、红包，迎泽区“礼金红包上交专户”已收缴违纪金13.75万元，2人退回违规收受的礼金8000元。全区副科级以上领导干部435人签订抵制大操大办、借机敛财廉政承诺书。

【纪检工作强化】 2015年，区纪委深化转职能、转方式、转作风“三转”工作，提高履职能力。发挥纪检讲堂作用，全年开设讲堂7期，分别就党章、纪律审查、国土法规等内容进行专题辅导，提升能力素质与理论素养水平。根据省、市纪委安排部署，全区纪检监察系统开展“学思践悟·岗位练兵”活动。通过对具体案例的分析讨论，掌握纪律审查中的工作程序工作方法、工作技巧。组织典型案例剖析，从联组巡察工作中总结经验，找准问题易发多发的节点和易发多发的部门，为下一步做好监督执纪问责提供思路，不仅提高区纪委工作效率，而且为基层纪检干部提供实践的平台，在干中学、学中干，提高办案的能力和水平，实现案件零突破，全年基层自办案件30件，党政纪处分32人。

【中共太原市迎泽区纪委四届五次全会】

3月4日，迎泽区纪委召开四届五次全会，区纪委常委会主持会议。区委常委、区纪委书记李锦代表区纪委常委会作题为《坚守责任担当，突出主责主业，深入推进党风廉政建设和反腐败斗争》的工作报告。会议总结2014年全区党风廉政建设和反腐败工作，研究部署2015年工作任务。会议审议通过工作报告和会议决议。会议要求，要严明党的政治纪律，加强党的纪律建设。认真遵守“五个必须”，决不容忍结党营私、拉帮结派，搞小山头、小团伙、小圈子。强化“两个责任”担当，全面提高履职能力。各基层党（工）委进一步强化党的意识、责任意识、忧患意识，主要负责同志要切实履行党风廉政建设第一责任人责任。各级纪检监察组织落实好监督责任。深入落实中央八项规定精神，驰而不息纠正“四风”。把作风建设抓常、抓细、抓长，把反“四风”经常化，形成作风建设新常态。整治穿上隐身衣的享乐主义和奢靡之风，坚决遏制“四风”反弹回潮。要扭住区委确定的25项专项整治任务，深入推进专项整治工作。继续加大案件查办力度，保持惩治腐败高压态势。加大自办案件的力度，严格审查和处置党员干部违反党纪政纪、涉嫌违法的行为。严肃查办区属国有企业违纪违法案件。坚持把“城中村”问题专项整治作为全区纪律审查的重中之重，倒查“为官不为”，治吏不严，失职渎职等行为，严肃惩处隐藏在背后的贪污腐败案件。加强思想教育与监督，以法治思维和方式推进“六权治本”。强化案例警示教育，充分发挥典型腐败案件的警示作用，让广大党员干部受警醒、明底线、知敬畏。落实“六权治本”，加强对权力的监督制约。加强自身建设，用铁的纪律打造过硬的纪检监察干部队伍。严格落实“三铁”要求，用铁的纪律打造忠诚、干净、担当的纪检监察干部队伍。

【联组巡察】 2015年，区纪委创新监督方式，开展联组巡察工作，将全区纪检干部分成6个联组，分别对88个部门和单位进行4个多月的全面巡察。各联组通过查阅文书档案资料、听取专项工作汇报、组织问卷调查等方式，详细检查各单位贯彻落实“两个责任”、中央八项规定精神以及纠正“四风”等方面的情况，并深入农村、社区、学校、医院、企业等基层明察暗访，掌握了解实情，确保任务完成。通过巡察，共发现问题线索64条，经初核转立案28件，结案28件，处分35人，组织处理3人；涉及科级以上干部6人，一般干部10人，其他人员22人；挽回经济损失32.63万元。切实用好成果，抓好整改落实，召开全区联组巡察通报大会，对6家问题严重的单位进行点名批评。针对40家问题单位下发整改通知书。

【岗位练兵】 2015年，区纪委分8批次组织人员参加市纪委岗位练兵活动。区纪委于11月5日在区人大会议室开展“学思践悟·岗位练兵”活动，区纪委全体人员、各基层纪（工）委书记及6个巡查联组全体成员参加。活动就2个理论题，4个案例分析题进行回答交流，活动现场气氛活跃，六个联组准备充分、积极发言，委局领导进行精彩的点评。在回答问题时，其他联组也认真思考，提出自己的建议意见，达到练以致用、以练促变的效果。 （张全树）

组织工作

【概述】 2015年，太原市迎泽区委组织部（简称区委组织部）在区委的正确领导和市委组织部的精心指导下，按照对标一流找差距、夯实基础求创新、探索规律科学化的思路，围绕中心、服务大局，为迎泽“三区”建设（一流省会城市示范区、服务业转型跨越发展先行区、城乡一体化建设引领区），选干部、配班子，建队伍、转作风，抓基层、打基础，各项工作取得初步成效。区委组织部的主要职责：根据党的路线、方针、政策和上级组织部门、区委的指示，调查研究有关党的组织工作的实际情况。部署、检查、指导全区的组织工作，使党的组织工作更好地服从服务于党的基本路线。检查督促各级党组织贯彻执行民主集中制和组织生活的情况，总结介绍经验，提出改进意见和措施，并向区委和上级组织部门作出报告。合理设置党的组织，搞好基层党组织的整顿和建设；做好党员发展工作；加强对党员的管理教育，不断提高党员质量和党组织的凝聚力、吸引力和战斗力。贯彻执行党的干部路线和干部政策，对全区干部实行宏观管理，指导、检查、综合、协调全区的干部工作。按照干部管理权限，严格执行《条例》规定管理区管干部，广泛民主推荐，认真考察了解，合理调配使用。抓好后备干部队伍建设，组织培训干部，提高干部队伍的政治素质和业务素质。按照干部队伍“四化”方针和德才兼备的原则，调整、配备、建设各级领导班子，搞好干部交流，优化领导班子的结构，提高领导班子的整体素质。根据上级有关规定，做好离退休干部的审批、管理、安置和照顾工作，落实老干部的政治生活待遇，发挥老干部的积极作用。认真落实党的干部政策和人才政策，做好新时期干部审查工作。负责干部统计和党员统计工作，办理因公出国、党员自费出国审批手续。管理好干部档案和支书档案，搞好党费的收缴和管理工作。受理党员、干部的申诉及来信来访，做好督查工作、信息工作。

2015 年，区委组织部编制 24 人，其中行政编制 15 人，事业编制 6 人（区委党员电化教育办公室为参公单位），工勤编制 3 人。实有 18 人。其中，公务员 13 人，事业人员 3 人，工勤人员 2 人。截至 2015 年底，迎泽区有基层党组织 1077 个。其中，党委 25 个、党总支 116 个、党支部 936 个。机关党组织 109 个（党委 9 个、党总支 3 个、支部 97 个），占 10.12%；事业单位党组织 76 个（党总支 4 个、党支部 72 个），占 7.06%；社区党组织 201 个（86 个社区建有党总支 86 个、党支部 115 个），占 18.66%；农村党组织 37 个（党总支 3 个，党支部 34 个），占 3.44%；区属企业党组织 107 个（党委 7 个、党总支 4 个、党支部 96 个），占 9.93%；非公有制经济组织党组织 444 个（党委 8 个、党总支 13 个，党支部 423 个），占 41.23%；社会组织党组织 83 个（党委 1 个、党总支 3 个、党支部 79 个），占 7.7%；其他类型党支部 20 个，占 1.86%。

【党员发展】 2015 年，区委组织部共发展党员 128 人，其中，女党员 86 人，占 67.19%；35 岁以下党员 76 人，占 59.38%；高中以上文化程度党员 128 人，占 100%；新党员中，生产、工作一线的党员 128 人，占 100%；28 岁以下党员 22 人。截至 2015 年底，迎泽区有党员 11896 人。其中，女党员 6227 人，占 52.24%；少数民族党员 141 人，占 1.18%；35 岁及以下党员 2981 人，占 25.01%；36 岁至 59 岁党员 5646 人，占 47.37%；60 岁及以上党员 3269 人，占 27.62%；大专及以上文化程度党员 6276 人，占 52.66%；中专、高中、中技文化程度党员 2391 人，占 20.06%；初中及以下文化程度党员 3252 人，占 27.28%。在党员中，机关在职党员 846 人，占 7.1%；事业单位在职党员 2021 人，占 16.96%；区属企业在职党员 867 人，占 7.27%；非公有制经济组织在职党员 729 人，占 6.11%；离退休党员 3233 人，占 27.12%；社区党员 4545 人（含部分离退休党员），占 38.13%；农村党员 458 人，占 3.84%。

【干部教育培训】 2015年，区委组织部加强干部教育培训。将十八届五中全会精神、习近平总书记系列讲话精神和金融知识、《廉政准则》《纪律处分条例》《巡视工作条例》、统战知识、国防教育、参观、观摩（区政务大厅、城中村改造、柳巷校尉营社区）等作为重要内容，充分发挥党校的主阵地作用，重点抓好科级以上干部培训，提高干部的党性修养和业务能力。做好组织调训、在线学习、领导干部岗位专业知识网络培训及考试、分类送学等多种形式培训，拓宽培训渠道，增强培训的针对性和实效性，提升各级干部引领转型发展的本领和素质。

【干部培养选任机制健全】 2015年，区委组织部完成干部调整5批次，涉及35人，其中交流28人，免职7人。对平职交流干部也进行相关执纪执法部门意见的征求，对其计划生育、廉政等情况综合把关。加大干部日常考察力度，围绕中心工作，将城中村改造作为重塑干部形象、检验干部作风的试金石，在全区范围，及时选派年富力强、经验丰富的优秀骨干力量，充实到城中村改造第一线，服务大局，2015年区委组织部分批次选派97名优秀干部参与城中村改造工作，在实践中提升干部能力，在工作中考察干部德才，实现选育干部和服务中心工作的双赢互动。严格按照省、市要求，会同区编办、区人社局对超职数配备干部进行清理消化，结合迎泽区实际，研究制定《迎泽区超职数配备干部整改方案》，对整改原则、具体措施、整改时限进行明确，按季度倒排时间，加快整改进度。截至2015年底，完成消化整改任务的28%。

【干部监督管理】 2015年，区委组织部出台《迎泽区领导班子和领导干部谈心谈话办法》，落实提醒谈话、函询诫勉等制度，加强对干部的日常管理监督，并通过采取日常沟通谈心谈话、任职前谈心谈话、考察考核反馈谈心谈话、告诫提醒谈心谈话等方式，把严要求与多关怀结合起来，加强各单位领导班子思想政治建设，促进领导班子和领导干部团结协作、奋发有为、勤政务实、廉洁高效。制定《迎泽区关于做好甄别处理一批、调整退出一批和掌握使用一批工作的实施方案》，建立“三个一批”工作联席会议制度，确定试点单位，通过“六查”对429名干部的政治表现、工作业绩、廉洁自律及是否胜任现任职务等方面进行了解，建立干部动态管理台账，形成干部甄别新常态。按照“应备尽备、应交尽交、应查尽查、应处尽处”的原则，对全区712名科级干部和52名国有企业法人代表持有因私出国（境）证件开展专项治理，强化科级干部因私出国（境）日常监管。开展防止干部“带病提拔”专题调研，起草“带病提拔”专题调研报告，构建干部带病提拔综合防治体系，坚决防止和纠正用人上的不正之风，提高选人用人科学化水平。

【党组织建设管理】 2015年，区委组织部开展社会组织党组织集中建设。实行“谁主管，谁负责”归口管理，共组建党组织 75 个，实现党的组织全覆盖。从机关选派 32 名党建工作联络员，采取“3+1”工作模式，指导开展党组织组建工作，迎泽区社会组织党组织集中组建工作在山西省基层组织提升年现场会上进行交流。健全保障机制。制定《社区工作者绩效考核办法》，社区干部最多每月可拿到 400 元绩效奖励。在星级创建中把群众满意度赋予 51 分的权重分作为评星的重要依据。评定星级社区和星级农村党组织 101 个，落实激励资金 260 余万元。为 60 岁以上、连续或累计任职 9 年的离任村“两委”主要干部村党支部书记和村委会主任每年发放 3240 元的生活补贴。从选项、立项、实施、评估等方面制定一整套惠民项目管理办法。将惠民项目资金政策范围扩大到村组织一级，使得基层党组织有资源、有能力为群众服务。

【干部综合考评体系完善】 2015 年，区委组织部以实施“五个一批”、推动“六大发展”、实现“六个表率”为统领，完善干部考核评价制度和发展成果考核评价体系，出台 2015 年度《迎泽区年度综合考核办法》，对全区 70 个中层领导班子、426 名中层领导干部进行综合考核评价。与区纪委、区政府办共同组成督查组，对全区 36 个部门和 7 个街道（镇）进行上半年工作督查，及时掌握全区重点工作、重点工程及主要经济指标的推进情况。

【人才队伍工作管理】 2015 年，区委组织部全面落实《迎泽区中长期人才发展规划纲要》，加强人才工作领导，及时调整全区人才工作领导组成员，明确成员单位工作职责任务。完善各类人才信息库，统筹抓好各类人才队伍建设，突出抓好教育、卫生专业技术人才培养与管理。做好人才联系服务工作，组织开展人才培训、慰问等工作，营造识才、爱才、敬才、用才的良好氛围。

【党员教育管理】 2015 年，区委组织部按照发展党员“十六字”方针（控制总量、优化结构、提高质量、发挥作用），发展党员 128 人，党员队伍整体结构优化。“七一”期间，组织各级党组织和广大党员干部开展迎接建党 94 周年系列主题活动，推进“三严三实”专题教育。制定《迎泽区 2015—2018 年党员教育培训工作实施意见》，依托“迎泽区流动党员之家”网站、“迎泽党建”QQ 群、党员干部现代远程教育网络等培训教育阵地，组织开展大规模的党员教育培训。健全完善“三会一课”、谈话谈心等制度，强化党员日常管理工作，对不合格党员及时进行沟通联系、教育转化。

【软弱涣散党组织整顿】 2015 年 4 月，区委组织部制定下发《关于集中整顿软弱涣散基层党组织的通知》，结合 2014 年度“联述联评联考”工作的结果，对照软弱涣散基层党组织的 14 种情形，确定 45 个软弱涣散基层党组织。各级党组织把集中整顿软弱涣散党组织作为落实党要管党，从严治党和加强服务型基层党组织建设的一项重点任务，采取有力措施，抓整顿、促提升、强组织、增活力，推进软弱涣散基层党组织整顿转化工作。9月底，组织整顿对象中的党员群众对整顿情况进行满意度测评，45个软弱涣散基层党组织全部实现转化升级。

【基层党组织服务建设】 2015年8月6日，区委常委会研究制定《关于加强基层服务型党组织建设的实施意见》。意见紧密结合迎泽区实际，把推进“五建五强”作为全区加强基层服务型党组织建设的重要抓手和重点举措，即建好两个功能、建好组织体系、建好骨干队伍、建好服务载体、建好服务格局，强化党组织书记管党责任的落实、强化服务群众信息平台的效能、强化城中村改造中村党组织的作用、强化先进典型的选树、强化基层党建人财物资源的保障。在强化基层党建人财物资源的保障方面，将村干部岗位报酬、离任补贴、党建活动经费作为保障重点，明确村干部岗位报酬、离任补贴列入财政预算；建立稳定的工作运转经费保障制度，落实每个社区、无集体经济收入村、无办公活动场所或办公活动场所不达标的村每年3万元党建工作经费拨付制度。

【基层队伍党员培训慰问工作】 2015年4月23日至25日，区委组织部牵头组织村、社区“两委”主干，村级后备干部、村第一书记，大学生村（社区）干部162人在市委党校进行领头雁集中培训。区委书记刘文华、组织部长裴耀军、省法制办主任刘钢柱、市监察局局长高晋辉、市社区服务中心主任夏同杰、市委党校教授王晓东、组织科长张世拥、党管科长刘凯等领导同志作专题讲座。组织7位社区、村书记结合本职工作就创建服务型党组织作交流发言，到万柏林地矿社区和柳巷街道校尉营社区观摩。落实老党员生活补贴发放工作，在春节、七一和国庆节前夕，下拨慰问金24万余元，慰问生活困难党员、老党员1400余人。

【党代表工作】 2015年，区委组织部在党代表中开展“四个一”“三个一”活动。即在区党代表中开展进驻党代表工作室接待党员群众一次；开展一次走访党员群众活动；组织一次视察调研活动；举办一次建言献策活动。在省市下派党代表中开展结一个对子、办一件实事、提一条合理化建议。截至2015年底，党代表共接待党员群众402次，专访慰问党员群众189人，视察调研20次，受理问题118件，解决问题98件，待解决问题20件。加强党代表电子信息化管理。 （张世拥 刘凯 贠灵露）

宣传工作

【概述】 2015年，中共太原市迎泽区委宣传部（简称区委宣传部）在区委的领导下，在太原市委宣传部的指导下，围绕“三区建设”总目标，围绕“学习落实讨论”活动和“三严三实”专题教育学习，积极推进理论武装工作；把握正确的舆论导向，努力为全区经济社会发展营造良好的舆论氛围；以构建社会主义核心价值体系为重点，深入开展文明创建活动。迎泽区委宣传部是区委在意识形态工作方面的综合职能部门，其主要职责是：贯彻落实中央、省、市、区委在宣传思想文化战线的方针政策，分析研究党的宣传工作新内容、新情况，进行调查研究，提出全区宣传思想文化事业发展的指导方针，制订全区宣传工作计划和提出宣传思想工作的指导意见。负责指导、检查、督促各工（党）委、党组的宣传思想工作进展情况。根据中央、省、市、区委的决策，定期进行形势分析、研讨，确定迎泽区一个时期内宣传工作重点和要求，负责指导全区理论学习、理论研究工作。会同有关部门做好对党员干部群众的理论教育，做好全区的理论教育、理论学习、理论宣传、理论研究工作，抓好基层宣传（政工）工作队伍建设。负责区委中心组理论学习的组织、落实工作，保证党的路线、方针、政策的宣传、贯彻和落实。负责全区舆情信息的分析研判工作，并及时向区委、市委宣传部、省委宣传部提供重要舆情信息。指导全区新闻宣传工作的舆论导向，把握宣传基调并负责组织对外新闻报道工作。负责研究制订全区精神文明建设规划和措施，指导、协调、组织全区开展文明城市创建及群众性精神文明创建活动。围绕省、市、区委的中心工作，负责规划、部署全局性的思想政治工作任务和全区的社会宣传、法制宣传以及全民国防教育宣传工作。针对全区党员干部、群众的思想状况，进行爱国主义、集体主义、社会主义教育，开展好“三下乡”活动。研究党的历史经验，宣传党的历史，配合区委组织部做好党员教育工作，负责编写党员教育学习材料。会同有关部门研究和改进群众思想政治工作，主管全区企业（含企业化管理的事业单位）政工干部职称评定工作。实施文化塑区工程，促进全区文化事业繁荣和文化产业发展，加快文化产业化步伐，提高文化产业的科技含量，建设现代文化强区。承办区委、市委宣传部交办的其他工作。

2015 年，区委宣传部内设办公室、宣传科、理论科、事业管理科、党员教育科和区文明办，编制 13 人，其中公务员编制 11 人，工勤人员 2 人，实有 6 人。下辖区新闻中心，为参照公务员管理事业单位，编制 6 人，实有 3 人。

【理论学习】 2015 年，区委宣传部以两级党委中心组学习为龙头，以党员领导干部学习为重点，制定全区理论学习计划和安排。围绕“学习落实讨论”活动和“三严三实”专题教育学习，做好区委中心组理论学习的组织实施及服务管理工作，改进中心组理论学习学风，紧密结合全区中心工作安排学习内容，确保学习效果。全年集中学习 21 次。组织全区领导干部理论考试。按照《中共太原市委宣传部　中共太原市委组织部关于组织全市领导干部理论考试的实施方案》要求，及时成立相关领导机构，区委书记刘文华亲自审定论述题题目，要求各位参考人员集思广益，就迎泽区的十三五规划提思路想实招，建言献策。因公出差或身体原因不能参加考试的严格履行正常请假手续，参考率 98%。区市管干部、副科以上领导干部理论考试工作分别于12月19日、20日顺利进行，考场组织严密、秩序井然，获得市考务办巡视组的充分肯定。

【纪念中国人民抗日战争暨世界反法西斯战争胜利70周年图片展】 2015年，区委宣传部联合区政协、区文联、区文化馆、晋商博物馆举办纪念抗日战争胜利70周年“丰碑辉煌 和平永铸”迎泽区名家书画展，用充溢着典雅书风与磅礴浩气的中国传统绘画艺术表达对先烈的缅怀、对民族复兴伟大梦想的坚持和对和平年代美好生活的赞美。与区委办、区关工委、团区委、区文体局联合举办“迎泽区纪念中国人民抗日战争暨世界反法西斯战争胜利70周年图片展”，全区各单位、各部门组织广大干部职工积极参与，通过参观、座谈等方式，激发干部群众的爱国热忱，收到良好的教育效果。

【舆情研判和舆论引导工作】 2015年，迎泽区履行省舆情信息直报点和市舆情信息报送点职能。截至2015年底，共报送舆情2165篇，其中中宣部综采57篇，省委宣传部综采37篇，市委宣传部综采2篇，约稿综采10篇，交办任务综采2篇，获得太原市舆情信息工作先进单位称号，有3篇舆情信息荣获市委宣传部舆情“好信息”奖；1人因工作成绩突出，被评为优秀舆情信息员。

【外宣工作】 2015年，区委宣传部紧密围绕全区经济、政治、文化、社会、生态文明建设等各项工作，重点抓好“学习落实讨论”活动、“三严三实”专题活动和“城中村”改造的新闻宣传，全年在各级媒体发稿6400余篇，其中党报党台发稿840余篇，中央级网站共发稿110余篇。

【文明创建】 2015年，区委宣传部开展培育和践行社会主义核心价值观宣传活动。开展“我推荐、我评议身边好人”活动，做好学习宣传和投票工作。参加各级道德模范推荐评选表彰学习宣传活动，推荐区检察院冯磊参加第五届全国道德模范评选。宣传道德模范先进事迹，开展“道德模范在身边”学习宣传活动。开展“善行义举榜”宣传活动，下发《关于设立善行义举榜的通知》，建好这一学习宣传道德模范的新阵地，扩大身边好人评选规模，规范身边好人评选程序，夯实身边好人评选基础。做好“图说我们的价值观”“讲文明、树新风”公益广告宣传工作。在青年路、新建路、新建南路、劲松路、开化寺街等路段设置以“图说社会主义核心价值观”“讲文明树新风”为主要内容的公益广告共60余块，以路牌灯箱广告、公交候车厅橱窗、施工围挡等宣传形式为主。在大南门、五一广场、南内环街新建路口的电子显示屏每天滚动100次。开展学雷锋志愿服务活动。把学雷锋与志愿服务活动结合起来，开展“关爱他人、关爱社会、关爱自然”为主要内容的主题活动，弘扬奉献、友爱、互助、进步的志愿精神，营造“我为人人，人人为我”的社会氛围。以社区为依托，充分发挥社区学雷锋志愿服务工作站的作用，各文明单位与社区结对共建，以空巢老人、留守妇女儿童、困难职工、残疾人为重点服务对象，组织开展家政服务、文体活动、医疗保健、法律援助等服务，做到志愿服务进基层、进社区、进家庭。继续开展“我们的节日”主题活动。下发《关于2015年深入开展“我们的节日“主题活动的通知》，对全年“我们的节日”主题活动做统一安排。通过组织开展各种形式的学雷锋献爱心志愿服务活动、民俗文化活动、经典诵读活动等“我们的节日”主题文化活动，引导广大市民认知传统、尊重传统、继承传统、弘扬传统，增进热爱党、热爱祖国、热爱中华民族的情感。

深化群众性精神文明创建活动。据全国文明城市创建标准，做好文明城市创建各项准备工作，下发《迎泽区迎接全国文明城市测评任务分解书》，对各项任务工作进行分解，明确责任单位和工作任务，认真准备资料、图片等活动信息，对实地检查工作做出具体安排，迎接全国文明城市测评工作。做好2014年度市级文明单位认定申报工作以及2014—2015年度省级文明创建先进集体相关申报工作。做好启动区级文明单位评选的申报准备工作，制定创建管理办法。加强对文明单位的动态管理以及承担社会责任方面的工作考核，在文明单位中继续广泛开展“我们的节日”、学雷锋志愿服务、讲文明树新风、道德讲堂建设、网络文明传播等精神文明创建活动，加强与各单位的沟通联系，加强创建活动指导，全区各文明单位创建活动取得明显成效。以提高居民素质和社区（村）文明程度为目标，充分发挥社区（村）贴近群众的优势，紧紧抓住群众“急、难、愁”的问题，多为群众办好事实事，建设管理有序、文明和谐的新型社区（村）。发挥各级文明单位的优势条件，加强文明单位与帮扶村结对共建新农村工作，持续推进文化、科技、卫生“三下乡”活动常态化。

【“道德讲堂”建设】 2015年，区委宣传部下发《关于进一步引深2015年道德讲堂建设的通知》，继续将道德讲堂向百姓讲堂延伸，对“道德讲堂百姓故事”征集评选活动进行表彰奖励，共有100余篇故事获奖。针对道德讲堂开展中出现的一些问题，下发《关于深入开展百姓道德讲堂的几点意见》，从宣讲人、宣讲稿、宣讲主题、会场氛围等方面提出明确要求，并组织各文明单位、各街办、社区开展道德讲堂观摩学习活动，使道德讲堂建设规范化。

【营造文明和谐社会新风尚】 2015年，区委宣传部深化节俭养德全民节约行动宣传引导工作。倡导绿色化生产生活方式，引导人们节约一粒粮、一滴水、一张纸、一度电，引导人们用辛勤劳动、诚实劳动、创造性劳动建设美好生活，培育勤劳节俭社会风尚。继续开展“文明餐桌”行动，倡导不剩饭、不剩菜的绿色低碳消费理念和健康文明的生活方式。开展整治陈规陋俗活动，重点整治婚丧嫁娶中的奢侈攀比、铺张浪费；整治乔迁新居，商铺开业，孩子满月、百天、12岁、上大学、当兵等摆酒设宴、请客送礼；整治社会上的求神拜佛、算命看相、打卦占卜、风水开运等封建迷信活动，净化社会风气，树立文明新风。各街（镇）在全区86个社区28个行政村中，发动志愿者共1300余人，入户宣传共660余次，劝阻居民户数189户，接受居民群众咨询310次，发放张贴倡议书和宣传单20000余份；广大居民群众积极响应，在各种节庆活动中坚持理性消费，践行文明、节俭的社会风尚，弘扬优良传统，积极破除封建迷信，讲文明树新风的良好社会风气在全区蔚然成风。

【未成年人思想教育】 2015年，区委宣传部加强未成年人思想道德建设宣传落实工作。开展未成年人道德实践活动。组织开展“做一个有道德的人”主题活动、“美德少年”评选表彰活动；面向全区组织开展2015年优秀童谣征集活动以及“我爱我家——家规家训和家风故事”征集活动；在清明、“六一”“七一”期间，组织开展“网上祭英烈”“做一个有道德的人”网上签名寄语等主题活动。乡村学校少年宫和未成年人心理健康辅导站的建设。积极申报中央专项彩票公益金支持的乡村学校少年宫，实现全区乡村学校少年宫建设的提档升级；完善未成年人心理辅导站建设，加强辅导员队伍建设，规范运作模式，形成长效机制。净化社会文化环境。在寒暑假期间，以互联网、手机、荧屏声频净化、网吧和校园周边环境整治为重点，组织协调有关部门和社会力量，通过健全工作制度、开展专项行动、加强社会监督等多种办法，为未成年人健康成长创造良好的社会文化环境。 （赵 锐）

统战工作

【概述】 2015年，区委统战部以深入开展学习讨论落实活动和“三严三实”专题教育活动为契机，加强自身建设，完善工作机制，务实创新工作，以凝心聚力、发挥作用为重点，不断提升统战工作团结教育、沟通协调、引导服务能力，有序开展党外代表人士队伍建设、民族宗教和谐稳定、助推非公经济健康发展、统战信息调研宣传等工作，取得实效，圆满完成各项工作。区委统战部获全国2015年度《中国统一战线》宣传先进单位，在山西省委统战工作会议上被授予“全省统战工作先进单位”荣誉称号。区委统战部主要职责：研究统一战线理论和重大方针政策，向区委反映情况，提出开展统战工作的意见和建议，并组织贯彻执行中央、省委、市委、区委关于统一战线的方针、政策。负责联系各民主党派和无党派人士，及时通报情况，反映他们的意见和建议；研究贯彻中国共产党领导的多党合作和政治协商制度及对民主党派的方针、政策；落实中央、省委、市委关于发挥民主党派、无党派人士参政议政和民主监督作用的工作；支持、帮助各民主党派加强自身建设，选拔、培养新一代代表人物。负责调查研究、协调检查有关民族、宗教工作的重大方针、政策问题；联系少数民族和宗教界的代表人物。负责联系工商联、联系港、澳、台及海外工商社团和代表人士。调查、研究并反映非公经济代表人物的情况，协调关系、提出政策建议，选拔、培养积极分子。负责开展以祖国统一和招商引资为重点的海外统战工作，联系港、澳、台和华侨华人中的有关社团及代表人士；做好台胞、台属及海外留学人员的有关工作。调查研究党外知识分子的情况，反映意见，协调关系，提出政策建议；联系并培养党外知识分子的代表人物。负责党外人士的政治安排；会同有关部门做好培养、选拔、推荐党外人士担任政府及有关部门领导职务的工作；做好党外后备干部队伍的建设。负责统一战线理论、政策的研究，开展海内外统一战线的宣传工作。负责协调指导民族宗教事务局、工商联等部门的工作。负责指导基层统战工作和统战系统干部的培训工作，经常保持与人大、政协的联系，协调政府各有关部门的统战工作。完成上级统战部门和区委交办的其他任务。

2015 年，区委统战部内设综合办公室、民族宗教科、经济海外科、民主党派、党外干部工作科，编制 8 名，其中行政编制 6 名，工勤 2 名。实有 5 人。

【学习讨论落实活动】 2015 年，迎泽区委统战部结合工作实际，坚持认真学习，深入讨论，狠抓落实。做到边学习边讨论，边反思边整改，认真查找漏洞、深入分析原因，整改落实到位。通过专题讨论、征求意见、深挖细究，共查找出部门当前政治生态存在的五个方面、七项突出问题，产生问题的根源五个，提出今后努力方向和整改整治措施六条，已全部整改落实到位。

【“三严三实”专题教育活动】 2015 年 11 月开始，迎泽区委统战部开展“三严三实”专题教育活动。活动紧扣专题教育主题和目标要求，结合统战工作实际，从着力解决基层干部不作为、乱作为等损害群众利益问题入手，并制定出专项整治实施方案。通过深入学习党章和《中国共产党廉洁自律准则》《中国共产党纪律处分条例》等规章制度，把思想和行动统一到中央和省市区委的部署上来。高标准严要求，开好专题民主生活会、组织生活会。加强班子和干部队伍建设，落实秉公执法执纪要求，认真查找问题、深入分析原因，深刻反思不足，明确整治目标，细化整治内容，一项一项落实具体措施，取得“实”的效果。

【统一战线思想建设】 2015 年，区委统战部认真学习贯彻中央、省委、市委统战工作会议精神，特别是深刻领会落实习近平总书记在中央统战工作会议上的重要讲话精神，做好《中国共产党统一战线工作条例（试行）》的宣传落实工作。邀请专家就统战政策理论、调研宣传、采编信息等对统战系统各部门、各街道党工委、郝庄镇党委、区直各党（工）委统战工作分管领导、统战干部、统战信息员进行分类指导。通过座谈会、研讨班、主题实践、专题培训等多种方式，对民主党派、工商联、无党派人士等统战对象开展爱国主义、社会主义教育，引导他们树立和践行社会主义核心价值观，增强统战对象对中国特色社会主义的认同，把思想和行动统一到党中央的决策部署上来，为经济社会发展献计出力。

【协商民主工作推进】 2015年，迎泽区委统战部继续坚持和完善情况通报、谈心交友、对口联系等多党合作工作制度。协助区委做好政党协商制度的组织和落实，推进党员领导干部与党外人士谈心交友制度，推进联谊交友工作。帮助驻区民主党派自身建设，给予民革、民盟、民建、民进、农工党、九三学社六个民主党派驻区的16个支部一定数量的活动经费。

【教育系统民进支部座谈会】 2015年12月23日，迎泽区委统战部与区教育系统的双南小学、青年路小学、三十六中三个民进支部党外人士进行座谈。听取各支部年度工作开展情况，表达区委、区政府的关心、支持。

【民主党派社会实践活动支持】 2015年，迎泽区委统战部鼓励并引导驻区民主党派为迎泽经济社会发展服务。2015年2月4日，驻区民主党派人士联合中华传统文化联合会、太原市慈善总会，启动“孝行天下献爱心”进社区活动，弘扬中华民族尊老、爱老、助老的传统美德。

【党外干部挂职锻炼】 2015年，迎泽区委统战部在相关部门的共同努力下，完成太原市第三批党外挂职干部在迎泽区的挂职锻炼及考核工作。2015年3月11日，太原市委统战部常务副部长李文权一行与前两批挂职干部代表、第三批挂职干部进行座谈，对迎泽区党外干部挂职工作给予充分肯定和高度评价。2015年11月11日，召开太原市党外干部挂职锻炼交流座谈暨第四批挂职人员到岗赴任会议。座谈会上，前三批党外挂职干部代表交流工作体会和收获，新上任挂职干部代表做表态发言，并安排6名新挂职的党外干部与街道领导进行对接。第四批党外挂职干部为：苏兵（民进）、郝少雄（民建）、井涛（民革）、高芝青（无党派）、李鑫（农工党）、郑军杰（民盟）。会议由迎泽区委常委、统战部部长张志勤主持，省委统战部四处处长滕德刚，市委组织部部务委员、副调研员雷学义，市委统战部常务副部长李文权，迎泽区委常委、组织部部长裴耀军，迎泽区委常委、柳巷街道党工委书记刘锦春等做重要讲话，迎泽区党代表常任制试点工作办公室副主任、干部科科长徐丽宣读任命书。民革太原市委会驻会副主委闫爱爱、民盟太原市委会副主委王萍、民建太原市委会驻会副主委郭跃文、民进太原市委会副主委杨利生、农工党太原市委会驻会副主委赵晋春、九三学社太原市委会副主委张晓峰以及太原市委统战部、迎泽区委组织部、统战部相关人员、迎泽区各街道党工委书记、主任参加会议。

【民族宗教统战工作】 2015年，迎泽区委统战部夯实民族宗教三级网络工作基础，完善《迎泽区处置民族宗教领域突发事件安全工作预案》，与全区8个活动场所签订全年安全工作目标责任，并实现宗教活动场所主要教职任职备案工作全覆盖。在国务院第六次全国民族团结进步表彰中，庙前街办南海街一社区荣获模范集体荣誉称号。在山西省第六次民族团结进步表彰中，庙前街办南海街二社区荣获模范集体荣誉称号。

【非公经济统战工作】 2015年，迎泽区委统战部开展“四信”教育实践活动，发挥楼宇商会、行业协会等社会组织的作用，整合资源，细化服务，开展守法诚信经营、建立现代企业制度等方面的培训，引导非公经济和非公经济人士认识新常态、适应新常态、引领新常态，帮助支持唐是文化集团、山西鼎隆智装科技股份有限公司等非公企业在新三板挂牌上市。2015年，在全省商会建设工作会议上，迎泽区工商联被省工商联授予“五好”县级工商联光荣称号。

【对外联谊渠道拓展】 2015年，迎泽区委统战部发挥侨联、台办等对外交流平台的优势，多途径、多方式宣传迎泽，推进迎泽区与港澳台、海外社团及华人在经贸、科教、文化等领域的交流与合作，为迎泽区经济社会发展争取更广泛的支持。加大涉台宣传教育工作力度，开展“涉台教育进社区、进校园”活动。迎泽区侨联拓宽对外交流渠道，2015年12月2日，在太原市举行与黑龙江省牡丹江穆棱市侨联缔结友好侨联签约仪式。为提升基层侨务工作水平，支持区侨联申报迎泽区迎泽街道青年路二社区参加全国侨务社区评选，被评为全国明星侨务社区。

【对台交流】 2015年5月15日，台湾健康护理学校校长、副校长、专家、学者一行10人，参观调研迎泽区柳巷街道柴市巷社区老年日托中心，促进迎泽区与台湾的文化交流。2015年8月，迎泽区委台办接待台湾记者专题采访活动。参观采访迎泽区知名老店老鼠窟和六味斋，并拍摄百年老店的制作工艺。

【统战工作会议】 2015年5月29日，迎泽区委统战部召开全区统战工作推进会。全区统战系统各部门、各街道党工委、郝庄镇党委、各区直机关党委分管统战工作领导、统战干事、部分社区负责人、驻区各民主党派支部负责人、无党派人士、党外知识分子共计91人参加会议。会议由迎泽区委统战部常务副部长丁永爱主持，区委常委、统战部部长张志勤出席会议并做重要讲话。会议回顾总结2014年的工作，对2015年度工作的推进落实进行具体的安排部署。会议共同学习2015年中央统战工作会议精神。

【第18次统战宣传月活动】 2015年，迎泽区委统战部组织开展第18次统战宣传月活动，活动牢牢把握大团结大联合主题，着重在重点课题研究、拓宽宣传领域、创新宣传载体等方面有突破。宣传月期间共收到论文173篇，有关统战内容版面124块、黑板报175个，统战标语477条，广播58次、动员会65次、报告会28次、讲座69次，培训班50期、培训人数847人，收集建言献策274条，报送信息236条、走访统战人士261人次，组织民主党派人士、无党派人士考察调研42次、与各类统战对象座谈45次，印制并发放《统战干部应知应会知识手册》。纪念中国人民抗日战争胜利70周年，缅怀革命先烈，对广大统战干部及统战代表人士进行爱国主义教育，在全区范围内开展抗战征文活动，共收到优秀征文26篇，在全区掀起宣传统战的高潮，其中由刘洁、刘大寿撰写的《勇士国魂 民族英雄》一文被收录到山西统一战线纪念抗日战争胜利七十周年征文集《丰碑》一书。

【统战调研宣传信息工作】 2015年，迎泽区委统战部在《中国统一战线》杂志发表简讯2篇，《山西统一战线》杂志发表专稿1篇简讯3篇，《太原统一战线》杂志发表专稿3篇，简讯3篇，在《政策与研究》发表文章一篇；在山西统一战线网站发表信息5篇，太原统一战线网站发表信息17篇。2015年2月，撰写的《加强对非公有制经济人士进行反腐倡廉教育的研究与思考——以山西省为例》一文荣获2014年度全省统战理论政策研究成果一等奖；撰写的《经济发展新常态下非公有制经济人士思想政治工作思考》获2015年度全省统战理论政策研究创新成果二等奖。

【合署办公工作推进】 2015年，迎泽区委统战部健全和完善工作体制，创新工作方法，努力形成规范有序、务实高效的工作运行机制。根据市委常委会提出的“有利于相关合署部门内设机构的科学运行，有利于调动和发挥干部职工积极性，充分激发力量，形成合力，进一步提高工作效率”的要求，严格遵循“统战牵头、自愿组合、职责不变、促进工作”的原则，结合迎泽区实际，采取由统战部与工商联、侨联进行组合的“1+2”合署办公模式，在整合人才资源、优化群体结构上下功夫，变单打一为组合拳，优化资源配置，提升统战工作服务经济社会的效能和水平。

【党风廉政建设】 2015年，迎泽区委统战部成立党风廉政建设领导小组，制定落实党风廉政建设主体责任清单，明确领导班子对职责范围内的党风廉政建设负全面领导责任的具体24项责任等工作机制。贯彻落实中央八项规定精神，坚持不懈反对“四风”，迎泽区委统战部联合党支部充分利用“三会一课”等安排，集中认真学习党的路线方针政策，学习十八大以来统一战线工作的新提法、新论断，参加“两代表一委员”进社区和专项视察调研等活动，深入到居民院落等实地走访调研，与基层群众的感情进一步加深。 （温 妤）

机构编制

【概述】 迎泽区机构编制委员会办公室（简称区编制办）具体负责全区行政管理体制和机构改革以及机构编制的日常管理监督工作。迎泽区编制委员会办公室设行政编制3名，工勤人员1名，正科建制，领导职数一正两副。现实有行政人员3名。内设两个职能科室：综合办公室（监督科）和机关、事业科。下属事业单位登记管理局为全额拨款事业单位，副科建制，事业编制3名，现实有工作人员2名。机构编制电子政务中心成立，为全额拨款事业单位，隶属于编办，副科建制，事业编制5

名，现实有工作人员2名。

2015年，按照上级机构编制管理工作的总体部署和要求，区编制办以政府机构改革、推行权力清单、承接行政审批事项、全面推行机构编制实名制管理和控编减编为重点，围绕年初制定的各项工作目标，强化机构编制管理，狠抓落实，迎难而上，完成全年各项工作任务。在增人用编审核中，注重发挥编制部门在编制使用中的龙头作用，加强与组织、人社、财政、审计等部门的协调配合，强化编制使用程序，规范进人审批流程。完成全区机关事业单位办理的招录、调动、离退人员编制审核工作。根据相关单位的职能变化，进行科学合理的有效分配。适度调整21个机关事业单位的48名编制，做到盘活存量，动态管理。配合纪检、组织、政府办、人社、财政等部门多次完成机构、财政供养核查、招录人员计划、公车改革、职级并轨、“吃空饷”专项整治等工作，确保机构、编制信息的真实可靠性。

【政府机构改革】 2015年，区编制办按照精简统一效能原则和省市文件精神，结合迎泽区的实际，新一轮的政府机构改革工作以强化机构和职责整合，规范机构设置，理顺权责关系为思路，制定《迎泽区政府职能转变和机构改革方案》，出台《迎泽区政府职能转变和机构改革方案》实施意见，建立决策权、执行权、监督权既相互制约又相互协调的行政运行机制和精干高效的政府组织体系。

【权责清单制度落实】 2015年，区编制办在相关部门的配合下，通过精心组织、合理安排、有效协调和全面梳理，在专家论证会和三报三审的基础上，初步完成35个行政部门的2763项行政权力事项的“清权”和“确权”工作。召开权、责清单培训会，明确对权力清单初稿进行“减权”和“制权”工作，做到再审核、再清理、再瘦身和制办一表两图；将清单上报相关部门进行审核，待审核确定后开展责任清单制度的制定工作。

【市级下放行政审批事项承接】 2015年，区编制办做好行政审批事项的承接工作。根据并政发〔2015〕12号、24号文件精神，市下放行政权力事项共为92项。通过全面梳理，涉及市垂管部门4个，迎泽区职能部门17个；行政权力事项82项。通过各部门对接，完成全部承接工作。

【机构编制实名制管理】 2015年，区编制办完成机构编制实名制管理信息系统录入工作。为加强和完善机构编制管理证及实名制管理制度，确保具体机构设置与按规定审批的机构相一致、实有人员与批准的编制和领导职数相对应。落实机构编制核查整改任务。根据省市编办下发的整改通知要求，进行梳理核实。强化日常机构编制实名制管理。在日常工作中，安排专人专机操作机构编制实名制信息系统，完善机构编制实名制数据库、机构编制台账、人员信息变更和数据汇总，及时掌握机构编制变化情况，实现对编制、人员全方位监控，强化机构编制实名制的日常跟踪管理。

【事业单位法人年检】 2015年，区编制办按照新修订的《事业单位登记管理暂行条例实施细则》，明确事业单位法人年检的范围、时间、内容、程序及工作要求，重申工作纪律。全年年检单位126个，合格率100%，发生资金、法人、住所变更的单位14个，重新补领证书单位1个，签署《法人年度报告公开承诺书》126份，发放法人证书128本并在“迎泽之窗”网站进行公示，确保内容准确、真实、不涉密，完成2015年度事业单位年检工作任务。

【事业单位控编减编】 2015年，区编制办根据省市编办提出的从2015年至2017年核减事业编制5%的总要求，结合实际、认真研究，在“坚持改革方向，积极盘活存量，严控编制使用，实行分类控减”的原则上，采取“对重复设置、职能重叠弱化和机构改革中撤并的单位予以整合，相应核减编制；对部分长期空编较多的事业单位，相应核减编制；对功能散失或设立1年以上未开展业务工作的事业单位，撤销建制并收回相应编制”的减编措施，完成2015年核减113名事业编制的控编减编任务。

【事业单位分类改革】 2015年，区编制办深化事业单位分类改革工作，在第一阶段清理规范的基础上，开展分类攻坚。根据《山西省县市事业单位分类指导目录》和市编办要求，迎泽区事业单位分类改革工作在编委会的领导下，依照标准、逐一甄别、稳妥推进，确定承担行政职能事业单位13个；完成第一批从事公益服务事业单位一类168个、二类16个；从事生产经营活动事业单位1个的确定任务。

【党风廉政建设】 2015年，区编制办开展“学习、讨论、落实”和“三严三实”活动。围绕“净化政治生态、实现弊革风清、重塑山西形象、促进富民强省”和“严以修身、严以用权、严以律己，谋事要实、创业要实、做人要实”主题，在区委督导组的指导下，精心组织，认真安排、加强学习、提高认识。围绕两个“责任”，构建主体责任落实体系和监督责任清单制度。明确领导班子、主要负责人、班子成员的主体责任，严格执行中央八项规定和区委及纪委有关制度，开展反浪费反奢侈专项整治行动，塑造良好的机关形象。组织学习习近平总书记系列重要讲话精神，学习十八大以来党风廉政建设和反腐败法规制度汇编，坚持不懈地抓机关作风建设，完善学习制度和民主决策、领导干部联系群众制度。

（马月红）

信访工作

【概况】 2015年，太原市迎泽区信访局（简称区信访局）全面贯彻落实国家信访局《关于进一步规范信访事项受理办理程序引导来访人依法逐级走访的办法》，进一步强化属地责任、提高信访工作效能，引导来访人依法逐级走访，推动信访事项及时就地解决，全面推动涉法涉诉信访改革，建立依法处理涉法涉诉信访问题的新机制，实行诉访分离，化解一批信访案件，为迎泽区维稳工作做出贡献。区信访局职责：

负责处理群众来信、接待群众来访及网上信访，保证信访渠道畅通；及时准确地向区委、区政府领导反映来信来访中提出的重要建议、意见和问题，综合分析信访信息，开展调查研究，提出制定有关方针、政策的建议。承办山西省委、省政府信访局和太原市委、市政府信访局交办的信访事项。承办区委、区政府领导同志交办的信访事项，督促检查领导有关批示的落实情况；向街（镇）和部门交办信访事项，督促检查重要信访事项的处理和落实。协调处理跨地区、跨部门的重要信访问题；协调处理群众来区上访和异常、突发信访事件；检查协调全区党政各部门信访工作。指导全区信访业务工作，总结推广各地区、各部门信访工作的经验，提出改进和加强信访工作的意见和建议。了解并掌握信访队伍的建设情况，组织信访干部培训，负责全区信访信息网络建设。负责信访工作的宣传和信息发布；协调与省、市、外县（市）区信访工作的交流。承办区委、区政府领导交办的其他事项。区信访局机构规格正科级；内设科室两个：接待科、督办科；实有人数3人。

2015年，迎泽在“书记大接访”活动中，主要领导轮流接访，全年共接访32次，接待上访群众223批1120人次。在定期开展的联合接访中，由区级主要领导、六街一镇、区直机关相关部门、区纪委负责人参加，按照“统一领导、集中办公、分组接待、重点督办”的工作模式，接待上访群众、办理信访事项。迎泽区赴京非访76人次（按市里通报，部分未核实），赴省集体访27批1784人次、赴市集体访60批1595人次，赴区上访420批6980人次。赴省、市、区信访总量（含集体个体访）为507批次。农村问题（村干部、土地）159件，占总量的31.4%；城乡建设（房产证、未能按时交房）138件，占总量的27.2%；拆迁安置补偿84件，占总量的16.6%；农民工工资59件，占总量的11.6%；社保问题12件，占总量的2.4%，其他55件，占总量的10.8%。1月至12月，迎泽区共向太原市联席办报送矛盾排查隐患18件，成功化解18件，化解率100%。

【重大不稳定因素化解和重点人员稳控】

2015年，迎泽区贯彻落实太原市委书记“化解一批重大信访不稳定因素”的批示，严格落实“四包一”案件化解责任制（由一名区级领导、一名乡科级领导、一名社区干部、一名公安民警共同做好信访人的教育稳控工作），制定方案，积极化解信访积案，实现“三个不发生”（不发生大规模群体性事件、不发生个人极端恶性案件、不发生重大媒体炒作事件）。1至12月共交办案件数共计66件，完成化解61件，化解率92.4%。

【突发事件解决】 2015年，迎泽区各单位、部门建立矛盾纠纷排查化解应急预案，确保各类矛盾纠纷得到及时有效化解。在发生赴省、市集体访及突发事件时，由分管区级领导及责任单位按照规定时间到现场进行劝返、接返，对在上访过程中的违法行为由公安部门积极配合进行依法处置，及时化解矛盾。

【上级交办案件化解】 2015年，迎泽区贯彻省、市“以群众举报乡村干部腐败为切入点集中解决群众信访诉求问题专项治理”活动精神，把化解积案作为今年信访工作的重点，主要领导亲自抓，分管领导直接抓，包案领导具体抓，以“事要解决”和息诉罢访为标准，逐案进行化解。共交办迎泽区信访案件29件，完成化解29件，化解率100%。省交办2014年网上未办理案件共计98件，全部办理完毕，办结率为100%。

【网上信访信息系统建设】 2015年，迎泽区安排专人负责网上信访信息系统，做到按时登陆、录入、办理网上交办案件、受理网上投诉并答复。1月至12月共受理、登记信访事项1338件，办结1338件。

（张 帅）

区直机关党建

【概述】 2015年，中共迎泽区直属机关工作委员会（简称区直属机关工委）围绕全区的发展大局，以规范化管理和科学化教育为目标，开展“争做最好的干部”活动，全面推进区直机关党的思想、组织、作风、反腐倡廉和制度建设，为全区开创转型发展新局面做出积极贡献。

区直属机关工作委员会是区委综合管理机关工作的派出机构，行政编制4名，工勤人员1名，正科建制，现有书记1名，副书记1名，纪工委书记1名，工会主任1名。基层党组织有党总支2个，党支部58个，其中离退休党支部7个，共有党员822名，其中2015年发展党员6名。

【区直机关党员教育】 2015年，区直属机关工委为全体党员发放《习近平系列讲话读本》等资料2400余册；继续组织开展区直机关党员大讲堂活动，邀请市委党校副校长王晓东为机关200余名党员讲授《谱写四个全面战略布局的新篇章》。在机关党员中开展“五炼五比（炼境界、比奉献，炼思维、比智慧，炼能力、比素质，炼作风、比服务，炼方法、比创新）争做最好的干部”活动。各支部组织党员干部通过学习《做最好的干部》一书，展开深入讨论，使广大党员更新观念、统一思想，顺时应势，主动立足岗位敬业奉献；在机关开展闪光言行一日一记活动，每名党员按照“三严三实”的要求，每日记录身边党员的闪光言行，在机关党员中形成自我激励、相互欣赏的工作氛围。组织6名预备党员和6名入党积极分子到太原彭真纪念馆举行新党员入党宣誓活动；组织全体在职人员和离退休党员1000余名观看革命题材电影《情归陶然亭》；组织支部委员学习《全面推进依法治国的重大问题》；举办区直机关基层党支部书记培训班。

【基层组织建设】 2015年，区直属机关工委建立党员交纳党费数额核定制、党支部收缴党费季报制、党建工作季报制等规章制度等；对2012年以来发展的24名党员的档案资料各支部进行自查，对其中10名党员的档案、支部会议记录、无记名票决进行抽查，发展新党员6名。组织召开支部书记述职评议考核工作会议。针对文联和河道所两个软弱涣散党支部各自的实际情况，各支部制定出具体的整改方案，明确支部书记是整改的第一责任人、具体措施的责任人和整改时限，文联党支部确定3项整改措施，河道所党支部确定4项整改措施，各支部严格按照制定的整改措施实施，按时完成集中整改。在“七一”和春节前对建国前老党员和34名困难党员进行走访慰问，慰问金达15800元。

【党风廉政建设】 2015年，区直属机关工委开展十八届中纪委五次全会精神的学习、宣传、教育，组织支部委员学习《关于省委书记王儒林同志听取省纪委工作汇报后的讲话精神以及省纪委常委会部署要求的传达提纲》，组织机关党员干部150余人赴太原市美术馆参观《中国共产党反腐倡廉历程展》。制定“两个责任”清单和《党风廉政建设工作要点》。为机关干部精心制作“清廉、清正、清明、清白、清醒”系列廉政书签，购买廉政书刊800余册及音像资料，举办机关党员干部“廉政书画作品展”，选送两个优秀节目京剧《廉吏于成龙》和小品《回家》参加区纪委“清风清廉润迎泽”展演活动，荣获“迎泽区群众廉政文化精品节目展演最佳节目奖”，区文化馆被命名为“迎泽区2015群众廉政文化建设示范点”。

【精神文明创建】 2015年，区直属机关工委组织各支部开展以“我们的节日”为主题的活动，引导广大人民群众认知传统、尊重传统、继承传统、弘扬传统，增强爱党、爱国、爱社会主义情感。在全区开展“我爱我家——家规家训和家风故事”征集活动，共征集到家规家训20条、家风故事4个。组织广大党员干部奉献爱心，开展“博爱一日捐”和“慈善一日捐”，共捐款8万余元；继续开展社会主义核心价值观的学习实践活动，融入机关日常工作中，改进机关工作作风。

【群团组织帮扶工作】 2015年，区直属机关工委对机关的困难职工重新摸底，对符合条件的困难职工及时上报到全国工会帮扶管理系统，帮助他们接受各级工会组织的救助；发动会员参加第十一期职工大病工程，共有888名会员缴纳互助金31968元，参与率达到98%；为患病住院的会员办理职工大病互助报销手续，共有14人次报销款达21000余元；维护女职工的合法权益和特殊利益，30个单位共计185人次参加女职工特殊疾病保险；春节期间还对困难的、患有大病的职工给予救济，救济款达4700元。“三八”妇女节期间开展女职工维权行动月活动，依法维护女职工合法权益和特殊利益；五一期间，举办“迎五一演讲与播音主持”专题讲座；5月起，利用午间工余时间，组织开展系列文化艺术方面的培训，提升干部职工整体素质和文化修养；八一期间召开座谈会，对8名军属进行慰问；11月，组织机关干部参加全区羽毛球比赛。机关妇委会组织开展争做“最美家庭”活动，发放倡议书，以家庭文明带动社会文明；对机关的3名贫困儿童进行救助。机关团工委组织机关的团员青年30名开展“绿色迎泽青年先行”植树活动，增强青年爱林护林的责任感。（李彩云）

老干部工作

【概述】 2015年，中共太原市迎泽区委员会老干部局（简称区委老干部局）围绕省、市老干部工作重点和区委中心工作，贯彻落实十八届四中全会精神，结合迎泽区离退休干部的特点，以为老干部服务转型跨越发展为主题，依托电子保姆服务平台，落实离退休干部扶贫帮困救助机制，利用社区资源，创新离退休干部服务管理模式，开展老干部活动中心选址工作，不务虚名、踏实工作、服从区委、服务老干部，各项工作取得阶段性成果。区委老干部局是区委主管离退休干部工作职能部门，为部门管理机构，由区委组织部管理。正科建制，内设办公室、组宣科、生活待遇科，公务员编制3人，工勤人员2人，实有正副局长3人，工勤人员2人。下属单位区老年大学，为参照公务员法管理事业单位，编制2人，实有工作人员1人。

【老干部思想政治教育】 2015年，区委老干部局在区委、区政府的支持下，继续认真做好老干部报刊杂志的订阅工作，做好老干部报刊杂志的订阅工作。全区离休干部和副县（处）级退休干部人手订阅一份《山西老年》《老友报》，为各活动室订阅《人民日报》《山西日报》《参考消息》等报刊；向部分老同志集中居住的社区捐助相关学习资料；为21个离退休干部党支部、26个离退休干部党小组发放《学习参考》；贯彻省、市精神为19个离退休党支部落实5000元的活动经费。组织老干部学习十八届四中、五中全会和习近平总书记重要讲话精神，使离退休干部能了解党和国家的方针、政策、国内国际形势，自觉与党中央保持一致。

【生活待遇落实】 2015年，区委老干部局健全离休干部“三个机制”制度，保证全区离休干部生活补贴、护理费、丧葬费、冬季取暖补贴费、抚恤金及无工作配偶生活困难等各种补助全部落实到位，尤其是对特殊情况特殊身份的离退休干部给予最大限度地关心和帮助，创新对离休干部的服务方式，除三大节日对离退休干部慰问外，开展个性化慰问，在生日当天为每个离休干部送生日蛋糕。

2015年是中国人民抗战胜利70周年，按照并组通字〔2015〕50号文件，根据文件精神要求，1945年9月2日前参加革命工作的离休干部，按每人5000元的标准发一次性慰问金，由区财政予以解决，经统计核实，迎泽区共有符合条件的离休干部40人，共计20万元，9月2日前全部发放到规定日期前参加革命工作的离休干部手中。

从11月2日至12月2日，组织安排离退休干部体检工作，为65个单位的2200余名老干部在大健康体检中心进行体检；继续交纳“电子保姆”呼叫器服务费，保障离休干部居家养老要求；全年共慰问看望离退休干部达7000余人次，看望住院老干部20人次，处理离休干部丧事21起。

【为老干部服务】　2015年，区委老干部局各项活动安排紧紧围绕“为党和人民事业增添正能量”这一主题，积极搭建平台，让老同志展示阳光心态，体验美好生活，畅谈发展变化。

4月2日，组织一百多名离休干部和副处级退休干部到玉泉山森林公园，开展“健步走”赏樱花活动；4月，在全区老干部工作会议上，通过以会代训的形式，对全区各单位的老干部工作人员传达学习习近平总书记在全国“双先”表彰大会的重要讲话精神和相关文件精神；6月25日，为庆祝建党94周年和纪念中国人民抗日战争胜利70周年”，由迎泽区委老干部局主办的“弘扬主旋律　增添正能量”——太原市迎泽区离退休干部纪念中国人民抗战胜利70周年文艺演出。活动在迎泽区文化馆举行，300余名离退休干部参加纪念活动。演出通过大合唱、表演唱、舞蹈、模特表演等形式向离退休干部宣传中国人民抗日战争的伟大历史意义，展现中国人民必胜的决心，丰富多彩的节目受到老同志的一致好评；7月7日，为纪念抗日战争胜利70周年，更好地缅怀革命先烈的丰功伟绩，组织离退休干部40余人，赴武乡八路军纪念馆和八路军总部王家峪旧址参观学习，接受革命传统教育。8月21日，在大南关小学举办迎泽区老年趣味运动会，500余名老干部参加定点投篮，沙包掷准等7个项目，为老干部提供一个相互交流、强身健体的平台。创新和改进离退休干部政治待遇的方式和方法。

【“四就近”服务】　2015年，区委老干部局组建网格党支部130余个，网格党小组610余个，有老干部党支部19个，定期开展学习培训；整合社会资源，就近提供服务，通过区级“我们为您解忧愁”服务热线、社区一站式服务大厅、15分钟便民服务圈等，解决老干部反映的问题；完善便民设施，解决家政困难；组建各类社团，就近参与活动，落实文化养老、健康养老，各社区做到活动有制度、有场地、有器材、有队伍；积极搭建平台，就近发挥作用，老干部自觉融入社区大家庭，积极建言献策，参与社区建设，凡社区需通过“五征四议两公开”程序的事项，都要征求老干部意见，为建设和谐社区发挥老干部的余热。

【特殊困难离退休干部帮扶机制完善】　2015年，区委老干部局活用迎泽区帮困解难专项基金，出台《迎泽区帮困解难专项基金使用办法》，以文件的形式下发各涉老单位，该办法规定帮困主要救助对象、救助条件、救助标准、使用原则、办理程序、管理制度等相关事项，基金金额15万元，2015年先后救助、救济离退休干部及遗属近140余人。（史颖瑞　杨晓辉）

党校教育

【概述】　中共太原市迎泽区委党校（简称区委党校）主要职责是在区委直接领导下担负宣传党的路线方针政策、提高迎泽区各级党员干部的整体素质以及针对本领域的理论研究开展科研工作。为副县处级建制，内设机构有教务处、办公室、培训部和工作办，编制16人，其中参公6人事业10人。实有教职工13人，其中，参公人员6人，事业管理人员7人；研究生3人，本科9人，大专1人；副科级以上领导干部6人；高级职称2人，中级职称5人；中共正式党员11人。

2015年，区委党校贯彻落实党的十八大及十八届三中、四中、五中全会精神，开展干部培训、理论研究工作，推动迎泽区党员干部教育事业的科学发展，充分发挥党校教育的主阵地、主渠道作用。通过提高教师素质，改善办学条件，提高办学水平，在干部培训、教研工作、师资队伍建设等方面取得明显的成效，完成全年各项目标任务。2015年，获得太原市“文明单位”，迎泽区委授予的“优秀领导班子”“先进基层党组织”等光荣称号。

【干部短期培训】 2015年，区委党校在充分了解广大干部培训需求的基础上，紧密结合党的群众路线教育实践活动内容、十八届三中、四中、五中全会精神及山西省学习讨论落实活动的有关要求，科学设置培训班次和教学内容，优化教学布局，提高培训实效。全年共举办以入党积极分子、副科以上领导干部、农村两委主要干部、离退休老干部、社区干部、各类基层党员干部为对象的培训班15期，培训1660人。

【教学科研】 2015年，区委党校根据中青年教师集中的特点，加强中青年骨干教师队伍建设，增强教师队伍发展后劲和可持续发展能力。将党校教师外出培训学习纳入干部教育培训整体规划，强化教师在岗培训，“请进来，走出去”，提高教师授课水平，优化教师专业结构，组织教师赴中央、省、市党校学习。6月，选派1名教师参加省委党校的师资培训；7月，选派两名教师参加中央党校师资培训；11月，派出四名骨干教师并由副校长带队参加中央举办的十八届五中全会精神学习班。全年撰写科研文章4篇。

【“三严三实”专题教育活动】 2015年，区委党校把党风廉政建设责任制作为党建工作的重要内容来抓。党校班子按照省、市、区委的安排和部署，积极开展“三严三实”专题教育活动。在抓好学习教育的基础上，对照党章、对照中央和省、市、区委的有关规定、对照先进典型，对照在教职工和学员中广泛征求到的意见建议，认真开展批评和自我批评，深入查摆党校在不严不实方面存在的突出问题，并对其思想根源进行深刻剖析。对于查摆出的问题，分别制定目标明确、措施具体、责任明晰的整改任务表，并针对查摆出的问题抓好重点制度的建立健全工作，建立长效机制。

【党校廉政建设】 2015年，区委党校围绕全区党风廉政建设和反腐败工作任务要求，依据领导与个人分工负责相结合、一岗双责、一级抓一级，层层抓落实的原则，区委党校领导班子及领导干部把党风廉政建设和反腐败工作摆上重要日程。落实党风廉政建设主体责任，狠抓纪律作风，根据中央“八项规定”，先后出台关于严肃工作纪律、厉行节约，反对浪费、改进文风会风等规定，并定期进行检查，督促落实。班子成员始终按照反腐倡廉的有关规定严格要求自己，自觉履行党章赋予的各项职责，严格按照党章的原则和规矩办事，严格落实中央八项规定和省委的四个实施办法。加强廉政建设，组织教职工认真学习中纪委、市纪委、区纪委下发的有关规定，全面落实党风廉政建设责任制。

【社会职责履行】 2015年，区委党校开展帮、扶、助等一系列活动。区委党校党员志愿者与驻地社区密切合作，参加清扫社区卫生，改善居民居住环境的活动。“七一”前夕，组织青年党员慰问党校老党员，展开座谈，关心其生活情况，征求他们对于党校建设发展的建议。组织党校全体党员干部积极参与博爱一日捐和慈善一日捐献爱心活动，2015年度共计捐款2155元。 （李丽青）

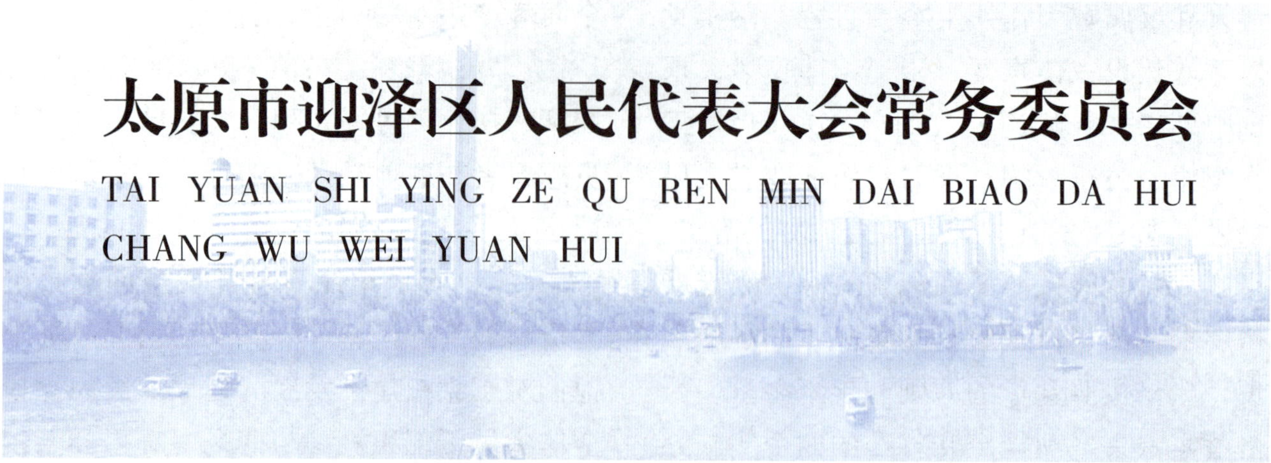

太原市迎泽区人民代表大会常务委员会

TAI YUAN SHI YING ZE QU REN MIN DAI BIAO DA HUI CHANG WU WEI YUAN HUI

综　述

【概述】 2015年，迎泽区人大常委会认真贯彻落实十八大和十八届四中全会精神，按照《监督法》的相关规定，紧紧围绕区委工作大局，加强对“一府两院”的监督，加强对法律实施的监督；紧紧围绕依法治国，完善询问、执法检查等监督机制，增强监督实效，促进“一府两院”依法行政、公正司法。迎泽区第四届人大常委会机关设置为办公室、法制工作委员会、财经工作委员会、教科文卫工作委员会、城建城管工作委员会、人事代表工作委员会。单位编制数22人，实有人数25人。　（王丽娴）

【听取和审议专项工作报告】 2015年，迎泽区人大常委会听取和审议迎泽区人民政府关于特色学校建设情况的报告。重点报告近年来全区特色学校建设工作的规划、目标任务、进展情况、采取的措施及取得的成效等。

听取和审议迎泽区人民政府关于社会保险工作情况的报告。重点报告《社会保险法》的贯彻执行情况，统筹建立覆盖城乡的社会保障体系，组织实施城乡社会保险政策和标准，组织落实社会保险和基础养老金统筹办法，社会保险及其补充保险基金管理和监督制度等。

听取和审议迎泽区人民政府关于城乡清洁工程情况的报告。重点报告城乡清洁“五大工程”（街巷洁净提升工程、城乡容貌提档工程、垃圾收处改进工程、环卫设施改造工程、监督考核完善工程）的完成推进情况。

听取和审议迎泽区人民法院关于民事调解工作的报告。重点报告民事审判和刑事附带民事诉讼的调解情况。

听取和审议迎泽区人民检察院关于公诉工作的报告。重点报告侦查机关移送审查起诉的刑事案件公诉情况，以及对侦查机关的侦查活动和法院刑事审判活动进行监督的情况。

听取和审议迎泽区人民政府关于市场监管工作情况的报告。重点报告监管个体工商户和各类企业的经营行为，监督管理市场交易，查处不正当竞争、假冒伪劣等违法行为，查处侵犯消费者权益案件，管理和监督各类市场经营秩序等工作情况。

听取和审议迎泽区人民政府关于大气污染防治工作的报告。重点报告迎泽区大气污染总量控制，重点行业、领域大气污染治理等方面的情况；《环保法》实施以来，在强化限批措施、加大监管执法方面的落实情况。

听取和审议迎泽区人民政府关于食品安全工作情况的报告。重点报告食品安全工作机制建设和环节监管情况，提升食品安全综合监管效能和提高食品市场规范化水平的情况，当前全区食品安全存在的突出问题，以及就提高全区食品安全保障水平的相关措施等。

听取和审议“一府两院”关于迎泽区第四届人民代表大会第五次会议代表建议、批评和意见办理情况的报告。重点报告办理工作的基本情况，办理工作的主要措施。

【听取和审议计划、预算、决算和审计工作报告】 2015年，迎泽区人大常委会听取和审议迎泽区人民政府关于2014年财政决算（草案）的报告，审查和批准2014年财政决算；听取和审议迎泽区人民政府关于2014年本级预算执行和其他财政收支的审计工作报告。

以上两项报告请区政府除按照监督法规定的内容和要求提出外，决算报告应当重点报告预算执行情况，四届迎泽区人大四次会议关于批准2014年预算决议的执行情况等；审计工作报告应当重点报告对预算执行的审计情况。

听取和审议迎泽区人民政府关于迎泽区2015年1至6月份国民经济和社会发展计划执行情况的报告。重点报告迎泽区上半年经济社会发展的总体情况和存在的问题，主要计划指标的执行情况，做好下一阶段经济社会工作的主要措施和安排等。

听取和审议迎泽区人民政府关于迎泽区2015年1至6月份财政预算执行情况的报告。重点报告公共财政预算收支完成情况、基金预算收支完成情况、社会保险基金预算收支完成情况、主要财政工作完成情况及收支增减变化的主要原因。

听取和审议迎泽区人民政府关于2014年审计查出问题落实情况的报告。重点报告整改措施、整改落实情况，对廉政建设、经济社会发展起到的效果。

【检查法律实施情况】 2015年，迎泽区人大常委会检查《中华人民共和国安全生产法》的实施情况。重点检查生产经营单位的安全生产保障、从业人员的安全生产意识、安全生产的监督管理等情况。

【专题询问】 2015年，迎泽区人大常委会结合听取和审议迎泽区人民政府关于食品安全工作情况的报告开展专题询问。重点询问迎泽区食品安全的现状、存在的问题以及采取的措施，接受询问的部门为食药监局、教育局、财政局、农委、卫生局、工商分局、质监分局等。

【党风廉政建设】 2015年，太原市迎泽区人民代表大会常务委员会在区委的正确领导下，团结协作，履职尽责，开拓创新，较好地完成各项工作任务。人大机关坚持党风廉政建设，认真履行“一岗双责”，坚持业务工作和廉政工作两手抓、两不误。及时传达学习和贯彻落实各级党委、纪委关于党风廉政建设和反腐败工作的新精神、新要求，深入学习《党章》《党内监督条例》《纪律处分条例》《党员领导干部廉洁从政若干准则》等规定，通过开展专题学习、谈心谈话、警示教育、监督检查等活动，明确并遵守党的政治规矩和政治纪律。出台《人大常委会自身监督制度》，明确24条自身监督措施，在行使宪法赋予的监督权力的同时，确保做到自身过硬。进一步精文简会，文件、会议数量及经费较往年明显下降。抓好机关作风建设，按照区委办公室《关于深化“三严三实”专题教育着力解决基层干部不作为乱作为等损害群众利益问题专项整治实施方案》安排部署，区人大机关结合自身实际，11月底制定工作方案，从12月上旬开始，进行全面的排查。各委室紧紧围绕“四个排查”确定的17种查找重点，结合开展谈心谈话、召开座谈会等方式，认真查找梳理问题，并制定问题清单和整改清单。12月底，召开机关支部组织生活会，认真开展批评和自我批评，制定具体的整改措施，并明确每一项措施的责任主体、整治措施和进度安排，确保整治工作落到实处。

重要会议

【区四届人大五次会议】 2015年3月18日至3月19日，区四届人大五次会议召开。会议听取和审召开议区人大常委会、区人民政府、区人民法院和区人民检察院工作报告，审议国民经济社会发展计划和财政预算报告，审查、批准2015年计划和预算，并作出相关决议。人代会和往年相比，会议时间多安排半天，使人大代表能够有更多的时间，发表意见建议、开展讨论审议，充分履行职责，会议的质量得到进一步提高。

【常委会会议和主任会议】 人大常委会会议对《议事规则》和《任免办法》进行修订，进一步规范议事程序，尊重和保障组成人员按照自己的意志行使表决权，切实做到集体行使权力；在人事任免方面，规范任免程序，建立向宪法宣誓制度，新任命的1名区政府副区长、3名区政府工作部门负责人、1名区人大机关工作人员、6名区检察院检察员在任命通过后，向宪法庄严宣誓，进一步提高被任命人员的法律意识和公仆意识。全年常委会依法任免国家机关工作人员13人、人民陪审员100人。

·常务委员会议·

【区第四届人大常委会第二十六次会议】 2015年2月9日，区人大常委会召开第四届人大常委会第二十六次会议，人大常委会主任阴国平主持会议。审议通过迎泽区人大常委会2015年重点监督工作、迎泽区人大常委会代表资格审查委员会关于代表资格的审查报告；作出关于召开迎泽区第四届人民代表大会第五次会议的决定；审议通过迎泽区第四届人民代表大会第五次会议的有关事宜；讨论迎泽区人大常委会工作报告（征求意见稿）；审议迎泽区2014年预算执行情况及2015年预算（草案）主要内容的报告。

【区第四届人大常委会第二十七次会议】

2015年3月18日，区人大常委会召开第四届人大常委会第二十七次会议，人大常委会主任阴国平主持会议。审议关于迎泽区2014年预算执行情况和2015年预算（草案）审查结果的报告。

【区第四届人大常委会第二十八次会议】

2015年3月27日，区人大常委会召开第四届人大常委会第二十八次会议，人大常委会主任阴国平主持会议。审议通过关于接受焦智荣同志辞去迎泽区第四届人民代表大会代表职务的请求。

【区第四届人大常委会第二十九次会议】

2015年4月23日，区人大常委会召开第四届人大常委会第二十九次会议，人大常委会主任阴国平主持会议。会议听取和审议区人民政府关于迎泽区特色学校建设情况的报告、区人民政府关于迎泽区社会保险工作情况的报告。进行人事任免。

【区第四届人大常委会第三十次会议】

2015年6月29日，区人大常委会召开第四届人大常委会第三十次会议，人大常委会主任阴国平主持会议。会议听取和审议区人民政府关于城乡清洁工程工作情况的报告。进行人事任免。

【区第四届人大常委会第三十一次会议】

2015年8月26日，区人大常委会召开第四届人大常委会第三十一次会议，人大常委会主任阴国平主持会议。会议听取和审议迎泽区2015年1至6月份国民经济和社会发展计划执行情况的报告、迎泽区2014年财政决算（草案）的报告、迎泽区2015年1至6月份财政预算执行情况的报告、迎泽区2015年财政预算调整（草案）的报告、迎泽区2014年财政决算（草案）的审查报告，批准迎泽区2014年财政决算，批准迎泽区2015年财政预算调整（草案）；听取和审议迎泽区2014年度本级预算执行和其他财政收支情况的审计工作报告；听取区人大常委会执法检查组关于检查《中华人民共和国安全生产法》的实施情况的报告。进行人事任免。

【区第四届人大常委会第三十二次会议】

2015年10月28日，区人大常委会召开第四届人大常委会第三十二次会议，人大常委会主任阴国平主持会议。会议听取和审议区人民政府关于食品安全工作情况的报告、区人民政府关于市场监管工作情况的报告、区人民检察院关于公诉工作情况的报告；进行食品安全工作专题询问。进行人事任免。

【区第四届人大常委会第三十三次会议】

2015年12月28日，区人大常委会召开第四届人大常委会第三十三次会议，人大常委会主任阴国平主持会议。会议听取和审议区人民政府关于区第四届人民代表大会第五次会议代表建议、批评和意见办理情况的报告、区人民政府关于2015年财政预算调整方案（草案）的报告，批准迎泽区2015年财政预算调整方案；听取和审议区人民政府关于大气污染防治工作情况的报告、区人民法院关于调解工作情况的报告。进行人事任免。（赵新萍）

·主任会议·

【第47次主任会议】 2015年1月22日召开，人大常委会主任阴国平主持会议。会议听取区四届人大常委会第二十四次会议关于迎泽区住房保障和重点工程房屋征收工作审议意见建议落实情况的报告；听取区四届人大常委会第二十四次会议关于贯彻实施消防安全“一法两例”工作审议意见建议落实情况的报告；听取区四届人大常委会第二十四次会议关于迎泽区人民法院执行工作情况审议意见建议落实情况的报告；研究区人大常委会2015年重点监督工作计划；研究区第四届人民代表大会第五次会议有关事宜；补选田华为区四届人大代表。

【第48次主任会议】 2015年2月6日召开，人大常委会主任阴国平主持会议。会议听取迎泽区财政局关于2014年预算执行情况及2015年预算（草案）主要内容的报告；听取区人大常委会代表资格审查委员会关于个别代表资格的审查报告。

【第49次主任会议】 2015年3月26日召开，人大常委会主任阴国平主持会议。会议通过焦智荣辞去区四届人大代表职务的请求。

【第50次主任会议】 2015年4月16日召开，人大常委会主任阴国平主持会议。会议听取区四届人大常委会第二十五次会议关于迎泽区人民检察院反贪污贿赂工作审议意见建议落实情况的报告；听取区教育局关于迎泽区特色学校建设情况的报告；听取区人力资源和社会保障局关于迎泽区社会保险工作情况的报告；审阅迎泽区以来1~4届人代会、常委会资料汇编。

【第51次主任会议】 2015年4月20日召开，人大常委会主任阴国平主持会议。会议审议关于李敏任食药监局局长事宜。

【第52次主任会议】 2015年6月10日召开，人大常委会主任阴国平主持会议。会议依法任命迎泽区人民法院人民陪审员；听取区城管局关于迎泽区城乡清洁工程情况的报告；听取区人大城建工委关于迎泽区城乡清洁工程情况的视察报告；听取区人大城建工委关于水污染防治法执法检查的方案；听取区财政局关于迎泽区2014年财政决算（草案）的报告；听取区审计局关于2014年本级预算执行和其他财政收支的审计工作报告；听取区人大财经工委关于迎泽区2014年财政决算（草案）的审查报告；听取区人大财经工委关于迎泽区贯彻实施《中华人民共和国安全生产法》执法检查的方案；听取区人大教科文卫工委关于开展食品安全专题询问的方案；讨论开展“三严三实”教育活动方案。

【第53次主任会议】 2015年8月18日

召开，人大常委会主任阴国平主持会议。会议听取区四届人大常委会第二十九次会议关于迎泽区特色学校建设工作审议意见建议落实情况的报告；听取区四届人大常委会第二十九次会议关于迎泽区社会保险工作审议意见建议落实情况的报告；听取区发改局关于2015年上半年国民经济和社会发展计划执行情况的报告；听取区财政局关于2015年上半年财政预算执行情况的报告；听取区人大财经工委关于迎泽区2015年上半年国民经济和社会发展计划及财政预算执行情况的视察报告；听取区审计局关于2015年度本级预算执行和其他财政收支的审计工作报告；听取区人大财经工委关于迎泽区贯彻实施《中华人民共和国安全生产法》的执法检查报告；提请免去张纯、侯萍、王荣珍、吴小宁、单文夏迎泽区人民法院审判员职务及赵姮辞去陪审员职务，提请任命庄浩同志为迎泽区人民法院审判员；讨论班子“不严不实”清单。

【第54次主任会议】 2015年8月25日召开，人大常委会主任阴国平主持会议。会议听取关于2015年财政预算调整方案(草案)的报告。

【第55次主任会议】 2015年10月20日召开，人大常委会主任阴国平主持会议。会议听取区四届人大常委会第三十次会议关于迎泽区城乡清洁工程审议意见建议落实情况的报告；听取工商分局关于市场监管工作情况的报告；听取区人大财经工委关于市场监管工作情况的视察报告；听取区食品药品监管局关于食品安全工作情况的报告；听取区人大教科文卫工委关于食品安全工作情况的调研报告及开展食品安全工作专题询问的相关事宜；听取区人民检察院关于公诉工作情况的报告；听取区人大法制工委关于公诉工作情况的视察报告；提请免去王文潇区发改局局长职务，提请任命何陈棋为区政府副区长、张健康为区发改局局长、黄铁明为区卫计局局长、张彩虹为区人大法工委副主任。

【第56次主任会议】 2015年12月22日召开，人大常委会主任阴国平主持会议。会议听取区四届人大常委会第三十一次会议关于2015年1至6月份国民经济和社会发展计划执行情况审议意见建议落实情况的报告；听取区四届人大常委会第三十一次会议关于2015年1至6月份调整预算及财政预算执行情况审议意见建议落实情况的报告；听取区财政局关于迎泽区人民政府调整2015年财政预算的方案；听取区环保分局关于大气污染防治工作情况的报告；听取区人大城建工委关于大气污染防治工作情况的视察报告；听取区人民法院关于调解工作情况的报告；听取区人大法制工委关于民事调解工作情况的视察报告；听取区人民政府关于区四届五次人代会代表意见建议办理情况的报告；提请免去郗爱平人大常委会副主任、党组成员职务，任命李杰职级并行事宜。

【第57次主任会议】 2015年12月28日召开，人大常委会主任阴国平主持会议。会议听取关于2015年财政预算调整的方

案；贺寿明辞去迎泽区第四届人大代表职务。（赵新萍）

监督工作

【重点工作监督】 2015年，区人大机关围绕大局和民生工作，认真开展视察工作。3月26日，视察迎泽区特色学校建设情况，实地察看区第二实验小学和松庄小学。3月31日，视察迎泽区贯彻实施社会保险法的工作情况，实地察看区社保服务大厅、庙前街道办事处社保服务大厅和迎泽街道办事处解南一社区社保服务站。5月27日，视察区城乡清洁工程，实地察看机械化清扫作业、生活垃圾上门收集、无物业院落管理，以及朝阳街、火车站周边综合整治等情况。7月28日、8月4日分别对迎泽区2015年1至6月国民经济和社会发展计划及财政预算执行情况进行视察，实地察看南沙河上游小山岩段整治工程、松小线公路（观家峪至国道307段）改造工程、电子商务（双北）产业园、迈克斯众创空间。9月22日，视察区市场监管工作情况，实地察看区政府政务大厅、美特好铜锣湾店、铜锣湾购物中心。9月24日，视察区检察院公诉工作情况，观摩远程公诉案件庭审，实地察看案件管理中心和控申接待大厅。11月19日视察区大气污染防治工作，实地察看郝家沟洁净煤置换、太原绝缘材料实业有限公司热力站建设、意兴居公寓无物业二网改造及外墙节能改造、菜园空气质量监测点位运行等情况。12月2日，视察区法院调解工作情况，实地察看数字化法庭、立案接待大厅、诉讼服务中心、东太堡法庭工作情况。通过视察，及时发现被视察单位工作方面存在的不足，并提出切实可行的意见建议，有效促进“一府两院”依法行政、公正司法。

【法律实施情况检查监督】 2015年，区人大机关加大工作力度，形成较为完善的执法检查程序。每次的执法检查，都由人大常委会副主任担任检查组组长，成员为人大机关相关委室负责人、部分常委会组成人员和人大代表。在制定检查方案的基础上，召开会议进行安排部署，组织检查组成员学习相关法律法规，听取相关单位法律执行情况报告，并开展实地检查，最后形成检查报告提交人大常委会会议审议。2015年分别对《安全生产法》《水污染防治法》《保密法》《太原市法律援助条例》实施情况开展四次专项检查，共组织代表100余人次，检查20多个部门、30多个企业单位，对相关法律实施情况进行深入了解，并提出意见建议，推进迎泽区法治建设进程。

【民生问题调研监督】 2015年8月到9月，人大常委会成立四个调研组，就迎泽区食品安全工作情况开展调研，先后深入20多个行业单位，发放500余份调查问卷，召开多次座谈会，广泛听取和征集人大代表和社会各界对迎泽区食品安全工作的意见、建议，收集大量数据并进行有效分析。

10月28日，常委会召开会议，对区食药、教育、财政、农委、卫计、工商、质监等7个部门就食品安全工作开展专题询问，常委会组成人员共提出问题15个，主要涉及食品添加剂、注水肉、农药残留、食品检验鉴定机制以及学校健康教育等方面，由区政府及相关部门负责人解答，通过询问，组成人员进一步了解迎泽区食品安全现状和有关部门工作开展情况，指出存在的问题和不足，并提出一些很好的建议，对迎泽区食品安全工作起到积极的推动作用。

任免工作

【代表职务任免】 2015年3月27日，区人大常委会召开第四届人大常委会第二十八次会议，审议通过关于接受焦智荣辞去迎泽区第四届人民代表大会代表职务的请求。12月28日，区人大常委会召开第四届人大常委会第三十三次会议进行人事任免。同意贺寿明辞去迎泽区第四届人民代表大会代表的职务。

【行政职务任免】 2015年4月23日，区人大常委会召开第四届人大常委会第二十九次会议进行人事任免。依法任命李敏为区食品药品监督管理局局长。10月28日，区人大常委会召开第四届人大常委会第三十二次会议进行人事任免。同意免去王文潇同志区发展和改革局局长职务。依法任命何陈棋为迎泽区人民政府副区长、张健康为迎泽区发展和改革局局长、黄铁明为迎泽区卫生和计划生育局局长。

【人大委员职务任免】 10月28日，区人大常委会召开第四届人大常委会第三十二次会议进行人事任免。张彩虹为迎泽区人大常委会法制工作委员会副主任。12月28日，区人大常委会召开第四届人大常委会第三十三次会议进行人事任免。同意接受郗爱平辞去区人大常委会副主任的请求，报区五届一次人代会备案。

【司法职务任免】 2015年6月29日，区人大常委会召开第四届人大常委会第三十次会议进行人事任免。依法任命丁竖等100名同志为迎泽区人民法院人民陪审员。8月26日，区人大常委会召开第四届人大常委会第三十一次会议进行人事任免。同意免去张纯、侯萍、王荣珍、吴小宁、单文夏迎泽区人民法院审判员职务。依法任命庄浩为迎泽区人民法院审判员。

（赵新萍）

代表工作

【代表建议办理工作】 2015年，区人大常委会完善代表建议办理机制，突出跟踪督办和重点督办，区四届人大五次会议期间共收到代表建议、批评和意见118件，在属迎泽区职权范围办理的95件建议中，经济发展方面12件，占总数的12.6%；城乡建设和管理方面44件，占总数的46.4%；文教卫生方面19件，占总数的20%；公安、民政及社区建设方面12件，占总数的12.6%；其他方面8件，占总数的8.4%。代表们所反映的问题已经解决、基本解决的24件，占总数的25.3%，待解决43件，占总数的46.3%，未能解决的28件，占总数的29.4%。人大常委会会议专门听取此项工作，并进行满意度测评，进一步丰富监督手段。

【闭会期间代表活动】 2015年，区人大常委会规范代表工作室运行机制，每个季度最后一个月的第三周的周三至周五开展活动。通过这一工作平台，主动联系群众，更多地深入一线视察调研，听取、收集和反映人民群众的呼声与要求，帮助群众解决实际问题。坚持抓好代表述职制度，代表每年都要进选区述职，与选区居民面对面交流，向选民汇报履职情况，接受群众的监督，从而促进代表高效履职。12月4日，由各街镇组织代表走进社区、走上街道，开展国家宪法日活动，通过向群众讲解宪法、发放宪法相关材料等形式，大力宣传宪法，努力形成全社会共同尊重宪法、宪法至上、用宪法维护人民权益的社会氛围。

【代表视察工作】 2015年，区人大常委会坚持轻车简从，精心选题，提高工作的精准度，避免走马观花、蜻蜓点水，注重根据代表自身特点安排视察内容，鼓励代表积极建言献策，提出有质量的意见建议，促进被监督单位改进工作。人大常委会组成人员全年参加视察4次以上，代表本届任期内参加视察至少1次以上。

【信息化建设】 2015年，区人大常委会升级代表大会会议签到系统，配置专业的签到设备，对软件进行定制开发，在人代会上起到良好的作用，会议服务的水平和质量得到明显提高。全面开展档案信息化工作，对建区以来的人大工作档案进行系统整理分类，并全部转化为电子文档，档案信息水平有质的提升。

【省人大基层立法联系点工作】 2015年8月11日，省人大常委会副主任安焕晓带队就建立基层立法联系点工作到迎泽区进行调研，通过实地察看人大机关、街道办事处和社区工作情况，召开座谈会，并经统筹考虑，最终确定迎泽区为全省首批10家基层立法联系点之一。按照相关要求完成成立领导机构工作，确定联络人员和工作场所，并配置办公设备。

【代表视察活动】 2015年，组织人大代表开展视察活动。4月，组织人大代表视察迎泽区人民政府关于特色学校建设的工作情况；视察迎泽区人民政府关于贯彻落实社会保险法的工作情况；6月，组织人大代表视察迎泽区人民政府关于城乡清洁工程实施的工作情况；10月，组织人大代表视察迎泽区人民政府关于市场监管的工作情况；10月，组织人大代表视察迎泽区人民检察院关于刑事公诉的工作情况；12月，组织人大代表视察迎泽区人民政府关于大气污染防治的工作情况；组织人大代表视察迎泽区人民法院关于民事调解的工作情况。

【代表监督政府工作活动】 组织人大代表听取迎泽区人民政府关于2014年财政决算（草案）；组织人大代表听取工作委员会迎泽区人民政府关于2014年本级预算执行和其他财政收支的审计工作情况；8月，组织人大代表听取工作委员会迎泽区人民政府关于2015年1至6月份国民经济和社会发展计划的执行情况；8月，组织人大代表听取迎泽区人民政府关于2015年1至6月份财政预算的执行情况；组织人大代表关于《中华人民共和国安全生产法》的执法检查；10月，组织人大代表对食品安全问题开展专题询问；12月，组织人大代表听取“一府两院”关于迎泽区第四届人民代表大会第五次会议代表建议、批评和意见的办理情况。8月，组织部分市、区、镇三级人大代表参加工作委员会市人大组织的人大代表履职学习班；组织街道、镇人大代表每季度至少三天，进工作室开展学习、履职活动；12月，组织全体区人大代表进选区，向选民履职述职。（李光胜）

太原市迎泽区人民政府

TAI YUAN SHI YING ZE QU REN MIN ZHENG FU

综　述

【概述】　2015年，在市委、市政府和区委的正确领导下，在区人大和区政协的监督支持下，区政府贯彻落实区委五届一次全会精神，以“五个一批”为抓手，扎实推进“六大发展”，各项工作稳中有为，稳中有进，经济发展取得新成就，“十二五”规划目标圆满完成，为实现全面小康奠定了坚实基础。

【主要经济指标】　1~9月，全区地区生产总值完成394.85亿元，同比增长7.1%；服务业增加值完成345.4亿元，同比增长8.3%；固定资产投资完成128.45亿元，同比增长37.1%；社会消费品零售总额完成302.83亿元，同比增长12.9%，公共财政预算收入完成12.6亿元，同比下降3.23%。5项主要经济指标中，社会消费品零售总额、固定资产投资等2项指标增速排名全市第一，地区生产总值、服务业增加值、公共财政预算收入等3项指标增速居全市中游偏上水平，排名全市第三、四、五位；地区生产总值、服务业增加值、固定资产投资、社会消费品零售总额等4项指标增速高出全年目标，在较大的经济下行压力下，经济发展总体呈加快增长趋势。

【城中村改造】　紧紧抓住全市大规模推进城中村改造的有利契机，举全区之力推进城中村改造。在确保完成市下达郝庄、双塔、王家峰、东太堡4个环内城中村整村拆除任务的同时，自加压力，同步启动了枣园、赵北峰2个村的整村拆除。截至11月3日，6个城中村已累计完成整村拆除94.53万平方米，整村拆除率达到77.07%，其中5个村拆迁协议签订基本完成，整村拆迁进入尾声，双塔、枣园、赵北峰、王家峰、郝庄整村拆除率分别达到99.2%、95.28%、93.7%、92.9%和97.9%；体量最大的东太堡村，合作开发企业选定和项目融资等难点、关键问题已经解决，10月15日正式启动整村拆除以来，已签订拆迁补偿协议584份，签订率达87.4%，拆除宅基地269处、13.08万平方米。

【重点项目】 推进重点项目“六位一体”工作，前三季度，项目储备完成2307亿元，完成率101.5%；项目签约完成242.72亿元，完成率103.3%；项目落地完成49.1亿元，完成率51.7%；项目开工完成56.54亿元，完成率76.4%；项目建设完成104.28亿元，完成率70%；项目投产完成35.44亿元，完成率33.4%。其中，储备、签约2项提前完成年度目标，开工、建设2项基本达到序时进度；迎泽区是全市唯一提前完成项目签约、实际利用外资和实际引进外来资金三项指标的县区。

【“五个一批”重点工程】 在产业发展、基础设施建设、社会民生发展等方面，部署实施50项重大项目和重点工作。除国海广场项目需待省市对晋阳饭店搬迁后实施外，其余项目全部启动，并按照任务目标和进度计划有序推进、抓紧实施。49项重点工程基本完成。

【社会民生事业】 年初承诺的20件重点惠民实事，全面完工；“五个一批”确定的28项重大民生项目，全面完成；省、市下达的民生领域重要指标任务中，迎泽区涉及63项，59项提前完成或超额完成，剩余4项按时完成。

在抓好各项目标任务的同时，稳步加大民生投入，在困难群众和老年人、残疾人等特殊群体的保障、救助、帮扶、解困及社会福利服务等方面，加快扩面提标；在社区服务场所提档改造，社区为老服务、文体服务等设施建设以及数字校园、便民平价市场建设等方面，加速全覆盖进程；在环境治理、老旧片区及小街巷改造整治、既有居住建筑节能改造、农村饮水安全保障、社区惠民资金项目建设等方面，加大民生普惠力度，都取得了新成绩，有力促进了各项公共服务在更高水平上的优质均衡发展。

【安全保障】 牢固树立安全生产红线意识和底线思维，坚持“党政同责、一岗双责、齐抓共管”，狠抓“两个主体责任”的落实，加快推进食品药品、消防、特种设备等重点领域安全管理体制机制创新，充实基层监管力量，安全监管水平不断提高；坚持“依法治安”，突出问题导向，着力消除各类事故隐患，不断引深打击城中村“两违”“六打六治”等专项行动，不间断开展全覆盖的安全大检查和重点行业领域隐患排查整治，安全形势持续平稳。1~9月份，全区安全事故起数和直接经济损失同比实现“双下降”，建筑工地、危险化学品、烟花爆竹、特种设备、农机等行业领域继续保持零死亡、零事故、零损失，各项责任制指标得到较好控制，为经济社会健康有序发展和人民群众生命财产安全提供了有力保障。

重要会议

·区政府全体会议·

【区政府第1次全体会议】 2015年8月11日召开，在区人大七楼会议室举行，由区长冯原平主持。侯富田、贾津生、高伟、王国栋、侯森、薛凯出席会议，区政府各部门负责人列席会议。会议研究《关于进一步加强城市管理、在全市发挥师范引领作用的工作意见》；研究区民政局起草的《关于加强社区养老服务工作的意见》；研究推进重点工程开工、落地、建设有关措施；研究推进“五个一批”重点项目开工、落地有关措施及项目调整的意见建议；研究主要经济指标及其他市考核指标推进措施；会议还对加强政府系统党风廉政建设，严格落实“两个责任”有关事宜进行专题部署。

【区政府第2次全体会议】 2015年11月17日召开，在区人大七楼会议室举行，由区长冯原平主持。侯富田、贾津生、高伟、王国栋、薛凯出席会议，区政府各部门负责人列席会议。会议就拟上报的2016年重大民生项目进行专题研究。原则同意各位副区长提出的2016年重大民生项目，由区发改局汇总后按时上报。各部门、各单位要按照年初安排部署，对照目标任务，抓紧落实完成，确保今年任务全面完成。区民政局、经信局做好对接，整合区属企业资源，采取租用企业厂址或鼓励企业自办等方式，积极发展养老服务业；高标准推进社区提档升级，力争社区服务场所面积全部达到1000平米以上。原则同意为区资产经营公司再追加1.45亿元注册资本金，相关事宜提请区委常委会议审议。

【区政府第3次全体会议】 2015年11月30日召开，在区人大七楼会议室举行，由区长冯原平主持。侯富田、贾津生、高伟、王国栋、侯森、薛凯出席会议，区政府各部门负责人列席会议。会议研究2016年重点工作、重点项目事宜；研究推动民营经济发展的扶持意见；研究招聘工作人员有关事宜；研究财政暂付款转列支出处理办法；学习习近平总书记在中央政治局第二十六次集体学习时的讲话；协调处理其他社会事宜。

·区政府常务会议·

【第1次常务会议】 2015年1月20日召开，由区长冯原平主持。侯富田、贾津生、高伟、王国栋、侯森、薛凯出席。会议研究处置非法集资有关事宜，进一步加大对非法集资行为的打击力度。研究规范物流企业经营行为有关事宜，开展对辖区物流企业的大整顿，进一步规范经营行为。研究2015年度财政预算，原则同意区财政局提出的2015年度财政预算安排，及区财政局提出的几项重大事项。研究《太原市迎泽区2014年财政预算执行情况和2015年财政预算（草案）的报告》，成立拖欠农民工工资处置工作组，对建设和保护钟楼街历史文化步行街有关事宜进行研究。

【第2次常务会议】 2015年3月5日召开，由区长冯原平主持。侯富田、贾津生、高伟、王国栋、侯森、薛凯出席。会议研究2015年区政府廉政工作；研究同意《政府工作报告（征求意见稿）》《太原市迎泽区2014年国民经济和社会发展计划执行情况与2015年国民经济和社会发展计划（草案）的报告》；研究2015年既有居住建筑节能改造工作方案；研究2015年城市道路建设改造项目；听取2015年改善省城环境质量工作目标和任务；研究郝庄正街等11条道路改造房屋拆迁、征收决定；研究2015年主要经济指标和固投目标任务；听取2015年城中村改造工作计划；听取采煤沉陷区治理工作计划；安排“五个一批”工作、项目落实有关事宜；听取2015年审计全覆盖工作任务和措施，将区属各中小学全部纳入2015年审计范围。同意将区法院旧办公楼房地过户到区财政投资评审中心。

【第3次常务会议】 2015年3月10日召开，由区长冯原平主持。贾津生、高伟、王国栋、侯森、薛凯出席。会议研究学习讨论落实活动专项整治工作；听取安全生产工作汇报、近期计划生育工作汇报；研究区企业资产管理公司有关事宜；学习《党政机关和涉密单位网络保密管理规定》；研究区政府领导班子群众路线教育实践活动“两方案一计划”及领导干部个人整改清单落实情况及其他事宜。

【第4次常务会议】 2015年3月23日召开，由区长冯原平主持。侯富田、贾津生、高伟、王国栋、侯森、薛凯出席。会议研究城中村改造有关事宜，为加快东太堡整村拆除进度，同意将区资产经营公司2亿元资金依法投资东太堡城中村改造一期拆迁；同意以太堡大厦和区资产经营公司2亿元注册资金为抵押，为东太堡城中村改造进行担保贷款。加快新沟村133用地以外土地收储进度，确保新沟村城中村改造和采煤沉陷区治理按期推进。

【第5次常务会议】 2015年4月17日召开，由区长冯原平主持。贾津生、王国栋、侯森、薛凯出席。会议研究收回文物重点单位晋绥铁路银行有关事宜；研究人事任免有关事宜；研究解决各街办原劳服公司人员遗留问题；研究起草区政府党组“两个主体责任”清单。加快“五个一批”项目建设，区监察局和政府办加强督查，加强柳巷商业街区环境卫生管理。

【第6次常务会议】 2015年6月25日召开，由区长冯原平主持。侯富田、贾津生、高伟、王国栋、侯森、薛凯出席。会议研究听取上半年安全工作汇报，对近期安全生产工作进行专题安排部署；听取迎泽区2014年经济发展目标考核情况的通报；听取2015年国民经济和社会发展计划指标分解；听取迎泽区2014年重点工程“六位一体”工作情况通报；听取2015年重点工程“六位一体”目标任务分解及1~5月完成情况；研究迎泽区采煤沉陷区治理工作；研究聘用乡镇（街办）专职特种设备安全员的有关事宜；听取和审议区人民政府关于城乡清洁工程工作情况的报告；听取和审议迎泽区2014年财政决算（草案）的报告；听取和审议迎泽区《关于2014年度本级预算执行和其他财政收支的审计工作报告》；听取禁毒工作汇报；研究区政府党组及领导班子落实党风廉政建设主体责任清单有关事宜及其他事宜。

【第7次常务会议】 2015年7月3日召

开，由区长冯原平主持。侯富田、贾津生、王国栋、侯森、薛凯出席。会议研究建设廉政教育基地有关事宜；研究与省建总合作成立公司有关事宜；研究增加辅警、成立城管综合执法队伍有关事宜；研究“以群众举报乡村干部腐败为切入点集中解决群众信访诉求问题”专项治理工作涉及的信访案件；听取区政府班子成员和重点部门落实党风廉政建设主体责任情况汇报；研究区属幼儿园聘用教职工工作方案；研究聘用政府法律顾问有关事宜；开展“三严三实”专题教育集中学习。

【第 8 次常务会议】 2015 年 8 月 11 日召开，由区长冯原平主持。侯富田、贾津生、高伟、王国栋、侯森、薛凯出席。会议听取社区建设工作检查考核情况的通报；研究成立太原迎泽国有投资有限公司有关事宜；研究东太堡社区城中村改造框架合作协议；会议议定区资产经营公司隶属关系由区经信局划归区财政局。原则同意区开发公司、区资产经营公司与山西建设发展有限公司合作成立的山西晋泽置业有限公司调整注册资本金事宜。

【第 9 次常务会议】 2015 年 8 月 15 日召开，由区长冯原平主持。侯富田、贾津生、高伟、王国栋、侯森、薛凯出席。会议研究太原迎泽国有投资有限公司管理、资产经营等有关事宜。

【第 10 次常务会议】 2015 年 8 月 26 日召开，由区长冯原平主持。侯富田、贾津生、高伟、王国栋、侯森、薛凯出席。会议研究迎泽区突发事件总体应急预案；听取应急预案编制工作情况汇报；听取 2014 年度本级预算执行和其他财政收支的审计工作报告；听取迎泽区 2015 年 1~6 月份财政决算执行情况的报告；听取关于调整使用财政资金注册成立企业推进城中村改造的工作报告；听取迎泽区 2015 年 1~6 月份国民经济和社会发展计划执行情况的报告；研究城中村改造考核办法；听取 2014 年度依法行政考核结果通报；研究区政府领导班子“不严不实”问题清单及整改清单；学习《王儒林同志在省委常委会上谈到太原“城中村”改造时的讲话》；对其他事宜进行研究。

【第 11 次常务会议】 2015 年 9 月 24 日召开，由区长冯原平主持。侯富田、贾津生、高伟、王国栋、侯森、薛凯出席。会议研究福寿和养老中心贴息贷款事宜；研究南沙河抢险路和东峰路项目拆迁资金事宜及其他事宜。

【第 12 次常务会议】 2015 年 9 月 30 日召开，由区长冯原平主持。侯富田、贾津生、高伟、王国栋、侯森、薛凯出席。会议研究购买社区办公用房事宜；研究扶持小微企业创业创新工作有关事宜；研究贯彻落实市委市政府关于加快发展养老服务业的实施意见的工作方案；研究查处“两违”工作有关事宜；研究治超工作有关事宜；研究“两节”期间安全工作安排及安全生产约谈制度及对其他事宜。

【第 13 次常务会议】 2015 年 10 月 23 日召开，由区长冯原平主持。侯富田、贾津生、王国栋、侯森、薛凯出席。会议研究应急分队队员在柳巷执勤中负伤发生费用处理事宜；研究成立迎泽区专职消防队有关事宜；研究各街办劳服公司人员归口社区服务中心管理事宜；听取省委巡视六组对迎泽区巡视反馈意见落实情况的汇报；研究光彩慈航老年公寓违法占地处置有关事宜；研究区卫生系统人员招聘有关事宜；研究人事任免有关事宜；听取食品安全工作情况的汇报；听取市场监管工作情况汇报；研究“六权治本”制度限制权力制度建设会商制度；研究关于健全重大行政决策机制的意见；学习《中国共产党巡视工作条例》；研究进一步落实政府党组两个主体责任有关事宜及其他事宜。

【第 14 次常务会议】 2015 年 12 月 8 日召开，由区长冯原平主持。侯富田、贾津生、王国栋、侯森、薛凯出席。会议研究与区政府各部门主要负责人集体约谈；研究城中村改造有关事宜；听取 2014 年安全生产考核情况汇报。

【第 15 次常务会议】 2015 年 12 月 25 日召开，由区长冯原平主持。侯富田、贾津生、高伟、王国栋、侯森、薛凯出席。会议研究“双创”工作有关事宜，原则同意区示范办起草的《迎泽区小微企业创业创新基地城市示范工作实施方案》；研究 36 中协议购置土地有关事宜；研究扶贫开发工作；研究新建路九号院危旧房改造项目房屋征收决定、公告、补偿方案；研究财政有关事宜；研究城中村改造有关事宜；研究公车改革有关及研究其他事宜。

（马阳宁）

政府办公室

【概述】 2015 年，区政府办公室认真贯彻党的十八大和十八届三中、四中、五中全会精神，围绕区委、区政府中心工作，坚持业务工作与党风廉政建设两手抓、同推进，圆满完成了各项工作任务。

【参谋辅政】 2015 年，区政府办公室认真履行参谋助手职能，提高服务决策水平。

强化调研督导。围绕全区中心工作，协助区政府领导对城中村改造、城市建设管理、安全生产、重点项目等进行调研，为区委、政府科学决策提供依据。高度重视政务督查，对政府工作报告任务、“五个一批”重点工作细化分解，定期对全区重点项目、惠民实事和“五个一批”进展落实情况督导检查，下发各类督办单 100 余份，及时办理省、市交办事项 107 件，保证区政府工作有序推进。

精心办文办会。按照精简、高效、规范的原则，全年制发各类文件 495 件，高质量完成政府工作报告、经济工作会议、政府系统党风廉政会等重要会议文字材料起草工作。精心组织，较好地完成了区政府常务会、区长办公会、各类电视电话会议等重要会议的服务工作，及时起草、下发各类会议纪要，并加强会后督促落实，提高了会议实效。

抓好综合协调。充分发挥办公室承上启下、协调内外的桥梁纽带作用，积极帮助各部门解决工作中出现的问题，受到各部门好评。启用市政府OA办公系统，全年收发各类公文1400余件，处理各类会议、活动、接待700余件（次）。全力支持人大代表、政协委员履行职责，全年办理人大代表建议118件，政协提案122件，问题解决率92.4%，满意率100%。

【规范行政程序】 2015年，区政府办公室服务和推进依法施政、依法行政，保障全区重点工作的依法、依规推进和部门工作的有序开展。

深化法治建设。健全依法行政决策机制、完善行政决策程序，出台《关于健全重大行政决策机制的意见》。加强规范性文件制定、备案管理，发布规范性文件2件。组织完成全区行政权力清单初稿，就责任清单制定工作进行细化安排和督促推进。成立区行政复议工作委员会，全年受理行政复议6案，维持4案。组织执法人员培训考试，全区403名行政执法人员全部做到持证上岗、亮证执法。集中开展法治宣传，通过依法行政宣传月、依法行政知识竞赛等活动，推进全民普法教育。

规范政府采购。将政采中心纳入区政务服务中心，政府投资项目和政府采购工作全部做到依法依规公开招标、公开采购，全年完成招标项目采购121批次，涉及货物、工程、服务三大类采购项目，中标金额23689万元，较采购预算27412万元，节约资金3723万元，节约率13.42%；完成货物类协议采购343批次，采购金额1325万元，节约率6.36%，同时加大对货物采购项目验收力度，保证采购产品质量。

优化政务服务。大力推进“两集中、两到位”行政审批制度改革，区政务服务中心完成改造并投入运行，初步建成以“三大服务平台”为基础，系列制度规范为支撑，信息化全程实时监管为保障，贴身贴心便民设施和服务举措为补充的高效便捷的区级综合服务平台，全区32个审批部门、10个便民部门的260余项事项集中进驻，基本实现本级审批服务集中办理，全年受理行政审批事项、服务事项共70860件，办结70851件，群众满意度100%。

加强应急管理。完成应急预案编修，健全应急管理机构，强化24小时政务值守制度及领导带班制度，严格报告时限，加强应急物资储备管理，加大重要时间节点应急工作抽查、检查和指导等力度，组织开展了一系列应急演练和应急培训，全区应急保障能力进一步加强。

【政务服务】 2015年，区政府办公室强化政务服务职能，服务基层、服务群众工作有了新加强。

强化便民服务。畅通各类社情民意热线，办理求决、求助、咨询来电7603件，受理量及群众满意率位居全市各县区前列。强化数字城管指挥中心职能，启用智能环卫监控系统，全年办理案卷61632件，结案率、按期结案率、一次完成率均在99%以上。加大巡查督办，共发现、上报各类问题58515件，现场核查、督办问题262个。

提升信息服务。强化政务网站安全有序运行，全面改版升级政务门户网站，明确了网站栏目责任部门和责任人；对全区专用网络系统安全隐患进行排查整改，处理网络故障263起；加强政府信息公开平台及相关制度建设，规范权力运行各环节要素和人、财、事等重点事项的公开，全年组织编发各类政务信息1916条。

做好后勤保障。强化对物业公司的监督管理，全面加强机关楼院的清扫保洁、治安保卫、消防安全及办公设施设备的日常维护等工作，圆满完成公共机构能源消耗统计工作。牵头推进公务用车制度改革，完成了方案制度和公务用车封存等工作。

认真做好史志编修、财务等工作，完成《迎泽年鉴》组稿，与区政协合编《迎泽区政协志》。

【党风廉政建设】 认真贯彻区委、区政府党风廉政建设总体部署和要求，严格落实党风廉政建设“两个责任”，坚持教育、制度、监督并重，不断强化措施，严肃工作纪律，努力以党风廉政建设的持续深化和推进，为各项工作的高效开展和完成提供坚强保证。

加强学习，提升素质。紧紧抓住学习教育这一重要环节，加强全覆盖教育。严格执行班子集体学习制度，及时传达和学习中央、省、市、区委和纪委重要会议及各级政府廉政工作会议精神，认真学习上级领导重要讲话和重要文件，持续提升班子成员的党性意识、规矩意识和廉政责任意识；深化全员廉政教育，以支部为阵地，加强廉政学习，开展警示教育，班子成员积极参加支部活动，主动面向干部职工讲廉、讲法，共同交流心得、听取意见，进一步增强了党员干部职工的廉洁从政意识。

突出重点，改进作风。结合深化群众路线教育实践、学习讨论落实活动，组织开展了整治文山会海，规范“三公经费”、行政审批、制度管理、纪律管理等10个方面的专项整治，基本完成整治目标任务。结合“三严三实”专题教育，各科室建立了问题清单和整改台账，对照查摆的“不严不实”问题，制定并落实了具体整改措施；同时，按照区委和区纪委要求，针对迎泽区查办的一些典型案例，开展一系列对照检查剖析和整改工作，初步形成持续查纠问题、整改提高的工作常态。

加强管理，规范行为。认真贯彻民主集中、双重组织生活等制度、建立健全“三重一大”事项集体研究及主要领导干部不直接分管部分工作等制度规定，促进权力规范运行；完善分工负责、岗位职责、业务流程、纪律作风等管理规范和政务服务、便民服务、政府采购、政务公开等重点领域的制度规程，加快以制度管人、管事、管财、管权的长效机制建设；落实谈心谈话制度，采取集中谈话与个别谈心相结合的方法，随时了解和检点党风廉政建设主体责任的落实工作，对苗头性、倾向性问题做到及时提醒诫勉、督促改进。

细化任务，落实责任。把党风廉政建设和反腐败工作列入政府办重要议事日程，细化分解任务，强化督导推进，做到党风廉政建设与各项工作同研究、同部署、同检查、同落实。坚持完善责任机制，研究制定政府办总支和领导班子落实党风廉政建设主体责任和监督责任“两个责任清单”，确定了班子和个人主体责任和监督责任，并将各项任务及要求全部具化落实到领导干部和相关责任科室、单位，进一步强化了“一岗双责”，确定的责任按要求全部落实。（尹秀凤）

应急管理

【概述】 2015 年，迎泽区未发生自然灾害事件。截至 11 月底，全区发生火灾 275 起，直接财产损失 576517 元，死亡 2 人，受伤 6 人。与上年相比，火灾起数下降 6%，直接财产损失上升 60%。全年未发生突发公共卫生事件。全年处置各类群体性事件 608 起，主要涉及以拖欠职工和民工工资、房屋拆迁、征地补偿、非法集资等。在处置各类纠纷过程中，没有造成人员伤亡和重大损失。与上年相比，事件起数上升幅度较大，全年无重特大事件发生。

【应急预案编修】 根据《山西省突发事件应急预案管理办法》，结合迎泽区实际，制定了《迎泽区突发事件应急预案管理暂行办法》，并下发《关于做好应急预案修订及预案操作手册编写工作的通知》（迎政办发〔2015〕29 号），组织全区各街办（镇）、各有关单位按照职责分工对现有总体、专项、部门、街镇等 40 余项应急预案预案进行了全面修订。区应急办指定专人负责预案修订的审核和督促工作，并邀请专家对各单位专项应急预案编修工作进行指导，全力推进应急预案修订工作。

【完善应急管理体系】 一是成立迎泽区突发事件应急管理委员会，明确了迎泽区处置突发事件的组织领导体系及各成员单位等；二是继续推进办事处、社区及重要部门、重点企业值班室规范化建设，完善工作制度，夯实“纵向到底、横向到边”的值班体系；三是为各街办（镇）应急平台各配备 4 名大学毕业生，充实工作人员。

【风险隐患排查整治】 组织各相关单位在去年排查整治的基础上，进一步扩大排查网络覆盖面、创新工作方法、细化排查标准，以社区网格巡查、企业单位自查、群众举报核查为主，以执法部门督查、领导干部督查为辅，深入开展本辖区、本系统、本行业领域的突发事件风险隐患排查工作。对排查掌握的各类安全隐患，形成工作台账，逐一落实整改措施，将责任具体到人，明确完成期限、考核要求，并做好动态监控和后续跟踪。2015 年，全年共出动检查人员 7000 余人次，发现隐患 1000 余处，全部进行了有效整改，把问题解决在了萌芽状态，有效减少了突发事件的发生，保障了人民群众生命财产安全。

【应急综合保障】 一是按照市政府统一安排，完善了与市政府互联互通的应急通讯网络平台，同时配备了卫星电话，保障了应急处置工作的通讯需要；二是接入城市道路重点、乱点区域的视频监控，今后还会将森防、天眼、消防系统接入，届时区政府在动态监测、预防预警工作上将取得进一步提升；三是为了保证应急避险场所有用、能用、管用，今年10月，对辖区74处应急避险场所进行了全面排查，检查发现，应急避险场所标示牌多处出现歪斜、污损，有的“有牌无场所”，针对发现的问题进行了全面整改，拆除、维修、更换了168块标示、指示牌。

【典型案例分析】

基本情况：2015年10月11日21时50分，并州东街晋华里小区3单元502家中着火。着火地点位于并州东街，辖区广场中队接到报警迅速出动四辆消防车，20名指战员到场，到场后火情正处于发展阶段，有蔓延之势。中队指挥员迅速侦查火场及周边情况，即时下达救援命令：由一班成立灭火组，负责铺设水带，用水枪灭火，在本次火灾中成功迅速完成任务；由二班成立疏散组，负责疏散人群，在本次火灾中成功完成任务。

扑救经过：(1)10时55分到达火灾现场，着火地点为小区家里，着火物为家里家具，因电线短路引燃，车辆停靠在并州东街边，附近最近水源在距离20米的并州东街上。天气：晴，西北风3～5级，气温-5℃。(2)10时57分指挥员命令：两名战斗员迅速铺设水带单干线出一只枪对着火部位进行扑救。(3)疏散组立即疏散周边人群。(4)11时30分，火情得到控制，11时45分明火熄灭。(5)11时50分，整理器材，并将现场移交给民警后撤离火灾现场。

应急处置经验与启示：本场火灾该中队到场迅速，火情侦查准确扑救及时，有效地控制火灾现场，及时挽救了人民的生命财产。到场后火情侦查及时准确，贯穿于灭火战斗的全过程，迅速查明燃烧物质。迅速部署，单干线出一支水枪，将火灾扑灭。经过战士们50分钟奋战，将火场反复搜索了几次确认无危险后，安全返回。

存在不足：(1)晋华里小区入口通道狭窄，私家车主将车停靠在通道两侧，阻塞主车道，导致消防车进入不顺畅。今后，遇此情况，应先协调交警部门清障，确保消防车辆顺利进入火场。(2)对塑料燃烧物用水扑灭，效果缓慢。(3)直流水枪压力太大导致出现飞火。（谢　磊）

政务服务中心

【概述】　2015年，迎泽区政务服务中心贯彻落实十八届四中、五中全会精神，推进服务型政府建设。

9月29日，迎泽区新政务服务中心正式投入运行。新政务服务中心楼体总建筑面积6496.4平方米，分为地上五层和地下一层，按照功能区域设置每一层窗口，一、二层为行政审批服务事项办理区，三层为便民服务事项办理区，四层为办公区、会议室、行政效能监察室、政府采购中心，五层为迎泽区社会服务管理指导中心。新中心共有32个审批部门、10个便民部门进驻，其中审批部门实体进驻26个，待办部门6个，设置窗口88个，受理260余项审批服务事项，工作人员220余名。新中心完善填单区、休息等候区和饮水区，每层设有咨询引导台，安排专人为群众提供办事引导、排队叫号、政策咨询等服务；开发窗口双屏互动系统，通过双屏互动设备，使窗口工作人员与办事群众实现无缝交流；实现免费 Wi-Fi 全覆盖；配置电子触摸查询机，在区街（镇）实现联网；开发电子监察和考勤系统，各行政审批事项的受理、承办、审核、批准、办结等环节进行全过程监控。新中心成为集社会管理、数字城管、政务服务为一体的一流政务服务中心。中心完善各项规章制度，与新中心硬实力完美配套，推进行政审批制度改革向纵深方向延伸。

2015 年，迎泽区政务服务中心共受理事项 70860 件，其中行政审批事项 33425 件，服务事项 37435 件；办结量共计 70851 件，其中审批事项办结 33416 件，服务事项办结 37435 件，群众满意度 100%。

【重要论述学习活动】 2015 年，迎泽区政务服务中心组织学习《实干才能梦想成真——习近平同志在福州工作期间倡导践行“马上就办”纪实》和太原市委书记吴政隆在全市学习讨论落实活动总结暨“六权治本”推进会上的讲话精神，结合“为群众做好事，让群众好办事”要求，把学习感悟转化为具体行动，推动工作开展。中心以此为契机将工作精神作为各项工作的助推剂，在中心形成风气、形成习惯、形成制度。

定期开展业务学习，提高工作人员素质。中心组织工作人员于每周例会开展业务学习讨论活动。主要包括中国特色社会主义理论体系和中国传统文化知识的学习以及国内外时政信息。

【专项整治】 2015 年，迎泽区政务服务中心将专项整治工作同其他整治活动与业务工作结合，科学落实方案，明确各科室职责和任务分工，责任到人，细化工作措施。精简审批事项办理环节；规范审批服务行为，最大限度减少自由裁量权和随意性，推进审批服务标准化、规范化；优化审批流程，提升电子政务应用和服务；深化审批服务公开，通过现代化网络平台，建立全方位立体监督机制。中心组织召开会议要求各单位领导监督整改落实工作。中心成立行政审批违规和滥用审批权专项整治督导组，对各单位、各街道办进行检查。检查主要针对行政审批事项、行政审批行为及办理流程等内容，听取各单位落实行政审批专项整治工作进展情况，并给予指导。

【行政审批监察】 2015 年，迎泽区政务服务中心建成并投用电子监察审批网络系统，根据“一事项一流程”原则定制行政监察审批系统软件，对各行政审批事项的受理、承办、审核、批准、办结等环节进行实时监控。推进政务公开、办事公开，依托太原市行政审批管理信息系统平台，及时公开相关政策、法规，主动接受各方面监督。通过中心网页公布政务中心政策法规，发布中心工作动态和工作简报；为办事群众提供网上申报、办件查询、咨询建议和表格下载等服务。改进调查研究举措，完善投诉处理机制，在中心引导台摆放群众意见箱，开通群众监督举报热线，虚心接受群众建议，使政务服务更加阳光、便捷、便民、高效。

【门户网站建设】 2015年，迎泽区政务服务中心加强门户网站建设。中心在原有门户网站基础上，建立起集中心介绍、服务指南、表格下载、网上申报、查询平台、互动平台及规章制度于一体的现代化门户网站。群众登录门户网站既可以查询办理事项所需资料及相关信息，又可以进入虚拟大厅形象地对所办事项进行了解。中心网站发表动态60篇，办事平台共有32个部门260余项事项，表格下载区共上传159种表格示例。办件公示栏实时更新办件进度及相关信息，群众可及时浏览办理事项的受理日期、承诺日期和办理状态。

（李彦春）

政务信息中心

【概述】 2015年，迎泽区信息中心完成各项目标任务。总结编写迎泽区2014年政府信息公开年报。配合太原市公安局网警支队，完成《迎泽区政府信息定级报告》，完成迎泽区信息系统安全等级保护备案工作。

根据国务院办公厅文件《国务院办公厅关于开展第一次全国政府网站普查的通知》（国办发〔2015〕15号），开展全国政府网站普查工作，对全区门户网站——迎泽之窗进行初步自查。按照自查结果，开始相关整改。截至11月初，关停不合格网站5家，整改不合格20余处。

配合区政府采购中心，完成中心机房上网行为管理器的招标、采购等工作。协调网络运维公司对迎泽区办公大楼、附属楼、青年路综合办公楼、校尉营办公楼、南海街办公楼、各街道办事处等办公场所的政务内、外网进行现场摸排。完成网络故障处理263起，其中楼层供电引起的故障1起，设备故障（老化、性能问题）1起，办公室单点故障261起。

【政府信息公开工作】 2015年，迎泽区信息中心总结编写迎泽区2014年政府信息公开年报。根据国务院办公厅文件《国务院办公厅关于开展第一次全国政府网站普查的通知》（国办发〔2015〕15号），开展全国政府网站普查工作，对门户网站——迎泽之窗进行初步自查。按照自查结果，开始相关整改。截至11月初，关停不合格网站5家，整改不合格20余处。配合太原市公安局网警支队，完成《迎泽区政府信息定级报告》，完成迎泽区信息系统安全等级保护备案工作。

【信息系统管理服务】 2015年，迎泽区信息中心配合区政府采购中心，完成中心机房上网行为管理器的招标、采购等工作。协调网络运维公司对迎泽区办公大楼、附属楼、青年路综合办公楼、校尉营办公楼、南海街办公楼、各街道办事处等办公场所的政务内、外网进行现场摸排。完成网络故障处理263起，其中楼层供电引起的故障1起，设备故障（老化、性能问题）1起，办公室单点故障261起。 （王　博）

政府采购中心

【概述】 2015年，迎泽区政府采购中心按照省、市要求，在指定网站及时向社会公布招标公告、评标结果，利用区政府门户网站，发布与政府采购有关国家、省、市文件和各项规章制度。加大对协议供货商的管理，督促其定期在网上更新价格、参数和型号，确保招投标、协议供货等采购信息真实、准确、可靠。

【采购招标】 2015年，迎泽区政府采购中心围绕“依法采购、优质服务、规范操作、廉洁高效”服务宗旨和“重规范、重服务、重效率”工作思路，按照“规范采购行为，提高政府财政资金效益，促进廉政建设”要求，通过公开招标、竞争性谈判、询价等方式，完成招标项目采购122批次，涉及货物、工程、服务三大类采购项目，中标金额25056万元，较采购预算28941万元，节约资金3885万元，节约率13.42%。公开招标76批次，其中有8批次为招入围单位，中标金额23689万元，较采购预算27412万元，节约资金3723万元，节约率13.58%；竞争性谈判招标30批次，中标金额904万元，较采购预算1032万元，节约资金128万元，节约率12.4%；询价招标12批次，中标金额136万元，较采购预算157万元，节约资金21万元，节约率13.38%。单一来源招标4批次，中标金额327万元，较采购预算340万元，节约资金13万元，节约率3.82%。

【货物类协议采购】 2015年，迎泽区政府采购中心加大对货物类采购项目的验收力度，特别是对大型车辆、节能路灯等特种产品，聘请有关专家，邀请使用方、监督方共同验收，对不合格产品，按照《政府采购法》的要求进行处理，确保采购的产品质量。全年完成货物类协议采购343批次，采购金额1325万元，较采购预算1415万元，节约资金90万元，节约率6.36%。

（王　鑫）

交通运输管理

【概述】 迎泽区交通运输局内设办公室、业务科。下属太原市迎泽区交通运输局路政管理所、太原市迎泽区道路运输管理所两个事业单位。行政在编人员7人，事业单位人员31人。主要职能是执行国家及省、市有关交通运输法规，落实相关政策。负责全区农村公路及其设施的建设、养护、治超和路政管理工作；负责全区交通运输行业中道路货物运输企业及经营户、客运（旅游客运）企业、三类汽车维修企业、物流市场的行政监管服务。

2015年，迎泽区启动区重点项目占道至柳沟、小山沟至大窑垴森林消防通道工程，完成松小公路观家峪至国道307段燃气沟槽修复工程；推动道路运输管理服务工作，全区营运车辆总数4152辆，其中：营运货车3541辆，吨位数31030.625。新增456辆，吨位数3180；营运客车611辆（班线446辆、旅汽265辆）。延续更新35

辆。三类汽车维修企业共计 39 家，二级维护 4019 台次。

2015 年，迎泽区道路运输工作以安全生产为中心，强化管理、搞好服务、减化程序为重点，对客运企业及车辆、货运物流场站及货运经营户、三类营运车辆维修企业开展有针对性的工作，排查安全生产隐患，推动安全生产标准化工作，打击扰乱道路运输经营秩序和非法经营行为，全年交通运输行业没有发生重大安全生产责任事故。区管农村道路养护保持良好状况，全年出动人员 720 人次，车辆 360 辆次，共修补道路坑洼 1200 平方米，清理边沟 200 立方米，土方 1200 立方米，处理碎石、滑坡、塌方 330 立方米；新设立 20 余处道路警示标志牌，养护投资 70 万余元。确保区域内县乡公路的安全及畅通。

【重点工作】 森林防火通道建设工程。占道至柳沟森林防火通道路线全长约 12.418 千米，路线起点位于占道村与县道张新线相接，经捐子村、柳沟村终点与太钢石灰石矿现有矿区道路相接。

小山沟至大窑垴森林防火通道路线全长约 4.040 千米，路线起点位于小山沟村南与县道郝小线相接，终点位于大窑垴村与乡道郝大线相接。采用四级公路标准测设，设计速度 15 千米/小时，路基宽度 8.50 米 (考虑消防车辆通行)，路面采用沥青混凝土路面，水泥稳定碎石基层，结合公路工程技术标准规定，全线桥涵汽车荷载等级采用公路Ⅱ级标准。

2015 年，完成立项审批、勘察设计、招投标、预算评审、专家评审等前期工作，于 9 月中旬开工，截至年底，完成工程量的 70%。该项工程为迎泽区东部生态林区提供两条纵横东南西北的防火消防通道，对于丰富当地农村道路网络，方便当地群众出行，促进当地的生态林业、农业生产和经济发展具有重要意义。

松小公路观家峪至国道 307 段燃气沟槽修复工程。修复道路全长 3.3 千米，主要工程有填挖土石方、挖除旧路面、沥青混凝土面层、水泥稳定碎石基层、水泥稳定碎石底基层、路缘带及标线等。主要工程有填挖土石方、挖除旧路面、沥青混凝土面层、水泥稳定碎石基层、水泥稳定碎石底基层、路缘带及标线等。工程已全部完工，总投资 120 万元。 (毕燕江)

治超工作

【概述】 2015 年，迎泽区政府高度重视治超工作，区治超工作领导组由区长任组长，分管副区长任常务副组长，区交通、公安、交警、工商、质监、安监等 21 个成员部门组成，负责统筹协调全区治超工作，领导组下设办公室，主任由区政府办副主任担任；区政府常务会议专题听取和研究治超工作，安排部署全区治理非法超限超载工作，将治超工作列入政府重要议事日程，并在《政府报告》和年度考核中予以安排；治超领导组定期召开治超工作例会，听取各成员单位治超工作汇报，分析研判形势，切实解决问题；初步形成领导组织有力、部门配合密切，齐抓共管的工作机制。制定下发《太原市迎泽区2015年度治超工作要点》《迎泽区治超领导小组关于贯彻落实〈省人民政府办公厅关于进一步加强治理非法超限超载工作的通知〉实施方案》《迎泽区治超办全力保障“城中村”改造防止车辆超限超载运输工作方案》《迎泽区治超办关于在全区范围开展安全生产大检查的实施方案》等文件，全面安排落实治超工作。

【科技治超】 2015年，迎泽区治超信息监控平台建设所有设备采购、安装全部到位，并开展科技平台建设验收工作。10家公示源头企业客户端有4家投入运行，由于城中村道路改造，栋山混凝土搅拌站停产、远航混凝土有限公司和东瑞混凝土工程有限公司因南十方街道路改造造成线路中断，信号暂时无法接通；有3家因场地所限无法安磅的源头企业，规定其出场车辆，必须到附近有磅的企业过磅方可上路，通过远程视频监控平台、货运源头运输IC卡，对源头企业进行远程监控，初步实现源头企业信息化；修订完善《科技治超平台值守工作规范》《治理非法超载车辆工作流程图》，促进科技治超平台工作科学有序发展。

【路面督查】 2015年，迎泽区治超办强化交通、交警等部门间的协作与配合，严格执行《关于成立迎泽区治超联合督导组和稽查队的通知》文件精神，通过对郝庄地区重点路段、建筑工地超限超载等专项治理行动，始终保持路面执法高压态势，组织稽查小队，采取高频度流动稽查方式，在辖区县乡公路内实施24小时不间断巡查，严格执行统一的超限超载认定标准，坚持卸载以消除违法状态，突出重点打击恶性超限超载行为，开展“动、静”结合式的集中整治，推进联合执法。采取日常巡查和夜间联合巡查的方式，组织督查或联合巡查50余次，推动治超工作开展；交警大队按照属地管理原则，责任到人，责任到组的工作模式对重点路段加大管制力度；区治超办根据巡查情况组织交通、公安、交警等成员单位开展联合执法行动，推动联合联动治超工作机制；全年交警、交通等单位出动稽查人员18000余人次，检测货运车辆12000余辆，查获超高、超长货车23起，查处非法超限超载车辆案件2起。落实责任倒查制度，及时追究车辆超标准装载货物的源头企业的责任，强化路面稽查，强化队伍建设，文明执法，杜绝“公路三乱”行为；7月21日，交警迎泽二大队，启动对晋A74513等超载车辆货物运输源头的治理，给予史卫东的违法行为分别裁决、合并执行，共处罚款2400元、记10分的行政处罚。

【源头企业监管】 2015年，迎泽区治超办深化源头治理工作，加强社会监督，形成政府、企业、社会齐抓共管治理超载的格局，区政府办对辖区10家货运源头企业情况进行公示，（其中物流运输企业5家、混凝土搅拌站4家、石料厂1家）并设举报电话和邮箱以社会公众监督；3月23

日，下发《关于开展辖区货运源头企业及建筑工地摸底调查的通知》40余份，组织公安、交通、经信、工商、国土、环保、质监等成员单位通过联合巡查行动，严厉依法打击和取缔非法货运源头；区交通局对辖区10家源头企业中1家源头企业进行驻站管理，9家源头企业实行巡查监管，累计出动源头执法人员300人次，出动执法车辆150辆次；设立专职货运源头治超巡查队，对政府公示的非驻站货运源头企业进行巡查，重点企业坚持每企业三天内必巡查一次。对取得无“双超”信用企业称号的货运源头单位每月不少于一次，对公示源头企业监管率达100%；交警迎泽二大队到辖区货运源头企业、工地开展对重点车辆、大型货车、土方车的安全检查，对驾驶员进行安全教育提示，赢得社会各界的理解与支持；环保迎泽分局加强对公路沿线储（售）煤场、石灰场、矿山等货源地进行监管；工商迎泽分局出动执法人员300人次，执法车辆近200台次，末发现非法改装、拼装车辆的工厂及非法储售煤场；质监迎泽分局对辖区内的10家货运源头企业进行检查，重点对有地衡的重点企业使用的计量器具进行跟踪检查，确保计量器具在检定合格期内使用，从源头上杜绝后患。各成员单位工作职责的落实，取得综合治理效果。

区治超办下发《关于强化治超工作细化联合执法程序的通知》，规范治超联合执法，落实“法定职责必须为、法无授权不可为”的执法理念，发放《治超联合执法工作流程图》，各成员单位严格执行。

【宣传教育培训】 2015年，迎泽区治超办贯彻落实省、市关于治超宣传工作的各项安排部署，组织全区治超工作人员收听收看全省治超工作电视电话会议，举办1次治超执法工作培训，在全区范围对货运业主和驾驶员开展治超工作法律法规宣传教育培训，对成员单位主要负责人、分管负责人及工作人员、各建筑工地主要负责人100余人进行培训，专题组织学习省政府223、224号令和《山西省人民政府关于进一步加强治理非法超限超载工作的通知》《关于印发太原市治超信息监控系统运行管理暂行办法》的通知等文件精神，对学员进行考核；区治超办在重点路段和“城中村”改造工地，悬挂标语条幅12条；交警二队等成员单位发放治超宣传材料23000余份，宣传超速、超载、超限、非法改装车辆以及“三无”黑车的危害性。

【党风廉政建设】 2015年，迎泽区治超办把党风廉政责任制的全面落实贯穿到党风廉政建设和反腐败各项工作之中。调整充实党风廉政建设领导机构，定期组织召开专题会议，分析研究党风廉政建设各项工作。制定《迎泽区治超办关于落实党风廉政建设主体责任清单（试行）》《太原市迎泽区治超办关于落实党风廉政建设监督责任清单（试行）》，明确党风廉政建设主体责任和监管责任，对关于落实2015年党风廉政建设主体责任情况进行总结；按照区委党风廉政建设的安排部署，采取周二集中学习和日常自学相结合，组织干部职工开展对新《党章》《廉政准则》《党纪处分条例》等知识的学习，提高干部职工的廉洁意识和增强其拒腐防变的能力，上报党风廉政建设书画作品2副；改进工作作风，完善规章制度。治超办领导班子进行对照自查自纠，上报《迎泽区治超办领导班子对城管执法队员不作为乱作为的反思剖析》《迎泽区治超办领导班子反思剖析材料》。

（冉建彬）

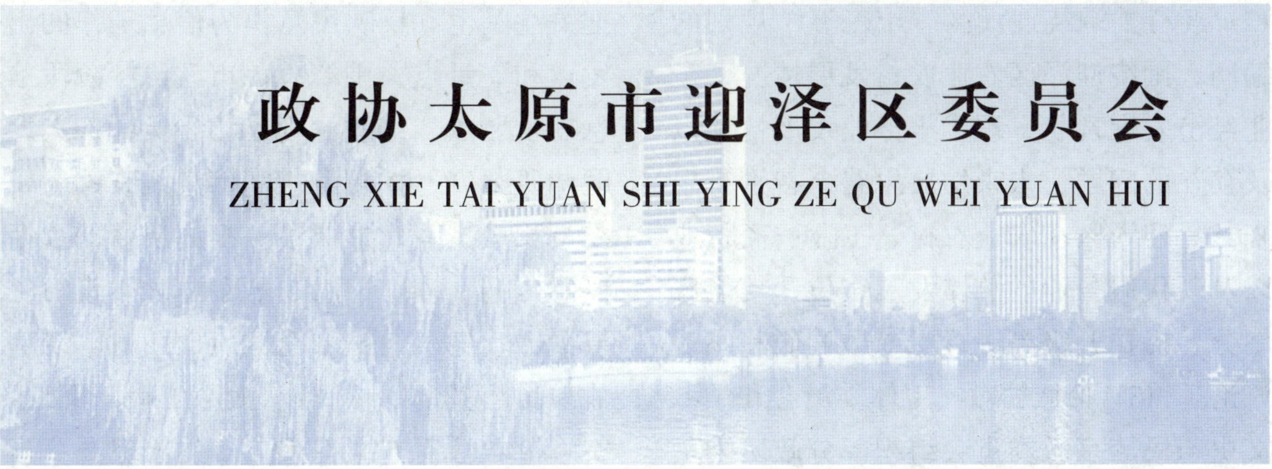

政协太原市迎泽区委员会

ZHENG XIE TAI YUAN SHI YING ZE QU WEI YUAN HUI

迎泽区政协

【概述】 2015年，区政协在中共迎泽区委的领导下，牢牢把握团结民主两大主题，发扬与时俱进、勇于创新的作风，充分发挥全体政协委员的积极性，围绕全区中心工作，认真履行政治协商、民主监督和参政议政职能，圆满地完成了区政协第四届五次会议确定的各项工作任务。一是充分发挥政协群体的智力优势，把实现经济转型提速发展作为政协工作的立足点和着力点，抓住党委政府重视和人民群众密切关注的重大问题，积极调查研究，主动建言献策。二是把政协民主监督工作作为贯彻落实科学发展观的重要体现，围绕全社会普遍关注的热点、难点问题，认真开展提案、社情民意、视察和民主评议等各项工作，想党政所想，急群众所急，体民情，察民困，解民忧，取得良好效果。三是把团结民主两大主题贯穿于政协各项工作之中，加强同各民主党派、工商联、人民团体和各界人士的沟通联系，努力营造团结协作、包容和谐的良好氛围，调动一切积极因素，共同致力于迎泽区各项建设。四是切实加强学习培训，打造学习型政协机关；认真开展学习讨论落实活动，提高政协机关的服务水平；积极完善各项规章制度，努力实现政协工作制度化、规范化和程序化。

【参政议政】 积极开展全会集中议政。四届五次全会期间，积极组织各届别政协委员围绕迎泽区经济和社会发展主题，分别就“新常态”背景下迎泽区的发展、推进城乡清洁工程、社区惠民项目工程、民营经济发展、“城中村”改造等问题作大会发言。多项意见建议成为区委、区政府和有关部门科学决策的重要参考。

认真组织专委会和常委开展专题调研。(1) 按照区委要求，政协确定组成迎泽区“十三五”规划编制、“城中村”改造、民生实事情况三个课题调研组，由副主席牵头、专委会协调、常委参与，深入调查研究，组织科学论证，提出专题调研报告。

（2）经科委围绕迎泽区“十三五”规划的编制，围绕迎泽区农业农村发展情况、工业经济发展现状、现代服务业发展情况以及存在的问题、未来发展思路，特别是未来五年迎泽区在农业农村、工业、商贸业以及现代服务业的总体发展定位、功能区划分、提档升级等进行了专题调研和座谈讨论。（3）区政协教文卫体委员会和学习文史与民族宗教委员会组织部分政协委员对区政府2015年20件惠民实事之一“对区级医院住院治疗高血压、糖尿病的参合农民，实行300元起付钱外自费部分金额补贴”情况进行视察，并实地视察了新农合定点医院——迎泽区中医医院。（4）街镇法制委组织部分委员对“城中村”改造工作进展情况进行专题调研，提出在“城中村”改造中必须要做到规划先行，要坚持以“十三五”规划来科学引领“城中村”改造；“城中村”改造的各项配套政策，应当涵盖整治改造的全过程；要依法依规解决各种矛盾纠纷，建议聘请律师参与“城中村”改造，为政府、“城中村”改造的村（居）集体组织、“城中村”居民和其他有关主体提供法律服务等建议。

【民主监督】 做好提案工作。全年共收到委员提交提案203件，立案130件，占提交总数的64%，作为意见转有关部门处理73件。立案提案中，区委办理5件，区政府办理122件，法院办理2件，检察院办理1件。截至11月底，交办提案全部按时办复完毕，办复率为100%。

加强社情民意信息工作。区政协坚持把关注民生、反映民意作为信息工作的出发点和立足点，围绕省、市政协各阶段信息需求要点，继续深度走访委员，加大课题调研力度，挖掘和拓宽信息线索，组织委员积极撰写，形成了一批高质量的社情民意信息，如《建议山西国民师范旧址革命活动纪念馆挂“全国（山西省）统一战线教育基地”》《对“太原工程队旧址”实施抢救性保护的建议》《关于理顺我省税收管辖模式的建议》《太原清真古寺礼拜大殿地基下沉、墙体开裂急需抢修》《建议进一步完善我市惠民工程项目》《建议将基于地理信息系统的疾病预防控制大数据研究纳入十三五规划》《改革我省机构代码年检办法的建议》等，引起有关领导关注，被全国、省、市政协采用，市领导批示。

围绕社会热点视察民生工程。专委会、街镇政协联络组选取人民群众关心的热点、难点问题，组织视察活动共10余次，提出解决问题的意见和建议，收到良好社会效益。

加强“两员”工作，发挥协商监督作用。区政协向政府部门及法检两院下派“民主监督员”和“参政联络员”（两员）一直是区政协积极探索基层民主协商新形式的大胆尝试。2015年，区政协出台《迎泽区政协民主监督实施办法》，为积极探索基层政治协商、民主监督、参政议政作出大胆探索。区政协还以“两代表一委员”工作室和“委员进社区（村）”活动为依托，开展“聚焦民生，服务群众”主题活动，组织全委委员深入社区、深入乡村，了解基层实际，反映民情民意。年底，迎泽区“两员”工作作为工作经验在全市交流，受到好评。

【统一战线】 加强与委员的联系沟通，提高政协委员参政议政积极性，增强政协组织凝聚力。一是坚持区政协领导走访委员、约谈委员制度。先后走访30多位政协委员和委员企业，了解委员所忧所盼所愿，倾听委员的心声，反映委员的意见，为委员排忧鼓劲，推动委员企业和事业的发展。二是搭建沟通交流平台，促进委员交流与合作。经科委、街镇、法制委均建立了微信群，区政协通过短信平台，及时将政协动态发给委员。通过这些沟通平台，为委员做好本职工作和参加政协活动创造了条件。

举办文化讲座。根据政协常委会工作安排，2015年6月25日，区政协学习文史和民族宗教委邀请大觉寺住持释慧琳为委员举办佛教文化专题讲座。讲座由区政协副主席韩石俊主持，区民族宗教事务局局长王惠东应邀参加。

开展对外交流。2015年9月20日学习文史委部分委员在副主席韩石俊带领下参加区民族宗教局与区文化局共同举办的“清净和谐，知恩感恩”文化寺庙创建活动启动仪式。区政协还积极与外地政协做好沟通联系工作，先后接待新疆克拉玛依市克拉玛依区政协和重庆市渝中区政协的同志前来学习考察。

为民办实事。春节前夕，组织委员为庙前街道困难群众捐发放米、面、油等慰问品。区政协领导发挥政协联系广泛优势，积极做好包村的工作，由主席带队，到小山沟村指导农村经济开发和体查民情工作。街镇法制委委员倡议成立了将阅读和跑步相结合“龙城阅跑团”，提出“阅万卷书，跑万里路”的核心理念。

【自身建设】 加强学习。按照创建“学习型、创新型、服务型、和谐型”机关的目标，扎实开展学习讨论落实教育实践活动。

改进作风。严格执行区委出台的进一步改进工作作风、密切联系群众的规定，深入基层，改进作风。

专项整治。着眼净化政治生态，结合政协工作实际，联系党员干部特别是领导干部自身实际，开展党组讨论、党支部党员讨论，深刻反思、深入剖析存在问题的根源，深入查找制度缺失、工作漏洞、自身不足，提出具体的整改举措，就纠正和解决存在的问题提出5项专项整治整改方案和对策举措建议。

编纂志书。区政协四届二十六次主席会议研究，决定编纂《迎泽区政协》一书。在政协全体人员的共同努力下，终于定稿成册，为区委政府决策提供参考依据，为政协保留了大量珍贵的文史资料。

全体委员会议

【政协迎泽区第四届委员会第五次会议】 中国人民政治协商会议第四届太原市迎泽区委员会第五次会议于2015年3月16

日至3月18日在山西饭店举行。会议应到委员235人，实到委员210人。区委书记刘文华，区委副书记、区长冯原平以及区委、区人大、区政府和法检两院领导应邀出席开幕式。开幕式由区政协副主席秦喜顺主持。开幕式上，区委书记刘文华作重要讲话。

区政协主席宋国庆受常委会委托，作政协第四届太原市迎泽区委员会常务委员会工作报告。报告回顾2014年的工作，对2015年区政协工作作出六项部署：（1）学习深刻领会，抓好贯彻落实；（2）建立健全履职机制，推进协商民主；（3）拓宽民主监督渠道，增强民主监督实效；（4）参政议政积极作为，倾力助推富民强区；（5）关注民生发挥优势，共同构建和谐迎泽；（6）加强履职能力建设，提升政协工作水平。

区政协副主席王晋受常委会委托作关于四届四次会议以来提案工作的报告。

参加政协迎泽区第四届委员会第五次会议的全体委员列席迎泽区四届五次人民代表大会，会议听取并讨论区长冯原平所作的政府工作报告，讨论区人民法院工作报告、区人民检察院工作报告以及其他报告，对上述报告表示赞同，并提出意见和建议。在分组讨论基础上卫虎林、刘鸿等5名委员代表本界别、本委组在大会上发言。

闭幕式上，听取政协第四届迎泽区委员会提案委员会关于政协四届五次会议提案征集和审查情况的报告；审议通过政协第四届迎泽区委员会常务委员会工作报告的决议、政协第四届迎泽区委员会常务委员会关于四届四次会议以来提案工作情况报告的决议和政协第四届迎泽区委员会第五次会议政治决议。

常委委员会议

【四届十六次常委会议】 中国人民政治协商会议太原市迎泽区第四届委员会第十六次常委会议于2015年3月3日上午在迎泽区人大会议室召开。会议应到常委48人，实到37人。会议由区政协副主席秦喜顺主持。

会议议程：（1）协商讨论通过四届五次会议有关事宜；（2）协商讨论通过区政协常委会工作报告（草案）和提案工作报告（草案）。

最后，主席宋国庆做了重要讲话。

【四届十七次常委会议】 中国人民政治协商会议太原市迎泽区第四届委员会第十七次常委会议于2015年3月17日下午在山西饭店小会议厅召开。会议应到常委48人，实到43人。会议由区政协主席宋国庆主持。

会议议程：（1）听取各组对政协常委会工作报告、提案工作报告和领导讲话的讨论情况汇报；（2）协商讨论区政协四届五次会议有关决议（草案）。

【四届十八次常委会议】 中国人民政治协商会议太原市迎泽区第四届委员会第十八次常委会议于2015年3月18日下午在山西饭店小会议厅召开。会议应到常委48

人，实到43人。会议由区政协主席宋国庆主持。

会议议程：（1）听取各组对迎泽区政府工作报告及其他报告的讨论情况汇报；（2）听取各组对政协四届五次会议政治决议（草案）和其他有关决议（草案）的讨论情况汇报。

【四届十九次常委会议】 中国人民政治协商会议太原市迎泽区第四届委员会第十九次常委会议于2015年12月9日上午在迎泽区人大会议室召开。会议应到常委48人，实到32人。会议由区政协副主席韩石俊主持。

会议议程：（1）通报三个课题式调研开展情况。区发改局张健康、经科委主任边艳玲汇报十三五规划进展情况；区卫计局黄铁明、学习文史委主任郑雪静汇报新型农村合作医疗工作视察情况；区城中村改造办公室副主任畅耀宗、街镇法制委主任孟晋林汇报城中村改造情况；（2）《迎泽政协》发行仪式。秘书长刘鸿介绍该书的编写历程。 （芦建珍　陈丽娟）

社会团体

SHE HUI TUAN TI

迎泽区总工会

【概述】 2015年底，迎泽区总工会内设办公室、困难职工帮扶中心。行政编制4人，实际在职4人；工勤编制1人，实际在职1人。离退休人员8人。

2015年，迎泽区总工会切实履行工会组织的各项职能。落实会员普惠制，开展“职工学技术、工会帮您忙”系列活动。元旦、春节期间开展送温暖活动，帮扶困难职工和困难劳模1054人，帮扶金额726500元；开展金秋助学活动，救助21名困难职工子女，救助金额84000元；开展太原市第十一期“职工大病医疗互助工程”，8905名职工参加，收缴金额320580元；本年度143人次得到救助，救助金额达289021元；新组建基层工会组织21个，发展会员1388人；开展女职工特病保险工作，1447人参保，投保金额41700元；新建24个职工文体活动义务辅导站；为31个职工书屋配备价值58万元的书籍。

【帮扶活动】 两节期间，区总工会对2家特困企业、1052名困难职工、2名困难劳模进行慰问，送去慰问金726500元。开展“关爱职工、夏送清凉”活动，将价值13万余元的茶叶、白糖、绿豆等消暑用品，送到奋战在重点工程、城市清洁等领域的一线职工手中。在“金秋助学”活动中，资助21名困难职工子女，助学金额84000元。开展第十一期“职工大病医疗互助”工程活动，共收缴互助金320580元。全年共救助143名符合条件的大病职工，领取互助金289021元。

【五一表彰活动】 选树全国劳模1名、省五一奖章获得者1名。并在五一国际劳动节来临之际，组织500多名职工参观“践行中国梦·讴歌劳动美——太原市劳动模范事迹展”，入选事迹展的有全国劳模王天明、省劳模赵鹏寿。

【经济技术活动】 为了增强全区广大职工的创新能力，激发全区广大职工劳动热情和创造活力，开展“五小”岗位创新竞赛活动。在太原市第十届职工职业技能大赛中，14名职工参加了中式烹调师、中式面点师工种比赛。

【工会组建和专项集体合同】 按照“广普查、深组建、全覆盖”的工作思路和“工会组建月”活动的目标任务，全力推进非公企业工会组建和发展会员工作。新建工会组织21个，新增会员1388名。组建同时，开展“平等协商集体合同月”和“工资集体协商活动月”活动。

【“安康杯”竞赛工作】 以“加强班组安全管理”为重点，深入开展“安康杯”竞赛活动。组织职工参加市新《安全生产法》知识竞赛，其中一人荣获个人三等奖；在全市“安全在我心中”演讲比赛中，荣获优秀奖。

【女职工工作】 在全区女职工中积极开展女职工特病保险工作，共有1447人参保2085份，投保金额41700元。依托迎泽区中医医院，开展“健康女性·幸福中国”主题活动，为女职工进行“两癌”筛查。

【职工之家工作】 贯彻全总《关于新形势下加强基层工会建设的意见》，大力推动“六有”工会建设，将“职工之家达标创先”、“会、站、所”一体化建设以及“三双”、“四权”等规范化建设工作统筹整合起来。落实会员普惠制，区总工会在柳巷街道总工会举行了“职工学技术、工会帮您忙”活动启动仪式。

【职工素质建设工程】 深入推进廉政文化建设，努力营造风清气正的社会氛围，积极参加迎泽区直机关工委举办的反腐倡廉书画征集活动，报送书法1副。丰富职工精神文化生活，组织“关爱农民工百日送文化”活动和“心系重点工程、情暖一线职工”慰问演出等系列文艺活动。坚持“职工文化建设和创新是实现职工文化权益重要途径”的原则，在全区范围内新建6个“职工文体活动义务辅导站”；参加全市“职工文体活动义务辅导站”展演；充实基层工会职工书屋，为31个书屋配备价值58万元的书籍；开展全区的职工文化活动阵地基本情况调查。为进一步加强社会化工会工作者队伍建设，组织9名基层工会联合会主席参加社会工作者职业水平考试，积极搭建工会社工职业发展通道。

（高　鸿）

共青团迎泽区委

【概述】 2015年，共青团迎泽区委围绕本职主业，围绕党政主题主线，团结带领全区团员青年在营造良好氛围、号召岗位建功、推动创业就业、加强自身建设等方面下功夫。强化育人导向，突出主业主责。坚持理论武装青年，全年举办区级青年大讲堂3次，基层大讲堂8次。坚持实践育人，组织开展“传承雷锋精神，共筑中国梦想”、“法治为青春护航”、“暑期红色课堂”等主题团队日活动。坚持阵地育人，在迈克斯打造“青春家园”，新打造7个红领巾之家。新媒体引领人，组建340余人的网络文明志愿者队伍，编印微博操作手册。迎泽区新媒体工作在全省政务新媒体综合影响力排行榜中被评为“共青团系统政务新媒体应用奖”。组建动迁志愿者队伍，开展城中村大调研，多层次组织团干围绕城中村团建探讨交流，提交调研文章3篇。五四期间，围绕城中村改造，发动青年建言献策，开展“我为城改献计策”活动，将青年的关注点凝聚到城改工作。开展青年创业创新大赛。深化就业见习基地建设，累计安排就业见习岗位110个。加强非公团建，全年新建非公团组织21个。围绕树德塑人，加强少先队建设。突出少先队组织教育作用，以“培育和践行社会主义核心价值观”为主线，开展“红领巾践行核心价值观”“节俭过生日，快乐我成长”等主题队会观摩评比。迎泽区青年路小学、贵都小学、双塔北路小学的大队辅导员在省少工委培训会上进行说课展示，受到省市少工委乃至全国少先队工作专家的好评。突出校外社会教育，依托“七彩小屋”“青少年综合服务平台”“红领巾之家”等阵地，在周末等节假日，开展“图说核心价值观”“日常生活中如何践行核心价值观”等活动。暑期，在全区86个社区启动“先锋队课堂”，以纪念抗战胜利70周年为契机，开展“红色电影巡演”“爱国主义诗歌朗诵会”“红色歌曲合唱”“抗战故事分享”“抗战图片巡展”等爱国教育活动。

【学雷锋志愿服务活动】 2015年3月5日，共青团迎泽区委与太原市第三人民医院团委联合走进迎泽街道双塔西街二社区开展“走进社区孝老敬亲”专场活动。活动组织志愿者为辖区老年人进行春季多发疾病防治与健康保健义诊，开展送一份元宵，带一声问候，结一户对子“三个一”活动，市三院志愿者为社区16户生活困难群众送去元宵。迎泽共青团创新思路，开展线下践行雷锋精神，线上传递青春正能量活动，以“我为雷锋点个赞”为主题，动员网络文明志愿者借助新媒体宣讲雷锋事迹，学习雷锋品格，弘扬雷锋精神，以雷锋同志为榜样，引领团员青年践行社会主义核心价值观。

【万速成到庙前街道南海二社区调研】 2015年3月19日，团中央组织部部长万速成带领团中央调研组到迎泽区南海二社区七彩小屋调研指导。万速成一行人参观社区服务中心各功能区，就依托社区服务平台加强基层共青团工作进行探讨。在社区团建基础台账前，万速成对迎泽区依托社区网格化管理，探索采取直管团员与协管团员分类摸底的办法表示肯定。

【五四主题团日活动】 2015年4月28日，共青团迎泽区委组织开展“传承五四薪火，绽放青春色彩”主题团日活动。全区三级团干、各中小学大队辅导员、青年代表、青年网络文明志愿者代表等380余人参加活动。活动中，团区委专门邀请市委党校文史教研室主任、副教授王小佳，围绕“培育和践行社会主义核心价值观”进行专题授课。专题讲座后，大家集体观看爱国主义影片《我的1919》。

【六一活动】 2015年5月29日上午，共青团迎泽区委、迎泽区少工委在并东小学开展“圆梦微心愿　欢乐庆六一”活动。

活动前，先通过心愿卡收集少年儿童的儿童节微心愿，在六一儿童节帮助孩子们圆梦，为他们送上节日祝福。

【山西省庆祝中国少年先锋队建队66周年活动】 2015年10月13日，山西省庆祝中国少年先锋队建队66周年暨“榜样的力量·向上向善好队员”表彰活动在迎泽区青年路小学举行。团省委书记赵雁峰，省教育厅党组成员、省高校工委副书记李忠人等出席活动。30名省级“十佳”少先队员、少先队辅导员、少先队工作者以及山西省部分“美德少年”代表齐聚于此，代表全省400万少先队员以及广大少先队辅导员、工作者接受表彰。校园里，一年级的少先队员们围绕“我们是共产主义接班人”这一主题，举行少先队活动课，接受少先队的启蒙教育。被聘为“小辅导员”的高年级少先队员，双手托举队旗，向新同学介绍少先队基本知识和党、团、队一脉相承的意义，并现场演示和指导新同学系戴和保管红领巾，正确行队礼，唱队歌，回答队的呼号等行为礼仪。

【四届全委（扩大）会暨青年大讲堂】 2015年12月11日，共青团迎泽区委四届全委（扩大）会在区委党校召开。团区委四届委员、候补委员，区直各团组织负责人，全区各社区、村团组织负责人等共计152人参加会议。会议传达学习中央、省委、市委和区委常委会加强党的群团工作会议精神，安排部署贯彻会议精神和共青团改革创新工作。会议强调，全区各级共青团组织和广大团干要深刻学习领会中央、省市委党的群团工作会议精神和区委常委会群团工作专题精神，准确把握党对共青团工作新要求，杜绝“四化”，突出“三性”，发挥党的助手和后备军作用；坚持从严治团，强化团要管团，坚持虚功实做，夯实基层基础，坚持改革创新，推进全区共青团工作发展；树立自我革新意识，打好深化改革攻坚战。全委会后，团区委邀请市委党校副校长王晓东就党的十八届五中全会精神做专题辅导。（元艳芳）

迎泽区妇女联合会

【概述】 太原市迎泽区妇女联合会（以下简称迎泽区妇联）主要职能是宣传和落实党的路线、方针、政策和妇女工作的方针、任务，维护妇女儿童合法权益，承办区政府妇女儿童工作委员会办公室工作，做好妇联基层组织建设工作，发挥妇女“半边天”作用。迎泽区妇联下设办公室和维权科，2015年编制7人，实有5人。

2015年3月4日，迎泽区妇联组织召开“二届四次执委会暨2014特色工作交流会”。21套社区（村）的工作台账进行展评，4名基层妇联干部交流发言。会后，工作台账在六街一镇进行为期一个多月的巡展。2015年申报12个妇女之家示范点，评选出4个市级“儿童之家”示范点。区妇联对2014年度的18个市级“妇女之家”“儿童之家”示范点的工作进行督查，并采取“点菜式服务”方式，为各个“妇女儿童之家”配备妇女、儿童之家所急需的物品，图书、活动器材等，价值达25500元。集中在10月至12月，贯彻上级妇联和区委要求，解决群团组织“行政化机关化贵族化娱乐化”的问题，经费向基层倾斜。2015年12月24日，区妇联被省妇联评为2015年度新闻宣传工作先进集体。

【妇女创业就业培训】 2015年，区妇联与各街镇联手在街镇、社区举办21场女性文化学堂，13场巾帼创业就业培训（即“妇乐坊”培训），培训人数达1500人次。

【组织思想建设】 在“三八”期间，区妇联邀请2位巾帼法律志愿者到六街一镇开展“以案说法，依法维权”的法律知识讲座，受益妇女达500余人。针对农村妇代会新换届，区妇联分别在4月16日和29日对新一届的农村妇代会干部进行业务培训，引导她们尽快进入工作角色。

【妇联扶危济困活动】 区妇联按照“政府所急、群众所需、妇联所能”原则，开展扶危济困活动。全年慰问妇女、儿童、两参人员等对象209人次，发放慰问金和慰问品价值达12万元。区妇联发挥桥梁纽带作用，争取省市妇联支持和帮助，2015年为88位妇女、两个学校的学生，争取慰问价值达118000元。

【妇女工作视察调研】 2015年2月9日，省委调研组到并三社区就加强群团妇女工作进行调研座谈。3月2日，迎泽区妇联主席段瑜平一行到迎泽街道、桥东街道、老军营街道等贫困妇女家中进行“三八”节慰问活动。救助贫困“三八”红旗手、贫困妇联干部和贫困单亲或因大病致贫的母亲共计58人，慰问金额近2万元。3月11日，全国妇联副主席焦扬到海边街社区调研寻找“最美家庭”活动开展情况，给予肯定。迎泽区有1户家庭被评为“三晋最美家庭”，7户市级“最美家庭”，261户区级“最美家庭”。5月22日，省妇女儿童发展规划调研组到迎泽区调研妇女儿童“十二五”规划完成实施情况，先后考察迎泽区三晋幼儿园、山西江宇美业集团有限公司、老军营街道桃二社区。10月27日，市委副书记王成到郝庄镇朝阳一社区调研妇女创业就业工作开展情况。

【儿童保护与慰问工作】 2015年5月29日，市长耿彦波到特教学校和新西小学进行“六一”慰问，为孩子们带去图书和活动用品，价值约30000元。“六一”期间，迎泽区妇联经过街道（镇）妇联和系统妇委会推荐，对全区54名贫困儿童进行慰问，慰问价值达3万余元。6月15日，由迎泽区妇联、区教育局共同举办的“2015年绿丝带行动·护蕾行动”在迎泽区回民小学启动，活动主题是“知法懂礼、安全自护”。11月，区妇联慰问贫困女童50名，慰问金15000元。

2015年9月24日，区妇联副主席郭晓军带队，先后到桥东街道南巷社区、迎宾社区入户看望患“两癌”的贫困妇女。共慰问40人，每人慰问金1000元。10月，迎泽区妇联开展“恒爱行动——百万家庭亲情一线牵”公益活动，招募134位“爱心妈妈”编织完成154件编织物寄往新疆阜康市。

【家庭文化活动与示范家庭建设】 2015年5月15日，区妇联组织郝家沟木兰拳队伍参加太原市第二届家庭文化节启动仪式暨“鑫铭万”杯“最美家庭·健康女性”健身舞（操）大赛，获一等奖。11月，评选出省级平安示范家庭1户，市级平安示范家庭10户，区级平安家庭示范户144户。

（王于飞）

科学技术协会

【概述】 2015年，迎泽区科协团结带领基层科协组织和广大科普工作者，坚持科学发展观为指导，以“三严三实”专题教育为契机，贯彻落实党的十八大、十八届三中、四中、五中全会精神，以提高全民科学素质为重点，开展各项科普活动，取得新成绩。2015年，迎泽区被评为太原市科协科普益民先进单位。

开展学习型机关和学习型支部建设，执行理论学习制度，坚持把学习党的十八大、十八届三中、四中、五中全会精神和习近平总书记系列重要讲话精神作为重大政治任务，进行专题学习活动，通过集中学习、自学、干部在线学习等方法不断学习，科协全体人员的政治理论水平和业务素质明显提升。开展学习讨论落实和“三严三实”专题教育活动，于12月31日召开组织生活会，开展批评与自我批评。加强廉政建设，狠抓干部组织、工作纪律，推进机关工作制度化、规范化建设。加强支部建设，组织落实博爱一日捐、慈善救助、工会等活动。

【科普益民】 2015年，迎泽区科协开展省、市、区三级科普示范社区创建活动。根据省级科普示范社区的标准，在全区六街一镇开展创建活动，健全社区科普工作各项制度，恢复社区科普图书室和老年科普大学。新创建省级示范社区1个（庙前街办南海二社区）、市级7个（文庙街办五龙口社区、文庙街办双塔寺二社区、庙前街办新建路一社区、柳巷街办校尉营社区、郝庄镇朝阳一社区、老军营街办老军营小区第一社区、迎泽街办南内环二社区）。庙前街办的南海二社区获全国科普示范社区称号。

加强科普阵地建设，对全区86个社区内的科普活动室、科普图书室、科普学校、科普画廊、科普宣传栏等科普阵地进行改造、维护、加强、扩建，建成160余处科普宣传栏、宣传画廊，将科普宣传由街巷逐步向居民楼院、楼道延伸，做到社区全覆盖。让群众足不出户就受到教育。在宣传内容上，结合区中心工作力求更加贴近百姓生活的各类科普知识，定期更换，深受群众欢迎。

【科普宣传】 2015年，迎泽区科协以“万众创新　拥抱智慧生活”为主题，举办全国科普日（周）系列活动，采取知识竞赛、科普大篷车巡展、展板展览、有奖答题、科普讲座、咨询服务、赠送资料等形式，广泛宣传。关注社会和广大市民关心的热点疑点，选择赠送科普画报、邀请市民实地参观、组织科技专家现场咨询、编印专门读本等方式，开展宣传。参与公众累计超过30万人次。在全国科普日期间，组织干部群众学习《全民科学素质行动计划纲要》和《科学技术普及法》，了解必要的科学技术知识；组织发动各街道、镇及相关部门结合实际，因地制宜在社区内设小型宣传活动点，开展宣传活动；发放科普宣传资料，利用辖区内的墙报、宣传栏，通过张贴标语口号、挂图等不同形式进行宣传，让居民了解全国科普日活动；聘请专家，与街道、镇、社区组织人员举办科普知识讲座，组织部分机关干部、街道、社区居民群众近千人开展科普知识有奖答题活动；组织动员科普示范社区，带头开展贴近居民实际的保护生态环境、垃圾分类等科普知识宣传，开展社区科普益民行动；组织机关干部、社区居民观看《科普每一天》电教片、印制科普读本《生活中的科学》《崇尚科学反对迷信》《青少年科普读本》等3余万册，免费发放到机关、街道、社区干部群众手中，取得较好的宣传效果。

【科技创新大赛】 2015年，迎泽区科协组织参加山西省第31届青少年科技创新大赛。全区各学校领导高度重视、科技辅导教师精心指导、广大学生积极参与，报送科技幻想绘画、科技实践活动论文和科技项目小发明等作品，共收集作品453件。经过专家初评，向省市选送135件优秀作品。对这次活动组织突出的学校和老师以及优秀作品进行表彰。通过大赛活动，推动全区科学普及和科技创新工作，在中小学生中形成一种积极参与、大胆创新、勇于发明，爱思考、勤动手、肯探索的良好科技活动氛围。

与驻区中医医院配合，普及开展校园护眼科普服务活动。建设两所校园科技活动室。与浙江“天煌”科技有限公司合作，以大南关小学和小五台小学为试点，制作包括科普标本、模型、趣味科学探究展品及配套教材，校园科技活动室的建设，激发孩子们学习科学的兴趣。（李 熠）

迎泽区工商业联合会

【概述】 2015年，迎泽区工商联以市委、市政府《关于大力推进民营经济转型跨越发展的意见》为主线，围绕区委、区政府中心任务，加强自身建设，教育引导全体干部坚定理想信念，严守八项规定，深化“四风”整治、巩固和拓展教育实践活动成果，推动工商联各项工作再上新台阶。

3月10日，迎泽区工商联召开领导班子成员专题研判会，对“习近平总书记系列重要讲话精神、中央关于山西问题的指示要求和王儒林书记的讲话精神”进行学习，就如何搞好学习讨论落实活动的具体措施和意见建议进行专题讨论。

迎泽区工商联进行“三严三实”的专题学习，完成规定的学习和讨论，收到预期的效果。通过学习讨论落实活动和“三严三实”活动的开展，强素质、树形象，引领工商联不断进步。

【培训学习】 2015年3月4日，迎泽区工商联组织会员参加由市工商联针对非公有制企业组织的法律问题知识讲座，从而提升会员企业的管理水平，推进企业生产经营法治化建设。4月24日，区工商联组织部分会员企业参加太原市民营企业招聘周活动，主题是：帮人才就业，促民企发展。招聘对象以正在求职的2015届高校毕业生为重点，同时面向农民工、退役军人以及下岗失业人员、残疾人和零就业家庭等就业困难人员。区联组织海外海集团、旺达汽配、桃南春餐饮、安德好假肢、瑞飞机械等企业参加招聘周活动，提供50多个用工岗位。

11月25日，为提高企业经济运行质量，帮助企业准确把握发展方向，区联组织会员参加由市工商联举办的“企业法律风险防范”为主题的培训。著名企业法律实务专家、北京科技大学经济管理学院教授李明英做专题讲座。

【三届三次主席会长暨执委会议】 2015年2月11日，迎泽区工商联召开三届三次主席会长暨执委会议，区政协主席宋国庆、区委常委、统战部长张志勤出席会议并讲话。会议由区委统战部副部长、工商联党组书记、常务副主席陈伟主持。

会议通报区工商联2014年度工作开展情况和2015年工作部署。与会企业家表示履行职责，参与商会工作，把迎泽区工商联建成有凝聚力、有活力、创造力的商会组织。

会上，区委常委、统战部长张志勤向企业家通报迎泽区的经济发展现状和形势及发展思路，对民营企业为迎泽区的发展所做成绩和贡献给予肯定。

【对外洽谈交流活动】 2015年6月9日，迎泽区工商联与天津市河西区工商联建立友好商会并举行友好商会协议书签署仪式。仪式上，天津市河西区总商会副会长卢岳代表天津市河西区工商联，与区工商联主席王天明签订友好商会协议。双方就本区民营企业现状进行简单介绍，并就下一步组织双方经贸活动、开展电子商务等方面进行交流。

天津市光彩事业促进会秘书长张岚、天津市河西区工商联副主席周成，商会副会长、天津市电子商会会长卢岳，天津博迪化工股份有限公司总经理、上帝炸鸡董事长李赫威等一行5人参加签约仪式。区委常委、统战部部长张志勤，常务副部长丁永爱，区工商联主席王天明，区委统战部副部长、工商联党组书记、常务副主席陈伟出席签约仪式。

签订友好商会遵循平等互利、优势互补、共同发展原则，发挥人民团体和民间商会的作用，为两地会员企业搭建经贸交流平台，开展资金、技术、人才的引进和经济信息的传递，促进两地民营经济健康发展，推动两地间经济建设和社会事业的和谐发展。

【服务会员】 2015年11月4日，迎泽区工商联组织部分会员参加“扶持中小微企业发展相关政策解读、解答座谈会”。市中小企业局局长、市“双创办”副主任葛文军解读市委、市政府《关于加强民营经济发展的实施意见》《关于大力推动创业创新促进小微企业发展的意见》出台的背景和全市民营企业现状及对策；市科技局、市财政局、市工商局、市地税局及政府相关部门与企业负责人就有关问题进行面对面沟通解答。会员企业法律维权服务部和社会事务服务部为会员提供日常的服务。为会员企业在宣传法律知识、进行法律咨询以及保险业务、庆典开业以及红白喜事、婚丧嫁娶等方面提供服务。利用区工商联人力资源网，面向迎泽区工商联全体会员，免费提供人才资讯、用工信息。网站设立经济政策、谈商论道、法律法规及其他方面的信息和资源服务，设立会长信箱，便于区联与会员的网上信息的沟通交流，为会员之间提供互通有无的专门渠道。

建立工商联会员手机微信平台，通过平台及时发布国家、省、市、区的有关方针政策。

【“五好”考核】 2015年11月5日下午，全国工商联检查组一行到迎泽区检查“五好”工作完成情况。检查组一行四人：全国工商联组织委员会委员，甘肃省工商联党组成员、副主席李放，辽宁省工商联会员部部长周福辉，吉林省工商联会员部部长周婷婷，甘肃省工商联组织人事部部长陈昊。检查组在省工商联党组成员、副主席梁荣及市政协副主席、市工商联主席陈远新的陪同下检查全区工商联领导班子，会员发展，商会建设，作用发挥，工作保障这五个方面的基本情况。区委书记刘文华参加检查并讲话。区工商联通过“五好”工商联验收，跻身全省优秀工商联之列。

【队伍建设】 2015年，迎泽区工商联在领导班子和干部队伍建设工作中，结合工作实际有针对性地进行教育引导。学习贯彻党的十八大、十八届三中、四中、五中全会精神和习近平总书记系列重要讲话精神，坚持集中学习与自学相结合，采取多种途径，灵活多样地进行教育培训。在参加支部集中学习的同时，注意引导干部坚持自学各种理论业务知识，形成良好的学习氛围。在党风廉政教育活动中，除参加支部组织的学习外，集中观看廉政建设电视宣传片，使党员干部牢记党的宗旨，树立立党为公、执政为民和艰苦奋斗的思想，增强法制观念和廉洁从政意识，筑牢党员干部拒腐防变的思想道德防线。

（刘　娜）

迎泽区文学艺术界联合会

【概述】 太原市迎泽区文学艺术界联合会（以下简称文联），位于云路街15号迎泽区办公大楼五层，为正科级建制，参照公务员法管理单位。区文联机关编制8名，实有7名。其中：主席1名、副主席2名。2015年，迎泽区文联坚持“二为”方向和“双百”方针，坚持用科学发展观统领文艺工作和文联工作，履行联络、协调、服务职能，发挥组织引导服务重要作用。团结带领全区文艺工作者，围绕中心，服务大局，完成各项工作任务，举办大型精品书画展览活动12场，参加大展大赛成绩显著。

【迎泽区文联迎新春国画展】 2015年2月10日至28日，“迎泽区文联迎新春国画展”在晋商博物馆开幕，共展出曹炬、裴希敏、刘铜明、赵源等20多位书画家的80多件书画珍品。国画有：山水、花鸟、人物、写意、工笔，书法有：篆、隶、楷、行、草，这些精品力作构思新颖，内容丰富，题材广泛，用绚丽的色彩，酣畅的笔墨艺术地再现迎泽区古朴秀美的风光，展现迎泽区人民和谐幸福生活，展示迎泽区经济发展大跨越，新成就。

【迎泽区美协赴阳曲县文联文化艺术交流】 2015年4月27日，迎泽区美协主席、副主席、秘书长一行16人到阳曲县文联进行文化艺术交流。迎泽区美协和阳曲县文联书画协会的书画家们就“山西的现在”“中国的现在”这一主题，在不同领域进行研讨对话并现场笔会。现场创作30余幅佳作，展示艺术家们对祖国大好河山的由衷赞叹和真挚热爱。活动增进迎泽区文联与阳曲县文联的艺术交流，为繁荣艺术创作、促进艺术发展，提高艺术鉴赏能力，发展和谐文化、构建和谐社会起到推动作用。

【迎泽区文联举办牡丹节书画展】 2015年4月28日至5月7日，由迎泽区文联和太原市老龄协会书画学社共同举办的书画作品展在永祚寺禅堂展出。这次书画展以牡丹为题材，展出作品50余幅。这些作品以牡丹书画来表达人与自然的和谐相处，彰显迎泽区的地域文化特色及作者的文化内涵，表达作者对党、对祖国的深厚感情和对美好生活的喜爱之情。画展现场，参观者纷纷驻足欣赏，不少人拿起手机、相机拍摄。有很多参观展览的书画爱好者纷纷表示：“永祚寺牡丹书画展是每年牡丹节的重要组成部分，也是永祚寺景区的旅游资源，描绘牡丹，书写牡丹，对提高永祚寺景区知名度发挥积极的作用，丰富广大群众的文艺生活，同时参加书画展还可以提高书画家牡丹书画的创作水平。”

【迎泽区文联纪念“5·23”延安文艺座谈讲话发表73周年国画精品展】 2015年5月15日至30日，迎泽区文联、区美协在迎泽美术馆主办纪念“5·23”延安文艺座谈讲话发表73周年国画精品展。展出全区艺术骨干创作的国画篆刻等80余幅，意在从不同视角带领观众重温《讲话》精神，激励广大美术工作者牢记为人民服务、为社会主义服务的神圣职责和百花齐放、百家争鸣的文艺方针，创造出更多的优秀美术作品，以优异成绩推动中华文化全面复兴。

【迎泽区文联“太行山”写生展】 2015年5月20日至27日，由迎泽区文联、区美协、市群艺馆共同举办的“太行山”写生展在市群艺馆展出。20位画家的50件写生画作参展。作者都是山西省书画界的中青年知名书画家，他们以其深厚的功力，娴熟的技法，简约的笔墨，表现太行山历史底蕴、文化积淀、秀美的自然生态、蓬勃的时代气息，传达出人民构建和谐社会的美好愿望和坚强信心，获得广大群众好评。

【十县（市、区）文联工作经验交流会】2015年6月18日，迎泽区文联与市文联组织十县（市、区）文联召开工作经验交流会。市文联党组书记张体仁、党组成员王宏伟、韩莹，迎泽区委常委、宣传部长曹炬出席。文联机关全体、十县（市、区）文联主席、副主席、秘书长、书协、美协主席以及新闻媒体60余人参加会议。会上，区文联主席介绍迎泽区文联工作取得的成绩以及工作中总结出来的的好经验、好做法。迎泽区作协、美协、书协、摄协、舞协的主席、秘书长及会员代表在会上分别结合各自协会的工作状况进行经验交流。随后，小店区文联、万柏林区文联、清徐县文联、阳曲县文联主席结合迎泽区的典型经验和各地区工作实际，畅谈体会和感受。迎泽区宣传部部长介绍迎泽区的历史文化及文化建设的情况。

市文联书记做总结讲话。会后，举行现场笔会，各县区的书法家们创作几十幅书法、美术作品；与会人员参观迎泽区文化馆和五龙口社区文化建设。

【迎泽区悦馨书画艺术交流展】　2015年7月9日，迎泽区文联举办书画艺术交流笔会展览。书画笔会现场，迎泽区的书画大家和书画爱好者们齐聚一堂，执丹青妙笔，挥毫泼墨。一幅幅形象生动、意境深远、气势恢宏的国画作品脱颖而出，不时赢得现场观众和书法爱好者的阵阵掌声。书画家们共绘制书写各类书画60多幅，现场展出多幅气势恢宏、格调高雅的书画作品以及篆刻作品，为群众呈上一场独具特色的书画盛宴。

【迎泽区文联举办“丰碑辉煌　和平永驻”纪念抗战胜利70周年书画展】　2015年8月12日，迎泽区文联举办的“丰碑辉煌　和平永驻”名家书画展在晋商博物馆开展，纪念中国人民抗日战争暨世界反法西斯战争胜利70周年。展品作者有迎泽区政协常委、省文史馆馆员、市书协副主席、迎泽区书协主席席德生，区政协委员、省文史馆馆员、省美协副主席乔亚丁、徐晋平，省文史馆馆员、省工笔画学会会长王爱忠，省城著名画家裴希敏，市书协副主席王京毅、袁筠，省城著名书画家马宏，省青年书协副主席曹炬以及省城工笔画家王鸿极。他们充溢着典雅书风与磅礴浩气的中国传统绘画艺术表达对先烈的缅怀，对民族文化和民族精神的传承与弘扬，对民族复兴伟大梦想的坚持和对和平年代美好生活的赞美。

【迎泽区美协参加公益支教辅导班】　2015年10月9日，迎泽区美协组织裴希敏、乔亚丁、高齐岳等24位省城著名书画家，参加中国文联、中国美协文艺志愿公益支教培训辅导班。文艺志愿活动是中国文联、中国美协按照“文艺惠民、文艺为民、文艺乐民”宗旨，开展的一项公益培训，是加强基层公共文化建设的重要举措。志愿服务美术培训班以中国画培训为主要内容，邀请一流专家担任志愿者导师，对学员进行手把手的教学授课，学员都是来自基层的美术工作者。这次培训班是针对山西基层美术工作者开展的一次公益支教活动，许多来自外地的基层美术工作者自发赶来要求参加学习，课堂上弥漫着浓浓的学习氛围。这次山西志愿服务美术培训班层次高、规模大，将对开拓山西基层美术工作者的创作视野，提高美术理论和艺术修养起到重要作用。

【惟德尚美——席德生书法作品展】 2015年11月20日至29日，在山西省太原市晟源艺术中心举办“惟德尚美——席德生书法作品展”，展览由山西省人民政府参事室（文史馆）、太原市书法家协会及太原市迎泽区文联共同举办。席德生现任山西省人民政府文史馆馆员、太原市迎泽区政协常委，著名书法家。现为中国书法家协会会员、国际现代书画艺术家协会副主席、民进山西开明画院常务副院长、山西省书协理事、山西榜书家协会副主席、太原市书协副主席、山西大众书画院学术委员、丹枫书社社长。2006年，席德生的作品被中国书画收藏研究院专家评选为“十大最具影响力作品”，并编入《当代书画收藏精品阅览》一书中。中国书法家协会名誉主席沈鹏评价：“笔墨潇洒、清心流畅、万物气韵、生动气象、体现自然。”作品被国内外博物馆、碑林、名人收藏、刻石，多次在中国书协举办的展览中获奖入展：中日书展金奖、全球华人书法展二等奖；建国五十周年全国书法展三等奖；光大环保杯全国书法展铜奖；第二届汾酒杯全国电视书法大赛入围奖；纪念邓小平诞辰100周年全国书法展入展；首届煤电杯全国书法展入选等。

这次展览展出的是浸润他人生感悟的最好作品。笔墨之中融入席德生内心的思索，对生活的追求，对生命的热望，让他的作品展露出不同凡响的大气磅礴和古朴厚重。

【迎泽区文联“最美迎泽”航拍摄影展】 2015年12月7日，迎泽区文联在太原工人文化宫（简称南宫）举办“‘最美迎泽’变迁·蜕变”航拍摄影展。航拍摄影展近百幅照片从多视角、全方位、立体化地展示迎泽区的崭新面貌，从各个侧面反映迎泽区城市的秀美和城市建设这几年的巨变。

【迎泽区文联廉政书画展】 2015年12月29日，迎泽区文联、迎泽区直机关工委、区文化馆在迎泽区文化馆联合举办以“反腐倡廉、弘扬正气”为主题的廉政书画展。活动收集机关广大党员干部优秀书画精品70余幅，这些作品寓意深刻，雅俗共赏，反映广大党员干部和书画爱好者廉洁自省的意识，饱含着每一位作者对廉政文化的独特理解，更是对廉政建设共同的诠释、表白和希翼。观展的书法爱好者纷纷表示：“这些作品给人以力量和鼓舞，给人以警示和鞭策，让社会民众携手并肩，共同促进社会公平正义。”“本次展览将廉政、法治与中国传统文化有机融合，通过书法家的挥洒泼墨，让廉政文化深入人心。”

（赵欣玲）

迎泽区归国华侨联合会

【概述】 2015年，太原市迎泽区归国华侨联合会（简称区侨联），核定事业编制为3人，领导职数：主席1人（正科级），实有在编人员3人。

2015年，迎泽区归国华侨联合会组织归侨侨眷参加第二届世界华侨华人摄影展和世界华人华侨中小学生作文大赛，获二等奖2名，三等奖4名，优秀奖若干。组织侨界法律知识竞赛活动。依托各街道党工委、郝庄镇党委，深入侨户宣传侨法，组织社区侨务工作者和广大侨胞侨眷踊跃参加省侨联开展的“学法守法用法，共建法治侨界”法律知识竞赛活动，报送竞赛试卷100份，经评选，五人获得个人优秀奖，迎泽区侨联获得组织奖。组织参加公众科学日活动。2015年5月23日，区侨联组织侨胞侨眷参加中科院公众科学日活动，让侨胞侨眷能够近距离了解山西省科技创新成果。举办“影视技巧在生活中的应用”专题讲座。为丰富侨胞侨眷、社区侨务工作者业余生活，2015年11月12日在老军营街道办事处劲松社区举办“影视技巧在生活中的应用”专题讲座。

【拓宽对外交流渠道】 2015年，迎泽区侨联与迎泽区教育局协商，选派特教中心优秀教师到香港参加学习，参观香港在特殊教育方面有代表性的恩慈学校和启爱学校。随后香港特教方面代表到太原迎泽区特教中心进行参观学习交流活动。2015年10月18日至19日，组织迎泽区两家侨企——山西琦达伟业食品有限公司和升东晟路桥有限公司到石家庄参加第十四届冀台经济合作洽谈会暨2015年石家庄国际经济贸易洽谈会，加强迎泽区侨联与各地侨联、侨企、侨商会及来自台湾地区和海外侨领的联系、沟通与交流。2015年12月2日，迎泽区侨联与黑龙江省牡丹江穆棱市侨联缔结友好侨联签约仪式在省城太原举行。签约仪式结束后，双方到迎泽区侨属企业山西琦达伟业食品有限公司下属的溢口佳牌食醋生产车间进行参观交流。2015年11月10日，香港惩教社教育基金会一行三人在省、市外侨办领导、迎泽区委常委、统战部部长张志勤和迎泽区侨联、迎泽区教育局等相关部门陪同下，到迎泽区王家峰小学和并东小学进行考察。

【基层调查研究】 2015年，迎泽区侨联将迎泽街道青年路二社区打造并申报，最终被评为全国明星侨务社区。为使青年路二社区“侨之家”真正发挥好党和政府联系侨界人士之间的桥梁纽带作用，迎泽区侨联为青二社区会议室配备投影仪、音箱、椅子等硬件设施，并购买3000元书籍充实社区图书室，为社区开展各项活动和优质服务归侨侨眷创造条件。

【惠侨工作】 2015年，迎泽区侨联走基层访侨户，关爱老侨孤侨，把“送温暖、献爱心”工程做细做实，春节与中秋节期间走访和慰问辖区内归侨侨眷50余人次，为21名70岁以上的老归侨进行免费体检，在节假日和平时重点对在侨界有影响力的老年华侨及身患残疾和得大病的老年侨眷多次登门看望，给他们送去慰问金和慰问品。为归侨侨眷下岗再就业创造条件。组织归国留学生和生活较为贫困侨眷参加省外侨办组织的2015年“关爱工程——归侨侨眷职业技能培训”，为他们立足社会、求职创业创造条件。

【组织建设】 2015年，迎泽区侨联在实际工作中突出“两个注重”：注重班子建设；注重基层侨务工作者队伍建设。利用市委统战部、省市侨联网络及区新闻网等信息平台，加强侨情资源的共享与整合，撰写的信息被中国侨网采用信息2篇，省侨联网站采用信息3篇，市侨联网站采用信息7篇，在太原市名列前茅。（温　妤）

人民武装

【概述】 2015年，人武部以学习贯彻习主席系列重要讲话精神为主线，以强军目标为统领，紧紧围绕“建设省会中心城区一流人武部”的目标，突出首位固根本、问题导向补短板、持续整改转作风、群策群力创一流，确保举旗铸魂信念坚定，确保任务完成安全稳定，全面建设有新发展。年底，人武部被省军区表彰为“一类人武部”，被警备区表彰为“战备训练先进单位”。 (侯虹江 赵迪敏)

【开展“三严三实”专题教育整顿】 3月至12月，在警备区统一指导下，按照“专题学习、课题研究、难题整改、主题实践”的思路，坚持以问题整改开局亮相，以问题整改注入活力，以问题整改交出合格答卷。紧密结合人武部实际，抓住专题教育整顿的“牛鼻子”，采取集中领学、领导导读、讨论交流的方式，突出抓好习主席重要讲话精神学习，突出抓好专题学习辅导，突出抓好正反典型运用，着力在原原本本学、领悟精髓学、围绕铸魂学、紧贴使命学、领导带头学上下功夫，深入学好习主席关于“三严三实”重要论述，全面落实深学、细照、笃行的要求。严肃认真召开民主生活会，通过正副书记示范带头、自我批评揭短亮丑、相互批评动真碰硬，使班子成员受到一次严格的党内生活锻炼，通过专题教育整顿，共查找整改不严不实问题5类16项，有效增强了党委班子的凝聚力、战斗力。 (吴晓波 赵迪敏)

【落实战备训练】 2015年，部党委坚持把战备训练提到中心位置，围绕“能打胜仗”目标，扭住培养有本事的新一代革命军人这个着力点，树立精武强能、真打实备的工作目标。坚持把现役干部军事训练作为重点，以基本理论、基本技能、基础体能、业务基础、战术作业和指挥所演练为主要内容，通过扎实训练提高所属人员素质，5月，组织全体干部参加警备区组织的手榴弹实弹投掷和轻武器实弹射击训练，手枪实弹射击成绩在全区获第二名；

现役干部参加警备区基础训练考核，参考人员体能达标率100%，单位成绩位列全区第二。10月，组织区国动委成员单位共计23人参加省军区组织的国防动员委员会指挥所推演，因实案实练实演受到警备区首长机关肯定。12月，组织现役干部和职工共计13人参加警备区组织的年终军事训练考核，体能达标率100%，标图作业优良率100%，获单位综合成绩第三名。年底，被警备区表彰为“战备训练先进单位”。

（南冰　赵迪敏）

【加强民营企业民兵组织】　2月至5月，按照警备区年度整组指示精神，结合担负任务和兵员分布，紧盯兵员流向，坚持盯住任务，破解难题，坚持兵员流到哪里，就把民兵组织建到哪里。在警备区首长和机关的具体指导下，大抓民营企业民兵组织建设，在山西盛科集团有限公司、山西瑞飞机械制造有限公司、太原市东山城郊森林公园等44家民营企业建立民兵组织。投入近10万元，区分任务，为部分民营企业民兵分队配套专业应急器材和装备物资，完善基层阵地建设。通过整组，进一步夯实民兵组织兵员基础，5月份，省军区冷杰松司令员在整组检查调研时，对迎泽区以山西盛科集团有限公司武装部为代表的民营企业武装部规范化建设和作用发挥给予肯定和好评。（侯虹江　赵迪敏）

【落实党政主题责任保证征兵任务完成】5月，通过召开区委议军会，强化各级党委、政府在征兵中的主体责任，把征兵工作作为领导干部年度目标责任制考核的重要内容，压实党政主体责任；给完成任务的专武干部每月发放240元至300元不等的特殊岗位津贴；对完不成任务，倒数第一名的单位，不能评先进，对专武部长进行问责；每两周召开一次专武干部例会，听取征兵工作进展情况，讲评各基层单位工作进度，并就相关情况通报至各街办（镇）党工委（党委）。给基层武装部下拨2万元的武装工作专项经费，为六街一镇、三所院校配备10台征兵专用笔记本电脑。5月至7月，给114个社区（村）民兵情报信息员，每月各补助征兵宣传电话费、交通费300元。通过压实主体责任、加大宣传力度、完善保障机制，高标准、高质量地完成了上级赋予的征集任务。年内，在全区大力营造当兵光荣氛围，不断拓展军属安置、子女入学、义务兵优待等军人军属优先的路子。（侯虹江　赵迪敏）

【民兵应急分队开展“三帮一带”活动】年内，针对民兵应急分队人员复杂、任务多样、点多面广等问题，在警备区政治部张培军主任和机关的具体指导帮助下，探索总结了以应急分队为职业、以个人成长为牵引、以“三帮一带”（帮思想进步、帮技能提高、帮身心健康、带优良作风）为抓手、以政府购买劳动力和综合保障为支撑，建设新一代民兵应急队伍的做法。人武部党委指导分队坚持把帮带工作落细落常落实、贯穿全面建设，做到融入学习教育，融入职能任务，融入日常管理，有效增强了分队的凝聚力、生命力和战斗力。省军区主要首长高度肯定了分队建设的做法，警备区转发了分队建设的经验材料，区民兵应急分队作为警备区唯一一支民兵队伍，代表警备区参加了省军区组织的纪念抗战胜利70周年歌咏汇报表演赛，展现了区民兵的良好的精神风貌和过硬素质，受到省军区首长机关的肯定。

（侯虹江　赵迪敏）

【开展国防教育】　6月份，应区教育局申请，区国教办组织太原市36中75名学生，到现地参观省军区军史馆，接受国防教育。针对中心城区征兵难的实际，协调区委将国防教育纳入党校培训内容，12月，聘请石家庄陆军指挥学院王建华教授为全区副科以上干部和专武干部600多人上《国家安全及周边热点问题》的国防课，强化全体党员、干部的国防观念。

（吴晓波　赵迪敏）

【支援地方经济社会建设】　3月19日，山西省乌金山国家森林公园发生森林火灾，区人武部组织民兵应急分队100人，第一时间赶到现场，严防死守与晋中市交界处6.5米宽的隔离带，在警备区首长机关和兄弟单位帮助下越境扑灭余火，保证了太原市近10亿元森林不受损失。3月至5月，根据警备区安排部署，民兵应急分队共计派出400余人次，配合山西影视有限公司进行《黄河在咆哮》的电视剧拍摄，为纪念抗战胜利70周年献礼。5月10日，新建路南沙河沿岸出现险情，民兵应急分队接到命令，立即出动60人奔赴现场执行防汛固堤任务，经过13个小时奋战，堵住决口。年内，区民兵应急分队，共出动民兵1万余人次，完成省委执勤、城市综合整治、城中村改造、火车站管理、护林防火和防汛抢险等任务，成为地方党委政府的“拳头”力量。（侯虹江　赵迪敏）

人民防空

【概述】　2015年，迎泽区人民防空办公室（简称区人防办）在区委、区政府的正确领导下，在省、市人防办的支持和帮助下，围绕实现省会城市中心区人民防空工作“平时作用大，战时能力强”的建设目标，以人防工程维护管理为重点，打造人防疏散地域建设和宣传教育“五进”工作两大亮点，坚持人防法治建设这根主线，深化人防融合发展，完成各项工作任务。

2015年，区人防办内设综合科、工程管理科、通信指挥科3个科室。编制9人，实有6人。下辖迎泽区人民防空监察站，编制3人，实有2人。

【队伍建设】　2015年，迎泽区人防办强化机关队伍建设。构建学习型机关，在学习重点上，更加突出科学发展为重点；在学习制度上更加突出长效性，建立集中学习与自学相结合的学习制度，提高机关人员的理论水平和业务素质。构建创新型机关，始终把创新作为迎泽区人防办实现工作新突破、新跨越的最有效途径，推进思想观念、工作方式等方面的创新，营造良好的创新氛围。构建服务型机关，以开展“加强执行力建设提高行政效能活动”和在党员队伍中开展以“为民、务实、清廉”

为主题，以反对“四风”、服务基层为重点，紧紧围绕保持党的先进性和纯洁性，严格查摆问题，狠抓整改落实，转变服务态度，全面提升服务水平。把培养全办干部队伍的团队精神、团结协作精神作为人防干部队伍建设的关键来抓。通过开展“准军事化”教育和培训，打造一支雷厉风行、令行禁止，既能吃苦耐劳、又敢打硬拼的人防队伍。

【指挥通信建设】 2015年，区人防办强化指挥通信建设。根据防空防灾需要，城区配置电声防空警报器，实现警报音响全覆盖。筹建战备值班室，配备办公设备、防护应急装备，升级人防电子档案及信息保障图，规范警报器社会化管理。按照就地就近疏散要求，与小山沟城郊森林公园共同建设人防疏散基地，设置安装电声防空警报器，填补东山林区警报音响信号覆盖的空白，小山沟疏散基地配备指挥室、器材库，装备应急器材及装具，为护林防火提供预警保障，发挥人防警报平战结合功能，搭建人防融合发展实验平台。

【工程维护管理】 2015年，区人防办开展人防工程维护管理工作，按时签订人防工程安全管理责任书，开展百日安全大检查、汛前巡查，共检查早期人防工程130人次。下发隐患治理通知书4份，其中，省地质矿产局、团省委，对隐患工程进行报废治理。太原市园林局对施工范围涉及的区疾控中心人防工程、6904招待所人防工程进行填埋加固。根据区政府的安排，人防办对双塔南巷早期毛洞依法报废填埋。

【平战结合工作】 2015年，区人防办加大投入，改造和修缮临街防空地下室、地面伪装房、战备器材库，发挥以洞养洞的政策优势，加大融合发展力度，多渠道多形式实现人防资产保值增值，平战收入逐年提高，达到30万元。为迎泽区人防事业发展注入发展动力。

【宣传教育】 2015年，区人防办加大宣传教育工作。开展“国防教育进校园”主题活动。36中先后举办“纪念抗战胜利七十周年”书画笔会、青少年法律知识培训，参观省军区军史馆。组建三十六中“蓝色之夏”志愿者社团，与区教育局、区美协共同开展书画笔会。开展安全生产月活动，发放宣传资料3000余份，营造“人人关注安全”的良好氛围。8月，与郝庄镇政府在郝庄村庙会期间开展“纪念抗战胜利70周年”宣传活动。8月18日至9月30日，与区团委、庙前团工委开展“人防教育进社区，国防文化惠民生”活动。“迎泽人防”公众微信服务平台自4月试运行，内容不断完善丰富，技术操作日趋成熟，网络平台及时、高效、便捷、有效的宣传优势逐步发挥作用。

【依法行政】 2015年，区人防办落实行政审批工作。按照《关于迎泽区区级行政审批服务事项集中进驻区政务服务中心工作方案》要求，细化内部办理流程，制定事项流程图，确保每个环节责任到人、限时办结。行政执法工作完成与市执法局的对接，严格按法定程序公开、公正执法。

（张永宁）

消　防

【概述】　2015年，迎泽区公安消防大队有现役干部16人，合同制文员3人，监督检查车辆4台。所辖庙前中队，配备干部4人、战士13人、合同制消防员7人；配属执勤车辆4台，其中A类泡沫车1台、抢险救援车1台、水罐车2台。所辖广场中队，配备干部4人、战士27人、合同制消防员7人；配属执勤车辆4台，其中A类泡沫车1台、抢险救援车1台、水罐车2台。

2015年，区公安消防大队日常监督检查单位共3091家，发现火灾隐患4413处，督促整改火灾隐患4387处，下发责令改正通知书2807份，下发行政处罚决定书122份，下发临时查封决定书41份，责令“三停”单位35家，罚款138.9万元，联合派出所拘留131人，组织或提请政府拆除违章搭建彩钢板7.5万平方米。全年，迎泽区共发生火灾343起，死亡2人，造成直接财产损失61.83万元。共接警出动1157次，出动车辆2429辆次，出动警力12854人次，抢救被困人员113人，疏散被困人员168人，抢救财产价值187万元。

【消防管理中心】　2015年，迎泽区区委、区政府探索消防安全工作新模式，整合相关部门分散力量，投入1300万余元，成立全省首家消防管理中心，录用工作人员66名，购置消防车、指挥车19辆及随车器材装备100余件套。消防管理中心由区消防安全委员会直属管理，由迎泽区常务副区长全面负责，公安迎泽分局分管副局长兼任中心主任，区城管局局长、消防大队军政主官兼任副主任，公安抽调两名骨干带队担负起“消防检查、隐患督办、消防宣传、灭火救援”等职责。2015年11月，消防管理中心作为全市唯一一家社会消防工作先进集体，获评“山西省119消防奖”，获得各级领导肯定。消防管理中心配合消防安全委员会，通过“四员一体”机制，按照“制定检查计划—通知相关街（镇）、派出所—分组联合检查—下发督办通知—管理中心复查—疑难问题综合治理—监察部门追责”的工作流程，使全区消防安全工作得到全覆盖，解决部门之间的推诿扯皮现象，将原来消防工作中的“查查就走”改为“告知整改”，将“查后放任”改为“真查实改”。按照工作流程和《消防检查工作手册》，消防管理中心先后开展对柳巷、迎泽大街两侧及桥东地区、并州东街两侧及桥东地区朝阳街、庙前、迎泽地区进行全面排查，共检查各类小场所6928家，发现火灾隐患14015处，现场督促整改4307处，对6767处隐患下发火灾隐患整改告知书369份，确保迎泽区火灾形势持续稳定好转。消防管理中心将消防安全宣传作为常态工作，对辖区各类小场所、社会单位、居民楼院进行多种形式的消防安全宣传，共开展宣传20次，发放资料1000余份，培训居民7000余人次。针对居民区火情特点区政府制定《关于开展燃气设施使用安全专项宣传的通知》，向驻地单位发出《关于加强单位安全使用燃气的函》，向小餐饮场所发出燃气安全《告知书》，向居民群众发出一封《安全信》，燃气宣传达到全覆盖。

【重点区域消防】 2015年，迎泽区采取社会单位自查、部门和行业系统联动、消防部门依法监督、消防管理中心补充相结合的方法，集中开展以石油化工危险化学品等易燃易爆企业和人员密集场所、文物古建筑、医院、养老院、学校、幼儿园、彩钢板建筑、老城区为重点的消防安全专项治理行动。夏季消防检查专项行动期间，区消防大队联合区安监、质监局对15家易燃易爆危险化学品场所，联合区商务、工商局对18家人员密集场所，联合区文广局对全区7家影剧院、联合区文物、宗教局对全区8处文物保护单位，联合区民政局对5家养老院，联合卫生局对9家医院，联合区教育局对5所中小学校进行检查，组织安监、文物、旅游、商务、宗教等十部门和公安派出所参加公安部为期两天的夏季消防检查视频培训会，推动落实行业部门消防安全监管责任；派专人进驻柳巷、满洲坟、郝庄、东太堡等城中村重点整治区域，重点检查“三合一”场所，在彩钢板违章建筑的检查中共拆除违法搭建彩钢板建筑171处，拆除面积15.082万平方米。

【区域联防组织建立】 2015年11月，迎泽区按照公安部《今冬明春火灾防控工作要求》，组织全区160家设有消防安全控制室的消防安全重点单位建成微型消防站，建成率达100%，全区240家重点单位按照“行业相近、位置相邻”的原则建成39个消防安全区域联防组织。柳巷铜锣湾宝地物业、郝庄朝阳街服装城集团作为试点单位，其消防安全区域联防工作经验，在全市予以推广。

【各类专项整治】 2015年，迎泽区区委、区政府以区政府办名义印发《全区夏季消防检查方案》《纪念抗战胜利70周年消防安保方案》和《冬春火灾防控工作方案》，并多次召开专题会议进行安排部署，发动各级政府、各行业、各单位开展消防检查和重大节日消防安全保卫。天津特别重大火灾爆炸事故发生后，区安委办率先印发《关于立即开展危险化学品生产经营企业安全生产大检查的紧急通知》，在消防安全委员会的协调下，公安、城管、执法、卫生、消防、质检等六部门配合，消管中心为主力军，检查餐饮856家，捣毁非法液化气经营店1个，没收过期报废液化气钢瓶536个，拘留违法嫌疑人6人，中央电视台以及省市十余家媒体对迎泽区铁腕整治液化气钢瓶的事件进行专题报道，取得良好的社会效果。为深刻吸取全国连续发生居民住宅小区重大火灾事故教训区政府先后印发《关于加强全区居民住宅小区消防安全工作的通知》《关于认真做好消防安全重点人口管理的通知》，明确各街镇、公安、消防、交警、派出所、住建、规划、执法、工商等单位以及物业企业、业主委员会对居民住宅小区的监管责任，发动社区、派出所全面排查全区居民住宅小区消防安全现状，联合区住建局、消防大队对全区物业服务企业负责人进行消防安全培训。各街镇、各行业部门、各派出所分别根据上述方案、通知要求，召开动员部署会，按照各自职责开展地毯式、全覆盖消防检查。专项行动期间，共联合公安派出所检查“九小场所”7421家，消防管理中心检查单位6928家，发现火灾隐患14015处，现场整改隐患4307处，对6767处隐患下发《整改告知书》369份。区政府对山西融邦商贸有限公司、太原市松广物业管理有限公司等2家重大火灾隐患单位进行挂牌督办，全部整改销案。

【创新消防宣传新局面】 2015年，迎泽区开展大型消防宣传活动5次，发放各类消防资料3万份，对外开放消防站60余次，接待群众4万余人，积极督导学校将消防安全教育纳入教学计划，2015年，辖区太原师范学院附属一小学、双西小学被评为国家级“消防安全示范学校”。迎泽区充分发挥电视、报刊媒体作用，定期播报消防要闻和及时曝光火灾隐患。利用户外大型LED屏、楼宇电视等媒介高频次播出消防安全提示标语和消防公益广告；发动辖区7家电影院播放消防公益广告宣传片；累计组织全区社会单位44423名员工在市政府网站“太原市行业消防知识在线学习平台”参加在线学习考试；通过移动互联网消防手机短信发送平台向消防安全重点单位责任人、管理人等目标人群发送业务工作及提示短息万余条；通过官方微信，每日向4595个关注消防微信的人群发布一次消防安全常识，全民消防安全常识显著提升。为加强对全区师生的消防安全教育，提高广大师生的消防安全意识和自防自救能力，2015年8月，区教育局、区消防大队联合下发《关于认真开展暑期消防安全宣传教育活动的通知》，在全区100余所中小学、幼儿园开展“消防安全示范课”征集活动、校园夏季消防安全检查、“六个一”消防宣传教育活动以及暑期消防安全实践活动，5万余名学生、幼儿及其覆盖的学生家长接受消防再教育，取得“教育一个孩子、带动一个家庭、覆盖整个社会”的良好效果。 （成　琳）

法治政府建设

【概述】 2015 年，迎泽区政府法制办以建设法治政府为核心，务实创新，狠抓落实，全区依法行政各项工作取得新成效。依法行政工作被写入政府工作报告，向全体人大代表庄严承诺；在日常工作中，依法行政工作被列入重要议事日程。为区政府法制办增加预算 30 万元，在“三支一扶”招聘中，新增法律专业人员 1 名，赋予区政府法制办政府法律顾问管理等工作职能。把依法行政工作纳入对各部门的年度考核，制定实施《迎泽区依法行政工作考核办法》，根据考核结果，在全市首家对 24 家单位兑现考核奖励 36 万元。领导依法办事意识明显提升，凡属重大决策、重点项目合同和重要文件出台都要求法制办或法律顾问提出合法性审查意见。

【政府职能转变】 2015 年，迎泽区政府法制办制定《迎泽区行政权力清单制度实施方案》，按照“全面清权、简政放权、科学确权、规范用权、严格控权”的思路，明确责任主体，规范行政权力运行流程，经三审三报和专家论证评审，逐项审核确定权力清单，基本完成清权、确权。10 月，开展“两个清单”编制工作的培训，对权力清单初稿进行进一步修订，对照权力清单及“三定”方案建立责任清单。

【行政审批制度改革】 2015 年，迎泽区政府法制办综合服务中心投入使用，其集行政审批、便民、社会管理、城市信息化管理和公共资源交易平台等多功能于一体，设置窗口 88 个，进驻审批部门 32 个、便民部门 10 个，实现审批服务事项全部集中办理，在 7 个街镇、114 个社区（村）设立便民服务中心和代办点，形成三级政务服务体系。推进政务公开工作制度化、规范化，建立集中心介绍、服务指南、表格下载、网上申报、查询平台、互动平台及规章制度于一体的现代化门户网站，方便群众办事。

【规范性文件管理】 2015 年，迎泽区政府法制办编制《迎泽区规范性文件工作手册》，做到从源头上加强规范性文件管理。按照统一登记、统一编号、统一发布制度，做好规范性文件制作和报备工作。全年审核规范性文件2件，均在市法制办进行备案。建立健全行政机关规范性文件的修改、废止及定期清理制度，开展涉煤规范性文件清理工作。加强规范性文件监督检查，完善备案审查制度，报备率、报备规范率均达100%。在区政府门户网站中，专门设立规范性文件发布栏，对制定的规范性文件做到及时公开发布。

【行政决策制度建设】 2015年，迎泽区政府法制办健全行政决策机制、完善行政决策程序。出台《关于健全重大行政决策机制的意见》，将制定经济和社会发展战略，编制国民经济和社会发展规划、计划草案，编制财政预算草案，安排重大财政资金，涉及社会分配调节、保障和改善民生的重大政策和措施等事项纳入重大行政决策范围，明确重大决策风险评估、合法性审查、专家论证等法定程序；建立“六权治本”制度限制权力制度建设会商制度，对相关制度会商程序等做出明确要求，强化权力运行的监督制约。

落实重大行政决策集体研究、听证、听取意见等制度。重大决策部署全部纳入区政府常务会议或区长办公会议研究范畴，全年召开政府常务会议14次，政府全体会议4次，区长办公会议54次，研究安全生产、城中村改造等重大事项100余项。建立健全重大行政决策公开征求意见和民主协商制度，对事关经济社会发展大局和涉及群众切身利益的重大行政决策事项，均广泛征求公众意见。印发《建立健全重大决策社会稳定风险评估机制的实施办法(试行)》。

建立健全重大决策事项合法性审查制度。坚持重大行政决策合法性审查制度，区法制办全年审查房屋征收补偿决定11份，把关各类合同30余份，对存在明显缺陷的合同提出修改意见，保障重大决策的合法性。

完善重大行政决策实施情况后评价制度、重大决策跟踪反馈制度、重大决策责任追究制度和责任倒查机制。

【行政执法管理】 2015年，迎泽区政府法制办起草、制定泽区政府职能转变和机构改革方案及实施意见，完成食药监管理体制改革；对卫生、计生部门合并后的职责进行整合；探索大城管综合执法体系，新招聘各类协管员300余名，充实公安、食药、质监、应急、消防等队伍，建立公安、食药、城管等部门执法联动机制。

强化行政执法证件管理。开展行政执法人员资格认证，对新增的102名行政执法人员进行培训和考试，全区所有执法人员全部实现持证上岗。开展执法证件年度审核注册，现有403名持证人员的证件全部通过年检。

对全区14家受委托主体的人数、法定权限、范围、条件、方式和履行职能情况等进行清理，并进行公示。

完善执法程序，建立执法全过程记录制度，明确具体操作流程，重点规范行政许可、行政处罚、行政强制、行政征收、行政收费、行政检查等执法行为。严格执行重大执法决定法制审核制度，要求各执法部门未经法制机构审核或者审核未通过的不得作出决定。

落实行政执法人员资格管理制度。下发《关于规范行政处罚裁量权基准工作的通知》，要求各单位尽快与业务主管部门对接，如上级主管部门已经制定出行政处罚裁量权基准和程序规则的，严格遵照执行；如上级主管部门未制定的，要根据现行的法律、法规和规章中设立的行政处罚事项，确定具体行政裁量的处罚事项，细化每项行政处罚具体裁量基准。

开展行政处罚案卷评查，在各部门自查基础上，对区食药监局等4个部门、20份行政处罚案卷进行抽查，对发现的书写不规范等问题进行及时反馈。

【社会矛盾纠纷调解】　2015年，迎泽区政府法制办创新基层社会治理体制和工作机制，出台《关于进一步加强矛盾纠纷联调工作的实施方案》和《关于进一步建立完善行政调解组织的通知》，明确区人社局、卫生局、住建局、国土分局、环保分局、工商分局等部门的行政调解职能，各部门按要求建立调解组织。

制定完善迎泽区行政复议案件办理程序；强化装备保障，为行政复议办公室配备车辆和电脑、打印机、录音笔、照相机等办案装备；强化资料整理归档，严格按照档案管理规定，实现一案一档，规范管理。

严格规范行政复议受理、审理、监督等程序，做到及时受理，按时办结，全年受理行政复议案件6件，其中，维持3件，不予受理1件，申请人自愿撤回申请1件，未结案1件，基本实现“定纷止争、案结事了”。

在全市首家印发《迎泽区行政复议委员会试点工作方案》，成立以市法制办、区人大法工委、政协法制委、法院行政庭、监察局、司法局、交通局、人社局及政府法律顾问单位共19人为个人委员，27个部门为单位委员的行政复议委员会，制定完善配套制度，从功能定位、职责范围、组织形式、运行机制、工作规则等方面进行规范，理顺运行机制。

规范信访事项受理程序。制定《矛盾纠纷排查化解工作办法》《领导干部包案处理信访事项工作制度》等相关制度；畅通网上信访渠道，信访信息平台延伸到部门和街镇，确保程序规范、数据完整、信息共享。

【行政权力监督】　2015年，迎泽区政府法制办自觉接受区人大法律监督和区政协民主监督，听取各民主党派、工商联和人民团体、无党派人士的意见，全年办理人大代表建议、政协委员提案240件，办复率100%；健全内部层级监督机制，制定落实《迎泽区政府内部层级监督制度》；严格执行《太原市联合行政执法检查规定》，加强行政执法检查，提高行政执法效率，保障公民合法权益。自觉接受司法、监察等部门的专项监督，建立健全行政机关负责人出庭应诉制度，印发《迎泽区行政机关负责人出庭应诉工作暂行规定》。完善审计制度，建立《迎泽区经济责任审计工作联席会议议事规则》《迎泽区经济责任审计工作领导组工作制度》，推行审计全覆盖。接受新闻舆论和群众监督，对新闻媒体反映的重大问题，主要领导亲自批示，有关部门积极查处和整改，取得较好效果。

【政务公开】 2015 年，迎泽区政府法制办印发《迎泽区 2015 年信息公开工作要点》，明确各部门的职责及工作要求；完善政府信息主动公开、保密审查、责任追究等机制，建立落实《迎泽区信息公开审查与保密制度》《迎泽区信息公开责任追究制度》等配套制度。

及时编制更新政府信息公开指南和目录，规范政府信息公开的内容、程序、工作机制和保障措施，使行政机关的职责权限、办事程序、办事结果为群众知晓；完善政府信息公开平台建设，完善政府网站部门公开栏目及功能，对权力运行各环节要素及财务预算、支出等重点事项进行及时公开，促进各项工作公开透明。

建成并投用电子监察审批网络系统，根据“一事项一流程”的原则定制行政监察审批系统软件，对各行政审批事项的受理、承办、审核、批准、办结等环节进行实时监控。推进政务公开、办事公开，依托太原市行政审批管理信息系统平台，及时公开相关政策、法规等，主动接受各方面监督。改进调查研究举措，完善投诉处理机制，在中心引导台摆放群众意见箱，开通群众监督举报热线，虚心接受群众建议，使政务服务更加阳光、便捷、便民、高效。

【依法行政工作保障】 2015 年，迎泽区政府法制办加强依法行政组织领导。围绕政府职能转变、强化行政执法监督和深化行政审批改革的重点，制定《迎泽区 2015 年依法行政工作计划》《2015 年政府法制办工作要点》，对全区全年依法行政工作做统一安排、部署。

开展法治宣传活动。围绕依法行政宣传月活动，制定工作方案，明确宣传目标、形式和内容；以执法人员为重点，组织全区 28 个单位 647 人参加依法行政知识测试；在传统宣传形式开展活动基础上，创新宣传形式，利用五一广场、开化寺街、柳巷等繁华地段的电子屏，滚动播放依法行政宣传标语和相关知识，引导广大群众逐步树立依法办事意识。 （王婷婷）

政法委与社会治安综合治理

【概述】 2015 年，区委政法委学习贯彻党的十八大和十八届三中、四中全会和习近平总书记系列重要讲话、重要指示精神，紧紧围绕“三区”建设目标，以深入开展学习讨论落实活动为抓手，将维护社会稳定纳入党建目标责任，深入推进平安迎泽、法治迎泽和过硬队伍建设，为“净化政治生态、实现弊革风清、重塑三个形象、促进富民强区”创造安全稳定的社会环境、公平正义的法治环境和优质高效的服务环境。编制15人，实有人数15人。内设科室：办公室（政工科）、综合科（研究室）、执法监察科（信访科）、综合治理监督科（矛排办）。下辖单位及代管单位：法学会、国家安全领导小组办公室、区委法制办。

迎泽区委政法委员会主要职责：根据党的路线、方针、政策和党委的中心工作，统一政法各部门的思想和行为；对全区的政法工作作出全面部署，并督促贯彻落实；组织、协调、指导、维护社会稳定工作；检查政法各部门执行法律、法规和党的方针、政策情况，研究制定严格执法和落实党的方针、政策的具体措施；监督政法各部门依法行使职权，指导协调政法各部门密切配合，推动大要案件的查处工作，研究协调有争议的重大疑难案件；了解掌握全区社会治安综合治理工作的动态和社会治安形势，提出贯彻中央和省、市关于社会治安综合治理工作的方针、政策和工作部署的具体意见；组织指导、协调督促社会治安综合治理工作，落实各项措施；做好政法战线的调查研究工作，探索政法工作改革，加强对政法工作的领导；研究加强政法队伍建设和领导班子建设的措施，协助区委组织部门考察、管理政法部门的领导干部；指导区政法各部门的工作；组织、指导、协调全区政法系统的信访工作；开展矛盾纠纷排查调处工作；组织、协调铁路护路联防工作，确保铁路沿线安全畅通；组织指导全区社会治安综合治理的宣传工作，总结推广先进典型经验，提出奖惩建议；办理区委和上级政法委交办的事项。法学会主要职责：组织法学工作者、法律工作者学习和贯彻党的基本理论、基本路线、基本纲领、基本经验，提高政治素质和业务素质，坚持正确的政治方向；指导各学科、各专业、各专门研究会和各地方法学会组织开展多学科、多层次的法学研究活动，推进法律理论创新、法律制度创新和法律文化创新，为社会主义民主法制建设提供理论支持；参与法学教育，培养法学、法律人才。发挥人才、智力优势，开展多种形式的法律服务；参与法制宣传，对迎泽区民主与法制建设中的重大理论问题和实践问题进行学术研究，提出对策和建议。国安办主要职责：有效服务地方党委、政府维稳大局；加强业务调研和风险评估；加强国家安全宣传教育，增强广大人民群众特别是各级领导干部的敌情观念和国家安全意识；协助支持国家安全机关专门工作。区委法制办职责：研究确定贯彻中央、省委、市委和区委推进法治建设重要工作部署的意见和措施；组织制定法治迎泽建设中长期规划、年度工作要点和考核实施办法；定期分析研究法治迎泽建设形势，及时研究解决工作中的重大问题；决定召开全区性法治建设工作会议和举办全区性大型活动；审核上报市级表彰奖励的法治建设先进集体和先进个人，审批和表彰奖励法治迎泽建设先进集体和先进个人，审定和表彰区级依法治理示范（标兵）单位；研究提交区委、区人大、区政府讨论决定的关于法治迎泽建设的重大问题；听取领导小组办公室关于法治迎泽建设年度情况汇报，并就提出的重要问题作出决定、决议；讨论决定需要领导小组审议的其它事项。

【平安迎泽建设】 2015年，区委政法委加强国家安全教育，加强国家安全人民防线建设，推进国安办实体化建设，维护国家安全。坚持打防管控并举，完善立体化治安防控体系。坚持"严打"方针不动摇，开展"打黑除恶"、打击"两抢一盗"等多发性侵财犯罪，始终保持"打黑除恶"高压态势。加大视频监控系统建设力度，加强"六类特殊人群"的管控矫治和危险性评估，加强大型群众性活动安全保卫工作，严防发生重大恶性案件和群死群伤的治安灾害事故。加强治安复杂场所、"九小场所"、校园及周边环境治安排查整治力度，提高社会治安防控能力。夯实基层基础，引深平安创建活动。开展多种形式平安创建活动，推进社会服务管理体系建设，确保高效运行。落实矛盾纠纷排查化解工作责任制，促进社会和谐稳定。树牢稳定第一责任理念，落实《关于进一步加强矛盾纠纷联调工作的实施方案》，加强矛盾纠纷联调工作机制建设，把矛盾纠纷解决在基层、解决在当地、解决在萌芽状态。

【法治迎泽建设】 2015年，区委政法委学习宣传贯彻落实党的十八届四中全会精神，推进多层次多领域的依法治理。在全区开展普法依法治理示范单位创建活动，扩大"法律大讲堂"工作面，推进法治文化大院建设，打造具有区域特色的法治文化品牌，营造深厚的法治氛围。推进司法公开，强化监督问责。实行办案质量终身负责制和错案责任倒查问责制。健全完善阳光司法执法机制，推进审判公开、检务公开、警务公开，自觉主动接受监督。强化执法监督，政法各部门围绕自身职能定位，履行好各环节的把关和监督职责。推进涉法涉诉信访工作，引导当事人理性维权，在法治轨道内解决诉求。

【政法队伍建设】 2015年，区委政法委把从严治党和"三严三实"要求贯彻到队伍建设中去，建设一支信念坚定、执法为民、敢于担当、清正廉洁的政法队伍。推进思想政治建设，严守党的政治纪律和政治规矩。开展党的政治纪律、组织纪律教育，打牢忠诚使命的思想基础，坚决做到"五个必须、五个决不允许"，坚决与"七个有之"作坚决斗争，永远做党和人民的忠诚卫士。推进党风廉政建设和反腐败斗争，净化政法领域政治生态。严格落实党风廉政建设主体责任和监督责任，落实中央关于改进工作作风、密切联系群众的八条规定、六项禁令，转变工作作风，对政法领域发生的腐败问题，要坚持"零容忍"的态度，发现一起查处一起，坚决清除政法队伍中的害群之马，提高政法工作亲和力和公信力。强化宗旨意识，驰而不息，改进作风。坚定理想信念，增强宗旨意识，改进工作作风，加强政法窗口单位作风和效能建设，提升人民群众满意度。开展政法宣传和舆论引导工作，自觉接受媒体监督，选树一批崇尚实干、敢于担当、廉洁自律的基层一线干警和科所队庭（室）长，弘扬正气，凝聚正能量，重塑政法队伍新形象，推进政法各项工作再上新台阶。

【矛盾纠纷排查化解】 2015 年，区委政法委发挥人民调解职能作用，建立健全矛盾纠纷联调体系，积极开展“城中村”改造矛盾纠纷排查化解等专项活动，区联调中心、街办（镇）联调中心以及社区（村）调解室挂牌运行，共 122 家。排查各类矛盾纠纷 2475 起，调处 2444 起，调处率 98.7%，其中重大矛盾纠纷 22 起，化解 10 起，12 起推进调处工作（属于配合省市有关责任单位的 6 起）。组建山西省首家先行调解中心，专对要求起诉的案件在立案前进行先行调解，完成先行调解 63 件。在诉讼服务中心设立诉调对接窗口，与派出法庭、巡回法庭实现信息共享。

【反恐应急能力提升】 2015 年，区委政法委组织开展“四项战役”“百城禁毒会战”“夏季攻势”等专项行动，提升群众安全感和满意度。破获刑事案件 1244 起，打掉以周斌等为首的三个恶势力团伙。批准逮捕各类刑事犯罪嫌疑人 569 人，提起公诉 712 人。受理刑事案件 845 件，审结 647 件，结案率为 76.6%。在迎泽大街实行“一线两点三地”巡防模式。在柳巷、朝阳街等商业繁华区建立群防群治应急防控机制。成立分局辅警办公室，建立民警为主、辅警有效补充的街面武装巡防应急力量。在全市率先组建迎泽区公交安全协管大队，对 101 个公交站点开展治安巡查，确保广大市民乘车出行安全。市公安局召开全市现场观摩会、经验介绍会进行推广。成立国家安全工作领导小组，下设办公室，选调专职人员，开展宣传培训。

【“天网”视频监控建设】 2015 年，迎泽区建成一类二期高清摄像头 1111 个，并投入使用。建设安装二类视频监控摄像机 1343 个，完成率 83.42%；三类视频监控摄像机 47096 个，完成率 111.6%。抓好安全监管工作，共查处治安案件 17532 起，破获治安类刑事案件 30 起。监督检查消防单位 1231 家，发现火灾隐患 1834 处，下发《责令限期整改通知书》1091 份、临时查封 18 家，三停 17 家。强化特种行业管理，继续推进复杂场所等级化评定管理，严格备案、许可，全部安装旅馆业信息上传系统。加强街面防控，不断增强巡控密度，警情发案实现稳中有降。

【平安社会创建】 2015 年，迎泽区创建省级平安单位 2 家，省城平安标兵单位 7 家，省城平安单位 23 家，区级平安标兵单位 33 家，区级平安单位 30 家，平安小区 392 个（创建率为 58.3%），开展平安家庭创建。其中，省级 1 户、市级 10 户、区级 111 户。开展“护校安园”行动，与 109 所中小学、幼儿园校园签订安全责任书，完善校园警务室，配备法制副校长，组织法制教育 210 场，安全反恐自然灾害演练 170 场，强化校园周边治安巡逻，提高见警率、管事率。组建社区群防群治队伍 1563 支 6977 人。其中，辅警队伍 97 支 210 人，专职队伍 691 支 2886 人，义务巡防队伍775支3881人。组建13支平安志愿者服务队，为5078名平安志愿者投意外伤害保险。巩固平安铁路“双示范”创建成果，开展铁路沿线重点整治，保证铁路运输安全畅通。

【重点治安管理强化】 2015年，迎泽区整治治安突出问题。先后组织开展“零点”行动护航“一节一会”、护城河社会面治安消防集中整治行动，组织开展火车站及周边专项整治行动，破获刑事案件6起，查处治安案件66起，取缔黑旅馆等场所10家，责令整改10家。开展“六项整治”专项行动。出动警力7010人（次）、车辆1815辆（次）；排摸工矿区6处，整治6处；排摸出租屋13544户，已整治11050户，排摸“九小场所”1130家，完成整治984家。破获各类刑事案件186起，查处治安案件1145起，排查化解矛盾纠纷6起。成立全省首家消防安全管理中心做强消防工作。组建8个消防应急工作队，提升消防应急能力。公安部消防管理局刊发专门简报进行经验介绍。

【“城中村”治安整治】 2015年，迎泽区开展集中宣传18次，制作悬挂宣传条幅48条，印制《公安迎泽分局致全区流动人口、出租房屋、用工单位的一封信》，为群众提供咨询服务640人次，开展流动人口、租赁房屋集中清理整治、检查城中村旅馆、九小场所、出租房屋、涉危涉爆单位176次，共登记录入非本地户籍人口6697人，登记租赁房屋2769户，受理居住证5754人。“城中村”租赁房屋登记和治安管理责任书的签订率达100%；出租房屋登记率达100%，流动人口登记、比对率达90%。收集上报各类城中村改造情报信息68条，现管控特殊人群24人。整治九小场所38家，其他场所28家，查处治安案件37起，破获刑事案件8起。联合执法对位于辖区内的城中村改造的180余处“两违”建筑进行拆除。

【社区矫正和安置帮教】 2015年，迎泽区制定《司法所长阅批社区矫正情况报告制度》等三项制度，安装使用社区服刑人员人脸识别考勤系统。新接收社区服刑人员125人，同比下降14.9%。期满解除矫正91人，同比下降47.4%。现管理在矫社区矫正人员203人，同比下降6.9%。累计对130名社区服刑人员进行电子智能监管。对刑满释放人员一人一档，实行分类管理，落实各项帮教措施。

【社会服务管理体系建设】 2015年，迎泽区加大经费投入，将运行经费列入财政预算，区财政为各街镇划拨两万元综治专项经费。社会服务管理指导中心系统受理网格员上报事件数为59549件，平安建设类5051件，全省第四，全市第一，有效处置38156件，处置率64.07%。落实晋综治委〔2015〕1号文件，共选好配强综治办主任7名，综治专干21名。

【阳光司法工程】 2015年，迎泽区各政法部门健全执法司法管理制度，规范工作流程，推进审判公开、检务公开、警务公开、行政司法公开，自觉接受监督，区法院加大审判流程、裁判文书上网、执行信息公开三大平台建设力度。区检察院积极探索创建网上网下一体化便民服务系统。公安迎泽分局建立“警媒合作”公安便民服务平台等阳光警务机制。区司法局推行法律援助信息服务。

【轻刑快审试点工作】 2015年，迎泽区严格执行《太原市迎泽区轻微刑事案件快速办理改革试点工作方案》，积极有序推进轻微刑事案件快速办理工作，落实专人办理、集中办理，与临汾市尧都区就轻刑快审工作进行经验交流，促进工作的开展。公安分局受理50案，区法院依法审结28案，提升办案效率。

【涉法涉诉信访及积案清理】 2015年，迎泽区坚持“诉访分离、分级负责、依法处理、属地管理”原则，构筑“依法导入、防止空转、有序退出、彰显关怀、提升公信”的涉法涉诉信访改革模式，对上级交办的16案已按要求清查核销，其中8案已报终结。对涉法涉诉信访案件，在与当事人积极沟通的基础上，对9案9人（上访老户）进行司法救助，支出救助资金48.5万元，信访人全部同意息诉罢访。

【法制宣传教育力度】 2015年，迎泽区深化“法治迎泽”建设，加强柳巷、迎泽、桥东等地的法治文化阵地建设，打造柳巷海西社区等“法治文化大院”，为全区60个社区配备“社区法律图书角”。推进“法律六进”，先后深入辖区20所中、小学校为在校学生举办普法大讲堂，为社区、驻地单位等开展法律大讲堂94场，被市司法局列为亮点工作。利用“三八”“六一”“九九”重阳节开展法制宣传讲座等。3月，迎泽区被命名为“全国法治县（市、区）创建工作先进单位”。区检察院深入机关企业学校、社区（村）开展职务犯罪预防讲座4次，受教育人数达2000余人。区法学会征集开展“城中村改造维稳问题研讨”活动论文4篇。

【法律服务和法律援助】 在全区114个社区（村）配备法律顾问，为区纪委、区委办公室、区委政法委、区信访局、区城管局、公安分局等单位推荐法律顾问。现有法律援助工作站12个，法律援助联络点109个。与工会、妇联、残联、信访加强配合，建立专项法律援助长效机制。继续做好“148”法律专线工作。办理法律援助案件303件。

【“一社区（村）一警”联系社区（村）访民活动】 2015年，迎泽区走访群众17223人，化解矛盾纠纷2855件。提供法律服务15304次，帮扶困难群众1439人。提升新形势下服务群众的能力，营造警民互动、警民和谐的良好氛围。2015年全年，迎泽区被命名为“全国法治县（市区）创建活动先进单位，区法院获“全国优秀法院”“全国有效实施失信被执行人名单制度示范法院”“全国法院网络宣传先进单位”“全省法院多元化纠纷解决机制改革示范法院”等荣誉称号。区检察院被评为全省检察机关案件管理工作示范院。区检察院干警冯磊同志入选“中国好人榜”，获得中央电视台《朝闻天下》等多家媒体报道。

（曹运锁　王太忠　张丽琴）

公　安

【概述】　2015年，迎泽公安分局在市公安局党委和迎泽区委、区政府领导下，以“四项战役”和夏季攻势专项行动为抓手，围绕党委政府的中心工作部署，提升打防管控工作水平，全面完成各项工作任务。全局在编民警623人，实有643人，下辖24个室、所、队，包括：指挥室、法制大队、国内安全保卫大队、治安管理大队、刑事侦查大队、政工室、监察室、警务保障室、人口管理大队、巡警大队、经侦大队、桥东派出所、迎泽派出所、柳巷派出所、庙前派出所、文庙派出所、老军营派出所、郝庄派出所、长风东派出所、桥东责任区刑警队、迎泽责任区刑警队、柳巷责任区刑警队、文庙责任区刑警队、郝庄责任区刑警队。

在维护稳定方面，迎泽公安分局情报信息工作名列全市第一，全年未发生一起涉政、涉邪极端案事件。全年共录入公安部精神病人信息管理系统489名，重点人口1277人，监管对象275人，并全部落实管控措施。在全年安保工作中出动警力11200余人次，警车2600余台次，完成“护城河”设卡，省、市“两会”，抗战70周年，圣诞节安保，一级勤务1507团等各项保卫任务94项520余次。为全面实现对社会治安动态控制，分局先后组织开展“四项战役”“百城禁毒会战”“夏季攻势”“大干50天”等一系列专项行动，提升群众安全感和满意度。全省首家消防安全管理中心成立，被评为“山西省第二届119消防奖”先进集体。制定《太原市公安局迎泽分局关于对“城中村”改造服务保障的实施方案》，服务保障“城中村”改造。在全区“城中村”推行平安建设警务站模式，建平安警务站6个（完成率200%），租赁房屋登记和治安管理责任书签订率达100%，出租房屋登记率达100%，流动人口登记、比对率达90%。分局基础信息化建设力度不断增强，“天网”视频监控建设稳步推进，全局情报研判能力大幅增强，尤其是社会信息资源采集录入工作在全市排名第一。为更好地服务群众，分局各户政窗口继续实行周六加时办公模式、免费复印相关证照材料服务、在国庆、春节等节假日、高考前夕为返乡外出务工人员及参加高考的考生开辟办户办证绿色通道、为特困人员免费办理“二代证”、为偏远地区群众及残疾孤寡人员提供预约服务、送证上门。10月8日，迎泽公安分局窗口单位进驻区政务大厅，开展一站式服务，缩短群众办事时间，提高为群众办事的质量和时效。

·维稳工作·

【信访事件处置】　2015年，迎泽公安分局开展领导接待群众活动40余次，应对来访共93件1300余人次，来信34件。公安部、省厅、市局来信来访36件，上级交办分局15起，全部办结；打击处理进京非访和围堵省市机关、会场非访人员110人次，其中刑拘 4 人，行政拘留 31 人次，警告 63 人次，训诫 12 人，起到警示教育作用，规范信访秩序。全年共处置各类群体性事件 623 起，出动警力 7790 人次，出动警车 960 台次，其中处置省委门口群访事件 558 起，查处违法犯罪嫌疑人 93 人，其中刑事拘留 1 人、行政拘留 18 人、行政警告 54 人、训诫 19 人、取保候审 1 人。在处置各类纠纷过程中措施得当，使事态得到有效控制，没有造成人员伤亡和损失。

【反恐应急】 2015 年，迎泽公安分局着眼街面见警率、管事率提升，在区政府支持下，先后招录 420 名辅警强化社会面一线巡防力量；着眼重点目标守卫，在省委、省人大、火车站等周边建立动静结合、快反有效的应急处突新机制；着眼人员密集区管控，发动驻地单位及商家增强自防力度，在柳巷、朝阳街等商业繁华区建立群防群治应急防控新机制；在全市率先组建“迎泽区公交安全协管大队”，破解市区公交站点及交通枢纽人流大隐患多管控难的治安顽疾；着眼于实战能力提升，不间断地组织开展反恐应急演练，建立“练在平时，赢在战时”的应急演练新机制。12 月 4 日至 6 日，分局按照省厅、市局统一部署安排，与省厅、市局多部门联合行动，仅用 30 小时，不费一枪一弹，将藏匿于迎泽区南海西街居民楼的 4 名新疆籍涉恐嫌疑人抓获，成功挫败一起预谋在太原市进行“圣战”的恐怖犯罪活动。12 月 6 日至 20 日，分局以“街不漏巷、巷不漏楼、楼不漏户、户不漏人”为原则，对全区关注人群聚集区开展地毯式网格化治安清查。

【反恐演练】 2015 年 8 月 14 日下午，迎泽公安分局在湖滨广场组织开展重点繁华地区反恐演练。演练中出动警力 100 余人次，警车 20 余台次。省、市 20 余家新闻媒体全程报道。反恐演练分模拟警情处置与反恐演练分模拟警情处置与紧急集合拉动演练两部分。通过模拟湖滨广场发生 2 名暴恐分子袭击群众的事件，全面检验分局快速处置机制，参演民警着装规范、警容严整，精神饱满，均在第一时间内到达指定地点，实现演练目标。

【公交安全协管大队成立】 2015 年 8 月，迎泽公安分局在全市率先成立迎泽公交安全协管大队，招录 210 名公交协管队员，坚守在全区 101 个公交站台，在站点开展日常危爆物品检查和可疑人员盘查等治安防控工作。截至 2015 年底，大队共查获非法携带易燃易爆品案件 6 起，非法携带管制刀具案件 29 起，为派出所提供扒窃、抢劫、抢夺等刑事、治安案件线索 67 条，直接查控移交相关案件 6 起，使公交站点同期案件查控率提升 35%，取得良好的社会效果。

·刑　事·

【刑事案件处置】 2015 年，迎泽公安分局共破获刑事案件 1451 起，起诉 799 人，批准逮捕 621 人，抓获逃犯 366 人，强制社区戒毒 424 人，缴获毒品 10334.75 克；现行命案发生两起，两案均破；打掉以周斌、雒军及底宏、司富林为首的 3 个恶势力团伙；破经济犯罪案件185起，为群众挽回经济损失2000余万元。破获公安部督办的“5·25”全省首起网络贩毒、网络组织卖淫团伙案、省厅督办的“8·16”利用快递特大贩毒、非法持有、转移毒品案，缴获毒品冰毒10余公斤（也是太原市今年破获的收缴毒品最多的贩毒案件），“2·6”清真寺门口殴斗案件、“4·3”持刀入室抢劫案（并将受害人被抢10余万元黄金饰品全部追回）、7·8”涉枪寻衅滋事案、“11·24”涉枪蒙面抢劫案，涉案金额达2.169亿元的山西汝琳商贸有限公司非法吸收公众存款案等一系列有影响案件。

【“四项战役”】 2014年10月底至2015年3月，按照市局部署，迎泽公安分局在全区开展“四项战役”，分局将行动作为消除全区治安隐患、维护社会稳定的重大战役，作为关注民生、服务发展的具体实践，取得显著战果和明显的社会效果。“打黑除恶”战场共打击处理恶势力团伙4个，破案66起，抓获犯罪嫌疑人26人；“两抢一盗”战场立案2321起，破案514起，刑事拘留129人，逮捕135人；“城中村”整治战场破刑事案件50起，查处治安案件143起，抓获逃犯9人，刑事拘留18人，行政拘留120人，强戒27人；“反恐维稳和社会面防控”战场搜集情报信息1006条，上报市局850条，被市局采纳178条，研判26次。国保重点人见面谈话4次，参与活动5次，转化教育1人。立涉众型经济犯罪案件15起，破案3起，刑拘11人，逮捕8人。

【“控警情，压发案”专项行动】 2015年4月30日，迎泽公安分局部署开展为期一个月“控警情、压发案”专项行动。经过多部门联动作战，4月，全局共破获各类刑事案件82起，起诉54人，强制社区戒毒49人，行政拘留115人，迎泽区警情高发势头得到有效遏制。4月29日、4月30日，全区刑事类警情被遏制在19起，4月30日7时至5月1日7时，全区刑事类警情持续下降，降至17起，其中文庙派出所辖区刑事类警情为0起。

·治安管理·

【整治街头秩序新机制】 2015年，迎泽公安分局将社会关注、群众关心的“禁炮、禁犬、禁噪音、禁小广告、可疑人员、关注人群盘查”工作纳入巡防民警工作范畴，实行“六必查”工作机制，有效提升查获率。全局共查处各类治安案件20569起，行政拘留1569人，收缴各类子弹4825发，枪支散件41件，各类枪支19支，空弹壳8个，钢珠200个，烟花报警弹5发，弩2支，手榴弹、废旧炮弹25枚，收缴管制刀具11把。查处违反危险物品管理案件38起，处罚38人。协助相关部门对“两违”拆除联合执法240余次，拆除“两违”建筑210余处。

【全省首家消防安全管理中心】 2015年，迎泽公安分局为做强基层火灾防控工作，在全省范围内率先成立消防安全管理中心，该中心被评为“山西省第二届119消防奖”先进集体。全年监督检查单位2830家，开展错时监督检查36次，发现火灾隐患4131处，督促整改4108处；全区发生火灾275起，同比上年下降6%。接处警1098起，抢救被困人员107人，疏散158人，抢救财产价值176万余元。

【“天网”视频监控建设】 2015年，迎泽公安分局推进“天网”视频监控建设。一类视频监控摄像机（一期、二期）投入使用1953个；二类视频监控三年总建设2500个，建完成率155.28%；三类视频监控三年总建设56743个，完成率134.46%。全年直接破获刑事案件2132起，协助破案286起，案件调用1502人次，抓获犯罪嫌疑人245起；直接查治安案件处484起，协助查处514起，处罚违法158人，预防处置群体性事件435起，服务救助群众1488人，为相关部门提供服务260次。

【火车站周边整治专项行动】 2015年5月，迎泽分局按照市局任务安排，开展“夏季攻势”打击整治专项行动，针对火车站周边“碰瓷”敲诈案件有所抬头的情况，按照市局党委的工作要求，分局指挥室、火车站周边派出所、责任区刑警队等五部门联手，从6月21日起至7月31日，开展为期1个多月的集中整治火车站周边治安乱象行动。通过重拳出击，共抓获违法犯罪人员21人，刑事拘留2人，行政拘留19人，破获以“钱缺角”方式盗窃案件1起、诈骗案件2起、吸毒案件4起，赌博案件2起、卖淫嫖娼案件4起，整治期间，火车广场站及周边刑事类警情与上年同期相比下降53.3%；诈骗、盗窃治安类警情与上年同期相比下降200%，净化该地区社会治安秩序，取得良好的社会效果。

【社区警务管理系统应用】 2015年，迎泽公安分局推进社区警务信息管理系统。截至2015年底，分局共录入系统数据信息总量已超70万条，达到712294条，较7月1日前试点期数据总量基数102597条增加594%。其中，标注建筑物总数7418栋（绘制建筑物电子房框图7418张），房屋总量380227户；登记录入实有房屋96664户，装户完成率达22.16%，居住人登记录入224935人，其中常住人口录入173762人，寄住人口录入28907人，暂住人口录入22192人；单位行业场所录入1107家，从业人员1946人。数据显示，全局录入数据量占到全市数据总量的33.6%，在全市排名第一，八个派出所均位列全市派出所排名前十位。

【“平安迎泽便民普法”大型宣传活动】 2015年9月18日上午，迎泽分局“平安迎泽便民普法宣传”活动在太原市五一广场正式启动。这次宣传活动共设置20个展板，包括11篇40面内容，涵盖分局公安工作的各个方面。分局局长秦书伟，副局长岳富民、王治国，党委委员、指挥室主任刘书江以及分局各派出所主要负责人出席启动仪式。这次便民服务宣传主要围绕公安户证办理、消防安全、食药监、养犬、禁止燃发烟花爆竹等与人民群众切身利益相关的知识、办理流程及群众享有的便捷服务，取得良好的社会效果。

·队伍建设·

【执法服务水平提升】 2015年，迎泽公安分局制定《2015年执法规范化综合考核评议办法》《执法规范化十个决不允许》《案件评查实施办法》等多种规章制度；增加高清审讯监控设备，与督察系统共同运行，自动刻录视频光盘；完成执法音视频平台系统建设并投入使用，使犯罪嫌疑人进入办案区后所有活动进行同步录音录像。全年上传案件548起，办案区视频6182个，执法记录仪视频3331个。建立专门的法制员队伍，分局执法大队检查与办案单位自查结合方式，实行“一月一评查”“一案一打分”制度，强化执法监督工作。完成4起典型案件相关领导和责任人作出执法过错追究，复议案件5起、行政诉讼案15起，无一起国家赔偿、复议撤销和诉讼败诉案件。

【政工干部赴井冈山培训学习】 2015年10月18日至24日，迎泽公安分局赴外地参加体验式培训学习。为加强基层党组织建设，提升党员素质修养，夯实党组织在新时期的战斗堡垒作用，提升公安队伍凝聚力和战斗力，更好地开展公安工作，根据市局、分局党委做好政工干部培训的要求，在市委党校的协调下，由分局纪委书记杨志强、政工室主任郝锦原带队、24个部门党支部成员组成的政工干部培训班赴韶山、井冈山、长沙等地进行为期一周的体验式培训学习。

【与迎泽区检察院联合设立侦查监督检察室】 2015年，迎泽公安分局加强检察机关与公安机关在刑事诉讼活动中的协作配合与监督制约，根据省检察院、省公安厅联合发文规定，迎泽区人民检察院与分局联合设立侦查监督检察室。区检察院副检察长杨建生一行与分局领导王璠、吴长胜、闫玉斌，在分局法制大队联合举行侦查监督检察室挂牌仪式，并进行深入座谈，要求协作配合检察机关更好地履行执法监督职能，确保在检察机关的有效监督制约下，使分局执法规范化建设水平迈上一个新的台阶。 （李凌霄）

检　察

【概述】 2015年，太原市迎泽区人民检察院在职干警有行政编制84人，在职人员87人；公务员72人，工勤4人，事业人员11人（其中全额财政拨款事业人员8人，2人工勤；自收自支事业人员3人，1人工勤）。党组成员9人（包括检察长1人，副检察长3人，纪检组长1人，反贪局长1人，反渎局长1人，政治处主任1人及检委会专职委员1人）；中层干部45人，其中正职26人，副职18人。

内设科室15个，分别为：政治处、办公室、侦查监督科、公诉科、反贪污贿赂局、反渎职侵权局、监所检察科、控告申诉检察科、民事行政检察科、技术科、党总支、监察室、案件管理中心、法警队、老干科。下辖单位2个，均为事业单位，全额财政拨款事业单位 1 个——信息中心，编制为 8 人，实有 8 人；自收自支事业单位 1 个——机关生活服务中心，编制为 4 人，实有 3 人。

2015 年，迎泽区检察院围绕建设“示范区、先行区、引领区”的发展定位，解放思想，扎实工作，各项工作取得新成绩。

【服务城中村改造】 2015 年，迎泽区人民检察院成立专门工作小组，建立党组成员包村联系，检察约谈制度，约谈村干部及相关人员 17 人次。抽调控申、民行等职能部门定期到城中村为群众提供法律服务。延伸检察职能，配合国地、行政执法等部门拆除违章建筑。立案侦查店坡社区原主任焦某涉嫌滥用职权案，为村民挽回经济损失 500 余万元。

【打击犯罪活动】 2015 年，迎泽区人民检察院批准逮捕各类刑事犯罪嫌疑人 565 件 711 人，提起公诉 772 件 915 人。12 月 24 日，举行全省公诉部门庭审观摩活动，省市院领导、专家对迎泽区人民检察院公诉水平予以高度评价。

反腐倡廉建设。立案查办各类职务犯罪案件 29 件 29 人。其中贪污贿赂案件 22 件 22 人，渎职侵权案件 7 件 7 人，查处县处以上要案 6 人，大案 20 件。立案查办的某县委书记霍某受贿一案，为国家挽回经济损失 850 万元；查办的夏县公安局局长孙某某滥用职权案，参加最高检反渎职侵权精品案件评选。开展预防职务犯罪宣传教育，受教育人次达数千次，向有关单位和部门发出检察建议 5 件，均被采纳并反馈。受理行贿犯罪档案查询 7831 件 10900 次。

2015 年，刑事立案和侦查监督方面，追捕 32 人，追诉 26 人；刑事审判监督方面，提请抗诉 10 件，法院改判 6 件；民事监督方面，受理 25 件，支持起诉 10 件；刑罚执行和监管活动监督方面，提出纠正违法意见 47 件次，纠正 47 件次；进行羁押必要性审查 3 件次，均被采纳。罪犯乞某在社区矫正期间，不服从有关规定，经多次批评警告拒不改正，2015 年 5 月被杏花岭区人民法院决定执行收监。

【基层院建设抽样评估】 2015 年 7 月 30 日，迎泽区人民检察院接到省、市院通知，将作为全省检察系统第一个基层检察院参加最高检对基层院建设抽样评估工作。落实《2014~2018 年基层人民检察院建设规划》和《抽样评估操作规程》《抽样评估基本指标》等文件精神，细致准备。短短二十多天里，全院干警加班加点，自查、整理、装订案卷 8625 册，自查出执行法律程序性规定、保障当事人权利、文书制作、办案区使用、刑事监督和内部监督、衔接六个方面的突出问题；收集汇总内部各项规章制度 6 大类 101 项，补足补齐各类器材装备 135 件，整理综合事务、政治思想、党风廉政等各类资料 210 册。8 月 29 日至 9 月 2 日，抽样评估组利用 7 个工作日，进行评估检查。评估组得出结论：“迎泽区检察院已达到全国基层检察院领先水平。”

【司法公正】 2015 年，迎泽区人民检察院将高检院抽样评估工作与省政法委开展的执法突出问题专项整治活动有机结合，进行自查和整改。自行设计制作自侦、公诉等七个业务部门的执法办案流程图。案管部门开展纸质案件评查和网上流程监控，对案件质量不高、文书制作不规范等问题一一列明，落实具体承办人，定期进行通报。各业务部门围绕暴露出的各种问题，进行分析讨论，建立问题台账，精心制定整改方案，指定责任人员，确定完成时限，促进具体化、目标化、责任化。公开法律文书617份，公安案件程序性信息1778条、重要案件信息43条。举办“检察开放日”，邀请省、市、区人大代表、政协委员和社会各界人士到迎泽区检察院视察和座谈，受到普遍赞誉。

【创新检察工作机制】 2015年，迎泽区人民检察院整合控告举报、申诉受理、视频接访、行贿犯罪档案查询等多项工作，建设阳光检务中心，构建起网上网下“一体化”为民服务平台，配置检察长接待、视频接待等“七室一厅”，建成省内一流的阳光检务中心，保障人民群众参与司法的权利。

【检察队伍建设】 2015年，迎泽区人民检察院坚持以“五个过硬”为标准，从严治检，全力打造一流检察队伍。坚持领导班子“五个带头”，发挥民主集中制和规范决策程序，形成强有力的战斗集体，党组班子连续多年被区委评为优秀领导班子。在高检院抽样评估中，干警对领导班子满意率达97%，对检察长满意率达98.6%。开展学习讨论落实活动和“三严三实”专题教育，狠抓队伍思想教育；检察长带头讲党课，组织院党组中心组、各部门、各支部学习交流、专题讨论“七个有之”“五个必须”等习总书记系列讲话精神，提高全院干警的思想政治水平。坚持以专业化建设为导向，分类开展专项培训，定期开展岗位练兵和业务竞赛。在全市各部门业务竞赛中，2人获第一名，9人被评为优秀选手，2人在省级技能大赛中获优秀奖。干部在线学习参学率和完成率均达100%。聚焦“四风”查摆问题，动真碰硬开展批评与自我批评，立说立行整改问题，干警纪律作风明显好转。健全问责制度体系，领导班子按照“六权治本”的要求，列出“主体责任清单”和“监督责任清单”，层层签订责任状，传导压力和责任。纪检监察部门加大内部督察力度，开展“一周一巡查”活动，促进“两个责任”的落实。开展“美在迎泽”等具有检察特色的文化活动，提高检察人员文化素养和职业道德水准。以本院先进人物为典型，举办的“道德讲堂”赴省内多家单位巡回宣讲，传播检察正能量，受到普遍赞誉。干警冯磊自愿无偿捐献造血干细胞的先进事迹引起全社会关注，他作为全国4000余名造血干细胞捐献者代表受到华建敏等中央领导接见，并在中宣部、中央文明办等单位开展的全国道德模范评选中，被评为“诚实守信好人”。中央电视台《朝闻天下》、山西电视台等多家媒体做详尽报道。制作的《迎泽检察巡礼》《使命》等四部宣传片，在全社会树立起检察机关良好形象。2015

年，涌现出山西省“十大杰出检察官”侯强，入选“中国好人榜”的优秀干警冯磊等先进典型。

2015年，迎泽区人民检察院连续六年被最高检察院、检察日报社评为“检察宣传先进单位”；被省检察院评为省级案件管理示范院；连续两年综合考核位居十县区院之首；连续六年被迎泽区委评为“优秀领导班子”。（郭素花）

法 院

【概述】 2015年，迎泽区法院（简称区法院）内设：院党组、行政庭、审管办、法警队、办公室、审监庭、监察室、信息中心、机关党委、庙前法庭、立案一庭、东太堡法庭、政治处、桥东法庭、老干科、鉴定中心、立案二庭、监察室、刑一庭、刑二庭、民一庭、研究室、民二庭、民三庭、执行局、书管科。下辖及代管单位3个：机关后勤服务中心、信息中心、鉴定中心。成立全省首家先行调解中心。

2015年，区法院在区委的领导和区人大、上级法院的监督指导下，牢牢把握司法为民公正司法主线，推进法院各项工作，取得良好成效。全年新收各类案件8165件，旧存631件，合计8796件，结案7101件，居全市基层法院首位，结案率为80.7%。迎泽区法院获“全国优秀法院”“全国有效实施失信被执行人名单制度示范法院”“全国法院系统司法宣传先进单位”、山西省“多元化纠纷解决机制改革示范法院”等称号，各项工作迈入全国先进法院行列。

【刑事审判】 2015年，区法院接收刑事案件992件，审结830件，结案率为83.7%。刑事审判突出严惩非法集资、非法吸收公众存款等涉众型经济犯罪，依法惩处贪污、贿赂等职务犯罪，重拳打击黑恶势力犯罪，服务城中村改造。新《刑事诉讼法》的实施，强调审判中心主义，积极排除非法证据，实现量刑公平、公正。运用远程审判，推进轻刑快审，将二者深度结合，提升审判效率，完成审结181件。

【民商事审判】 2015年，区法院受理民商事案件6414件，审结5207件，结案率为81.2%，调解撤诉率为44.2%，审结标的额10.3亿元。坚持能动司法理念，强化为经济建设发展保障和服务的能力，加强与辖区重点项目、重点企业的联系，审理好涉及区建设、投资发展环境的案件，平等保护各类市场主体的合法权益，依法改善投资发展环境，促进经济可持续发展。把谋民生之利、解民生之忧作为工作的出发点和落脚点，妥善审理医疗、婚姻家庭、劳动争议等事关民生的各类案件。

【先行调解中心成立】 2015年，迎泽区法院注重多元化解决纠纷，成立全省首家先行调解中心，开展先行调解，当事人不需要交纳诉讼费即可进入诉前调解程序。受理先行调解案件422件，调解结案419件。加强诉调对接，与区联调中心、行政调解、人民调解、商事调解、行业调解对接，建立特邀调解制度，借助社会力量在诉前、诉中、执行等程序中参与矛盾纠纷调解工作。在迎泽交警一队设立的交通巡回法庭完成司法确认交通事故纠纷791件，其中13件交通事故死亡案件顺利确认；桥东法庭与省医调委医疗纠纷对接顺畅，确认医疗纠纷190件。6月，迎泽法院被省高院评为“多元化纠纷解决机制改革示范法院”。

【行政诉讼审判】 2015年，区法院受理行政案件116件，结案90件，结案率为77.6%。落实新《行政诉讼法》的实施，发挥行政审判监督、救济、解纷功能，保护行政相对人的诉权，畅通立案渠道。推进行政机关负责人出庭应诉制度，在合法自愿原则下开展行政案件调解工作。积极服务市政工程、城中村改造工作，对非诉执行案件及时依法裁定，法官走村入户宣讲法律，及时疏导解决矛盾，维护大局稳定。

【执行工作】 2015年，区法院建立信用惩戒机制，加强执行工作。受理执行案件1239件，执结947件，结案率76.4%，执行标的1.29亿元。加大对失信被执行人的信用惩戒，加大反规避执行力度，促使被执行人履行义务。集中打击一批拒不执行判决裁定、妨害公务、非法处置查封、扣押、冻结财产等的犯罪行为，改善执行环境，缓解执行难，强化社会诚信意识，让打赢官司的当事人及时实现权益。

【立案信访】 2015年，区法院落实立案登记制，敞开群众诉求大门，最大限度保障群众司法救济途径。对符合法律规定条件的起诉，一律接收诉状，当场登记立案。当场不能判定的，在法定期限内决定是否立案。在法定期限内无法判定的，先行立案。对于不符合形式要件的，及时向当事人释明，一次性全面告知应当补正的材料和期限。强化诉讼服务中心功能，把服务措施做好做细。提高信访接待服务水平和质量，坚持每月“逢五”院长接待、“逢六”执行局长接待制度，共办理院局长接待98次，接待179人，督办案件75件；办理远程视频接访4件5人；对生活困难、急需救助的信访人员给予司法救助，共办理救助5案5人，救助金额63474元，有效化解信访矛盾。为困难当事人缓减免交诉讼费13.8万元，确保弱势群体的诉权。

【人民陪审员工作】 2015年6月13日，迎泽区人民法院在太原市第二十一中学举行2015年度人民陪审员（倍增）选任考试。6月29日，迎泽区第四届人大常委会第三十次会议审议并通过迎泽法院院长赵晋虎提请审议的《关于丁竖等100名人民陪审员任职》的议案，2015年迎泽法院人民陪审员换届选任工作结束。7月6日，迎泽法院举行人民陪审员就职宣誓仪式暨培训。培训由院党组成员、副院长白唯鸣主持。政治处副主任侯策农组织人民陪审员重点就人民陪审员的权力义务、管理考核等方面进行专题培训。

【打击犯罪行为专项行动新闻宣传周活动】 2015年7月21日，迎泽法院结合上级法院安排部署，启动“集中打击拒不执行判决、裁定等犯罪行为专项行动新闻宣传周”活动。强化社会诚信意识、弘扬社会主义法治精神，维护法律权威，遏制当前部分被执行人或相关人员抗拒执行、阻碍执行甚至暴力抗法等不良现象，营造全社会参与惩治抗拒执行违法犯罪行为的强大舆论氛围。

【涉军案件座谈】 2015年7月30日，在第88个建军节来临之际，迎泽法院副院长赵宏旺、研究室主任周玉旺和桥东法庭庭长杨春燕一行代表太原市迎泽区人民法院前往中国人民解放军第264医院进行慰问，并就涉军案件的处理与264医院主要领导及医务科负责同志举行座谈。

【周强就基层人民法庭建设情况调研】 2015年11月19日，最高人民法院院长周强到迎泽区法院东太堡人民法庭，就基层人民法庭建设情况进行调研。省委副书记、省长李小鹏，省委常委、太原市委书记吴政隆，省高级人民法院院长左世忠，市中级人民法院院长冯少勇，迎泽区区委书记刘文华参加调研。

【法律宪法宣传活动】 2015年，迎泽区法院在“3·15”消费者权益保护日来临之际，组织青年志愿者与迎泽公园、青年路二社区一起在迎泽公园开展《消费者权益保护法》宣传活动。12月4日，迎泽区法院与山西财经大学法学院在坞城校区学生活动中心四层共同举办以“与宪同行、创新发展、协同共享”为主题的法治情景剧大赛暨展演活动。迎泽法院东太堡法庭组织青年干警到迎泽区朝阳街小学开展送法进校园活动，为五年级的200余名师生开展法制教育课。

【执法行为规范管理】 2015年，迎泽区法院以“党的群众路线教育实践活动”和“学习讨论落实活动”为载体，开展执法司法突出问题专项整治活动，实现管理方式由人工到信息化、由粗放化到精细化的转变，实现用制度管人、管案、管事，促进审判管理、队伍管理、司法政务和纪律作风的全面规范。以审判管理为中心，规范审判权力运行。加强司法规范化建设，严格执行法律规定的程序制度。先后制定审判管理方面的规范性文件11项，加强立案、审判、执行、信访等各个环节的管理，让群众看到司法的严谨细致、严密规范。在立案环节，对诉讼服务窗口功能进行明确标识，在立案大厅公示立案工作流程和服务标准，对当事人询问实行首问责任制和一次性告知，最大限度减少当事人的往来奔波，减轻诉讼负担，让群众切身感受到热情、周到和便利。在审判环节，狠抓各类庭审规范和流程标准的落实，加大督察力度，杜绝随意改变庭审时间、随意打断当事人或律师发言、随意进出法庭以及着装不规范等问题，确保当事人有理讲在法庭、证据举在法庭、疑惑解在法庭、裁判形成在法庭。推进“让审理者裁判、由裁判者负责”的改革思路。建立健全案件质量责任制，按照司法改革的思路，逐步推进办案质量终身负责。在执行环节，规范执行行为，严格中止、终结执行程序，明确细化执行结案标准。正确适用查封、扣押、冻结、评估拍卖等措施，加强对执行款物的管理，杜绝消极执行、乱执行等问题。完成人民陪审员倍增计划，新选任120名陪审员，选择优秀人员作为驻庭陪审员，参与案件审理，展开人民监督。强化法院日常规范管理，贯彻严格管理、强化考核、注重督促、强化责任的原则，在抓制度修订、制度落实和求实效上下功夫。开展对旧有制度规定进行整理、修订和完善工作，共修订、完善审判管理、司法礼仪、着装考勤、廉政纪律、教育培训等方面的制度21项。开展制度的集中学习活动，利用每周五下午的政治业务学习时间，组织干警对修订的制度进行学习，提高干警对制度的重视程度，进而提高认识，主动学习、掌握、执行、落实各项制度和对每项工作的要求。推进基础建设为中心，规范服务和保障工作。改善审判办公条件，提升服务管理水平，较高标准改善诉讼服务中心和审判法庭，更加体现司法为民，更加注重司法公开，增强审判工作的科技含量。加快新审判法庭的建设，保障新时期审判工作的需要，争取早日完工。

【社会综合治理参与】 2015年，迎泽区法院健全社会管理综合治理目标责任制，第一责任人亲自抓，第二责任人具体抓，严格按照“一岗双责”的责任要求，把综治工作列入重要议事日程，与执法办案工作同部署、同检查、同考核、同奖惩，做到真抓实管。分析研究本单位综治工作形势，解决存在的突出问题。加强安保建设，狠抓法警岗位练兵，提高紧急情况的快速反应能力和灵活应急处置能力，更新设备，从物资和技术上提高法院安全保卫能力；制定系列安保制度，对来访人员身份情况、来访时间和事由等信息做好登记，形成台账备案备查。实行24小时轮流值班制度，不定时进行值班状况检查，安排专人进行流动巡逻，防止出现安全死角。加强“天网工程”，做到全院及周边监控设施全覆盖，人防物防技防相结合，全天候、立体化的社会治安动态防控体系。与周边派出所、交巡警、社区警务等单位的安保工作联系常态化，形成网格化控防和有效威慑，保障社会安全稳定。

【司法公开工作】 2015年，迎泽区法院把司法公开作为维护司法公正，提升司法公信，树立司法权威的一项基础性工作来抓，加大司法公开力度，做到以公开促公正、以公正促公信，展现法院公开透明、阳光司法的良好形象。将司法公开确定为工作的重中之重，三大司法公开平台建设卡住时间节点，明确质量标准，确保按照时间规定高水平完成。在原有官方网站、微博、微信平台的基础上，开通山西省法院系统首家手机APP平台，整合审判流程、裁判文书上网、执行信息三大公开平台、法院审务、诉讼服务、网上预约立案、信访举报以及工作动态等内容，使公众可随时随地通过手机与法院实现图文点对点互动，获取诉讼服务，查阅裁判文书和执行信息，实现网上预约立案和信访，方便当事人诉讼，增加法院司法公开透明度，实现“掌上法院”。依托诉讼服务中心平台，加强诉讼引导和服务，全面公布各类审务信息，及时让当事人和社会公众了解法院工作。利用新媒体，公开立案到执行的审判流程，除法律规定不能公开的案件以外，做到对立案、庭审、宣判、执行等诉讼过程的各个环节、各类信息，运用图文、音频、视频等方式及时公开，为公众提供全方位、多元化的司法服务。明确裁判文书上网工作各主体的责任，将文书上网纳入绩效考核。各庭设专人在文书签章前进行检校，确保文字准确。充分利用官方网站、微博、微信平台，及时发布审判信息，加强与网友交流，主动回应社会关切。开展全市首次网络直播庭审，群众通过网络观看案件审理过程， 满足群众的知情权。截至2015年底，在官方网站、微博发布各类信息1100多条，微博粉丝数量达到32万人。公开各类审判、执行工作信息138篇，裁判文书上网814篇，发放各类法治宣传资料近千份。人民群众通过上网查看裁判文书、观看庭审直播等方式，增进对法院工作的了解与理解，更加自觉地维护司法权威。司法公开工作同时增强法官办案质量意识与责任意识，促进审判质效的提高，促使法官不断改进司法作风、提升司法能力。案件服判息诉率、实际执行率等群众关注度高的指标与同期相比均显著提升。12月2日10时，迎泽法院首次通过官方微博网络视频直播一起“信用卡诈骗案”庭审过程，人大代表、媒体记者和群众共40余人旁听整个庭审过程。这是迎泽法院构建开放、动态、透明的“网络法院”“阳光法院”，提升司法公信力的又一举措，也标志着迎泽法院的司法公开工作迈向信息化建设3.0时代。

【队伍建设】 2015年，迎泽区法院巩固党的群众路线教育实践活动成果，开展“学习讨论落实”活动，以作风建设为抓手，以规范管理为重点，建设一支政治坚定、业务精通、作风优良、执法公正的高素质法官队伍。抓好群众路线教育实践活动整改落实和建章立制工作，修订、制订有关规范法官行为、财务管理等方面的制度6项，建立防止“四风”问题的长效机制，确保作出的整改承诺全部兑现。坚决抓好“八项规定”的落实，严格执行《党政机关厉行节约反对浪费条例》，精简会议和文件简报30%以上，减少“三公”经费开支25%以上。

【党风廉政建设和司法作风建设】 2015年，迎泽区法院坚持党要管党、从严治党，认真践行“三严三实”，落实院党组主体责任和纪检监察部门监督责任，推动全院司法作风持续好转。组织干警观看警示教育视频片，做到警钟常鸣；签订党风廉政建设责任书，明确领导干部一岗双责，加强审判执行、财务管理、司法鉴定等重点岗位的监督管理，推进廉政风险防控机制建设；院长进行“三严三实”专题教育党课，加强全体干警组织纪律意识、为民服务意识、廉洁自律意识；严格执行请销假制度、着装制度、庭审规范等制度规定，重点治理不按时开庭、着装随意、庭审不规范等群众反映强烈的司法作风问题。

主动接受人大、政协和社会各界的监督，邀请人大代表、政协委员和群众参加法院开放日活动，举行座谈，发放征求意见表，积极落实人大代表、政协委员的意见建议；主动向区人大常委会专题报告调解工作，争取社会各界的支持，促进大调解机制的构建。

【教育培训全覆盖】 2015年，迎泽区法院扩大培训工作的广度和深度，实现教育培训全员覆盖。制订全年教育培训工作计划，确定学习内容、学习时间、培训范围和培训目标，并由政治处对学习情况每周检查并通报。共举行新《民事诉讼法》、新《行政诉讼法》学习培训7次。

【文化建设】 2015年，迎泽区法院坚持把从优待警工作制度化，一切从关心爱护干警出发，一切为解决干警实际困难着想。为全体干警举办预防高血压健康知识讲座；建立完善慰问工作制度，落实困难送帮助、生病送慰问、生日送祝福“三送”措施。组织开展丰富多彩的法院文化活动，帮助干警放松心情、陶冶情操、强健身体；通过参加摄影书画展、征文等活动，提升队伍的士气和凝聚力，为审判工作的顺利开展提供良好保障。 （周玉旺）

司法行政

【概述】 2015年，太原市迎泽区司法局内设科室4个，即：办公室、法制宣传教育科、基层社会工作科、法律服务管理科，下辖迎泽区法律援助中心；业务管辖柳巷、庙前、文庙、迎泽、桥东、老军营、郝庄镇7个司法所；司法局机关有各类编制数38名，其中政法专项编制33名（司法所15名，局机关18名，其中局长1名，副局长3名）；工勤事业编人员1名；实有公务员20人，缺编13人（各司法所缺8名，局机关缺5名）；区法援中心事业编制4人，实有人数4人。

深化“法治迎泽”建设，加强法治文化阵地建设，打造柳巷海西社区等“法治文化大院”，为全区60个社区设立“社区法律图书角”。开展“法律八进”，到社区、学校、驻地单位开展法律大讲堂102场，受教育人数达5000余人。加强重要节点的法制宣传，尤其是“12·4”国家宪法日宣传活动。加强中层干部普法教育，为全区近500名副科级以上干部购买发放《刑法解读》《法学故事》等法治读物。

迎泽区被全国普法办公室评为“全国法治县（市、区）创建活动先进单位”，文庙街道五龙口三社区被司法部、民政部评为“全国民主法治示范村（社区）”。加强矛盾纠纷联调工作，在全区城中村社会治安集中整治专项行动中，发挥人民调解作用，减少城中村不稳定因素。开展人民调解案件补贴和卷宗验收点评工作，促进人民调解工作规范化。区道路交通事故纠纷第一人民调解委员会发挥行业性、专业性调委会的优势，与区法院联合形成对人民调解协议司法确认的无缝对接，化解大批道路交通事故纠纷。各级调委会全年受理各类矛盾纠纷3729起，成功调处3671起，调处成功率达98%以上。规范工作流程，与区检察院联合制定下发《关于规范社区服刑人员入矫宣告仪式的通知》，制定《司法所长阅批社区矫正情况报告制度》《司法所长与社区服刑人员个别谈话制度》《司法所长对面临处罚的社区服刑人员约谈制度》三项制度。安装使用社区服刑人员人脸识别考勤系统。经过摸排、甄别，迎泽区13名符合特赦条件的未成年罪犯获准特赦。全年接收社区服刑人员140人，同比下降14.3%；期满解除矫正158人，同比下降19.7%。截至年底，在册管理社区服刑人员195人，同比下降9.3%。全年无一人脱管、漏管和重新违法犯罪。实现刑满释放人员无缝衔接，并对重点帮教对象实现必接必控。对刑满释放人员做到一人一档，实行分类管理，落实各项帮教措施。截至年底，在册管理刑释解矫人员722人，其中刑满释放人员385人，解除矫正人员337人，帮教率99%，安置率95%，重新违法犯罪率控制在2%以内。制定印发《关于在全区开展一社区（村）一法律顾问工作的实施方案》，实现全区社区（村）法律顾问全覆盖。择优推荐律师为郝庄镇王家峰、东太堡的城中村改造提供法律咨询和法律服务。推动机关部门和单位配设法律顾问工作，指派律师参加区政府的信访接待工作。在交通大厦对全区法律援助律师和基层法律服务工作者进行为期两天的业务培训。开展法律援助工作宣传，完善街道（镇）、社区（村）工作网络体系，规范法律援助工作站（室）建设，有法律援助工作站14个，法律援助联络点109个。与工会、妇联、残联、信访协调配合，建立专项法律援助长效机制。加强对法律援助案件办理的督导、回访，严格法律援助卷宗审核验收，提高办案质量。全年办理法律援助案件360件，其中民事援助案件166件，行政援助案件6件，刑事援助案件188件，参与讯（询）问未成年人19次，代写法律文书35件。全年集中学习26次。开展学习讨论落实活动，牵头开展解决群众打官司难专项整治工作，开展“一社区（村）一警”工作，开展“三个一批”试点工作，开展“三严三实”专题教育活动。迎泽区司法局被市委、市政府评定为“文明单位”，被市委、市政府、市警备区评定为“双拥模范单位”，被市司法局评为“2015年度目标责任制完成优秀单位”。

【司法所工作人员培训例会】 2015年1月9日，迎泽区司法局召开司法所全体人员学习培训工作例会。副局长多胜利就2015年法制宣传工作提出新的思路；基层社会科李琴和杨欣就2014年人民调解、安置帮教工作存在的问题进行通报，对2015年工作提出具体要求和部署；副局长马转花就社区矫正工作对各司法所进行点评，为进一步规范社区矫正各个环节的工作提出要求，进行安排。局长王少骏从队伍建设、经费保障和纪律作风三个方面做总结讲话，提出继续加强司法所规范化建设和希望司法所全体工作人员在工作中严格执法，廉洁自律。

【社区服刑人员集中教育学习活动】 2015年1月15日，迎泽区司法局分两批对全区213名社区服刑人员开展第一期集中学习教育活动。活动聘请省政法干部管理学院副院长任树琴和讲师张金枝，结合相关案例，分别围绕“依法治国”和“宪法”两个主题进行讲解。

【律师诚信执业专项整治动员大会】 2015年1月16日，迎泽区司法局在迎泽区文化馆召开在律师队伍中集中开展促进律师诚信执业的专项整治活动会议。太原市司法局律管处处长金瑾、太原市律师协会副会长赵匡中出席会议并讲话。各有关领导提出坚持问题导向，树立律师的执业边界意识，加强对律师执业的监管力度等要求。围绕“12.13”案件及2013年、2014年分别出现的20件及23件合理投诉事件，分析律师执业中存在的问题。下发《关于太原市律师办理重大疑难敏感案件请示报告制度有关问题的通知》及《中华全国律师协会关于律师办理群体性案件指导意见》等文件。

【查找政治生态突出问题专题讨论会】 2015年1月19日，迎泽区司法局组织全体干部职工学习《关于深入查找政治生态突出问题认真讨论整理反思剖析报告的通知》（迎学办发〔2015〕1号）文件精神，并组织集中讨论。局长王少骏主持会议。班子成员和各科室干部职工分别从落实“两个责任”，遵守党的政治纪律、执行八项规定反对“四风”、选拔任用干部、规范权力运行、服务人民群众五个方面，聚焦40个问题，以分组讨论形式，进行自查自纠。

【开展征求意见活动】 2015年1月25日至28日，迎泽区司法局工作人员向各社区（村）、社区服刑人员、区属律师事务所律师，分别发放内容不同的《执法司法领域专项整治活动征求意见表（一）、（二）、（三）》，征求意见和建议。活动发放《征求意见表》150份，收回145份。

【市局开展执法司法领域突出问题专项整治调研活动】 2015年3月6日，太原市司法局副局长刘自国一行3人，对迎泽区司法局开展执法司法领域突出问题专项整治活动情况进行调研督查。迎泽区司法局局长王少骏围绕专题工作进行情况汇报。市局领导对迎泽区司法局在活动中取得的成绩给予肯定。

【思想政治党风廉政建设】 2015年3月26日下午，迎泽区司法局召开学习讨论落实活动专项整治工作动员部署会议，局长王少骏主持会议，区委第五督导组成员解丽荣参加。副局长多胜利就群众路线教育实践活动整改落实情况进行通报，副局长马转花和杨会明分别宣读《太原市迎泽区司法局关于深入开展学习讨论落实活动专项整治工作的实施方案》和《太原市迎泽区司法局关于开展“解决群众打官司难”问题专项整治工作的实施方案》。组织司法局全体党员在区直机关工委下，前往太原美术馆参观“中国共产党反腐倡廉历程展”。展览用翔实的文献资料，全面展现全心全意为人民服务的立党宗旨和与腐败水火不容的高尚品格。

【2015年度司法行政工作会议】 2015年4月10日，迎泽区司法局2015年司法行政工作会议在迎泽区委党校召开。全区各

司法所全体工作人员，各律师事务所、法律服务所主任，局机关和法律援助中心全体人员参加会议。局长王少骏做工作报告，回顾总结2014年的工作情况，对2015年的司法行政工作进行安排部署。

【2015年第二次社区服刑人员集中学习教育活动】　2015年4月23日，迎泽区司法局聘请山西政法干部管理学院卫嵘、副院长任树琴分别围绕《职业素质与就业创业指导》和《婚姻家庭法律知识》进行培训。

【人民调解案件卷宗验收点评工作】　2015年4月底开始，迎泽区司法局从人民调解案件卷宗的合法性、真实性、规范性、完整性四个方面入手，对全区各街道（镇）、社区（村）报送的2015年第一季度受理办结的154本书面协议卷宗、70本口头协议卷宗和163件简易登记表进行验收工作。针对验收中发现的突出问题及薄弱环节，给予通报点评。

【社区矫正】　2015年，迎泽区司法局制定司法所长阅批社区矫正情况报告、社区服刑人员个别谈话教育、对面临处罚社区服刑人员诫勉谈话三项工作制度。根据社区矫正工作实际，迎泽区检察院和迎泽区司法局联合发文，对社区矫正服刑人员入矫宣告仪式各环节的工作给予细化和规范，要求各司法所遵照执行，严把社区矫正“入口关”。迎泽区司法局为辖区内7家司法所统一购置人脸识别考勤机，开展人脸识别考勤机使用的相关培训。7月1日起，全区7家司法所启用社区矫正人脸识别考勤机，实现对社区服刑人员考勤工作的智能化、信息化、规范化管理。

【律师工作检查考核】　2015年4月28日至5月8日，迎泽区司法局对全区执业期满一年的律师事务所及律师进行检查考核。全区有律师事务所46所，执业律师387人（专职律师358人、兼职律师29人），辅助人员102名，实习律师71名。其中新增律师事务所2所，新增律师66名，新增实习律师17名。2015年全区律师事务所与司法所共同开展法律咨询千余次，为街道和社区干部宣讲法律56场，担任法律顾问单位760家，参与信访接待40余次，办理案件6195件，其中：刑事案件947件、民事案件4290件、非诉讼法律事务946件，业务收费达4732万元，上缴税额达120万元。

【学习讨论落实活动总结暨“六权治本”推进会】　2015年5月21日，迎泽区司法局召开学习讨论落实活动总结暨“六权治本”推进会，局长王少骏主持会议，迎泽区委第五督导组一行三人参加，组长骆耀红讲话。王少骏总结全区司法行政系统学习讨论落实活动情况，对推进“六权治本”工作进行安排部署。迎泽区委第五督导组对迎泽区司法局学习讨论落实活动开展以来的成果表示肯定。

【市司法局局长对迎泽区城中村改造工作进行调研】　2015年6月4日下午，太原市司法局局长杨万生、办公室主任刘强及律管处处长金瑾一行三人，在迎泽区司法局局长王少骏、副局长杨会明陪同下，对郝庄镇枣园村城中村改造工作进行调研。郝庄镇镇长刘丰、山西天承律师事务所主任宋涛等人参加会议。王少骏就迎泽区城中村改造工作的进展情况和一社区（村）一法律顾问工作的完成情况进行汇报。宋涛、韩有生就服务城中村改造、拆迁工作中所遇到的问题、涉及的法律事项及解决问题的经验作汇报与交流。杨万生肯定迎泽区“一社区（村）一法律顾问”工作开展情况，就该项工作的开展提出明确要求，要求充分发挥律师的专业特长，参与到城中村改造的工作中去，并树立典型，确保该项工作依法有序进行。

【一社区（村）一法律顾问工作实现全覆盖】 2015年，迎泽区司法局制定印发《关于在全区开展一社区（村）一法律顾问工作的实施方案》（迎司〔2015〕10号），召开专门会议对该项工作进行安排部署。通过律师自愿报名，迎泽区司法局及各司法所牵线搭桥，社区（村）与律师相互沟通、双向选择，确定服务全区各社区（村）的律师人选，举行一社区（村）一法律顾问签约仪式。截至6月初，全区114个社区（村）配备法律顾问。

【组织律师赴延安学习】 2015年7月2日至3日，太原市律师协会党委迎泽分会委员、迎泽区各律师事务所党支部书记到延安参加中共太原市律师协会委员会组织的为期2天的培训学习。其间，大家参观枣园、杨家岭、宝塔山、延安革命纪念馆等革命历史纪念地，重温入党誓词。

【参观名家书画展】 2015年8月21日，为纪念中国人民抗日战争胜利暨世界反法西斯战争胜利70周年，迎泽区司法局组织干部职工参观迎泽区美术馆举办的“丰碑辉煌　和平永铸　迎泽区纪念抗战胜利七十周年名家书画展”。

【市检察院对庙前司法所社区矫正工作进行检查】 2015年7月6日上午，太原市检察院和迎泽区检察院一行3人，到庙前司法所对迎泽区社区服刑人员脱管漏管情况进行专项检查。通过听取汇报、检查档案、观看PPT演示汇报，上级领导对迎泽区社区矫正管理工作给予肯定。

【开展2015年第三次社区服刑人员集中学习教育活动】 2015年7月23日，迎泽区司法局在迎泽区委党校五楼会议室对全区200多名社区服刑人员分两批进行集中学习教育。山西省政法干部管理学院讲师林娜、李艳，分别讲授《百善孝为先》和《在法制背景下的依法行政》等内容。会后，迎泽区司法局副局长马转花做区矫正监管工作通报。

【司法所工作例会】 2015年8月14日，迎泽区司法局召开司法所8月份工作例会，辖区内7家司法所所长及全体工作人员参加。会上，副局长多胜利就加大法律宣传力度，拓展法律大讲堂渠道提出切实可行的方案。迎泽区司法局基层社会科工作人员对进一步开展好社区矫正、安置帮教、人民调解等工作进行安排部署，并对存在的困难进行了分析研究。副局长马转花要求各司法所对前一阶段工作中存在的问题要加以重视，对下一阶段的工作提出具体要求。局长王少骏要求各司法所认真履行好自己的职责，全面提升司法行政工作质量。

【与小店区司法局进行社区矫正工作经验交流】 2015年8月20日，小店区司法局副局长李翠娥带领小店区司法局社会科同志及10个司法所长（工作人员）到迎泽区司法局庙前司法所，就社区矫正教育管理工作开展经验交流。小店区司法局的同志们对庙前司法所工作到位、管理严格予以高度赞扬。

【开展2015年第四次社区服刑人员集中学习教育活动】 2015年10月29日，迎泽区司法局组织全区社区服刑人员开展集中教育学习活动。太原市城南公证处主任陈秀峰，为社区服刑人员讲授“公正在您身边，为您排忧解难”课程。山西政法干部管理学院讲师景秋云讲授《复利的启示》。

【中央综治办领导莅临迎泽区考察人民调解工作】 2015年11月4日，中央综治办副主任卢仓报、处长严曦，山西省委政法委副书记薛永辉，综治办副主任姚洪波以及太原市委有关领导等一行七人，到迎泽区道路交通事故第一调解委员会和柳巷街道海西社区，分别调研指导人民调解和多元化调解工作。

【社区（村）干部人民调解、社区矫正、安置帮教业务培训】 2015年11月6日，迎泽区司法局举办全区社区（村）干部司法行政工作培训班。培训内容包括：人民调解、社区矫正、安置帮教工作业务。全区7个街道（镇）司法所全体工作人员及全区83个社区、29个村委员会主任，负责人民调解、社区矫正和安置帮教的工作人员共计233人参加。会上，山西仁欣律师事务所律师高雅静，从法律、情理角度，引用案例，为培训人员讲解人民调解具体操作实务。迎泽区司法局副局长马转花，为培训人员讲解社区矫正相关理论与实践。迎泽区司法局负责安置帮教工作的同志，为培训人员讲解安置帮教工作实务。

【警示教育】 2015年11月10日，12月7日，迎泽区司法局组织全体干部分别观看《警钟长鸣铁律无情》警示教育片，学习山西省司法厅《关于对阳泉二监干警张银顶风违纪大操大办婚宴事宜的通报》。

【法律服务和法律援助工作培训】 2015年12月8日、9日，迎泽区司法局举办迎泽区法律服务和法律援助工作培训会。太原科技大学法学院院长郭相宏、山西大学法学院教授马爱萍、山西省司法厅法律援助处处长武宏霞等人分别讲授《立法法》《最高人民法院关于适用〈中华人民共和国民事诉讼法〉的解释》、中央办公厅、国务院办公厅《关于完善法律援助制度的意见》等内容。山西省政协常委、山西省律师协会副会长、山西锋卫律师事务所主任刘正传达全国及全省律师工作会议精神。迎泽区各律师事务业务骨干及全体基层法律服务工作者，全区各司法所工作人员和迎泽区司法局机关干部共134人参加培训。

（邢建英）

经济管理与监督

JING JI GUAN LI YU JIAN DU

发展和改革

【概述】　太原市迎泽区发展和改革局（简称区发改局）负责抓好宏观调控，监测全区宏观经济和社会发展态势，推进和综合协调全区经济体制改革，承担规划全区重大建设项目和生产力布局的责任，推进全区经济结构、产业结构、产品结构的调整，负责全区社会发展与国民经济发展的政策衔接，推进可持续发展战略、循环经济和全区节能减排综合协调工作，负责全面统筹、谋划、推进、协调国家资源型经济转型综合配套改革试验区建设等工作。下设5个内设机构：办公室、社会事业与改革科（行政审批科）、经济科（国民经济动员办公室）、服务业发展科、物价管理科，另设一个区转型综改办公室。核定行政编制16名，实有12人；核定事业编制1人，实有工勤人员1人。下属单位有区物资站、区腐殖酸办公室。

2015年，区发改局在区委、区政府的正确领导下和上级部门的指导下，履行工作职能，发挥统筹规划、参谋指导、协调服务作用，加快转变经济发展方式，推进综改试验区建设，狠抓固定资产投资和重大项目协调，求真务实，开拓创新，完成全年目标任务。2015年，全区地区生产总值实现534.98亿元，增长7.7%，超目标增速0.7个百分点；服务业增加值实现458.17亿元，增长7.9%；固定资产投资190.97亿元，增长24.8%，完成目标任务的101.4%，共完成政府投资项目审批86项，总投资24307.07万元。

【全区采煤沉陷区治理】　2015年，区发改局按照省、市“三个同步”“四个结合”“五个统筹”的原则，围绕群众搬得出、稳得住、能致富的治理目标，组织专家先后深入郝庄镇水峪、新沟、港道、观家峪、张家河、大窑垴和小山岩等7个村庄进行采煤沉陷区的实地勘察，完成采煤沉陷区范围的确定和综合治理规划，新沟村搬迁安置小区完成选址，建设用地转征材料上报省政府审核。其余六个村的选址工作与上级相关部门对接协调。

【转型综改】 2015年，区发改局出台《太原市迎泽区资源型经济转型综合配套改革试验2015年行动计划》（迎政办发〔2015〕43号），按照“两集中、两到位”行政审批要求，实现审批服务事项集中办理，区、街（镇）、社区（村）三级联动政务服务体系覆盖；重大工作事项和重点项目顺利完成。推进柳巷、朝阳街商圈综合服务功能建设，催生一批新的商贸业态；小山沟城郊森林公园开园运营，“百校兴学”工程小五台小学、郝庄中学等项目基本完工投入使用；推进公立医院试点改革，省、市级医院与区属医疗机构上下联动、业务技术支持机制初步形成；社区建设投入加大，社区基础设施提档升级逐步推进；企业创新园、服装城鞋城、中铁三局科技研发中心、小山沟城郊森林公园等重大项目进展顺利。

【重点工程建设】 2015年，区发改局推行“六位一体”工作机制，重点工程“六位一体”项目储备完成2307亿元，完成率101.5%；项目签约完成242.72亿元，完成率103.3%；项目落地完成100.82亿元，完成率106.13%；项目开工完成148.76亿元，完成率201.03%；项目建设完成149.15亿元，完成率100.1%；项目投产完成121.75亿元，完成率114.86%。

【城边村气化】 2015年，区发改局落实城边村气化工程，在市政府统一部署和市发改委的工作指导下，承担全区城边村气化工程的组织协调工作，对松庄、孟家井2个村合计452户进行气化改造。11月20日，松庄村南小区、黄楼及村委会办公场所180户点火成功，进入正常使用天然气时期。观家峪至孟家井约6.8公里燃气主管道铺设完成，路面恢复工作完成。孟家井村村内管网铺设及入户改造272户。

【油气管道安全隐患整治】 2015年，区发改局出台《太原市迎泽区东山地区长输油气管线安全隐患整治攻坚战实施方案》，开展迎泽区油气长输管道隐患整治攻坚战，配合省、市领导现场办公，协助解决马庄阀室及放空管的重大安全隐患，确保东山地区油气管道安全运营。（王会军）

经济和信息化

【概述】 太原市迎泽区经济和信息化局（以下简称区经信局）业务上接受太原市经济和信息化委员会的指导。核定行政编制13个，工勤编制2个，实有12人。内设办公室、经济调控科、信息化建设科和企业管理科。下属事业单位两个，分别是参公事业单位迎泽区中小企业服务中心和差额事业单位迎泽区企业资产运营中心。

2015年，区经信局完成各项经济指标任务，开展工业经济、节能降耗、小微企业创业创新和民营经济等各项职能工作，加强区属企业管理和职工保障工作。投产投资计划完成106亿元，实际完成120亿元。规模以上工业企业增加值计划增幅3%，实际增长4.78%。工业新兴产业投资比重计划30%，实际占比达到36.4%。非煤产业增加值计划比重90%，实际占比100%。万元地区生产总值能耗降幅2.9%，完成情况未反馈。小微企业营业收入指标，计划完成526亿元，实际完成530亿元。小微企业新增就业人数指标，实际新增13440人。小微企业技术合同成交额和小微企业拥有授权专利数指标，分别完成0.9亿元和330件。民营企业增加值计划133.7亿元，实际完成135亿元。民营企业上缴税金计划26亿元，实际完成26亿元。开展经信系统学习讨论落实活动专项整治。开展迎泽区区属企业2014年度综合考核。开始对经信系统区属国有企业进行审计。5月28日，成立迎泽区经济和信息化局矛盾纠纷联调工作领导组。根据迎泽区区属企业领导班子及成员2014年度综合考核评价结果，向9家区属企业授予“2014年度先进集体”荣誉称号。7月20日，批复同意太原市迎泽资产经营管理有限公司与山西建设发展有限公司、太原市迎泽区城市建设综合开发公司共同出资成立合资公司。编制下发《迎泽区经济和信息化局突发事件应急预案》。成立迎泽区经济和信息化局国家安全工作领导小组。完善行政决策制度机制，聘请专业法律顾问。落实政务公开要求，重要信息及时发布。开展法制宣传教育，推进法律“进机关、进企业”。畅通投诉建议渠道，主动接受各方监督。深入基层化解矛盾，维护企业稳定局面。牵头开展区属企业企务公开工作，牵头推进区属企业体制改革工作。

【组织人事管理】　2015年1月7日，迎泽区经济和信息化局开展人事管理。书记李慧林全面主持中共太原市迎泽区经济和信息化局委员会各项工作，分管信访工作。副书记贾俊林分管组织、宣传、统战、工会、办公室等各项工作。纪检书记牛翔分管纪检工作，协作做好信访等工作。局长王立新主持太原市迎泽区经济和信息化局全局工作，并且不直接分管财务、人事、工程建设招标、物资采购工作。副局长呼建国分管经济运行、园区建设、项目报备等工作，并协调中小企业服务中心。副局长高旭方分管信息化建设、节能降耗、用电审批、行业管理等工作。副局长王亚生分管安全生产等工作，并分管企业资产运营中心。总经济师宋丽分管区属企业管理、企业社会保障等工作。主任科员赵发晶分管企业改制以及改制企业涉及的工作，并联系市国资委。靳睿具体负责办公室工作，并协助局长做好财务、人事、工程建设招标、物资采购工作。张辉任并州旅馆联合党支部书记职务、康建军任太原旅馆联合党支部书记职务，连曙光任太原洗染厂联合党支部书记职务，宁晋萍任钟楼街澡塘联合党支部书记职务，宋俊明任龙门超新人像摄影馆联合党支部书记职务，赵士信任西羊市澡塘联合党支部书记职务，陶晓鸿任新华池澡塘联合党支部书记职务，郝志红任迎泽区服务公司机关联合党支部书记职务，刘樱任迎泽区服务公司老干部党支部书记职务。1月8日，太原市迎泽区废旧物资回收公司张有明辞去迎泽区党代表职务。1月8日，任命李培峰、王小芳、李华峰、李顺跃、庞旭东为太原市迎泽区企业资产运营中心党总支委员。任命李培峰为迎泽区企业资产运营中心党总支书记，王小芳为迎泽区企业资产运营中心党总支副书记。任命高云园担任太原市钟楼鞋帽商店联合党支部书记；李华峰担任太原市迎泽区大南门土产日用杂品商店联合党支部书记；李顺跃担任太原市迎泽桥百针织品商店联合党支部书记。免去高云园太原市钟楼鞋帽商店党支部书记职务；免去宋福昌太原市天山土产日杂批零商店联合党支部书记职务；免去王复荣太原市新源化工胶粘剂批零商店党支部书记职务；免去赵富志太原市龙腾五交化商店联合党支部书记职务；免去郑建江太原市迎泽区新桥化工商店联合党支部书记职务；免去梁金柱太原市迎泽区集成衣料商店联合党支部书记职务。局财务负责人自2015年1月14日起由王立新变更为靳睿。1月28日，迎泽区副食公司经理选举结束，王忠芳任公司经理职务。4月8日，决定给予太原市新华汽车配件厂郭玉金党内严重警告处分，决定给予太原市新华汽车配件厂郭杰党内警告处分。5月18日，批复同意太原市新华汽车配件厂于5月20日在厂东楼会议室召开选举大会，选举厂长。6月19日，批复同意郭玉金辞去太原市新华汽车配件厂党支部书记和厂长职务。6月23日，决定给予太原市建筑轻钢结构厂王瑛党内严重警告处分。8月10日，任命宋庆艳为迎泽区糖业烟酒公司党委副书记、纪检书记。8月17日，任命牛芝江为迎泽区糖业烟酒公司副经理。8月17日，任命冉金宝为山西电影机械厂党委书记。8月28日，决定给予太原市汾水制镜厂陶根才党内警告处分。11月24日，恢复迎泽区服务公司郝吉明的党员权利。

【职能工作】 2015年，区经信局开展企业年度考核，组织对100余家区属企业2014年度工作完成情况进行集中考评，23家企业因工作突出，获得表彰。严格企业选人用人监督。向拆迁企业发放补贴款700余万元，为特困欠费企业补缴社保、医保等保障支出430余万元，设立的“困难企业职工救助专项基金”开始用于职工救助。

聘请具有国家规定资质的会计师事务所，先行在区属国有企业范围内开展经济责任审计工作。做到安全监管常态化、制度化，确保全系统无重大安全生产责任事故发生。

【区属企业经济责任审计】 2015年，区经信局制定下发《关于对经信系统所属国有企业进行审计的通知》，先行在区属国有企业范围内开展经济责任审计工作，聘请具有国家规定资质的会计师事务所具体实施，确保审计结果专业规范、合法有效。

完成第一批共计11家国有企业的经济责任审计工作，通过查找受审企业在资产、财务和经营管理方面存在的问题，帮助企业进一步规范和完善财务管理行为，从而达到加强区属企业监管的目的。

【区属企业职工保障】 2015年，区经信局按照道路改造拆迁企业补贴办法，按时足额向拆迁企业发放补贴款700余万元，使企业职工不因拆迁而降低保障水平。全年共为特困欠费企业补缴社保、医保等保障支出430余万元，为数十家特困企业解决职工到龄退休和看病就医等民生难题，实现区属困难企业职工“老有所养，病有所医”。设立的“困难企业职工救助专项基金”规模达到48550元，并向困难职工进行救助。

【区属企业综合评价考核】 2015年，区经信局按照区属企业考核管理办法，组织对100余家区属企业2014年度工作完成情况进行集中考评。重点考核企业的目标任务完成情况、领导班子队伍情况、党风廉政建设情况，形成对区属企业年度工作成效的常态化监管。共有23家企业因工作突出，获得表彰。

【区属企业改革】 2015年，区经信局立足企业实际，先行在条件成熟的企业进行混合所有制改革试点。推进太原轻型汽车总厂的股改工作，以法律为依据，以政策为依托，对改革工作进行监督指导，努力保障职工权益，促进企业实现新的发展。

【党的建设】 2015年，区经信局开展“三严三实”专题教育活动问题专项整改工作，经信局党委还对区属企业党组织各项教育活动的开展进行监督指导，下派指导员将活动精神落实到最基层。开展落实党风廉政建设党委主体责任清单和纪委监督责任清单工作，梳理行政权力，编制“两个清单”和“一表两图”。抓学习，提升党员素质，累计开展机关学习40余次，百人以上规模的基层企业集中学习4次。抓队伍，提高基层组织战斗力，进行联述联评联考，开展支部整合、整顿软弱涣散党组织，将原先的114个支部通过成立联合支部的方式整合为101个；抓制度，支部管理持续规范，完善各项党建工作制度，加强日常工作管理；抓活动，教育实践成效明显。落实“两个责任”，安排部署党风廉政建设和反腐败工作任务，落实党政主要领导干部“五个不直接分管”工作规定，明确局党委担负的党风廉政建设主体责任和纪委的监督责任，坚持约谈工作机制，坚决执行“一把手”对上级交办案件签字背书制度，贯彻落实中央八项规定精神，驰而不息纠正“四风”，继续加大案件查办力度，保持惩治腐败高压态势。

【工业投资】 2015年，迎泽区有规模以上工业企业6家，分别是山西昆烟集团有限公司、太原热力公司、迪爱生油墨有限公司、山西新华印业有限公司、山西今鼎印务有限公司和山西省益源庆醋业有限公司。除山西今鼎印务有限公司企业为民营企业外，其余均为中央、省、市属国有企业。山西昆烟一家企业的产值占全区工业总产值的72%，增加值占比90%以上。太原热力公司产值占全区工业总产值的23%。

2015年，规模以上工业企业增加值计划增长3%，实际完成增幅4.78%，受整体经济下行、污染企业外迁等因素影响，规模以上工业经济整体形势严峻，面对不利局面，迎泽区紧紧抓住山西昆烟等影响全局的重点企业，有针对性地开展工作，提供服务；挖掘新的增长点，在转型中促发展，实现工业企业增加值增幅的由负转正，保持工业经济平稳向好发展。按照产业转型升级的要求，经信局继续加大对新兴产业投资项目的服务力度，努力克服迎泽区在产业结构和工业用地方面的不足。2015全年工业项目投资总额中新兴产业占比达到36.4%，超过年初制定的占比30%的目标。继续保持非煤产业增加值比重100%的良好形势。

【小微企业创业创新】 2015年，区经信局成立“双创”工作领导组，制定迎泽区工作实施方案。2015年收到11个项目申请，组织专家对项目进行评审，最终对9个项目共给予资金支出1925万元。 （王 荟）

国土资源管理

【概述】 2015年，太原市国土资源局迎泽分局内设职能科室有土地科、矿政科、办公室。下辖下属事业单位2个：太原市国土资源执法监察支队迎泽大队、太原市国土资源迎泽中心管理所。全局共有编制27人。局机关编制9人，其中公务员8人，公勤1人，现有7人。监察大队编制10人，实有9人。中心所编制8人，实有6人，全局2015年在册职工22人。主要职能有：编制辖区国土规划、矿产资源以及地质环境等各项规划。监督检查辖区土地、矿产、测绘等法律法规的执行情况，查处国土资源违法案件。负责辖区内耕地保护和基本农田划定、调整、补充、检查，负责农用地的分等定级工作与农用地转用和征收（征用）、农村集体土地的审查、批报，以及批后实施征收（征用）工作。实施辖区内土地开发、整理、复垦和村庄、集镇建设用地规模范围内非农建设占用耕地的补充工作。负责辖区内国有土地租金的征收工作；组织开展土地调查、土地统计、土地登记工作。负责辖区内矿产资源的开发利用和保护的监督管理、矿产资源储量的登记、统计，负责矿产资源补偿费的征收和使用管理。负责辖区地质环境的监督管理。组织开展土地、矿产、测绘法律法规的宣传教育工作；负责国土资源信息化建设工作，并推广和应用国土资源信息技术。承办市国土资源局和区政府交办的其他工作。

2015年，国土资源局迎泽分局强化耕地保护与土地节约集约利用，持续深化“打非治违”专项行动，进行地质灾害防治巡查地点工作，推进土地确权与发证工作，全面启动不动产统一登记工作，开展党风廉政建设和反腐败工作、精神文明建设和政风行风民主评议工作。

【耕地保护管理】 2015年，国土资源局迎泽分局继续加大耕地保护力度。区、镇、村层层签订耕保责任书20份，树立耕地保护碑18块，设立基本农田保护示范区2处，建立《土地违法违规政府领导干部问责制度》。将耕地保护由单纯的数量保护向数量、质量和生态全面管护。迎泽区年初耕地保有量责任目标为1.3643万亩。迎泽区耕地实有数为10580.1亩，可调整地类为939.75亩，实际耕地保有量数应为11519.85亩。2014年以来减少耕地数全部为合法批准的建设项目用地，耕地占补平衡由市局协调异地补充。耕地实际没有减少。完成耕地后备资源调查评价工作，并上报数据库成果。对全区1440.6394公顷耕地后备资源进行全面调查和评价工作。完成农用地质量等别评价工作，并已上报数据、文字报告和图件表格等资料。

【城中村改造工作土地管理】 2015年，郝庄、双塔、王家峰、东太堡为迎泽区四个重点改造城中村，需要对土地性质进行认定与确权。国土资源局迎泽分局配合完成双塔、东太堡两村13宗地共44.2767公顷的土地确权工作。郝庄由于133城中村改造用地划不够，完成上报已划定的14公顷土地的确权手续。王家峰由于未完成集体经济组织改制，暂时无法完成土地确权。在土地供后监管方面，配合市局处置一宗闲置土地案件，建立巡查台账。按时完成地籍变更和卫星遥感监测工作的调查和数据库上报工作。

【地籍变更和卫星遥感】 2015年，国土资源局迎泽分局按时完成地籍变更和卫星遥感工作数据上报工作。2014年底，下达遥感监测图斑142个，面积2480.3亩，年度实际变更图斑84个，面积845.85亩（其中占用耕地40.5亩），其中：变更为建设用地75个，面积845.85亩（占用耕地37.17亩），变更为农用地9个，面积21.23亩，变更为未利用地0个，面积0亩。迎泽区所有建设项目的耕地“占一补一”由市国土资源局在全市协调补充。

【集体建设用地使用权和宅基地登记发证工作】 2015年，迎泽区符合发证条件需确权登记的宅基地宗地数为1339户（其中属于换证的814户），集体建设用地为54宗（全部无用地手续），全部完成外业测绘，界址点定桩。其中：1312户宅基地的外业测绘、界址点定桩和地籍调查工作全部完成，完成率达94.18%。

【基本农田划定工作】 2015年，国土资源局迎泽分局开展基本农田保护工作。2009年以来，迎泽区基本农田保护责任指标为7344亩，实际划定基本农田面积7344亩。市局责任目标增加为7350亩，完成目标任务各项资料收集整理，外业图表制作，实地核实，划入和划出基本农田地块落实，数据库建设，图件及各类相关数据表制作等工作。按照省市部署，开展城市周边永久性基本农田划定工作。这次永久性基本农田划定工作，下达给迎泽区135个图斑，面积3178亩。涉及郝庄镇郝庄、松庄、王家峰、赵北峰、枣园、店坡、马庄、新沟、水峪、港道、观家峪11个村。根据划定工作要求对上述图斑进行分类摸底，上报认为全部图斑皆不宜划为永久性基本农田。

【城镇居民土地产权管理】 2015年，国土资源局迎泽分局共分割城镇居民土地5宗地，分割土地产权证1151个；发放国有土地使用证369个，抵押10宗，注销抵押2宗。

【农转非和征用集体土地工作】 2015年，国土资源局迎泽分局完善上年度转征土地的征地工作。迎泽区征转土地共涉及两个项目，分别为民政园保障房项目和王家峰棚户区项目，共转土地28.282公顷。郝庄和王家峰133个城中村改造用地以及储备用地需要规划局提供规划条件通知书后，方能进行征地补偿方案的制定。

【城市建设用地报批与租金收取】 2015年，国土资源局迎泽分局已组卷上报的太原市城市建设用地批次项目为：西太堡街、南十方街、太行路补征、长风东大街规二路，长风东大街东延延伸五条路31.4382公顷。上述五条路已批转回，完成两公告一登记。开展土地租金收取工作，克服城市拆建带来的诸多不利影响，收取土地租金32.2248万元，超额完成全年任务。

【土地储备与不动产统一登记】 2015年，国土资源局迎泽分局协助市局完成土地储备工作，完成报转孟家井储备地4.2281公顷，征地补偿安置方案已经市政府批准，并进行两公告一登记。成立迎泽区不动产统一登记领导组，全面启动迎泽区不动产统一登记工作，上报整合方案。

【矿政管理】 2015年，国土资源局迎泽分局组织矿管、中心所工作人员，重点对矿山企业越层越界、超能力生产等行为，进行一次实地检查，年检结果录入报备系统，年检工作完成。储量动态监督管理与年检。季度测量工作和矿山企业年检工作全面完成，资料全部按时上报市局，上报到报备系统。矿山企业采矿许可证有效期持证率达100%。矿产资源补偿费征收征缴18万元，及时入库。完成《2015年度矿山储量年报》和《2015年度矿山储量季度测量》合同签订工作。按季进行矿山企业地质测量和图纸交换两次，及时掌握企业储量动态变化情况，实现动态监管。

【地质灾害防治】 2015年，国土资源局迎泽分局主动与区政府协调，及时审批下发2015年地质灾害防治方案和突发性地质灾害应急预案，成立领导组，制定措施，明确各职能部门的工作职责，全方位开展地质灾害防治工作。层层签订地质灾害防治工作目标责任书，区政府和镇政府、镇政府和各村、各矿山企业分别签订责任书，共签订责任书39份。将全区地质灾害防治、监测、检查等项工作落实到单位到人。健全完善地质灾害速报制度、险情巡视制度、汛期24小时值班制度和汛期“零报告”制度，完善迎泽区地质灾害区、镇、村三级监测网络，明确职责任务，责任到人，保证该项工作真正做到责任到位，措施落实到位，灾害监测到位。贯彻落实李克强总理重要批示精神，结合迎泽区地质灾害防治规划区划，对全区地质灾害隐患点的现状进行一次全面排查检查。重点对农村居民点、城镇（村镇）规划建设区、矿山企业范围、公路沿线、铁路沿线、旅游景点、学校周边等地质灾害易发区段进行排查，排查检查共出动65人次。在排查中，将防灾避险明白卡70余份发放到张家河村、松小公路、观家峪村、港道村、新沟村、大窑堖村、东祁家山村等地质灾害防治重点区域的村（居）民手中。将11份防灾工作明白卡发放到相关单位和部门。继续完善群防群治三级监测网络，由于村级换届选举，对村级班子和检测员进行调整，及时更新各村监测员，共聘用地质灾害村级检测员16名，确保每个隐患点落实到人，责任到人，监测到人。确定五个重点防治点，在地质灾害防治主汛期，加大隐患点的排查力度，坚持24小时严防死守，做到汛前排查、汛中检查、汛后核查，没发生一次地质灾害，开展全区地质灾害防治和隐患排查工作。分组进行地质灾害巡查，共出动人员230人次，排查地质灾害隐患点12处。加强应急救援体系建设。制定《太原市国土资源局迎泽分局应急抢险实施方案》，分局组建20人的应急抢险队伍，和郝庄镇武装部民兵预备役队伍协作，组成有120人应急抢险队伍，和区安监局及智海西祁家山石灰石矿共同组织矿山应急救护和地质灾害应急综合演练。配合区政府开展沉陷区治理。

【测绘管理】 2015年，国土资源局迎泽分局开展测绘地理信息成果保密专项检查。通过测绘地理信息成果保密专项检查促进涉密测绘成果规范使用和管理，提高使用单位的地理信息安全保密意识，防范失泄密风险，维护国家安全和利益。这次检查中主要检查涉密测绘地理信息成果保密管理制度建立和执行情况，涉密成果申领、保管、使用场所、台账、销毁等重点环节管理情况，以及涉密成果电子数据的存储、传输和处理情况等内容进行检查，完成申领测绘成果40余份。对辖区测量标志进行检查，响应市局要求，做到一季度对辖区测量标志进行有序全面检查，完成检查4次，在日常中如有损坏及时汇报，有效保障国家和人民的财产安全，在检查中都能按照国家的法律法规进行操作。争星创优暨高标准国土所建设目标已基本达标。

【政执法监察】 2015年，国土资源局迎泽分局在土地执法监察方面，严格执行巡查检查包片责任制，土地日常巡查检查达110次，夜查18次；查处违法用地8宗，立案率，查处率均达到100%。落实卫片执法图斑整改工作。2014年度，国土资源部下发区卫星遥感监测图斑142宗，完成全部卫星遥感监测图斑的核查工作，对5宗违法占地图斑图斑依法立案查处。对2014年度卫星遥感监测图斑执法检查工作数据完成在线填报。在矿产执法监察方面，严厉打击私挖滥采，继续开展打非治违一系列有针对性的专项治理行动。建立动态巡查“七个一”制度，制定辖区分工表、巡查路线图、巡查职责卡、巡查责任书、巡查记录表、巡查台账和督查小组。并将制度上墙，狠抓落实。

坚持“抓排查、抓查处、抓落实”的三抓原则。落实网格化管理制度、将责任区层层分解，责任到人，对11个涉煤村、15座关闭煤矿、2座关闭石料厂做到专人专管。结合“一张图工程”将制度上墙，严格执行，发现问题“露头就打”，不给非法违法采矿行为生存空间。公布打击非法违法采矿举报电话，24 小时专人值班，形成发现问题，2 个小时内到达现场进行处理的工作机制。出动巡查人员车辆 120 余辆（次），进行日常巡查 100 余次，夜间突击检查 12 次、节假日巡查 10 余次，在严厉打击非法违法采矿高压态势下，辖区连续多年实现私挖乱采案件零发生，私挖乱采现象基本绝迹。借区政府综合执法之力，国土资源局迎泽分局监察大队主动出击，制止 6 宗违法用地，杜绝增量。拆除存量违建 531 宗，恢复土地面积 270874.93 平方米。下一步，将依法推进强拆，保持打击“两违”的高压态势。配合 7 个城中村的整村拆除行政执法工作，加快村民安置房建设。派出 7 名工作人员常驻城中村改造拆迁指挥部开展现场办公，按时保质保量完成指挥部交办的任务，保障城中村改造工作顺利推进；结合打击“两违”专项行动，和其他相关职能部门组成的综合执法队，开展联合执法，对 7 个城中村的存量违建依法进行强制拆除。

【信访调解工作】 2015 年，国土资源局迎泽分局贯彻省综治委《关于进一步加强矛盾纠纷大调解工作的意见》《关于进一步加强矛盾纠纷联调工作的实施方案》和太原市委办公厅、太原市政府办公厅《关于建立完善矛盾纠纷联调工作体系的实施意见》及区综治委《关于进一步加强矛盾纠纷联调工作的实施方案》等文件精神，坚持运用法治思维和法治方式解决信访问题，建立依法处理涉法涉诉问题新机制，及时调节迎泽区涉及土地权属、征地补偿安置等引发的矛盾纠纷，制定《关于建立土地纠纷调解组织的实施方案》并建立土地争议调解组织，成立矛盾纠纷大调解工作领导组，圆满承办市局 2 次大接访，通过说服劝导工作，息诉罢访 1 起，对不稳定苗头做到早发现、早处理，防患于未然，力争把矛盾纠纷化解在基层，为平安省城建设行动添砖加瓦。畅通民众诉求渠道，认真受理和调处办理群众来信来访，及时为群众排忧解难。接到市局转办信访案件 11 宗，其中土地案件 11 宗，矿产 0 宗。太原市人民政府便民服务热线转办信访案件 15 宗，其中土地案件 15 宗，矿产案件 0 宗。接访率、答复率、结案率均达到 100%。

【党组织建设】 2015 年，国土资源局迎泽分局党支部加强党组织建设，“六权治本”，坚决把权力关进制度的笼子。开展制度建设的立、改、废工作，从健全和落实支部工作制度入手，严格执行“三会一课”制度，积极发展新党员，充分发挥基层党组织的战斗堡垒作用和党员的先锋模范作用，做好“六个表率”，使机关党建工作更加科学化、规范化和公开化。开展“做业务精通、两袖清风国土人”大讨论，制定如何做“好局长”“好科长”“好所长”的具体标准，使之成为干部自觉遵守的行为规范和职业操守。开展“三严三实”专题教育。通过深入学习习近平总书记系列重要讲话精神，学习党章和党的纪律规定，重点研读《习近平谈治国理政》《习近平关于党风廉政建设和反腐败斗争论述摘编》

等规定必读文献，在认真学习和分析原因的基础上，边学习，边整改，基本整改到位。整改坚持以知促行、知行合一，把专题教育与解决问题结合起来，以整改提高和立规执纪为抓手，解决“不严不实"的问题。

【党风廉政建设】 2015年，国土资源局迎泽分局把党风廉政建设融入国土资源管理的各项工作之中，把反腐倡廉建设放在突出的位置，一把手亲自抓，落实一岗双责。抓好作风建设和发展环境综合整治工作；以廉政警示教育为基础，以政风行风建设为重点，以查办案件为突破口，切实落实主体责任制。加强廉政文化建设。采用专题讲座、自学等多种形式把《习近平总书记系列重要讲话读本》作为重要辅助材料，学原著、读原文、悟原理，精心组织《习近平关于党风廉政建设和反腐败斗争论述摘编》的深入学习并及时反思剖析。充分发挥廉政模范人物示范作用，号召单位全体党员干部向焦裕禄、杨善洲等模范人物学习，让其精神风范成为广大党员干部的自觉追求。

【国土资源保护宣传活动】 2015年，国土资源局迎泽分局进村、进社区、进学校开展“4·22”地球日、“6·25”地球日、安全宣传月活动和“防灾减灾周”有关活动。制定民主评议活动方案，组织收听政风行风热线，开展政风行风民主评议面对面活动，按时收听市电台的政风行风热线。开展为期5天的全民终身学习活动，开设以廉政建设为主题的道德讲堂，开展农村集体“三资”管理专项清理整治工作。政务信息网上公开工作。按照国土资源部县级政务信息网上公开检查内容要求，及时上网发布，内外网公开发布信息1000余条。给太原国土投稿5次，妥善接待新闻媒体4次。开展行政执法自查和专项整治工作，对行政权利进行梳理，经过3次修正，制定行政权利清单共计10类103项，报区政府审核备案。组织学习并严格落实执法监察工作规程。建立完善规范8项行政执法制度。规范行政执法行为，创建依法行政的良好氛围。 （杨志春）

工商行政管理

【概述】 2015年，在迎泽区委、区政府和市工商局的正确领导下，区工商局以全面深化改革和推进依法行政为主线，以推进市场监管方式变革为主要内容，深入开展学习讨论落实活动，全力以赴建立现代市场体系，全力以赴强化市场监管，全力以赴推进治理能力现代化，全面推动各项工作取得明显成效。

【机构】 太原市工商行政管理局迎泽分局（简称工商迎泽分局）隶属于太原市工商行政管理局，并接受迎泽区政府工作指导。内设行政办公室、人事教育科、信用信息中心、监察室、财务科、法制科、市场监督管理科、企业注册监督管理科、企业监督管理科、商标监督管理科、广告监督管理科、消费者权益保护科、经济检查科、食品办、经纪人科、12315消费者申诉举报指挥中心、档案室、老干科18个科室；派出机构9个，五龙口工商所、柳巷工商所、庙前工商所、迎泽工商所、并州工商所、郝庄工商所、车站工商所、朝阳工商所、双塔寺工商所。目前有干部职工353人，其中在职266人，离岗20人，离退休67人。行政编制243人，实有213人；工勤编制22人，实有21人；事业编制37人，实有32人。2015年，有副科级及以上干部21人：刘庆虎，党组书记、局长；尹建英，党组副书记、副局长；董永法，党组成员、副局长；宋建章，党组成员、副局长；周建勋，党组成员、副局长；李晋峰（女），党组成员、副局长；徐国珍，党组成员、主任科员；刘忠，党组成员、纪检组长；贾宏宇，党组成员、副主任科员；刘建文，五龙口工商所所长；焦清华（女），柳巷工商所所长；张晓东，庙前工商所所长；吕孝斌，迎泽工商所所长；刘涛，并州工商所所长；宋刚，郝庄工商所所长；曹瑞山，车站工商所所长；韩海勇，朝阳工商所所长；申瑞青，双塔寺工商所所长；任咏梅（女），五龙口工商所副所长；师振洪，五龙口工商所副所长；张秋云，五龙口工商所副所长。

【服务经济发展】　一是将注册登记受理、审核、发照全部流程集中到区政府政务大厅办理，实行一站式服务，将10~15个法定办理时间缩短为3个工作日，全面实行AB角互换制、首办负责制、限时办结制。二是个体工商户营业执照全部下放工商所，方便群众就近办证。三是全力推进“一次受理、两次发照（证）”工作制。四是变实缴为认缴，实行公司注册资本认缴登记制度，新登记企业无需再提供验资证明文件。2014年3月起，认缴300万元（含300万元）以下企业由市局下放到城区分局办理。2015年9月，500万元以下企业也已下放到了城区分局。五是推行新设立企业网上名称预先核准和设立登记在线申请受理。六是变前置为后置，除金融、出版印刷、危险化学品、易燃易爆品等，在137个行业实行主体资格与经营资格相分离（先照后证）的改革。七是2014年起企业不再进行年检，个体工商户不再进行验照，实行新的企业网上年度报告制度。八是从今年10月1日开始，实行“三证合一、一照一码”登记制度，即将企业登记时依次申请（由工商部门核发营业执照、质监部门核发组织机构代码证、税务部门核发税务登记证），改为一次申请，由工商行政管理部门核发一个加载“统一社会信用代码”营业执照的登记制度。企业无需再办理组织机构代码证和税务登记证，工商、质监、税务部门通过信息共享平台实现信息共享。2015年10月8日，迎泽区第一张加载十八位统一社会信用代码的营业执照在新政务大厅正式发出，标志着迎泽区“三证合一、一照一码”登记制度改革正式实施。九是推行商务秘书企业服务模式。有效地解决了大学生创业、下岗职工再就业在一址多照及“居改商”等注册登记过程中遭遇到的诸多问题，助推了小微企业的发展。

【企业、个体工商户发展情况】 截至2015年12月31日，全区实有（已年报）各类市场主体31032户，其中各类企业8913户，农民专业合作社46户，个体工商户22073户。有15315户各类市场主体因未按规定时限年报而被列入企业经营异常名录，其中各类企业2002户，农民专业合作社32户，个体工商户13281户。2015年新发展各类市场主体8201户，其中新增各类企业1874户，新增农民专业合作社15户，新增个体工商户6312户。通过商事登记制度改革，极大地激发了民众办企投资热情，今年新发展企业比去年同期增长34.3%。

【商标监管】 一是加强商标法规宣传，提高公众的商标意识。开展了大型知识产权宣传周活动，组织全局执法人员进行培训，重点讲解新旧《商标法》的对比，修订后的特点及执法实践中应注意的问题。组织迎泽区有代表性的60余户企业进行培训，增强企业的商标意识，提升了企业对商标战略的认知度。二是深入基层，强化服务，大力推进优势品牌创建。通过上门走访、入户座谈、电话咨询等方式来了解企业近期动态，解决其在商标注册、使用和保护中的实际问题，同时建立企业商标档案，及时对有效期满的注册商标、著名商标进行告知，帮助其完善相应资料，做好续展工作，大力扶持"叫得响"的本地品牌。深入百圆裤业、三晋饭庄、江南餐饮集团等11家企业进行了实地考察。重点对新申报的百圆裤业、龙马服饰、红青婷三家企业进行了指导帮助。截至年底，全区拥有驰名商标3件，著名商标18件，正在申报著名商标13件，双合成正在申报第二枚著名商标。三是开展打击侵犯知识产权和制售假冒伪劣商品专项行动。受理了涉及宝马公司、奔驰公司、三星公司、宝洁公司、意大利凯撒服饰公司等国内外知名企业的侵权打假举报15起，办理商标案件12起，罚没款11万余元，罚没商标侵权物品包括手机、酒、汽车配件、化妆品等21744件。

【广告监管】 一是积极宣传2015年9月1日开始实施的新《广告法》。二是认真贯彻执行《广告经营资格检查办法》，对289户广告经营单位进行了广告经营资格检查。办理广告登记备案36件，变更21件。户外广告登记3件。三是采取三项措施，加大户外广告监管力度。在办理户外广告登记时严格把关，对当事人提供的材料认真核对；同时为当事人做好相关法律法规的宣传解释工作；加大对违法户外广告的查处力度，对在检查中发现的未经登记擅自发布等违法户外广告严格依办案程序进行查处，以净化广告环境；对迎泽大街、南内环街、解放路、并州路等各主要街道的户外广告和辖区内各大商场的各类广告进行重点监管，发现问题及时处理。拓宽工作思路，针对以前的监管盲区进行整治，开展广告监管进影院行动。四是规范广告经营秩序，严厉查处虚假违法广告。以医疗、药品、食品及房地产广告作为整治重点，严厉查处虚假违法广告。共查处各类广告违法案件7件，结案2件，罚没款3万余元。

【合同监管】　一是认真做好企业动产抵押的登记工作。为山西陆野桥隧工程有限公司，山西基点商贸有限公司等4户企业办理了动产抵押的登记，抵押价值3870万元。同时注销太原市财苑印刷有限公司等3户企业的动产抵押。二是做好市场开办单位的备案工作。为山西木真香文化发展有限公司等3个新成立的市场进行了初审备案工作，把好了市场主体的准入关，掌握了市场的基本情况资料和相关数据。三是继续做好各类商品展销会的备案审批工作。为太原市茂业百货，山西华宇购物中心、太原巴黎春天等商场的厂家促销活动简化手续、即来即办。审查审批备案各类商品展销会47次。四是认真履行工商职责，加强对拍卖企业及拍卖活动的日常监管和现场监督。对山西晋宝斋拍卖有限公司、山西兴晋拍卖有限公司等拍卖企业的6场拍卖活动进行了现场监督，拍卖价值2568.14万元。五是继续开展“守合同重信用”活动。积极推荐山西东方红品牌服饰中心、太原戴美克汽车有限公司7户企业为省级“守合同、重信用”单位。同时积极培育新的诚信示范市场，一级一级申报，培育条件成熟的就把其申报为省级示范市场，被命名为省级示范市场后又推荐为国家级示范市场，推荐太原市精品服饰中心、龙马服饰等3户企业为省级示范市场，推荐太原圣亚品牌中心、山西东方红品牌服饰等2户为国家级示范市场。

【市场监管】　以商业贿赂为突破口，成功查处了医疗器械、大型机电设备销售等行业的商业贿赂不正当竞争案件。2015年查处不正当竞争案件7件，罚没款10万余元。把查处取缔无照经营行为作为执法工作的重中之重，作为社会治安综合治理的一项重要措施，重拳出击，严厉打击，加强属地监管，严格落实责任，截至年底，共查处无照经营案件114起，罚没款17万余元。

将整治非法集资作为2015年全年工作重点，制定专门实施方案，细化各部门的职责。深入社区，广泛宣传，共散发传单26000余份。通过街道（镇）办、社区张贴打击非法集资的公告3000份。投资5万余元，制作“防范与处置非法集资”广告宣传片在五一广场、大南门的大型电子屏上每天滚动播出35次。通过宣传让广大市民自觉抵制非法集资，发现问题及时举报，达到群防群治的目的。建立投资担保类企业信息档案。通过对分局认领企业的全部排查，共排查出各类投资担保公司444户，其中省局登记注册123户，市局登记注册282户，分局登记注册39户。能找到的企业210户。对于能找到的210户投资、担保公司，通过换证、重新规范其经营范围，并要求其承诺：不参与非法集资。对于通过登记的信息与经营场所无法与企业取得联系的234户投资、担保公司，将这些企业的登记信息全部锁定，并通过邮局寄递企业住所（经营场所）核查函，两次投递无人签收的，在企业信用信息公示系统中将该企业列入经营异常名录。与街道（镇）

办密切配合，加大巡查、监管力度。通过巡查，发现部分投资、担保企业通过散发广告，以虚假的信息高息吸收社会资金，分局以查处违法虚假广告为突破口，发现一起查处一起，截至目前，共查处违法虚假广告行为26起，罚没款38万元，向省、市金融办，区处非办移交线索57起。截至目前，迎泽区公安部门共立案侦查非法吸收公众存款案31件。

开拓网络市场监管新领域。为进一步推动互联网商务监督管理工作，切实做好网络市场商品交易及有关服务行为监管工作，工商迎泽分局于2015年4月15日成立网络监督管理科。主要职责是指导全区网络市场交易监管工作；开展网络执法，规范网络市场经营秩序；建立网络维权机制，保障消费者权益。该科自成立以来，主要组织开展了网络经济户口认领工作。针对外部数据与内网登记数据的主体进行比对。根据网络数据的多变性，制订了“一看二比对三维护”的工作方法。对各类主体在互联网发布的主体名称、经营地址等主要信息做比对，就其真实情况分别予以标注、无效链接、错误的分类处理。截至年底，已完成了75%的比对认领工作。同时积极开展全省联合整治银行卡网上非法买卖专项活动。把广告监测和银行卡网上非法买卖的监测纳入到日常监管中

【消协维权】 积极开展纪念“3·15”国际消费者权益日系列宣传活动。其间，共出动人员354人次，执法车辆20台次，发放宣传资料17450份，悬挂条幅46条，现场接受咨询940余人次，受理消费者投诉64件，解决64件，挽回经济损失4.5万余元，检查各类经营户2160余户，召开各类座谈会13次，新建维权服务站、投诉站5个。集中销毁包括汽车配件、手机、假冒汾酒、服装、侵权化妆品、过期食品等10大类8690件假冒伪劣商品，货值42.83万元。同时不断强化12315申诉举报网络建设，在继续完善“一个中心、三级执法”网络的基础上，加强了12315业务技术培训，规范了操作程序，提高了业务能力，建立健全了以工商监管、行业自律、社会监督为主要内容的监管体系。2015年共受理消费者申诉举报686件，其中申诉457件，举报229件，已办结664件，其他正在处理中。接办太原市政府便民热线转办单173件，办结173件。12315服务品牌形象得到进一步提升。 （毛　丹）

物价管理

【概述】 区物价局主要职责为负责具体执行国家的价格法律、法规和方针政策；监督执行上级主管部门管理的商品价格和收费标准；根据上级下达的物价总水平及控价目标，编制迎泽区商品价格；按照价格管理权限，协调处理价格争议和价格纠纷；负责辖区价格监督检查，依法查处价格违法行为；负责各民办培训学校、幼儿园及物业收费备案；负责辖区价格鉴证、价格评估工作等。物价局为正科级单位内设办公室、综合科，下设迎泽区价格监督检查

分局和价格认证中心。行政编制共 22 人，其中局机关编制 6 人（含工勤人员 1 名），价格监督检查分局编制 16 人；实有 17 人，其中局机关 7 人，价格监督检查分局 10 人。价格认证中心为自收自支事业单位，事业编制 5 人。

2015 年，太原市迎泽区物价管理局（简称区物价局）围绕全区中心工作，从价格工作的实际出发，重点加强市场价格监管，把价格举报投诉、价格鉴定认证、收费备案管理作为“打造群众满意服务窗口”的有效平台，全年受理办理各类服务事项、案件 760 余件，没有一起提请复议审核，有效化解各类民生价费矛盾，维护全区社会经济发展稳定局面；积极探索推进“互联网+价格服务”新模式（平价商店实时监控系统、学校在线备案系统、物业收费在线备案系统、“12358”举报投诉系统），为保持全区价格总水平的基本稳定，实现科学化、制度化、信息化、规范化管理和路径建设奠定基础。在 2015 年底取得太原市物价业务知识竞赛团体第一的基础上，加强干部队伍建设，加大干部业务培训力度，干部队伍的业务技能得到极大提升，有 1 名同志取得“全国价格鉴证师”资格；新增 5 名年轻工作人员。

【平价商店建设】 2015 年，区物价局完成“在每个街办（镇）设立 1~2 个平价便民市场，缓解居民群众买菜难、买菜贵问题”的工作，分两期完成。一期工程在各街办（镇）开展铺设平价蔬菜试点工作，6 月中旬建成 6 家平价实体蔬菜店和 1 家互联网蔬菜点。二期工程新增 6 家平价实体蔬菜店。至此，13 家平价蔬菜试点全部配齐使用专用电子秤、统一标识、统一蔬菜价格公示。建立全省首家县区平价商店信息管理平台，通过监测管理系统随时掌握平价商店蔬菜进销价情况、实时销售情况、让利惠民情况，为实现科学有效监管提供翔实的基础数据，为全市平价商店建设管理提供宝贵经验，受到省市物价部门的肯定和好评。加强平价商店的规范化、制度化、标准化建设，坚持每周巡查、每月全面考核，严格落实各项稳价惠民制度措施。积极着手准备蔬菜价格补贴测算工作，出台相应价格补贴方案。加强平价商店增点布设工作，扩大平价蔬菜点覆盖范围，以此带动迎泽区“菜篮子”价格的稳定，真正让百姓得到实惠。

【价格认证】 2015 年，区物价局以促进社会稳定为中心，化解价格矛盾纠纷。受理司法机关涉案价格鉴定和行政事业单位残值认证委托案件共计 237 件，总标的金额 82.67 万元，案件数量和标的总额居县区前列，并且各项涉案鉴证事项鉴定结论全部被采信，没有一起案件被提请复核裁定，得到上级领导和社会各界的广泛好评。受区国土局委托对智海企业集团西祁家山石灰石矿进行价格认证，工作政策性强，采价跨度期间长，案件标的数额大，工作强度难度大。物价局价格认证人员到周边县区多家企业实地采价，到太钢集团调研询价，通过互联网查询比价、多种渠道收集有关书面资料和录影资料，最终做出客观公正的结论，并收取价格认证费用5万元，全部上缴财政专户，为拓展全新业务领域积累有益经验。

【收费备案】 2015年，区物价局取消行政事业单位收费许可证审批和年检事项，6月取消对各级各类公办学校服务性收费和代收费的备案审批。作为全省首家建立"收费备案在线受理系统"的县区，2015年全年完成学校、幼儿园及物业（停车）收费备案共计186家，其中：幼儿园36家，民办培训学校106家，中小学35家，物业服务项目收费备案6家，小区停车收费备案3家。

【价格监测】 2015年，区物价局贯彻落实《太原市价格异动监测预警制度》，严格落实价格监测通报制度。针对副食品价格波动较大的特点，对东太堡蔬菜批发市场、开化市集贸市场、南屯蔬菜批发市场、各平价商店、平价蔬菜点进行定点、定时监测；对所采集的数据进行整理分析，及时发现倾向性苗头性问题，从而确保价格异动情况早发现、早报告、早预警，为上级部门及时掌握市场价格动态提供第一手资料，为平价商店提供价格信息服务，引导居民群众理性消费。

【价格服务进社区】 2015年，区物价局为加强价费宣传的针对性和实效性，精心组织编印《价费便民指南》《价格业务知识600题》，通过社区服务中心发放到服务对象和居民群众手中。利用发放宣传资料、现场咨询、网络、电台、政务信息等多种形式宣传价格法则，增强监管和服务对象的法治观念。全年建立86个价格监督站，配备124名义务价格监督员，形成覆盖全区的价格监督网络体系。另外从上级部门争取到社区物价工作经费8.6万元，为社区免费发放价费公示牌、"12358"价格维权指示牌、价格法律法规宣传资料等。

【价格投诉举报】 2015年，区物价局实现迎泽区物价举报系统与12358全国网上价格举报系统联网工作，为确保该系统开通后价格举报业务工作的正常运转，以打造"群众满意服务窗口"为目标，合理调配人员，明确分管领导、举报受理工作人员、执法人员等人员安排和职责分工。做好运用价格举报系统及时接受、办理和回复群众的价格政策咨询、价格投诉举报工作。全年共受理价格举报388件。其中，全国"12358"价格举报平台转办158件，区政府"我们为你解忧愁"热线转办98件，来电来访132件。

【市场监管执法】 2015年，为更好地规范市场价格秩序，维护群众利益，区物价局继续加大监管执法力度，开展各类价格专项检查。集中治理政府有关部门指定各类服务性机构垄断经营问题。按照省市部署，2015年初，会同发改局、财政局、审计局等部门，依据各单位公示的行政事业单位收费目录，对全区21个行政事业单位进行为期两个月的指定服务性机构垄断经营问题的集中清查。

规范全区行政事业性收费秩序，减轻企业和群众的负担，营造良好的经济发展环境。开展教育收费专项检查。根据《太原市物价局关于开展中小学校和幼儿园教育收费检查的通知》精神，结合全区实际，组成3个检查组对区属幼儿园和38家中、小学校的收费情况进行检查，全面规范幼儿园和中、小学校的收费行为，全区各校收费公示制度基本得到落实。对全区教育收费情况做进一步调研，摸清掌握区属各类学校的收费现状和收费水平。

开展医疗机构“医保准入”和“医保年审”检查工作。对全区申请太原市城镇基本医疗保险定点医疗机构的资格条件进行检查和审核，对符合条件单位开具“价格监管鉴定结论书”，对违规单位当场告知并予以指导，督促整改。全年共检查和开具“价格监管鉴定结论书”105家（份），其中：市医保准入63家，省医保准入12家，市医保年审16家，省医保年审14家。通过严格检查审核，规范医保定点医疗机构的诚实守信和合法经营，保障百姓的切身利益。

加强节假日期间的市场价格检查。为稳定物价，防止节假日期间市场价格出现异常波动，区物价局采取多种形式监管，规范市场价格。提醒告诫形式。元旦、春节、五一、国庆期间向经营者下发价格检查提醒告诫函，提醒经营者自觉诚信经营、公平竞争，维护市场价格秩序。开展市场价格检查。节日期间集中组织价格检查巡查，以商店、超市、车站、停车场、平价商店等为重点，严查商品零售虚假标价、模糊标价、虚构原价、变相提价以及不履行价格承诺等价格欺诈行为，维护消费者合法权益。开展商品和服务明码标价检查。集中开展明码标价专项检查活动，对不按规定明码标价的经营者进行现场纠正，引导经营者合法行使自主定价权，增强经营者价格自律意识和群众的维权意识。

【队伍建设】　2015年，区物价局领导班子认真学习理论和业务知识，遵守“八项规定”，践行“三严三实”，严于律己，当好表率。在工作中坚持原则，坚持群众路线，同时加强党性修养，不利用职权和职务上的影响谋取私利，自觉接受组织和群众的监督，在思想建设、队伍建设和作风建设等方面充分发挥表率作用。在班子团结方面，一把手带头讲团结，形成心往一处想、劲往一处使的良好工作氛围，班子的战斗力和凝聚力不断增强。严格遵守民主集中制各项规定，坚持集体领导和分工负责，重大事项集体讨论决定，树立局领导班子团结务实高效的良好局面。在学习生活上，狠抓业务学习，提高履职能力；关心干部职工的工作和生活。特别是对年轻干部，只要有学习要求和学习机会，都鼓励积极参加，并提供支持和帮助。2015年，先后选派干部职工20余人次参加省、市组织的各类培训，大大提高干部队伍的业务技能。2015年，有1名同志取得“全国价格鉴证师”资格。

【党风廉政建设落实“两个责任”】　2015年，区物价局组织开展各项党风廉政建设教育活动，落实“两个责任”，形成党风廉政建设齐抓共管新机制。2015年初，区物价局组织召开党风廉政建设工作会议，制定2015年党风廉政建设工作计划，明确局领导班子、局内各科室、部门党风廉政建设责任分工。一把手与分管部门负责人签订党风廉政建设责任书，带头履行第一责任，坚持重要工作亲自部署、重大问题亲自过问、重点环节亲自协调。各班子成员结合分管工作，抓好职责范围内的党风廉政建设，执行领导干部一岗双责制度。在每周一的局务会议上，党风廉政建设工作与业务工作一并研究部署，形成一把手总负责，班子成员分工负责的齐抓共管党风廉政建设工作机制。通过专题学习、观看反腐倡廉警示片、剖析腐败案例、重读焦裕禄、“岗位履职尽责”大讨论等系列活动，教育引导党员干部加强党性修养，坚定理想信念，增强党员干部履职尽责、勇于担当的责任感。紧密联系实际工作，加强廉政谈话和节日提醒，严格要求干部职工遵守廉洁自律各项规定，完善行政权力事项清单，并及时进行公示，做到阳光操作、程序严密、运行公开、结果公正、监督有力，有效遏制腐败问题的发生，全面提升依法行政、依法治价的水平。

（韦艳华）

质量技术监督管理

【概述】 2015年，质量技术监督局迎泽区分局制定《迎泽区创建质量强区工作方案》。对迎泽区7家标准化菜市场配备的396台肉菜追溯电子秤全部进行免费检定，建立电子档案；对全区的12家加油站在用的120台加油机，480条加油枪全部普查一遍，对出现流量计量问题的中石化晋府加油站进行行政处罚并责令其限期整改。加大对获证企业的检查，从源头上保证产品质量。开展“家用电器”“儿童玩具”等“3C”产品的专项检查。巡查实验室30家、3C企业5家和生产许可证企业6家。

组织专家组对辖区的山西玛斯特科技股份有限公司的地方标准审查并进行备案，为企业的市场竞争力注入活力；对商品物品编码进行为期3个月的专项检查，共检查各种商品4600多种，检查出问题条码14种，进行整改5种，对其中违法问题严重的9种商品和生产厂家进行行政处罚，并全部监督整改到位。

重点对1家汽车检测线和1家环保检测线进行巡查，开展对汽车配件等领域的专项执法打假工作。

执行免费年检企事业组织机构代码证的有关政策，共年检企事业单位3700多家，换发新证3900多家。在投诉工作方面，共受理投诉182起，其中群众直接举报90起，上级转交92起，全部按要求进行查处，并及时向上级和当事人进行反馈。在城中村改造中，质量技术监督局迎泽区分局发挥质监职能，严把建材质量关，重点对工业生产许可证产品中的水泥、钢筋、塑钢门窗和3C产品中的消防产品、低压配件原器件及设备、灯具等进行检查，严厉打击假冒伪劣产品，维护群众的合法权益。

【特种设备安全监管】 2015年，质量技术监督局迎泽区分局完善特种设备档案。建立完善特种设备巡查制度，每个科队每月必须巡查15家种设备使用（生产）单位，在巡查中重点对特种设备生产（使用）单位、维保单位、操作人员等信息进行有效记录，及时更新特种设备档案数据库，及时掌握区域内特种设备现状，及时发现问题，解决问题，依法处理违法行为。

重点监管人员设备密集单位。根据《特种设备安全法》规定，对人员密集场所的特种设备实行重点监管。开展“安全执法周”活动，集中对山医大一院、博爱医院、省人民医院、省第二人民医院、太原市儿童医院、太原市同舟能源有限公司等人员设备密集重点单位进行全面检查，对检查中发现的问题，执法人员下达相关文书，责令整改单位进行整改，对符合立案条件的案件进行立案查处。

督促企业落实主体责任。对辖区内电梯故障举报较为频繁的宏太盛花园、郦苑国际小区，水峪村小区等单位进行约谈，制作约谈记录，提高特种设备使用单位的安全意识，落实安全主体责任。

落实事故应急救援演练。为防止杜绝安全事故发生，督促辖区内特种设备生产、使用单位开展应急演练，强化安全防范意识和应急预防能力，在督促全区企业做好事故应急演练的同时，于4月指导太原市迎泽公园开展特种设备事故应急救援演练。普及特种设备安全知识。开展安全宣传进企业活动。印制《企业安全生产责任体系五落实、五到位的规定》的标准挂图及安全知识手册，在监督检查的同时，将挂图书籍相关的法律知识送到企业，共发放挂图200余张。开展现场宣传活动，在活动现场，发放宣传资料1800余份，接受咨询180人次，受理投诉8起。

探索科学监管新模式。通过太原市青创人力资源有限公司招聘20名专职特种设备安全员，充实乡镇、街办一级的监管队伍，增强基层特种设备安全监察力量。20名特种设备安全员在经过一个月的理论培训和实践检验后，正式上岗工作。以推广花园液化气站“橙色专用气瓶”为抓手，实现对全区液化气瓶的有效监管。

【党风廉政建设】 2015年，质量技术监督局迎泽区分局落实主体责任。按照市局要求，成立工作领导组，制定“两个责任”清单和工作计划；层层签订责任书17份；建立健全相关制度。如：八小时工作制度、公车使用制度、约谈制度等。落实纪检监督责任。组织全局干部职工签订各种承诺书；制定案件回访制度，从根本上杜绝吃拿卡要；开展各项专项检查，如对上下班签到（退）、在岗情况、请销假情况等进行检查通报。 （张雪雁）

审计监督

【概述】 2015，迎泽区审计局围绕“反腐、改革、法治、发展”主线，按照省市全年工作部署，贯穿“质量效益”工作主题，以监督检查财政政务收支的真实合法效益为基础，以揭示问题、促进规范、强化整改、从严监督为工作重点，在推进全区财经法规、强化权力运行制约、促进党风廉政建设、保障全区经济社会健康发展中发挥审计监督作用，完成全年各项工作目标。

【财政审计】 2015 年，迎泽区审计局完成对区财政局、地税局等 6 个部门（单位）2014 年度预算执行及其他财政收支情况的审计，延伸部门（单位）19 个，审计查出违规金额 6333 万元，管理不规范金额 7965 万元。针对区财政部门截留上级规费收入、科技研发专项资金安排管理不规范等问题和预算执行单位超范围支出、挪用专项资金、超预算开支招待费等违规问题，提出规范财政财务收支行为的整改意见和建议。涉及问题全部按照规定要求整改执行完毕。

【持续跟踪审计】 2015 年，迎泽区审计局把监督检查稳增长等政策措施的落实情况作为各项审计的重要内容，持续进行跟踪审计。围绕项目落地、资金保障、简政放权、政策落实、风险防范“五个抓手”。跟踪审计有关部门是否及时建立健全与新政策新要求相适应的新办法、新规则。对不合时宜、制约发展、阻碍政策落实的有关政策措施和行政法规，予以反映和揭示，同时提出有关意见和建议。

完成全区 2014 年城镇保障性安居工程的跟踪审计。重点审计住建、财政、民政等部门，延伸调查 4 个保障性安居工程项目的开工建设情况。提出加大全市保障性安居工程统筹协调力度和化解制约项目建设政策瓶颈的意见建议。

全年审计监督全覆盖以监督检查财政财务收支的真实合法效益为基础，以揭示问题、促进规范、强化整改，以推动依法行政和依法理财、提高财政资金效益为目的。按照计划安排，委托具有相关资质的社会审计机构分批对全区部分单位 2014 年财务收支情况进行审计，对个别单位延伸到以前年度情况。在实施中，按照“突出审计重点，努力消除盲点”原则，确定审计重点和关注的重点问题，审计单位 46 个，审计金额达 23446 万元。

按照省、市、区关于开展农村集体“三资”管理专项清理整治工作的安排部署，会同区农委等部门开展对全区 29 个村（社区）在资金、资产、资源三个方面进行专项清理整治，针对查出的 206 个问题，进行分类区别对待，161 个问题得到处理和整改。

【投资项目绩效审计】 2015 年，迎泽区审计局推进全区 200 万元以上政府投资项目绩效审计的开展，根据国家审计署《国家建设项目审计准则》和迎泽区《政府投资项目资金管理办法》《政府投资项目管理办法》有关规定，制定《迎泽区投资项目审计监督管理办法》。会同区发改局、财政局对全区近年来政府投资项目进行摸底整理建档，建立全区投资项目管理信息库，组织实施 2015 年安排的 3 个政府投资项目审计。

【组织建设】 2015年，迎泽区审计局推进组织建设。（1）完善工作制度。对《机关建设目标考评办法》的考核内容进行修订，细化分解，按季检查督促落实。强化审计质量控制，严格执行审计执法程序，将审计准备、实施审计、审计处罚、审计结果落实作为重点控制环节。坚持审计小组负责制和重大审计事项集体审定制度，提升审计业务的管理水平。（2）强化审计业务管理。修订《迎泽区审计局审计质量分级责任控制制定》《迎泽区审计局审计业务流程规范》《迎泽区审计局审计项目审理办法》，明确审计人员工作职责，促进审计人员依法审计、防范审计风险。健全审计档案管理工作制度，加强审计档案科学管理。注重审计计划统计管理工作，做到统计数据上报准确完整。（3）创建学习型机关。组织党员干部利用审计杂志、报刊、《财经审计法规选编》和审计会商视频系统等资源，拓展学习形式和交流平台，撰写学习心得和业务论文，全年在国家和省级刊物上发表业务论文5篇。参加全国统一组织的审计专业技术职称考试，有3名副局长通过高级审计师考试，1名业务骨干通过中级审计师考试。

【党风廉政建设】 2015年，迎泽区审计局加强党风廉政建设。（1）制度建设。贯彻执行迎泽区“1522”反腐倡廉制度和《落实党风廉政建设“两个责任”相关制度》。强化廉政风险防控措施，把廉政风险防控融入审计业务管理工作。执行《中国共产党党员领导干部廉洁从政若干准则》和中央、省、市、区相关规定，班子成员和全区干部把廉洁自律作为工作、生活的准则，践行廉政承诺，严于律己，自觉抵制身边的不正之风。严格执行中央八项规定精神等作风建设规章制度，带头联系服务群众。局领导班子成员带头保持艰苦朴素的生活作风，坚持反对铺张浪费，杜绝比场面、讲排场，严格控制“三公”经费支出。（2）作风建设。开展教育实践活动整改落实情况“回头看”，逐项落实整改任务；坚持问题导向，强化正风肃纪。按照全区统一部署，开展“收送礼金、红包问题”“大操大办婚丧喜庆等借机敛财问题”“三公经费”管理不严等专项整治活动，保持反“四风”的高压态势。（3）规范审计权力运行。按照审计权力清单，在审计方案制定、底稿编制、证据获取、复核审理和出具报告等环节传导压力、压实责任，把审计责任终身制落到实处。加强审计标准化建设。加快推进各类审计指南的编写工作，制定审计移送处理事项管理等办法，规范审计自由裁量权，控制不廉洁行为的发生。强化审计质量控制。开展审计质量检查、跟踪审理、审计报告的评比、审计决定落实情况督查等工作，避免违纪违规等问题，保证审计监督的质量和效果。（4）防控机制。以审计工作纪律“八不准”为要求，机关支部与每位党员干部签订“党风廉政建设责任书”和“遵守各项廉洁自律规定承诺书”，向被审计单位发放“审计小组廉政纪律情况反馈意见卡”，严格执行审计项目集体会商、“审计进点、离点双公示”等制度措施。全年实施的审计项目全部实行送达审计，以严格的纪律管理队伍，避免违纪违规现象的发生。制定《审计小组廉政从审规定》，自觉接受被审单位的监督，规范全局人员的审计执法行为，全年干部职工未发生吃拿卡要问题和信访举报问题。（李晓玲）

统计管理

【概述】 2015 年，太原市迎泽区统计局在职职工 19 人，内设办公室、业务科、经济科 3 个科室，行政编制 7 名，事业编制 7 名。

2015 年，迎泽区统计局围绕区委、区政府重点工作，结合统计四大工程工作重点，创新工作思路，深化统计改革，以提高统计数据质量为中心，加强统计信息工程建设和统计法制建设为重点，以“用数据说话、为决策服务”为已任，发挥统计的信息、咨询、监督功能，服务全区经济发展和社会进步。

【开展“三严三实”活动】 2015 年，迎泽区统计局领导班子加强作风建设和统计行风建设，坚持把“三严三实”教育活动与学习贯彻党的十八届三中、四中、五中全会精神相结合。以学习型领导、学习型干部、学习型机关建设为主要载体，采取多种形式，查找班子在不严不实方面存在的问题，明确改进作风建设的努力方向与整改措施。活动统一了班子成员和全局党员干部的思想认识，有效提高日常统计工作的原则性、系统性、预见性和针对性以及班子成员正确判断形势、应对复杂局面和总揽全局的能力。

【开展“学习讨论落实”活动】 2015 年，迎泽区统计局开展以“深入学习贯彻习近平总书记系列重要讲话精神，净化政治生态，实现弊革风清，重塑山西形象，促进富民强省”为主题的学习讨论落实活动。局党支部成立活动领导组，制定实施方案，先后采取领学辅导、观看警示片等形式，连续 3 天集中学习、局领导班子 6 次领学辅导，从思想上提高认识、在行动中增强自觉。全局党员干部围绕省委提出的讨论重点和市委、区委提出的专题讨论内容，联系统计部门实际，先后组织 3 次集中讨论，找准工作中的差距和问题，剖析、反思其形成的原因和造成的危害，研究制定整改整治方案和具体对策措施。

【全国 1% 人口抽样调查】 2015 年，迎泽区统计局为完成全国 1% 人口抽样调查工作，成立区领导小组及办公室，各街办镇、社区成立领导小组及办公室，制定工作职责和制度，落实普查经费，狠抓“两员”选调、业务培训，加强业务指导，发动声势浩大的宣传工作。共完成普查分块图、普查小区分布图及普查小区图的绘制工作；10 月 10 日进入清查摸底阶段，11 月 1 日正式入户调查。入户工作于 11 月 15 日结束。

【严格“四上”企业入库】 2015 年，迎泽区统计局按照“先进库，后有数”原则，加强基本单位名录管理与维护，确保在建项目及时入库，做到应统尽统。每季度召开一次专业联审会。工业、商贸、房地产、建筑、名录库等专业人员联合对照企业上报的营业执照、税务登记证、财务报表等资料一一对应查看，对资料提供不完整的企业及时要求其补充材料，对暂不符合标准的企业不进行申报，对不符合“三上”标准的企业申请退出。确保全区应进的企业全部进入，该退的企业坚决退出，确保名录库单位数据的真实、准确和完整性。

【统计执法】 2015 年，迎泽区统计局加强法制宣传。在“法制宣传月”“统计开放日”，精心制作宣传展板，开展有针对性的统计普法活动。加强执法检查，查处统计领域的弄虚作假行为。将纳入企业一套表联网直报的 716 家企业作为执法检查重点，重点检查在统计数据上报工作中出现的拒报、漏报、瞒报等违法行为。全年检查驻地企业 50 多次，立案结案 26 起，罚款金额 2.5 万元。

【统计调查】 2015 年，迎泽区统计局开展文化产业调查、农村住户抽样调查、劳动力抽样调查、妇女儿童监测等多项抽样调查工作，做好调查数据的评估论证，确保各项调查工作顺利完成。

【统计方法制度改革】 2015 年，迎泽区统计局改进服务业统计方法，实行月度统计调查制度，建设服务基本单位名录库，完善服务业统计调查体系，搞好服务业增加值核算，加强服务业数据质量控制，强化服务业统计监测评价，提高服务业统计工作水平，推动服务业加快发展提供优质统计服务。 （刘东伟）

安全生产监督管理

【概述】 2015 年，太原市政府下达迎泽区的安全生产控制指标为：工矿商贸事故总死亡人数 2 人，道路交通事故死亡人数（运营性）5 人。1～11 月，迎泽区发生一般安全生产事故 406 起，同上年相比，事故起数减少 42 起，下降 9.4%；死亡 19 人（其中运营性道路交通事故死亡 2 人，占全年控制指标的 28.6%），受伤 142 人；直接经济损失 63.0148 万元，同上年相比，直接经济损失下降 1.308 万元，下降 2.1%。其中道路交通事故 116 起，死亡 17 人，受伤 132 人，直接经济损失 27.0235 万元；消防火灾 290 起，死亡 2 人，受伤 10 人，直接经济损失 35.9913 万元，其余各类目标责任制任务均执行较好。矿山、建筑、危险化学品、烟花爆竹、特种设备、农机等行业领域继续保持零死亡、零事故、零损失。

【安全生产新常态】 2015 年，迎泽区坚持以人为本、生命至上，把捍卫安全生产红线作为党委政府工作的新常态。严格按照习近平总书记的要求，把保护群众生命安全放在各项工作的首位，把安全发展作为科学发展的保障和内涵，坚决不要带血的 GDP。以对安全隐患“零容忍”的态度，在项目建设、招商引资、综合考核上严把安全生产关，促使企业不折不扣地履行安全生产主体责任。

落实“党政同责、一岗双责、齐抓共管”责任体系，把安全生产各项规章制度建设作为安全生产运行的新常态。按照总体要求，建立安全生产管理新格局，以法律规范人，以制度约束人，以责任促进人。落实好“管行业必须管安全、管业务必须管安全、管生产经营必须管安全”。

树立依法治安的理念，以对企业最严格的监管作为各级监管部门提升安全生产水平的新常态。对安全隐患，按照“全覆盖、零容忍、严执法、重实效”要求，履行安全监管职责，在全区范围内，对于漠视安全生产、罔顾职工生命，非法违法违规违章组织生产、为富不仁的企业，不管是内资还是外资、不管是国企还是私企、不管是央企还是地企、不管贡献多少，都依法依规予以严厉惩处；对我行我素、屡教不改的企业，予以关闭取缔；对危害到公共安全利益的，坚决绳之以法，绝不姑息迁就。

加快企业转型升级步伐，把“本质安全”措施手段贯穿日常工作作为安全发展的新常态。企业加快转型升级，采用更安全、更科学的生产方式和管理手段，确保企业健康、平稳、安全发展，赢得市场认可和社会尊重。

加强全民安全意识教育，把提升从业人员自我保护能力作为严控各类事故发生的新常态。教育广大企业主深刻认识到人是企业最重要的资源，安全生产是企业最大的效益，没有安全生产，经济增长就无从谈起，发展也会失去意义，牢牢把握安全形势，抓好安全生产工作的主动权，把安全生产与转变经济发展方式、产业结构调整升级结合起来，把加快转型升级作为企业提高安全生产水平的自觉行动，从根本上创造一个安全稳定的发展环境，保障员工生命财产安全。

【隐患排查】 2015年，迎泽区开展三轮安全生产大检查，针对节日、重大群体活动、极端恶劣天气等不同时期、不同情况下的安全生产特点，深化安全生产大检查、打非治违和重点领域专项整治行动，突出加强人员密集场所、消防、危险化学品和易燃易爆品生产经营企业、油气管道、城镇燃气五方面安全专项整治。狠抓非煤矿山、拆迁改造、有限空间作业等重点领域，粉尘涉爆易爆等重点部位，校车、客车和旅游大巴等重点车辆，电梯、游乐设施等特种设备，农村、山区、风景区道路等重点路段，养老院、福利院、救助管理机构、中小学校、幼儿园等重点人员密集场所、汛期安全重点领域，做到全覆盖、零容忍、严执法、重实效。2015年，受理群众各类安全生产隐患举报19件（均为生产安全隐患），办结19件，结案率100%。全区各检查组发现安全隐患3930个，整改2672个，限期整改1258个，按照隐患整改“五落实”要求完成整改销号1239个，另19个正在整改中。各行业实施处罚罚款94.20万元，其中大额处罚27.34万元，拘留15人。

【安全责任落实】 2015年，迎泽区完成区安委会更名及职责调整，将安委会成员单位由原有的43个增加到52个，明确安委会、安委办及其负责人的职责，对重点监管对象进行明确，并对安全生产考核奖励办法进行修改完善。推进安全生产党政同责“三级五覆盖”。各部门、各单位的安全职责通过区政府文件正式进行明确，每项安全工作都具体落实到工作岗位和监管人员，严格落实党委、政府的党政同责，落实部门的专业监管、行业监管和综合监管责任。推动企业落实安全生产主体责任。全区所有中型以上企业及高危企业全部张贴“五落实五到位”规定挂图，结合日常执法检查，监督企业全部做到安全生产五落实五到位；督促企业推进安全生产标准化建设，完成市级下达8家企业达标任务，部分企业进入公告程序；利用多种形式和手段普及新安法和安全常识，狠抓“三项岗位”人员培训。

【安全宣传培训】 2015年，迎泽区安委办邀请太原市安监局领导与专家多次对全区安委会成员单位党政一把手、分管副职及安监站（办）人员、社区（村）主要负责人、安全员，高危行业和工贸行业等相关人员开展新安全生产法培训，提升“依法治安”意识与水平。以六月安全宣传月为契机，围绕“加强安全法治、保障安全生产”主题，在全区各街办（镇）、各有关部门和企业（单位）通过设点以及深入基层执法等方式对安全知识进行实地宣传，结合各类专项整治、大检查等工作安排，取得良好的宣传效果。

【应急救援建设】 2015年，迎泽区聘请专业中介机构对区级安全生产事故应急预案，以及危险化学品、冶金工贸、非煤矿山等7个行业领域的安全事故应急预案进行修订。从硬件、软件同时入手，组织各行业领域主要负责人及应急人员共147人参加市级应急救援培训，全部通过考试并领取资质证书；省安委办在迎泽区现有安全应急物资基础上，配发多种应急救援装备，充足应急资源，提高应急处置能力。

（张　剑）

食品药品监督管理

【概述】 太原市迎泽区食品药品监督管理局成立于2005年2月，2014年3月之前为太原市食品药品监督管理局派出机构，2014年3月经机构改革更名为太原市迎泽区食品药品监督管理局，成为区政府组成部门。主要职能是监督实施国家有关食品、药品、化妆品、保健食品、医疗器械的各项法律法规规章和相关政策，依法对食品、药品、化妆品、保健食品、医疗器械的生产、流通、使用环节进行监管。总编制124人，实有人员87人，内设办公室、食品科、保健食品化妆品监管科、药械监管科，下设迎泽区食品药品稽查队及7个基层食品药品监管站。

本年度以保障饮食用药安全为中心，建立健全监管责任体系，完善安全监管网络，深入开展专项整治，严格整顿和规范市场秩序，积极促进食品药品产业健康快速发展，实现全区食品药品安全监管工作新突破，全年未发生重大食品药品安全事故。

【基层建设】 2015年1月，招考人员58名、划转人员12名全部到位，区食药监局在岗人员达到87人。在全区“六街一镇”分别设立基层监管站，并配备相关办公设备、执法装备等，开展食品药品日常监管工作。

【全程监管】 根据国家、省、市关于食品药品监管体制改革的要求，2015年4月完成与卫生、工商、质检部门食品安全监管职能的交接，明确由食药监局负责对食品生产加工、销售、餐饮环节的全过程监管。

【示范创建】 区食药监局制定出台《太原市迎泽区食品安全示范街、店创建方案》，由各基层站所在日常监管过程中上报符合示范标准的街、店，所有申报示范的单位全部悬挂公示牌，建立台账记录，2015年12月底全部验收完毕，完成桃园南路食品安全示范街创建，对20家食品安全示范店全部授牌。 （牛 浩）

农林水务

NONG LIN SHUI WU

农　业

【概述】　2015年，迎泽区农业委员会以持续增加农民收入为中心，以发展都市现代农业为抓手，突出产业转型升级，加快农村改革攻坚，全区农村经济社会取得平稳较快发展。全年农村常住居民人均可支配收入完成17970元，增幅7.5%，20%的低收入农村居民收入增幅高于农村常住居民人均可支配收入增幅。农产品加工企业销售收入全年完成1.4亿元。全年肉类产量完成374.44吨，禽蛋产量完成111.01吨。全年存栏鸡37000只、羊2700只、猪2000头。

迎泽区农委，核定行政编制5人，实有5人，副科级及以上领导干部5人，工勤人员1人。下设办公室、业务科2个职能科室。农委下属事业单位有农业综合执法大队、动物卫生监督所。农业综合执法大队为副科级建制，核定全额拨款事业编制5人，动物卫生监督所核定全额拨款事业编制5人，实有5人，其中中级技术职称1人。

【农村支农惠农政策】　2015年，区农委完成统计核实并上报粮食补贴面积2175.78亩，533户，良种面积2078.38亩，补贴资金由财政、郝庄镇组织发放；为3872平方米退耕还林棚圈争取补贴资金77.44万元；为农民专业合作社争取专项发展资金10.53万元，为省级示范社争取扶持资金15万元；为2个“一村一品”专业村争取补贴资金14万元；为种粮村争取秸秆综合利用补助资金区财政配套部分7.62万元（每亩补助35元），配套秸秆处理设备（切草机配套电机）15台1.5万元。开展学习讨论落实活动专项整治和涉农资金专项清理整治工作，全面清查2013年至2015年惠农资金的拨付、使用情况，确保程序规范、补贴及时和使用合理。

【都市现代农业提档升级】　2015年，区农委推进特色种养产业升级，拓展农村服务城市功能，年内现代都市农业项目共完成土地平整230余亩，新增小杂粮100亩、菜田33亩、大棚13亩，存栏鸡37000只、羊2700只、猪2000头，完成肉类产量374吨，禽蛋产量111吨，农产品加工企业销售收入达1.4亿元；创新经营管理模式，借助山川秀美、生态良好的自然禀赋发展集餐饮娱乐、采摘体验、农产品产销于一体的休闲观光农业，构建面向城市的现代农业生产生活服务产业链。年内台骀山滑世界、润东农业科技博览园新建农家乐生态餐厅8200余平方米，实现接待游客10万余人次；成功引进中土鼎祥农业旅游生态园项目，计划总投资10亿元，占地5500余亩，拟分三期建设古窑洞旅游区、农家乐观光娱乐区、山顶旅游开发区、农业技术推广区、体育娱乐赛事区、农业生态旅游区、珍奇果园基地、养老院8个功能区。

【美丽乡村建设】 2015年，区农委启动小山沟、董家庄、孟家井3个美丽乡村示范村创建工作，委托专业机构制定发展规划，累计完成投资520余万元，帮助争取省市奖补资金45万元，完成污水处理排污管道800米，村内道路硬化600米，安装路灯15盏，初步实现环境整治、生态恢复、基础设施完善。

【新型农业经营主体培育】 2015年，区农委促进各项政策资金向带动农户能力强、发展规模大的种养大户、家庭农场、农民合作社、农业企业等新型经营主体倾斜，带动提升农业产业化经营水平；引导鼓励农村土地经营权依法、有序、连片流转参与规模经营；推荐台骀山滑世界农村生态游乐园晋升省级休闲农业与乡村旅游示范点；开展三级示范社创建，新创建省级示范社2家、市级示范社2家、区级示范社3家，新成立合作社13家，合作社总量达73家，辐射带动800余农户参与经营。

【千亩林果基地建设】 2015年，区农委推进千亩林果基地建设。年内完成实施方案、立项、网上招标等前期手续，项目工期为两年，总规模853亩，总投资857万元。坚持选地用地严把政策关，买苗栽种严把质量关，组织林业、国土等部门及各村召开工作碰头会，依据政策严格审核地块性质，对部分基本农田、退耕还林地等不允许种植果树地块寻找适合地块调换，完成栽种400余亩，拨付422.56万元；利用冬季时间抓紧平整山坡地、挖掘树坑、施肥，为春季栽种做准备。

【重大动物疫病防控】 2015年，区农委狠抓强制免疫，春秋防疫累计发放各类畜禽疫苗86224毫升，免疫密度达到100%，全区未发生重大动物疫情；加强现场监督，保障生猪定点屠宰企业检疫、消毒、出证、无害化处理各项制度规范落实；紧抓防疫员队伍建设，修订完善《重大动物疫病防控应急预案》，以预案为指导组织开展村级防疫员培训、应急演练，充实应急物资储备，提升疫情监测、疫病处置、信息反馈能力；强化源头治理，定期排查规模养殖场（户）饲料、兽药、添加剂购入使用台账是否完整真实，没有发现使用“瘦肉精”等违禁药物、假劣兽药、人用药等情况。

【农业综合执法】 2015年，区农委坚持“产出来”和“管出来”两手抓，强化源头治理和执法监管，及时落实监管责任，修订《农产品质量安全事故应急预案》，出台《农产品质量安全监管工作要点》《农产品质量安全专项整治方案》，将农产品质量安全纳入区政府绩效考核，明确工作任务、措施、牵头单位；加强组织领导，成立工作领导小组，形成一把手亲自抓、分管领导具体抓、责任单位全力抓的工作机制，保障监管工作高效开展；开展宣传培训，培训农药、兽药从业人员60余名，签订《农产品质量安全生产承诺书》130份，发放宣传资料5000余份，接受群众现场咨询300余人次；开展专项整治，检查农药、兽药经营使用单位21家次，出动执法人员40余人次，协助省、市抽样在售农产品，送检肉菜样本30余份，检测合格率均达100%，全区没有农产品质量安全事故发生。

【农村土地经营权确权工作】 2015年，迎泽城区暂不开展土地确权工作，仅开展调查工作；区农委在上年土地确权试点工作的基础上，严格按照省、市、区各级政府规定的工作流程，设立资料收集、测绘监督、进度汇报3个工作小组，配合测绘公司进村入户收集整理二轮承包资料，深入地块实地测绘、制作影像底图，完成8个村2459亩土地的测绘工作，推进所有权、承包权、经营权“三权分置”工作，推动农村土地经营权稳定、有序、长期、连片流转。 （张永星）

林业

【概述】 2015年，太原市迎泽区林业局（以下简称区林业局）积极进行林业工程建设，完成市级下达的迎泽区柳占线森防通道提档升级造林工程，迎泽区松小线道路改造移植绿化工程；发展生态产业，建成竣工小山沟城郊森林公园（一期），布局新建小山沟城郊森林公园（二期）、山西光彩慈行山地森林公园、洪杰城郊森林公园3个项目；加大森林资源保护力度，构建科学完备的森林防火应急体系；规划并实施柳沟至占道、大窑垴至小山沟2条森防通道建设；完成退耕还林粮款补助资金到位与兑现情况；对行政权力清单进行收集、梳理和汇总；强化制度建设，加强内部管理；圆满完成省市各项考核指标和年初制定的目标任务。

区林业局为迎泽区人民政府工作部门，是迎泽区政府管理本区林业工作的职能部门。内设1个办公室；核定行政编制3名，局长1名，副局长2名。核定工勤人员1名，使用事业编制。下属事业单位3个：太原市迎泽区森林防治检疫站，核定全额事业编制4名，实有2名；太原市迎泽区谷草坪林场，核定自收自支事业编制4名，实有2名；太原市迎泽区林业种苗管理站，核定自收自支事业编制3名，暂无事业编制。2015年林业局下属事业单位开展编制调整工作，区谷草坪林场调整1名，现编制为4名；区种苗管理站调整2名，现编制为3名。主要职责为：负责全区林业及其生态建设的监督管理；组织开展全区造林绿化工作；承担森林资源保护发展监督管理职责；组织、协调、指导和监督全区湿地保护工作；组织、指导全区陆生野生动物资源的保护和合理开发利用；承担林权制度改革工作，维护农民经营林业合法权益的责任；监督检查各产业对森林、湿地和陆生野生动植物资源的开发利用；组织、协调、指导、监督全区护林防火工作，承担区森林防火指挥部的日常工作；组织、指导全区林业及其生态建设生态效益补偿制度的建立和实施，监督管理林业国有资产和林业建设资金，负责全区林业基本建设、技术改造项目等各项资金的安排使用和监督检查，负责有关林业项目的工程验收工作；组织指导林业及其生态建设的的科技、教育工作，指导全区基层利用工作的建设；承办区人民政府交办的其他事项。

【林业工程建设】 2015年，迎泽区推进柳占线森防通道提档升级造林工程建设。该工程建设地点位于太原市迎泽区郝庄镇拟建森防通道两侧林地内，涉及柳沟，捐子、沟北和占道4个村，采用空地镶嵌或行间加植方式，提档升级现有林地3000亩，栽植白皮松、油松、栾树、火炬、新疆杨、金枝槐、山桃、山杏、红栌、黄栌等乔灌木213374株，总投资2615.25万元。2015年8月，通过迎泽区政府采购中心进行公开招投标，通过严格的招标程序择优选拔5家施工单位进行施工，于9月15日开工，11月15日竣工，完成任务率100%。市林业局检查组于2015年12月检查验收合格，完成市考核任务提档升级造林0.3万亩。全区森林覆盖率由2009年的17.53%上升到2015年的25.53%。

【生态产业发展】 2015年，区林业局推进小山沟城郊森林公园（一期）工程建成竣工。地点位于郝庄镇小山沟村，占地面积1960亩，总投资3.4亿元，由山西偶然食品饮料有限公司承建。实施园区绿化工程和废弃采石场改造工程，完成造林绿化1500亩、路网15公里及景点打造、配套服务等，于5月1日竣工开园，被评为太原市东山地区唯一的AAAA级景区。布局新建小山沟城郊森林公园（二期）、山西光彩慈行山地森林公园、洪杰城郊森林公园3个项目，分别由山西偶然食品饮料有限公司、山西光彩慈行老年产业集团有限公司和山西洪杰智能控制有限公司出资承建，认养总面积8545.48亩。3个公园均已签订政府框架协议，完成土地流转手续并整体规划，力求按照不同特色主题进行打造，完善东山生态产业群。

【退耕还林工作】 2015年，迎泽区退耕还林粮款补助资金到位66.47万元，到位率100%。按照验收结果，2015年度粮款补助兑现面积为6576.24亩，未兑现的808.26亩包括：验收不合格的、2015年修建东峰路、市政园等项目占用退耕还林地的。

【森林防治检疫】 2015年，迎泽区新增2名森林专职检疫员，配备太阳能频振式杀虫灯、担架式打药器、弯管喷雾机等各类防治检疫仪器设备及药品用于全区森林病虫害的测报、消杀和防治检疫专项工作，构建好生态安全第一道森林防线。

【森林防火工作】 2015 年，迎泽区科学制定和落实各项林业防火措施，与防火责任单位签订责任书，广泛开展宣传教育工作，天保工程管护面积 5.13 万亩，2015 年制作大型户外宣传、管护责任牌 9 块。强化迎泽区森林防火应急基地基础设施建设和迎泽区森防大队装备配备，新购置两辆大型森林消防水车和两辆中型森林消防运兵车，增加森防应急队员 17 人，常备森防应急队员增加到 40 名，不定期进行扑火技能培训和应急演练，提高实际森林防火实战能力，提高全区森防巡查力度和应急能力。全面实行网格化管理，通过把区、镇、村三级包片领导、村两委干部、护林员具体化、网格化，做到各级防火人员全部上图上表、层层落实责任，确保森林防火无缝隙。运用高科技手段加强监控，通过建立防火视频监控系统、无线对讲系统与人员巡护进行互补，做到及时发现及时处置。规划并实施柳沟至占道、大窑垴至小山沟 2 条森防通道建设，为实现科学布防、以水灭火奠定良好基础。

【安全生产】 2015 年 11 月 9 日，区林业局结合实际情况，成立以林业局局长郭连芝为组长，林业局副局长韩永斌、王润莲（女）为副组长的林业局国家安全工作领导小组。采取与造林施工队伍签订安全生产责任书、建立森林防火巡查表、安全生产大检查台账、开展突发情况自救措施培训、严查处理野外用火等行之有效措施，确保林业生产过程中年内不发生一起安全生产事故。

【林政执法工作】 2015 年，区林业局执法人员严格按照规范依法实施各类行政处罚事项，通过开展以严厉打击非法侵占国家和集体林地、乱捕滥猎野生动物及非法盗挖、运输、销售苗木的违法犯罪行为的严打活动，及时制止和有效震慑各类林业违法行为，维护社会和谐稳定，保护全区森林资源。

【征占用林地审批】 2015 年，区林业局多次对全区征占用林地情况进行检查，严格执行国家的林地征占用审批制度，对未批先占，少批多占和到期占用林地单位进行调查清理。5 月 28 日，区林业局根据国家林业局第 35 号令《建设项目使用林地审核审批管理办法》第七条规定，对华能太原东山燃气热电有限责任公司所提交的工程建设永久性使用林地的资料进行严格的审查和现场查验，并按照相关规定给予公示，公示期满，依程序提请市林业局根据实际情况依法办理林地使用许可手续。10 月 8 日，由太原台骀山滑世界农林生态游乐园有限公司提出的关于变更滑世界主景区北部（地类编号 1）碉堡群遗址等四方面使用土地地类的申请，经市森林监测中心现场实地勘测，根据《太原市迎泽区林地保护利用规划》，经 9 月 28 日局办公会议研究，依据林地变更中实事求是的原则，对认养面积范围内林地面积进行认定，确定公园的面积为 1960.16 亩，其中林地面积1705.9 亩。

【行政审批工作】 2015年，区林业局对行政权力清单进行收集、梳理和汇总并对2014年的2起行政处罚案卷进行评查。按照“全面清权、简政放权、科学确权、规范用权、严格控权”的思路，区林业局经过与太原市林业局对接，层层筛选审核，形成《太原市迎泽区林业局行政权力清单》，最后保留8大类97项行政权力，其中行政许可7项，行政处罚57项，行政强制4项，行政确认1项，行政裁决1项，行政征收用3项，行政给付2项，其他行政权力22项。 （史哲 牛彩萍）

水 务

【概况】 2015年，太原市迎泽区水务局（简称区水务局）加强水务基础设施建设和薄弱环节建设，完成松庄饮水安全工程、捐子村打井及相关配套设施建设、马庄饮水安全工程水处理车间建设和净化器设备的安装工程；落实各项防汛工作措施，确保全区安全度汛；实施南沙河上游小山岩段河道治理工程；完善山洪灾害防治非工程措施运行工作；做好移民后扶工作；加强依法行政和水资源管理工作；完成小山沟项目区机井工程建设；落实“两个”责任，落实党风廉政建设责任制落实，完成各项目标任务。为迎泽区转型跨越发展和“示范区、先行区、引领区”建设提供水利支撑和保障。

区水务局内设办公室、业务科两个机构；核定行政编制5名。局机关实有4人，局长王晓莉。下属事业单位：区水资源管理办公室（挂区水资源征费稽查队牌子），核定事业编制7名，实有6人；区人民政府防汛抗旱指挥部办公室（挂区抗旱服务队牌子），核定事业编制3名，实有3人；区河道管理所，核定事业编制32名，实有21人；区郝庄水利水保管理站，核定事业编制3名，实有2人。主要职责为：宣传、贯彻、执行国家、省、市关于水务工作的方针、政策、法律、法规，研究制定全区水务中长期发展规划及年度计划。负责保障全区水资源的合理开发和利用，负责全区生活、生产经营和生态环境用水的统筹兼顾工作，组织开展全区水资源的调查评价工作，制定并实施取水许可制度和水资源有偿使用制度。负责全区计划用水、节约用水工作。编制全区水资源保护规划，指导全区地下水合理利用和开发；宣传、贯彻落实节约用水方针和政策，指导和推动节水型社会建设工作。负责防治水旱灾害。组织、协调、监督、指导全区防汛抗旱工作；编制全区防汛抗旱应急预案并组织实施；负责全区水利突发公共事件的应急管理工作。负责全区水文工作。做好对水文水资源和河、库、池、地下水水量和水质的监测，做好水文站网建设和管理。负责全区水利工程和水利设施建设管理工作。组织实施国家水务技术质量标准和水利工程的规程、规范；负责全区重点水利建设项目建议书和可行性报告的起草、规划；负责全区水利设施、水域及其岸线的管理和保护工作；负责全区河道防洪设施的监管、维护。负责全区水土保持工作。研究制定水土保持规划并监督实施，负责全区水土流失的检测、预报，组织实施重点水土保持建设项目，负责全区有关开发建设项目水土保持方案的审批、实施及水土保持设施验收工作，对有关水土保持法律法规的执行实施监督。指导全区农村水利工作。组织协调全区农田水利基本建设和管理；组织实施、监督指导全区农村饮水安全、节水灌溉等工程的建设与管理；组织水利工程的竣工验收工作；指导全区农村水利社会化服务体系建设。负责监督、管理全区水政监察和水行政执法工作，协调水事纠纷，维护水事秩序。承办区人民政府交办的其他事项。

【防汛工作】 2015年5月28日下午，迎泽区人民政府防汛抗旱指挥部召开迎泽区2015年防汛工作会议，全面安排部署迎泽区2015年防汛工作任务，并对六街一镇下达《迎泽区2015年度防汛工作目标责任书》。坚持“安全第一，常备不懈，以防为主，全力抢险”的防汛工作方针，完善防汛应急预案，对南沙河、马庄河、南沙河水库、马庄水库、淤地坝、南十方排洪渠等水利设施进行全面细致地汛前检查处理、配备足量的编织袋、铁锹、镐头、救生衣、防护绳等抢险物资、认真执行24小时防汛值班、带班制度，加强防汛监测系统建设，做好山洪灾害防治非工程措施补充完善和运行工作，加强安全宣传教育、强化水库安全管理。加大清淤清障、水毁工程修复力度和河道治理工程，全区水利工程全年无险情发生。

【农村饮水安全工程】 2015年，区水务局实施松庄村饮水安全工程，建500立方米蓄水池1座，铺设输供水管道1668米及相关配套设施，项目总投资119.9万元，共解决1900人的饮水安全问题。完成捐子村打井及相关配套设施建设，凿井1眼，铺设输水管道280米，工程总投资159.1万元。完成马庄饮水安全工程水处理车间建设和净化器设备的安装，保证马庄水质安全。对董家庄、郝家沟、孟家井、柳沟等村饮水安全工程和东山水管站蓄水池进行清洗、维修养护，对小山沟村深井进行工程保护，确保农村饮水安全工程长期、正常发挥效益。

【河道治理工程】 2015年，区水务局对南沙河小山岩段河道进行治理，疏浚河道300余米，砌筑两岸护坡基础600余米及铺设植草砖，保障下游防洪安全、提升河道防洪标准，改善河道环境、配合东山旅游公路的美化亮化。

【打井工程】 2015年，区水务局完善红山项目区用水及配套设施建设，有效解决生活、生产和其他用水之需，提升生态建设水平，完成小山沟项目区机井工程建设。

【库区移民后扶工作】 2015年，区水务局足额、按时发放269人、共16.14万元移民后扶资金，将党的惠民政策真正落到实处。开展库区移民基础设施建设，实施新沟道路硬化工程，总长957米，占地5089平方米，投资约20万元，有效改善当地及其移民的生产生活条件。

【水资源保护利用宣传管理】 2015年，区水务局开展水法律法规和节约用水宣传，加大对城区各用水单位水法律法规的普法宣传和节水宣传，在第二十三届“世界水日”、第二十八届“中国水周”宣传活动中，组织开展宣传进校园、进社区、进农村系列宣传活动。加强水资源管理，深入各村对其实际用水量摸底，围绕实现宏观上总量控制、微观上定额管理目标，将取水计划逐一分解至各取水单位。对辖区内7眼地下水位监测井设备，定期现场察看检修，及时发现、处理问题，规范档案管理，做好相关数据记录，确保地下水位检测设备在线率达80%以上。加强地下水资源保护，推进水资源优化配置和可持续利用，落实关井压采工作，完成省市下达的地下水压采量20万立方米任务，其中太化染料厂关井1眼，年置换量10万立方米，太原刚玉雨润物业关井1眼，年置换量12万立方米。

【学习讨论落实活动】 2014年底到2015年5月，区水务局按照山西省、太原市、迎泽区委关于学习讨论落实活动的统一部署开展学习讨论落实活动，周密安排、狠抓落实，出台《迎泽区水务局关于开展学习讨论落实活动实施方案》，并组织召开动员大会，完成学习、讨论、落实三个关键环节，达到预期的目标。

【党风廉政建设】 2015年，区水务局党支部坚持把党风廉政建设纳入水务工作整体，与水务业务工作同研究、同部署、同检查、同落实，采取针对性措施，确保党支部主体责任落到实处。强化党支部书记第一责任，当好廉洁从政的风向标。加强制度建设，把权力关进制度的笼子，不断补充和完善已有制度，形成《迎泽区水务局制度汇编》，严格执行《党风廉政建设制度》，明确领导班子成员在落实党风廉政建设责任制中的责任，加强政风行风建设，加强对水利建设计划、投资、工程建设管理、公车管理以及人事财务等工作的管理，防止腐败现象的滋生。开展廉政教育，筑牢风险防范堤坝，2015年共开展集中学习44次。严格落实民主集中制，完善议事规则和决策程序，局党支部严格执行重大事项民主集体决策制度；明确班子成员工作职责和分工，建立权力制衡机制；严格执行“三重一大”制度；完善资金使用决策程序，保证经费开支合理、合法。

【机关建设】 2015年，水务局牢牢把握正确政治方向，认真学习贯彻党的十八届三中、四中、五中全会精神，深入学习习近平总书记系列重要讲话精神，开展学习讨论落实活动，强化主动、担当、创新的工作意识；开展“三严三实”专题教育，落实整治基层干部不作为乱作为等损害群众利益问题、“文山会海”和“三公”经费管理不严等违反中央八项规定精神突出问题等专项整治活动。完善制度建设，促进职责履行，坚持把制度建设贯彻于工作各个关节，完善局领导分工履职尽责制度，严格执行工作、学习、会议、公文处理、行政执法等各项制度，坚持依法按程序办事，切实提高依法行政水平。修改完善权力清单，划定职责边界。依据区政府统一部署，推进权力清单制度建设，依法清理、规范行政权力事项，对权力清单进行补充、修改和完善，对保留的行政权力编制办事指南、运行流程图、监督方式等。开展六权治本工作。2015年，对《迎泽区水务局行政权力事项清单》进行补充、修改和完善，对保留的行政权力编制办事指南、运行流程图、监督方式等，最终形成《太原市迎泽区水务局权责清单》，保留行政权力47项。其中，行政许可5项，行政处罚33项，行政强制4项，行政征收征用3项，其他行政权力2项。

（杨慧茹）

城乡建设与管理　环境保护

CHENG XIANG JIAN SHE YU GUAN LI　HUAN JING BAO HU

城乡规划

【概述】　太原市城乡规划局迎泽分局（简称迎泽分局）内设办公室、规划管理科，在编公务员6名；太原市城乡规划管理执法支队二大队配属工作，在编人员8名。

2015年，迎泽分局围绕市、区重点工程，搞好规划服务。为南内环街改造、南沙河快速路改造、城中村改造项目确定项目跟踪服务人员，推动重点项目规划工作；指定专人与区各相关部门密切配合，完成对12个城中村、47项、占地1592.27亩、总建筑面积215.78万平方米的基础摸底工作。迎泽分局全过程参与重点工程的规划对接、摸底调查、规划认定、资料汇总工作。

【服务城中村改造】　2015年，太原市城乡规划局迎泽分局加强城中村改造工作的服务意识，协调办理手续。围绕重点村改造，迎泽分局指派一名副局长进驻区城改办专职从事规划服务工作，与市局相关处室、设计单位及各街办、村进行沟通、对接，缩短规划编制和审批时间，服务城中村改造规划手续的办理。

协助市局“驻村规划师”搞好服务，加强分局人员与驻村规划师、村委的交流，把村民意愿、市场需求和城市规划理念有机结合，使规划方案更完善、更科学。

创新管理思路，搞好规划手续的批后工作，变批后监管为批后服务。主动协调有关部门，在建设工程的放线、验线和规划验收等方面加以引导、提前介入，促使城中村改造按照规划实施。

【批后管理】　2015年，太原市城乡规划局迎泽分局加强监管责任，实行划片包干、责任到人的监管机制，把辖区内所有批后监管件纳入正常监管范围，对投诉举报件，由专人登记督办，按时限要求予以答复，日常监管中对群众反映强烈、严重影响规划的违法建设，下发停工通知书，对拒不执行的工地，派驻保安强制停工。需立案查处的，提交案件审理会审理，按要求执行处罚。

对日常批后跟踪管理案卷，做到跟踪

到位。2015年，迎泽分局接收批后管理案卷29件，件件做到接收后及时转件，责任到人，对监管内容及时录入微机和批后管理系统，对有疑难问题的案卷及时请示汇报，及时整改月报，做到管理心中有数。

2015年，迎泽分局审核规划验收件53件，面积约96.3万平方米，完成规划验收37件，面积约66.9万平方米。

【违建处置】　2015年，根据太原市人民政府《关于严厉查处违法用地违法建设紧急通告》要求，太原市城乡规划局迎泽分局对全区范围内在建违法建设进行全面摸底、分类统计，设专人24小时受理投诉举报，发放通告。针对市政府确定的重点改造项目，严格执行巡查发现、举报投诉处理、立案等制度，利用联动执法手段对各类违法建设依法坚决予以制止。截至年底，迎泽分局执法人员自行拆除和组织强制拆除违法建设10处，面积2132平方米，拆除违法设置广告35处，面积4300余平方米。在道路和片区改造建设中，配合政府拆迁2处，面积600平方米。

【信访工作】　2015年，太原市城乡规划局迎泽分局重视信访工作，按照市局要求，指定专人分管信访工作，对历史积案实行领导包案制度，抓好信访“领导接待日”和大接访工作。全年接到市信访转办件24件，区信访转办件9件，接待来信来访80余人次。

【城乡规划建设管理】　2015年，太原市城乡规划局加强和规范城市的建设管理，妥善处理太原市国有土地上历史遗留的违法建设。按照国有土地上违法建设专项整治处置办法，坚持依法查处、部门联动、兼顾历史、结合实际的原则，开展为期一个月的查处核实，对所有违法建设的规划手续情况，违法建设事实及违建面积情况，处理情况，详细梳理，为专项整治提供依据，促进规划管理工作。

【党风廉政建设】　2015年，太原市城乡规划局迎泽分局学习贯彻中央八项规定和反对“四风”要求，强化“一岗双责”，落实党风廉政建设责任制。开展专项整治，加强组织领导，制定实施方案，成立领导机构，召开动员大会，明确任务分工和人员责任。搞好“三严三实”专题教育活动，要求全体党员干部以“八项规定”为准绳，严以律己，反对“四风”，查摆思想观念、体制机制、方法作风方面存在的不足，修订、完善有关财务、接待、车辆管理、工作纪律等方面的制度。落实规划管理各项制度，把政风行风建设与反腐倡廉、精神文明等工作紧密结合，抓好信访“领导接待日”工作，解决在执法和行政过程中存在的以权谋私问题，使作风建设和廉政建设落到实处。　（乔卫星）

城市管理

【概述】　2015年，迎泽区城市管理局机关行政编制13人，实际在职13人；工勤编制2人，实际在职3人。离退休人员25人。内设机构有办公室、市容科、环卫科。区城乡清洁办、燃气办设置于城市管理局开展各项工作。下辖4个单位，即：行政执法分局（参公单位），在编人员153人，合同制协管员525人；城市管理应急大队（事业单位），在编人员141人，合同制人员125人；城市管理监督大队（事业单位），在编人员51人，合同制人员53人，公益性岗位人员92人；市容环境卫生执法中队（事业单位），在编人员7人，合同制协管员12人。

2015年，迎泽区城市管理局围绕建设“一流省会城市示范区”工作目标，改革创新、苦干实干、奋力作为，完成年度目标任务，城市管理水平取得新成效。

【“学习讨论落实”活动】 2015年，迎泽区城市管理局组织集中学习25次、讲授党课5场、观看教育警示片6场、参观廉政教育基地4次，受教育干部职工达300余人次。开展廉政文化示范点的创建工作，设置廉政文化宣传栏8块、廉政读书角5处，启动“以案示纪、以案明纪”警示教育活动。严格执行党风廉政建设“一岗双责”制，成立城管局作风纪律监督检查领导小组，加强对中央八项规定精神执行和工作纪律等情况的内部督查。开展解决基层干部“不作为乱作为”问题专项整治工作，完成两项不作为问题的整改。

【城市管理】 2015年，迎泽区推进智能城管建设、农村环卫工作机制取得新成果。高标准整治老旧片区10个，整治小街巷26条，完成5个乡村引领示范村建设工作。建立迎泽区智慧环卫管理系统，区数字城管平台对垃圾中转站进行视频监控，对符合安装条件的环卫车辆和执法车辆安装GPS定位系统，建立易信工作平台。城中村清扫保洁、垃圾清运由专业队伍接管。加强环境卫生工作，道路洁净度取得新提升。加强机械化清扫冲洗力度，将机械化作业向小街巷延伸，道路机扫冲洗全覆盖。在主城区开展生活垃圾定时上门收集工作，完成全区6条示范街道，14条一类街道，63条二类街道的生活垃圾上门收集工作。创新城市管理模式，城市管理水平取得新亮点。在庙前街办试行行政执法、清扫保洁、无物业管理、垃圾清运“四位一体”的网格长负责制工作体系，划分出七个网格。加大清理小广告力度，组建40人的小广告专职清洗队伍，保证全区市容市貌的干净整洁。强化民生工作，为民服务实绩取得新成效。开展城乡清洁工程的星级创建，参加星级创建的单元共37个。加强公厕管理，改造旱厕24座，打造四星级以上公厕1座。加强管理力度，城管系统工作取得新突破。行政执法工作强化军事训练，疏堵结合整治占道经营，拆除违法建设面积30余万平方米。环卫应急工作。全年清运垃圾14万余吨，清掏清运粪便1.2万余吨。城管监督工作监督累计发现上报问题199600件，办结率达90%以上；接收处理区中心下派的各类案件2985件，办结率100%。市容环卫执法工作受理12319、12345市民举报案件304件，案件办结率100%。2015年，迎泽区城市管理局被评为太原市双拥模范先进单位。

【城管监督】 2015年，迎泽区城管局城管监督大队与区城管中心、各街办（镇）形成三级网络平台，采取定人定岗定责管理，通过易信手机拍照、电话通知等形式，对重点街道进行24小时监督检查，对其余街道进行16小时监督检查。全年监督累计发现上报问题199600件，办结率达90%以上；接收处理区中心下派的各类案件2985件，办结率100%。处理应急件513件900余处，为居民正常出行和生活提供保障。

【行政执法】　2015年，迎泽区城管局行政执法分局在提升管理上下功夫。强化军事训练，提升队伍素质。在12月4日至18日，共260余人分2批次进行封闭式训练，培养队员的组织纪律观念，增强队伍素质。疏堵结合整治占道经营。加大执法检查力度，采取定岗巡查和机动巡查相结合；延时、错时、交叉执法与部门联动执法相结合；在重点地段、区域和关键点位实行24小时、16小时执法管控制度，遏制占道经营反弹。2015年，出动2.7万余人次，执法车4500余台次，清理取缔摊点900余处。开展专项整治，打击“两违”行为。由执法分局牵头，协调国土、公安、规划等部门，自3月起，开展集中整治“两违”活动，拆除违法建设面积30余万平方米。

【片区整治】　2015年，迎泽区城管局投资6000余万元对上马街片区、火车站源中心片区、旧城街片区、水西关南二片区、海西片区、东景片区、桃南西二巷片区、桥东新街片区、南沙河沿线一片区、南沙河沿线二片区10个老旧片区进行综合整治。整治项目主要有外立面粉刷369975.9平方米；内墙修补粉刷287702.59平方米；硬化地面57880.4平方米；更换路牙石828米；整修车棚1851平方米；更换防盗门75樘；更换门头3178.99平方米；安置景观照明灯111套；更换亚克力字650个；更换井盖256个；外墙清洗39863平方米；油漆围栏28544.21平方米；拆除违建270.43平方米。整治面积约0.614平方千米，惠及人口57559人。

【小街巷整治】　2015年，迎泽区城管局对桃园正街、惠民南巷、惠民北巷、桃园三巷、桃园四巷北一条、水西关南街南一条、韶九巷、南海东街南一巷、南海东街南二巷、文源巷、劲松北路、桃园南路西二巷、五一东街、鼓楼街、大水巷等26条小街巷进行整治。整治项目有外立面粉刷34865平方米；硬化地面1920平方米；更换路牙石1140米；更换门头578.4米；更换亚克力字1299个；油漆围栏946平方米；违建拆除1400平方米。

【示范村建设】　2015年，迎泽区城管局对孟家井、东祁家山、占道、柳沟、张家河5个农村进行清洁示范村环境整治。

【市容环卫执法】　2015年，迎泽区城管局市容环卫执法中队采用疏堵结合，宣传与执法并进的方法，对辖区内渣土车辆在运输途中带泥上路、沿路抛洒、乱倾乱倒等违法行为进行日常监管和查处，出动车辆144台次，人员864人次，责令整改纠正80余起违法案件，依法查处严重违法案件6起。发放宣传资料200份，安装警示标示标志、告知牌 50 块，宣传条幅 10 条，限高杆封堵乱倒场地 8 处。全年市容环卫执法中队受理 12319、12345 市民举报案件 304 件，案件办结率 100%。

【清扫保洁】 2015 年，迎泽区有清扫保洁街道 525 条，保洁面积 630 万平方米，除城管局直管 33 条街道的清扫保洁和机械化清扫冲洗作业外，其余街道和无物业院落由各街办（镇）按照行政区划分进行市场化管理，城管局对其业务进行监督指导。2015 年，区城管局在清扫保洁工作中加强机械化清扫冲洗力度，将机械化作业向小街巷延伸，道路机扫冲洗全覆盖。按照定人、定岗、定责原则，对全区保洁街道实行精细化、网格化管理。按照街道分类，对火车站、柳巷商业区等重点街道实行 24 小时保洁管理，其余街道实行 16 小时保洁管理。为提高机械化和人工清扫保洁作业的业务水平，将机械化作业和人工作业标准、行为规范、“九不准”印制在知晓卡上随身携带。成立小街巷便道清洗队伍，负责清洗大型车辆无法作业的便道死角及立面和路面小广告，确保各路面、便道的干净、整洁。加大车行道和便道的机械化水冲洗作业力度，对重点街道每日进行“一冲四扫三降尘”作业，其他街道每日进行“一冲四扫二降尘”作业。车辆作业里程、中水使用率保持全市第一。加强扬尘污染治理。每日对道路进行喷雾、洒水降尘作业；对重点区域、环保检测点实行专人专车每天 24 小时的洒水降尘作业；对辖区内渣土车辆在运输途中带泥上路、沿路抛洒等行为由市容环卫执法中队进行严格查处。

【垃圾清运】 2015 年，迎泽区城管局在主城区开展和推行生活垃圾定时上门收集工作，取消庙前地区所有街面垃圾桶站，全部实行生活垃圾定时定点上门收集工作。实行上门收集后，有效解决垃圾收集中的二次污染和桶站周边环境脏乱差现象。对城中村的清扫保洁、垃圾清运由专业队伍接管。推广郝家沟地埋式垃圾桶的管理和运行办法，采取设置垃圾地埋桶和集中修建垃圾转运站相结合的方式对 16 个村庄及 12 个城中村的生活垃圾进行市场化专业队伍收运，修建地埋式垃圾桶 90 个。

【小广告治理】 2015 年，迎泽区城管局加强全区 60 条主要街道，31 个宜居社区的小广告治理，组建 40 人的小广告专职清洗队伍，制定值班制度、周例会制度，清理涂覆小广告（油漆、张贴、喷涂）35 万余处，累计整饰建筑立面 18000 余平方米，清理率 100%。

【公厕管理】 2015 年，迎泽区城管局在加强公厕管理上下功夫，严格按照市、区公厕管理作业规范和质量标准管护公厕，对公厕异味、杂物堆放、设施配备不齐等问题进行整治，建立长效管理机制。对迎泽区 24 座公厕进行施工改造，将原有的旱厕公厕改造成有管理间的现代化水冲公厕，公厕整体改造包括电路、上水、下水、化粪池、吊顶、墙地面、门窗、管理间等，改造后的公厕配套各种设施，提升城市品位，扩大服务功能，提高使用效率。打造四星级以上公厕1座。

【环卫应急】　2015年，迎泽区城管局环卫应急工作把取缔主要街面的垃圾桶站作为重点，对影响大、管理难度大、居民反映强烈的街道逐步取缔，实行定时定点收运，清运垃圾14余万吨，清掏清运粪便1.2余万吨。以创建全省一流中转站为目标，本着高效、美观、卫生、舒适原则，对七个中转站进行标准化改造，配置安装全国一流水平的防蝇、防臭喷淋系统，实现一流中转站建设目标。（冯秀玲）

城乡管理行政执法

【概述】　太原市城乡管理行政执法局迎泽区分局（简称区执法分局），参公管理事业单位，正科级建制。编制170人，实有157人，退休13人。合同制协管员20人，公益性岗位人员380人。内设办公室、督察室、案件审理室，桥东、迎泽、老军营、文庙、庙前、柳巷、郝庄7个属地中队。2015年3月，郝庄中队被收回直管，开展整治“两违”行为工作。配置通讯总台1部，对讲机60部，机动车79辆。年底，推行公车制度改革，保留执法、执勤用车34辆，其余全部封存上缴。

2015年，区执法分局围绕“优化城市环境，构建和谐城管，服务百姓生活”工作中心，履行城管行政执法职责。领导班子团结带领全局人员，致力于“创新思路、重塑形象、争创一流”奋斗目标，励精图治，真抓实干，完成各项工作任务，为保障“三区”建设、服务百姓生活做出贡献。

【学习讨论落实活动】　2015年，太原市城乡管理行政执法局迎泽区分局开展以“深入学习贯彻习近平总书记系列重要讲话精神，净化政治生态，实现弊革风清，重塑山西形象，促进富民强省”为主题的学习讨论落实活动。强化党风党纪教育，促进党风廉政责任制的落实。在机关会议室、楼道内精心布展，将单位职工自己动手书写、制作的有关廉政文化的书法作品、剪纸作品、绘画作品全部上墙。自编自演小品《城管与小贩》在“清风清廉润迎泽”活动中汇演并选送市级。落实区委、上级党委交办各项工作。（1）落实联组巡查“六个方面”工作。（2）落实《迎泽区抓基层党建工作报告制度》《关于在全区开展党组织和党员普查登记工作的通知》《开展2015年全民终身学习周活动的通知》；传达《关于迎泽区郝庄镇松庄村违法占地问题典型案例的通报》《迎泽区关于做好2015年中秋国庆期间贯彻中央八项规定精神持之以恒纠正“四风”工作的通知》《迎泽区“四风”典型案例通报》。（3）针对《关于迎泽区城管执法部分人员“不作为、乱作为”典型案例的通报》要求，组织全体执法人员进行学习，全年观看警示教育片4次，党支部书记专题授课3次。开展“美化城市，扮靓家园”志愿服务活动3次；开展慈善、博爱捐款活动2次；打造亲民爱民的阳光队伍形象，开展治理非法小广告执法进社区服务，开展爱心帮扶和无偿献血等公益活动；加大执法力度，以提升城市形象，创优环境为目标，以服务百姓生活为宗旨，整治占道经营及乱象，创建良好城市环境。

【城中村违法建设违法用地整治】 2015年，迎泽区政府成立由国土、规划、郝庄镇、执法分局组成的整治“两违”综合执法队。区执法分局每日出动60余名执法人员，10台执法车，分8个巡查组、1个拆除组，1个后勤保障组对郝庄地区28个村（社区）的违法用地、违法建设进行全覆盖巡查并依法实施拆除。

截至11月底，下达《拆除违法建设通知书》200余份；涉及10个村，124家自行拆除，面积6万平方米；依法实施强制拆除，涉及9个村240家，拆除违法建设面积30余万平方米；组织强拆行动60余次，出动1800余人次，执法车、拆除机800余台次，产生拆除费用180余万元，保安费用32万余元。

【重点市容保障】 2015年“两会”与节假日期间，迎泽区执法分局全体工作人员到街道一线巡查，每天工作15个小时，进行市容管控，完成市容保障任务。在“五一”“国庆”假日期间，分局实行预警执法监控机制，在晚10点到次日早8点对迎泽大街进行夜班巡查，实现24小时无缝隙行政执法管控，首次实现长假期间火车站、迎泽公园北门周边道路顺畅，市容整洁的良好氛围。

【街道占道经营及乱象整治】 2015年，迎泽区执法分局制定2015年整治占道经营实施方案，开展整治占道经营及乱象活动。各中队根据摊点出现时间及地段情况，制定整治方案，明确区域、责任到人。采取日常检查与集中整治相结合的方式，从早8：00至晚21：00对全区主次干道、学校、医院、商业区等严重影响市容、交通、居民生活的路段进行全面清理整顿。针对“钉子户”摊点，中队联合公安、保安进行集中整顿。通过整治，示范街、一、二类街道等主要街道的管理效果明显改善。

区执法分局全年出动2.1万余人次，执法车3600余台次，清理取缔摊点900余处，扣押轮式工具（手推车、电动车、三轮车）1200余辆，其他物品4500余件。

【露天烧烤整治】 2015年，迎泽区执法分局按照“属地为主，部门联动，疏堵结合，依法处置”原则和“八统一”标准，多措并举，整治露天烧烤，取得阶段性成效。主要做法：（1）抽调30名特勤人员，6台执法车，从下午4点到晚11点，配合各中队、管委会进行整顿烧烤摊点。（2）协调公安派出警力协助执法中队解决一些难点问题，重点是“拔钉子”。（3）安排专人进行督促检查，发现问题，下达督办单，要求责任单位进行整改。（4）招录100余名协管员专门组建机动执法中队，配合各属地执法中队开展整治露天烧烤。

各中队全年出动1.2万余人次，执法车2000余台次，取缔烧烤摊点200余处，32家置换无烟环保炉，扣押烧烤炉30个，其他用具（桌子、风扇、遮阳扇等）500余件。

【太原火车站周边环境整治】 2015年，迎泽区执法分局实行火车站周边24小时行政执法管控制度，实现24小时不间断清扫保洁，协调公安、交警、规划、交通客运、绿化、公交等部门，规范火车站周边环境秩序，解决太原火车站周边乱象顽疾，保障火车站周边环境持续整洁、交通顺畅。

【行政处罚案件审理】　2015年，迎泽区执法分局强化执法文书管理，严格执法程序，规范执法行为，开展案卷评查活动，制定《行政处罚细化量化标准》，对罚款票据使用作出明确要求。制定《2015年规范管理处罚文书和创建规范案例的实施方案》。全年审理创建规范案例210件，一般程序164件、简易程序46件，结案率100%。

【非法小广告治理】　2015年，迎泽区执法分局开展执法进社区，治理非法小广告行动，建立小广告值班制度、周例会制度，明确责任，提高效率。全年在涂覆人员减少（退休、调离等）100余人的情况下，巩固创建宜居社区31个，清理涂覆小广告（油漆、张贴、喷涂）30万余处，累计整饰建筑立面15000余平方米，清理率100%、及时率98%。

【精神文明建设】　2015年7月7日，迎泽区执法分局与文庙街办五一东街社区联合开展主题为爱岗敬业的道德讲堂。7月18日，分局与文庙街办五龙口三社区联合开展主题为廉政建设的道德讲堂。8月，分局机关设置善行义举榜。迎泽大街直属队科员郭建杰、老军营中队协管员杜铁树、迎泽大街直属队协管员李子光分别被评选为“诚实守信”“宽厚仁爱”“孝亲敬老”模范。开展道德讲堂活动。10月，迎泽区执法分局开展“慈善一日捐”活动。各中队、室执法人员共500余人参加活动，募集善款9000余元。区执法分局志愿者服务队开展“美化城市，扮靓家园”志愿者服务活动。志愿者着装整齐，在活动地点打着标旗，带着脸盆、毛巾对全区主干道的公共设施（垃圾箱、地灯、路灯杆、公交站牌、指示牌、不锈钢栏杆）、小广告、卫生死角进行清理。开展以“摒弃交通陋习，畅通城市道路”为主题的文明单位志愿服务活动。

【人事制度建设】　2015年2月9日，迎泽区委第七考核组一行4人对分局领导班子及成员进行2014年度综合考核。分局党支部书记、局长闫俊力代表领导班子述职述廉述学，中队长、室主任、副主任科员以上干部29人参加述职述廉大会和民主测评等其他考核事项。10月，分局13人（执法人员、协管人员）因“不作为、慢作为、乱作为”受到组织处理。11月15日，因在2014年度综合考核中，分局被评为“良好等级”，区政府为分局157人发放考核奖，每人5000元。12月12日，迎泽区落实县以下机关建立公务员职务职级并行制度，分局125名科员参与初核、民主测评、考核和公示，通过审核享受副科级待遇。17日，分局157人的2015年度双拥奖、2014年度单位精神文明奖一同发放到位。

【行政执法】　2015年3月16日，根据迎政办发〔2015〕18号文件精神，区执法分局正式启动集中整治“两违”行为专项行动。区政府成立由国土、规划、郝庄镇、执法分局组成整治“两违”综合执法队。闫俊力担任区综合执法队队长兼分局总指挥，杨林、石会兵兼任分局副总指挥，抽调80余人、10余台车参与整治“两违”行为活动。24日，区委常委、区纪委书记李锦一行到区执法分局现场指导调研城乡管理行政执法工作。5月24日，太原市纪委书记李吉山赴迎泽区调研城市管理行政执法工作，局长闫俊力做汇报。

【规划分局组织建设】 2015年11月25日，因全国推行机关事业单位养老保险制度改革，迎泽区执法分局157名在编人员的工资得到相应提高，同时开始扣缴个人养老保险费，该制度从2014年10月起执行，调整后的增资部分足额补发到位。20日，分局采取招录和劳务派遣方式配置120余人城市管理协管员组建机动队。队长由琚克志担任。主要负责协助六街一镇整顿街道市容和无照经营。26日，由市城乡管委纪委书记任晓艳带队的行政执法检查督导组一行8人对分局2015年受委托行政执法工作进行检查并调研指导，分局局长闫俊力、政委杨学军和中层干部参加汇报座谈。11月30日至12月2日，分局开展2015年度执法培训。680余人（执法人员157人，各中队、火车站管委会、朝阳街管委会协管员527人）分两批次参加培训。12月20日，分局机关开办职工食堂，面积30平方米，修缮及购置所用厨具、冰箱、消毒柜，总投入约57600元。

（王新堂）

环境保护

【概述】 2015年，太原市环境保护局迎泽分局（简称环保迎泽分局）领导职数3人。内设机构2个：办公室、业务管理科（规格副科级），中层职数各2人。核定行政编制7人，核定工勤编制1人，实有人数6人。下辖2个单位：迎泽分局环境监察大队，市财政拨款事业编制35人，其中管理人员编制5人、专业技术人员编制28人、工勤人员编制2人，实有人数33人。迎泽分局环境监测站，市财政拨款事业编制8人，实有人数6人。

【省城环境质量改善】 2015年，环保迎泽分局多措并举改善省城环境质量。拆除替代分散燃煤采暖锅炉102台，其中集中供热77台、燃气供热12台、拆除不用13台，节约燃煤7.65万吨，烟尘减排486.3吨、二氧化硫减排1351.8吨、氮氧化物减排726.4吨。根据《市政府2015年第一批餐饮服务企业油烟污染治理任务的通知》要求，完成72家油烟治理任务。对辖区内17家有机化工、表面涂装企业下发整治标准，下达限期治理任务，全部完成治理任务。建设绿色生态矿山，智海企业集团有限公司西祁家山石灰石矿以绿色生态型矿山为标准，最大限度减少开采面积，建设喷淋设施和矿区道路，加快裸露矿山植被恢复，制定三年具体生态恢复方案，并按照方案完成2015年工作计划。

2015年辖区内的2个企业完成工业企

业退城入园启动工作。太原双塔刚玉股份有限公司关停高能耗、污染大的耐火材料、磨料磨具生产线，物流、金刚石、钕铁硼生产线由原郝庄正街62号搬迁至太原市民营经济区工业新区赵庄，完成工业企业退城入园工作。迪爱生（太原）油墨有限公司启动退城入园工作，但由于中日双方技术转让合同、资金短缺、选址等原因，退城入园工作进度缓慢。

整治违法排污企业。对城乡结合部的排污企业进行严格排查，对非法排污企业坚决予以关闭。明确每个企业、每台设施、每个排口具体的排放标准，促使企业使用优质燃料、完善设施和强化运行管理，对重点排污企业太原市供热公司城南供暖分公司、迪爱生（太原）油墨有限公司、智海企业集团有限公司西祁家山石灰石矿、太原润禾环卫设备有限公司以及混凝土加工企业加强现场检查，保证污染防治设施运行正常。对太原九龙泌尿外科医院、山西复地得一房地产开发有限公司工地等四个单位未批先建项目进行行政处罚，责令改正。

【高污染燃料禁燃区创建】　2015年，环保迎泽分局在上年完成划定高污染燃料禁燃区创建40%基础上，再创建30%。截至年底，完成8.2平方千米，拆除燃煤锅炉52台、176.3吨，完成“两年创建高污染燃料禁燃区面积累计达到辖区建成区面积70%以上”的任务。

【严控采暖期污染源】　2015年，环保迎泽分局对辖区范围内未完成改造仍在使用燃煤的城中村和棚户区、农村，全面推广使用洁净煤。辖区涉及燃煤农村、城中村、棚户区23个，3892户12097人，燃煤需求量22237.5吨，全年配送洁净煤17000吨。

【环境安全】　2015年，环保迎泽分局对辖区内45个医疗卫生机构开展医疗废水、医疗废物处理处置、放射性安全专项检查工作。在辖区范围内开展全方位、全覆盖的环境安全大检查，出动500余人次，对55个单位进行检查，建立环境安全大检查台账。

【燃煤污染控制专项行动】　2015年1月至3月，环保迎泽分局出动4000余人次，出动车辆数1500余车次，对所有燃煤设施进行多个轮回的检查，确定监管重点，确保辖区燃煤设施和污染防治设施运行正常，杜绝冒黑烟现象。

【环境监测点位周边综合整治】　2015年，环保迎泽分局对监测点位周边餐饮业进行摸底调查，对符合油烟治理条件的餐饮业下达限期治理通知，其中6家饭店安装油烟净化器进行试点，关停位于菜园监测点位周边的太原市新昌汇汽车修理厂，拆除点位周边燃煤采暖锅炉17台。

【空气污染指数】　2015年，迎泽区综合污染指数为7.09，在六城区中排名第四，PM2.5平均浓度值为59微克/立方米，比上年同期平均浓度值74微克/立方米下降20.27%；二级以上优良天气221天（达标率61.9%），比上年同期189天（达标率51.8%）增加32天。

【信访投诉】 2015年，环保迎泽分局受理各类环境信访案件729件、人大代表提案3件，重复投诉率明显降低，查处率、结案率、反馈率均达100%。

【环保宣传】 2015年，环保迎泽分局与迎泽区各学校、社区开展环保宣传教育活动。与东岗小学开展“阳光东岗”环保花灯展评暨首届灯谜会活动，与迎泽区教育局连续7年开展“地球一小时”熄灯主题活动。组织迎泽区中小学参加以“关爱地球、绿色环保”为主题的环保书画剪纸大赛。开展“保护碧水蓝天　共建绿色家园——环保小卫士在行动”宣传活动及“珍惜地球资源　转变发展方式——提高资源利用效益”“环保酵素DIY”专题讲座，与迎泽街办各社区开展以“践行绿色生活、改善省城环境质量”为主题的“世界环境日”宣传活动。组织参加太原市绿色文明家庭、环保好市民评选活动，有7个家庭申报太原市绿色文明家庭，10位市民申报太原环保好市民。

【建设项目审批】 2015年，环保迎泽分局审批建设项目26个，验收33个，审查市局终审项目13个，为9个工地办理夜间施工证明87件。开展对“十五”以来建设项目清理整顿专项行动，完成省、市、区“十五”以来建设项目的核查工作，清查出久试未验项目73个，其中省批项目4个，验收1个；市批项目48个，验收9个，停产、未建项目5个；自批项目21个，验收6个，停产4个。未批先建违法建设项目4个，补办手续1个，其余3个要求企业编制项目现状环评。核发山西昆明烟草有限责任公司等17个单位的排污许可证。协助市局核发辐射安全许可证，完成辖区内相关单位的辐射许可证发放工作，开展对7个单位新建和到期证书的核发及换证工作。完成辖区7个社会办加油站油气回收治理工作。（贾秋文）

园林绿化

【概述】 迎泽区园林绿化局（参照公务员管理单位），人员编制7人，离休人员1人，退休人员5人。内设机构3个：综合科、技术科、审批科（原管理科变为审批科）。下属单位：迎泽区园林绿化队，全额拨款事业单位，事业编制203人，实有工作人员104人，与外聘的康培园林绿化工程有限公司共同担负城区287410平方米绿地的管养任务。园林绿化局有公益岗位人员250人，分别编制在城区各街办（镇）作保绿员。

2015年，迎泽区园林绿化局新增6项行政审批职能，即：采摘古树名木果实种籽事项的批准、非正常修剪树木事项的批准、古树名木的鉴定、在城市公共绿地从事商业、服务经营活动的批准、公园内举办活动的批准、公园内拍摄影视作品的批准。

2015年，迎泽区园林绿化局开展以“净化政治生态，实现弊革风清，重塑山西形象，促进富民强省”为主题的学习讨论落实活动，践行“三严三实”工作理念，结合市区重点工程，按照“早安排、早动手，贴近民生，为民服务”原则，开展迎泽区园林绿化工作，城区绿量不断增加，生态环境明显提升，各项工作顺利开展，获市“文明单位”称号。

【重点工程】　“五个一批”建设项目。2015年，迎泽区园林绿化局经过实地勘察、立项设计、可行论证、招标投标、施工建设，完成省建四公司游园、景泰游园、五龙口三社区游园、东太堡游园、王家峰5个游园及西太堡、双塔南路（两块）、南关坊、朝阳街口5个街头绿地的建设任务，新增绿地12973.3平方米。

双塔东西街提质改造工程。迎泽城区投资258万元，对该街存在安全隐患的196株刺槐（柳树）进行砍伐，栽植乔木368株，灌木299株，球类61株，地被植物7800平方米，安装护网5340延长米。

市政道路改造移植工作。迎泽区园林绿化局配合市政道路改造工作，对南内环街、韶九巷、体育西路、南沙河、永祚西街等街道进行苗木移植和砍伐，移植树木467株，花灌木510株。

省级园林绿化居住区创建。经过前期摸底、专家论证、验收，完成创建省级园林绿化居住区任务——半山国际一期。

【专业绿化】　鲜花栽植工作。2015年，迎泽区园林绿化局在城区主干道开展鲜花栽摆工作。经过反复探讨研究，最终敲定矮牵牛、满天星、彩叶草、孔雀草、垂吊矮牵牛、长春花、鸡冠花和美人蕉等10余个品种的花卉在新建南北路、桃园南北路、青年路、云路街等街道栽摆，共计484654盆。

行道树及绿篱的补植补种工作。在并州东街、新建南路、新建北路、桥头街、松庄游园、老军营小区、文源巷等街道补植行道树122株，灌木580株、绿篱55200株、花卉109140株及草坪2262平方米。

社区绿地建设。在拆迁改造的边角空地上进行绿化。庙前社区、滨河一社区和双塔二社区的小绿地，共计1100余平方米；按照区政府安排，在菜园街环境监测站楼顶摆放陶瓷花盆（800×800）30个，栽植胶东卫矛球30株。

古树名木保护工作。由市、区两级政府拨款18万元，对迎泽区的19棵古树进行固化、支撑、防腐、消毒、制作大理石围栏等保护，工程于5月中旬完工。

【城乡清洁工程】　2015年，迎泽区园林绿化局对辖区内的园林设施破坏损毁情况进行摸底登记，集中安排进行修复，修复花池掉砖15米，掉水泥5.5米，花池破坏2.4平方米，防腐木损坏107米，掉蘑菇砖68块，石材损坏31块，铁艺护栏损坏77米，路牙石缺失17米，塑钢围栏损坏291米。对全区569个仿木花箱进行油漆，出动人员180人，用油漆690千克，对桃园南北路的花盆进行粉刷。对青年路58个花盆进行换土，放置防漏片116片，松针土58袋，营养土58盆，并种植垂吊矮牵牛1500盆。对新建北路的仿木花箱和便道的防腐木及松庄公园的设施进行维修，对郝家沟游园的栏架进行油漆。

【安全生产工作】 2015年，迎泽区园林绿化局把安全工作列为工作重点，全面安排、周密部署、突出重点、强化措施、狠抓落实，取得良好成绩。成立由局长孙成龙任组长，由副局长李跃红、武玉奎任副组长，各养管单位和安全工作相关责任人组成的安委会，制定《园林绿化局2015年安全生产工作要点》，对《2015年安全工作方案》任务进行分解落实，定时召开安全生产工作会议，组织对各养管单位进行安全大检查；完善安全管理制度，制定安全主体岗位责任制，明确各主体岗位职责；建立安全生产台账制度，作为领导干部履职依据；层层签订安全生产目标责任书，落实主体责任；完善应急预防工作体系，健全事故应急救援处理预案；健全职工培训制度，开展安全培训工作。制定《老树危树巡查上报制度》，要求绿地责任人和绿管员定期巡查辖区内的老树危树并及时上报，在老军营小区、新城南街、双塔北路、桃园三巷、文源巷处理死树危树100余棵。全年安全生产事故为“零”，为推进全区安全生产工作发挥应有作用。

【规范权利运行】 根据太原市人民政府办公厅《关于进一步推行权力清单制度的通知》(并政办发〔2015〕46号)、太原市人民政府《关于下方一批市本级行政权力事项的通知》(并政发) 24号文件精神，迎泽区园林绿化局对市园林局下放的4项行政权力进行对接，根据相关要求编制权责清单和一表两图。

【精神文明创建】 2015年，迎泽区园林绿化局落实《太原市文明单位创建管理规定》，引深社会主义核心价值观和太原市“三个核心价值观”学习教育，利用“我们的节日”平台开展爱国教育，法制教育、道德教育，引导党员干部树立正确的荣辱观、权力观、事业观。健全党员志愿活动机制，开展“党员志愿者服务”活动，树立党员为民服务形象。与相关单位联合开展“道德大讲堂”活动，迎泽区园林绿化局党支部开展以“弘扬真善美、传播正能量、廉政文化建设及爱心传递”为主题的四场大讲堂活动。讲座围绕职业道德基本规范、诚信为本、爱心传递、廉政建设内容，穿插古今中外故事，引导干部职工夯实勤政务实、服务人民、心系群众、依法行政、廉洁奉公的道德操守。 (宋俊玲)

财政　税务

CAI ZHENG　SHUI WU

财　政

【概述】　2015年，迎泽区财政局制定《财政局业务学习培训制度》，开展形式多样的学习活动。组织学习新修订的《预算法》、新出台的《政府采购实施条例》，提高职工业务素质。根据开展对全区会计人员的专业知识培训，邀请原财政厅会计处副处长罗萍主讲，通过培训，提高会计人员对政策的把握和实际工作能力。协同政府办负责全区公务用车摸底测算工作。

【财政收支情况】　2015年，迎泽区一般公共预算收入完成161343万元，为预算的100.21%，同比增长7.27%。一般公共财政预算支出执行223912万元，为调整预算（经区人大常委会第31次会议审议批准）的91.92%，同比增长26.17%。其中教育支出33572万元，为调整预算的85.61%，同比下降17.56%；农林水事务支出6954万元，为预算的93.53%，同比下降16.24%；社会保障和就业支出67675万元，为预算的93.98%，同比增长62.74%。

【财政重点项目】　2015年，迎泽区政府打造10多项重点工程项目，拨付4200万元资金用于完成全区中小学数字校园基础设施建设全覆盖和标准化建设；拨付3025万元用于百校兴学，拨付3414万元用于占道至柳沟、小山沟至大窑垴森林防火通道工程，拨付2657万元用于片区及小街巷整治，拨付2744万元用于既有建筑节能改造资金，拨付资金1394万元用于街办社区双提档工程，拨付资金600万元用于区政务中心建设，拨付528万元用于环卫中心站建设。

【财政预决算管理】　2015年，迎泽区财政局与国税、地税部门配合，抽查筛选35户区属企业。完成2014年度乡镇财政决算报表。完成2014年度财政供养人员信息填报工作。围绕“让群众知情、解群众疑惑、促事业发展”目标，开展2015年区级部门预算和“三公”经费公开工作。根据新《预算法》和《太原市财政局关于公开2015年部门预算和“三公”经费预算的通知》精神，全区预算单位将2015年部门预算和“三公”经费预算在规定时间前在迎泽之窗网站公开，内容包括收支预算总表、公共财政预算资金支出预算表、“三公”经费预算表，接受社会监督。2015年9月6日，迎泽区区级部门决算全部批复到各单位。截至9月26日全区各预算单位全部将本单位2014年决算和“三公”经费决算在区政府对外门户网站“迎泽之窗”或部门对外门户网站向社会公开。推进预算绩效管理。2015年200万元以上的项目资金全部填报绩效目标申报表，前后委托3家会计师事务所对流沙坡小学操场改扩建工程、南沙河上游小山岩段整治工程、松小线公路改造工程3个项目进行绩效评价，评价结果表明，整体项目实施情况良好，项目产出符合绩效目标，项目可持续发展好，群众满意度较高。实行全口径预算管理，严格预算执行，增强预算约束力。迎泽区从2015年起全面推进全口径预算编制工作，要求区级各单位支出必须以经批准的预算为依据，未列入预算的不得支出。开展盘活财政存量资金清理检查工作。由业务科室定期检查全区预算单位存量资金，对在规定时限内尚未实施完成的项目资金，一律收回财政，待上级明确资金用途后按规定使用。针对全区所有工程项目，全部实行工程项目竣工财务决算的审计，截至年底安排17个工程审计项目，其中14个审计完毕。

【财政监督】 2015年5月，迎泽区财政局根据并金函〔2015〕10号文件《关于太原市融资性担保机构更换经营许可证的通知》要求，对辖区内6家融资性担保公司及1家政策性担保中心经营许可证的换证情况进行现场检查。配合工商、公安部门做好防范打击非法集资活动上下沟通工作。完成小额贷款公司评级工作。8月底，配合市金融办对所属6家小贷公司进行评级。完成管辖区内小贷公司及担保公司“山西省人民政府安全生产委员会办公室关于立即组织危险化学品储存大排查的”工作。根据《太原市财政局关于进一步做好提前淘汰黄标车及老旧车财政补贴工作的通知》（并财建〔2014〕257号）文件精神，承担补贴工作的审核工作。截至2015年底，支付补贴约1442.1176万元，涉及车辆2183辆。

【专项整治】 2015年，迎泽区财政局组成专项整治工作领导组，就整治任务进行任务分解、工作认领。按照区委、区政府《关于在全区学习讨论落实活动中深入开展专项整治工作的通知》要求，区财政局研究制定《迎泽区财政局关于在学习讨论落实活动中深入开展专项整治工作的通知》，于3月20日召开区财政局专项整治工作动员部署会议。制定4个具体方案，即《迎泽区2013~2014年竞争性领域资金申报、管理、使用情况专项检查工作方案》《迎泽区2013~2014年政府采购执行情况专项检查工作方案》《迎泽区2013~2014年财政补助资金执行情况专项检查工作方案》《迎泽区2013~2014年财政资金管理、使用不规范等问题专项整治工作方案》，为检查落实提供政策和理论依据。安排全区预算单位进行自查自纠工作，收回各单位填报的自查表并进行汇总。区财政局抽调各科室业务骨干组成专项检查领导小组，成立四个检查组，由四位副职带队负责对全区政府所有职能部门及部分下属单位、其他部门部分单位进行专项检查工作。针对检查中发现的问题及时下发整改通知书。

结合区委学习讨论落实活动“违规收送礼金、红包问题”专项整治工作，设立区本级“礼金红包上交专户”，向社会公布。截至年底，累计上交专户137500元。

【社保资金管理】 2015年，迎泽区医疗卫生与计划生育支出14849万元，其中医疗保障支出5661万元，基层医疗卫生机构支出3238万元。主要用于实施基本公共卫生服务、国家基本药物补助制度等项目。社会保障和就业支出67675万元，其中财政对社会保险基金补助3631万元，基层政权和社区建设支出7301万元，城乡居民低保支出1741万元。主要用于城乡养老保险体表、优抚人员补助、低保等困难群体救助等民生项目。由区人社局、财政局、审计局抽调专业人员组成检查组，对迎泽区各社保经办机构基金财务和业务进行2013~2014年社保基金回头看检查。

【财政惠农】 2015年，迎泽区财政局加大农林水方面支出，总计支出6954万元，重点支持小山沟至大窑脑等森林防火通道提档增绿、林果基地建设、松庄等村饮水安全工程。在水务局、农业局、林业局等相关单位开展涉农资金专项整治行动。就2013年、2014年财政预算安排用于“三农”方面的各项资金（含基建投资）、2010年以来财政和审计部门对涉农资金各种检查中发现问题的整改和处理情况进行检查。推进城乡基础设施和生态文明建设，全年城乡社区事务支出44969万元，主要用于南沙河抢险路建设、既有建筑节能改造等重点城建项目。

【财务监督管理】 2015年，迎泽区组织政府采购629批次，采购预算金额达3.5亿元。完善政府采购相关制度，转发市财政关于印发《市级行政单位资产配置标准（试行）的通知》，对迎泽区2015年政府采购工作进行专门安排，确保采购工作符合《政府采购法》和《政府采购实施条例》。全年对40余家预算单位进行政府采购工作专项检查。审核国有资产报废24批共2391.9万元，调拨3批共534.5万元，捐赠1批共138.7万元；国有资产处置收入28.7万元，全部上缴国库。做好区属国有企业的财务监督管理工作，及时向市财政报送37户企业会计月报。完成2014年度企业决算报表的上报工作。

2015年，组织全区各预算单位学习培训，邀请专家对资产管理员进行软件培训，协调各级预算单位进行审核、汇总、上报，完成资产报表编报工作。7月，开展全区事业单位及事业单位所办企业国有资产产权登记工作。

【会计管理】 2015年，迎泽区财政局完成2014年票据核销工作及2015年票据整合、购买工作，对申领票据单位所提供资料审核备案。根据各单位票据使用过程中存在的问题，制定迎泽区财政票据管理制度。完成三期会计从业资格证考试报名审核工作。受理申领新证、省内外调转人员500多人。在迎泽区范围内开展代理记账机构的普查工作。对迎泽区属地代理记账机构进行2014年年检工作。8月，在郝庄镇镇政府对各村、社区书记、主任、报账员、理财组成员、会计、出纳等人，进行乡镇财政人员及农村财务人员培训。10月，财政局代表队参加太原市第五届会计电算化应用技能大赛并获团体二等奖。11月，对全区财务人员进行如何适应新常态下的财务工作专题培训。

【政府投资工程项目评审】 2015年，迎泽区财政局对127个项目的工程预决算进行评审，送审金额约3.27亿元，审减投资2556万元，审减率7%。开展预算事前估算评审工作，涉及56个项目，送审资金约3.5亿元，审减4381万元，审减率12%。

【党风廉政建设】 2015年，迎泽区财政局加强党风廉政建设和源头治理工作。坚持从严带队、惩防并举、教育、制度、监督并重和“注重建设长效机制”原则，加强内部管理，规范干部行为，重点抓好服务态度、工作质量、办事效率、廉洁理财四个方面建设。将依法理财与党风廉政建设相结合。贯彻落实党风廉政建设责任制有关规定，年初与领导班子成员、各下属事业单位签订党风廉政建设责任书。

加强行政效能建设和财政法制建设。根据区政府法制办安排，列出权责清单，做到“法无授权不可为，法定职责必须为”。加强对新修订《预算法》等法律的学习，提高财政干部依法行政、依法理财的意识和能力，规范财政行政权力运行，推进财政科学化、精细化管理。

开展精神文明标兵单位创建工作。全年开展道德讲堂5次。开展爱心捐赠活动，组织全局党员干部开展第三年定向捐助计划，筹集人民币2000元捐助结对子社区困难学生武云倩；开展慈善一日捐活动，筹得善款3500元，定向捐助困难职工；开展“七一”慰问困难老党员活动，为他们送去组织的关怀和温暖；开展志愿者服务，慰问困难群众、清扫社区公共活动场地等。

（马志青）

国家税务

【概述】 2015年，迎泽区国税局总管户27345户，其中单位纳税人13865户，占总管户50.7%；个体工商户13480户，占总管户49.3%。2015年度全口径税收收入计划144430万元，实际完成税收收入115351万元，完成市计划79.87%，同比下降15.4%，减收21000万元；与计划相差20.13个百分点，短收29079万元。地方级收入计划41230万元，实际完成37803万元，完成年计划91.69%；与计划相差8.31个百分点，短收3427万元，同比下降1.28%，减收492万元。区级公共财政收入计划25068万元，实际完成22931万元，完成年计划91.48%；与计划相差8.52个百分点，短收2137万元，同比下降2.13%，减收498万元。

2015 年迎泽区分税种、分级次税收收入完成情况表

表 8　　单位：万元

项目		累计完成	年计划	完成进度	上年同期	同比增减	同比增减%
分种税	增值税	74040	81710	90.61	76965	-2925	-3.80
	一般增值税	58777	64700	90.85	61566	-2789	-4.53
	改征增值税	15263	17010	89.73	15399	-136	-0.88
	消费税	1620	1830	88.52	1776	-156	-8.78
	企业所得税	19614	20110	97.53	18761	853	4.55
	车辆购置税	20077	40780	49.23	38849	-18772	-48.32
分级次	全口径	115351	144430	79.87	136351	-21000	-15.40
	地方级收入	37803	41230	91.69	38295	-492	-1.28
	区级收入	22931	25068	91.48	23429	-498	-2.13

2015 年迎泽区主要行业税收情况表

表 9　　单位：万元

行业	入库	同期完成	同比±额	同比±%	占全局税收%
批发和零售业	64531	66348	-1817	-2.74%	63.73%
纯商业	60915	63573	-2658	-4.18%	63.94%
煤炭制品批发业	3616	2775	841	30.31%	3.80%
制造业	3792	5226	-1434	-27.44%	3.98%
其中：食品制造业	1275	2337	-1062	-45.44%	1.34%
交通运输业	705	1667	-962	-57.71%	0.74%
现代服务业	14769	13732	1037	7.55%	15.50%

说明：本表数据不包括车船购置税。

【税收政策】　2015 年，迎泽区国税局加大税法宣传力度，组织纳税服务青年志愿者对纳税人进行“点对点”个性化辅导，落实税收优惠政策。小微企业税收优惠政策落实率达 100%，全年减免小微企业增值税 8576 万元，企业所得税 647 万元。落实 1.6 及以下排量乘用车购置税减半征收优惠政策，减免税款 763 万元，涉及车辆 1738 台；其他减免车辆 236 台，减免税款 562 万元。

增值税发票系统升级。分两批对一般纳税人和起征点以上小规模纳税人推行增值税发票系统升级工作。截至年底，升级存量一般纳税人 2564 户，占应升级户数 96.75%；升级达起征点以上存量小规模纳税人 2283 户，占应升级户数 81.42%。

税种管理。对 16 户企业进行增值税专用发票风险预警信息核查；对 79 户营改增企业开展专题调研；对 34 户企业 188 份增值税失控发票进行核查比对，核实认证后失控发票 102 份，补缴税款及滞纳金 94.21 万元，进项税额转出 10.72 万元。企业所得税后续管理，对 5 户企业开展企业所得税综合风险应对，补缴税款及滞纳金 13.8 万元，抵顶预缴所得税 228.26 万元；对 2 户非居民企业特许权使用费收入和劳务收入征缴税款 20.96 万元。

开展 2015 年度税收执法督察自查工作，对市局督察组发现的 11 个方面 85 个问题进行全面整改，查补税款及滞纳金 550.19 万元。对市局下发的139 条异常数据，按要求全部整改到位。

【税收征管】 2015年，迎泽区国税局强化组织领导，建立问题反馈机制，做到当天问题当天解决，落实《征管规范1.0》。加强宣传动员，强化全员技能培训；对照规范，梳理业务差异。按照省国税局下发的《征管规范1.0》与《纳服规范2.3》存在的47项差异，明确参照标准；下发试行时间表和任务清单。注重“三个结合”，即纳服规范与征管规范相结合，实际业务与征管规范相结合，金三核心征管软件与征管规范相结合，确保前后台业务实现无缝对接。

落实“四项制度”。梳理学习135项即办事项和43项后续管理事项，明确岗职，理顺流程。定期召开工作例会，研究解决出现的问题。强化风险应对。严格执行市局下发的风险应对规范，每批任务下发前集中学习风险指标和应对方法，应对后，进行案例分析点评，提高整体应对效果。明确六个工作事项，即规范风险应对文书的使用、规范一般纳税人和企业所得税户注销内部流转程序、规范纳税评估实地核实审批程序、明确纳税评估方法、明确后续管理职责、明确重大税收政策落实措施。

落实“三证合一”。在税务基础信息补录的同时，一次性办结网报密码发放、三方协议签订；一次性告知相关办理流程及所需资料；印制“便民办税服务袋”，一次性备齐相关表证单书；实行“三证合一”后，办理新开户665户，变更登记105户。

风险应对。召开三次风险应对专题研讨会，请业务骨干讲解评估工作经验，每人汇报评估案例大家点评，用以会代训的形式提高纳税评估工作能力。开展专业化评估，将全局12个主导行业与4个评估部门绑定，按行业向各部门推送风险纳税。发挥评估部门风险分析的职能作用，由评估部门分析、筛选风险纳税人，征管部门统一推送，完善三级风险分析机制。强化工作考核，建立按月计划、每日通报、月末考核机制，实行分管局领导蹲点负责制，多措并举，提高风险应对质效。2015年完成省局推送的11批风险应对任务，应对入库税款584万元，抵顶多缴228万元；完成市局推送3批246户纳税人风险应对工作，应对入库税款247万元；完成分析、筛选、推送的260户纳税人风险应对工作，评估入库税款2542万元；完成“四项整治”工作所涉及的3个行业112户纳税人风险应对工作，入库税款422万元；完成票表比对应对任务。累计应对4912户风险纳税人，占全部单位纳税人的35.7%，评估入库税款3795万元，完成年计划3003万元的126.37%。

整改省国税局执法通报。对涉及迎泽区国税局的20项内容2549条风险数据进行核实，其中整改1849条，错误数据268条，查补入库税款9.8万元。

个体税收定额管理。调整起征点后，达起征点的2030户，占个体工商户的15.06%，户均定额907.11元；不达起征点的9453户，占个体工商户的70.13%，户均定额603.22元。查账征收1997户，占个体工商户的14.8%。

【纳税服务】 2015年，《规范》2.2更新下发后，迎泽区国税局梳理《规范》和“四项制度”差异，组织窗口人员开展“每日一讲”“业务大练兵”活动，掌握办理流程，熟练操作各项具体业务，落实纳税服务规范。将各项业务办理需携带资料及办理流程印制成便捷办税“一卡通”，将《规范》中纳税人常用业务办理规范通过12366短信、e税客、微博微信多个网络平台持续推送，让纳税人及时了解办税流程。规范使用《征管规范》中明确的1087种征管文书，印制26种常用文书。

开展“便民办税春风行动”。推行“一窗通办”等便民办税服务措施。实现除发票领发之外所有业务的“一窗通办”，申报、认证、发票领取、咨询辅导4类20项业务的“同城通办”和4类14项业务办理实现“免填单”。推行小规模纳税人按季申报纳税。9000余户小规模纳税人享受到按季申报带来的便利。落实简政放权。严格执行总局取消和调整行政审批事项等相关公告和市局“四项制度”，依申请事项全部前移窗口受理，135项即办业务，均实现窗口即时办结；31项限办业务，在规定限期内办结。

推行网上办税。查账征收户全面推行网上申报、网上缴税。纳税人之家设立专职辅导员，为上门申报的纳税人提供网上申报辅导，引导纳税人运用总局12366网上办税服务厅、省局网上申报系统自行缴纳税款。除货运发票和二维码专票外，全面推行网上认证、自助终端认证。放宽发票用量和限额。根据纳税人用票需求提版增量，基本满足3个月以上用量，重点税源户满足6个月用量，特大用户实行批量供应；发票升级版纳税人推行自助终端购票。试行“窗口受理+后台批量处理”业务运作方式，纳税服务科组织业务处理团队定期集中会审、批量处理。办税服务厅窗口工作人员实行弹性工作制，最大限度保证窗口业务受理时间，为纳税人提供连班、延时服务；运用“导税通”数据，对窗口人员进行绩效考核，办税效率明显提升。推广应用“e税客”。借助增值税发票系统升级培训同步进行二十八期专题培训，开设“e税客”推广专区。截至12月底，注册用户9666户，绑定成功用户4185户。

实名办税。2015年12月1日在全省国税系统首家推行实名办税。在纳税人领用发票环节，对企业法定代表人以及相关涉税人员的身份信息进行采集确认，建立“白名单”制度。纳税人身份信息真实性一经确认，将自动成为国税机关受信服务对象，在国税部门各类办税场所、在发票扩版增量、减免税事项备案、信用等级评定等诸多涉税事项办理时享受“一次身份确认，终身零障碍办税”的优质服务。全年办理实名信息采集纳税人3365户次，其中，企业类纳税人2598户次，个体工商户767户次；采集验证法定代表人、财务负责人、办税人员身份信息9984人次。

【党风廉政建设】 2015年，迎泽区国税局组织全局党员干部参观反腐倡廉历程展、观看《山西官员实录》《贪欲之害》《四风之害》等警示教育片，加强反腐倡廉教育。

加强作风建设。抓住学习、讨论、落实三大关键环节，坚持边学习、边讨论、边落实，开展学习讨论落实活动。巩固群众路线成果，建立长效机制，防止“四风”反弹。推进廉政文化示范点建设。

落实“两个责任”。党组书记与各部门负责人、分管局长与分管部门负责人分别签订《落实党风廉政建设“两个责任”任务书》。制定“两个责任”任务清单，层层分解，责任到人。加强监督，将“两个责任”列入绩效管理考核，严肃追究问责。

落实“八项规定”精神。开展办公用房清理工作。严格按照总局和省市局关于清理办公用房的有关要求及《党政机关办公用房建设标准》进行清理工作。对领导干部办公用房进行三次调整和改造。强化财务管理工作，对三公经费及会议费、培训费、差旅费的财务管理工作，在保持各项经费支出总体不超预算的基础上，加强对单笔经费支出的过程控制和凭证规范工作。在公车使用方面落实定点加油、定点维修制度，制定公车派车单管理制度，实行“一车一单、一单一报”。开展违规收受礼金红包、违规涉税中介清理等专项整治活动。先后接受省局巡视组、市局执法监察重点复查和区纪委联查组的检查。

（张志永）

地方税务

【概述】 2015年，迎泽地税局在职正式职工202人。其中，公务员编制167人，实际在职159人，事业人员编制40人，实际在职33人，工勤编制17人，实际在职10人，离退休人员32人。机关党委现有12个党支部，党员143人。其中45岁及以下的占66.2%，35岁以下的占16.7%；大学专科及以上学历的占94.6%。辖区管户19379户，年纳税百万元以上的重点税源企业159户。

2015年，迎泽地税局落实全省地税系统“1436”工作思路和“11221”工作理念，以开展学习讨论落实活动为主线，以落实“三严三实”为抓手，统筹推进科学组织收入、深化依法行政、创新税收征管、优化纳税服务、强化党风廉政建设等工作，完成各项工作任务。创新税收管理，严格税收计划落实，强化收入质量考评，严禁虚收探收、延缓征收。加强经济税收分析，使收入增长与经济发展更加协调、与税源实际更加契合。成立税务检查小组，对即将“营改增”的重点税源企业户进行检查，清理营业税欠税，严禁发生新欠。成立20个税收任务帮扶检查组，“一对一”上门辅导，了解企业生产经营状况，落实国家税收优惠政策、用足用好政策和管理权限，确保科学有序地组织收入。全年实现税收19.99亿元，同比下降1.52%，减收3079万元。其中，地方公共预算收入16.64亿元，同比下降1.52%，减收2568万元；完成市县级收入13.68亿元，同比增长6.25%。

【税收征管】 2015年，迎泽地税局制订下发《迎泽地税局关于贯彻落实市局〈意见〉的实施方案》，成立工作领导组。4月17日，市局进行“1+5”工作督导。督导组解答和指导基层工作者在非正常户清查、专业市场管理、城中村改造和小产权房税收清查工作中遇到的问题和困难，予以现场指导和帮助，促进后续工作开展。4月下旬，按照市局“1+5”工作思路，采取三项措施，强化税收征管，加强组织指导，形成上下协调、步调一致、齐抓共管、统筹推进的落实格局。多次召开落实“1+5”工作专题会议，对全面落实市局“1+5”工作进行阶段性安排，对所涉及的税收政策及操作流程等内容进行培训。班子成员包片督导，全面负责该项工作的推进与落实，按照边督导、边解决的工作方案，妥善处置“1+5”工作中出现的问题，为堵塞征管漏洞，化解执法风险，保证税收政策执行到位保驾护航。成立税收专项检查组，制定专项检查工作方案，对“1+5”工作中涉及的重点行业和重点税源户开展税收专项检查。列入重点检查范围的26户企业全部检查完毕，查补税款及滞纳金2176.96万元，追缴入库税款及滞纳金1869.54万元。

“1+5”工作开展情况。对已认定的6524户非正常户进行重新核查，查无下落的6449户，恢复正常管理75户，28户在解除非正常后办理注销手续；对38个专业市场管理情况进行全面清查，对重点专业市场进行集中整治，并以此为基础制作管理模板；清理陈欠，防止新欠。约谈23户欠税企业（共计26971.68万元），查找欠税形成原因，逐户制定清欠计划，最大限度清理欠税。清理欠税330余万元；派出2名人员配合区政府开展城中村改造工作，对辖区内300余户城中村税收和小产权房税收进行调查摸底；对辖区在建项目调查核实，查实应属迎泽地税局管辖五证不全项目12个，涉及所辖房地产企业10户，1月至10月缴纳税款合计2213.22万元。村集体自建项目一个，年底纳入税收管理；对管辖范围内的主要街道进行全面排查，下发文书资料1544份，督促728户纳税人补办税务登记证。

加强对重点税源户的精细化管理，做好专项宣传、提醒辅导、跟踪服务、分析预测等工作，掌握税源增减变动，挖掘税收增长潜力，提升重点税源户监控水平。全年有重点税源户690户，同比下降8.49%，减少64户。重点税源税收收入16亿元，占全局税收收入的80%。

【依法行政】　2015年，迎泽地税局规范税务行政权力运行，推进法治地税建设。组织干部学习税收法律，明确执法程序。4月，公示行政权力清单，严格按清单公示内容执法，按规定权限、规定内容、规定程序、规定时限办理涉税事项。11月4日，采取专项督察和全面督察方式，重点督察全局税收优惠政策、税收执法情况、《重大税务案件审理办法》《税收个案批复工作规程（试行）》执行情况，规范权力运行。

助力小微企业发展，落实各项优惠政策。全年小微企业申报营业税50964户次，减免营业税金及附加1221万元；有2574

户小微企业享受企业所得税税收优惠529.40万元。

严格按规定使用公车、办公用房，严控“三公”经费支出，提高资金使用绩效。加强资产管理，推进公车改革。

排查涉税疑点，防范执法风险。12月，对市局推送的4户企业涉税疑点，逐一核实督办，查明风险产生原因，督促企业补缴相关税款。

【纳税服务】 2015年，迎泽地税局优化纳税服务，完善相关制度和配套措施，实现管理与服务的高度融合。3月，直属征收局举办《全国税务机关纳税服务规范》兼顾税收业务、金三系统操作规范的业务考试。分局37名职工参加考试。推进实施《全国县级税务机关纳税服务规范》。4月，利用纳税人学校平台，分10期举办免费纳税培训，向管辖区内1800余名企业财务人员讲解企业所得税汇算清缴政策及新版申报表的填报流程；加大网上办税服务厅、自助办税系统、电子缴税、POS机刷卡缴税推广力度，规范办税服务厅面对面咨询服务。建立“迎泽地税”微信群宣传解读优惠政策。开展税收宣传活动，利用短信、微信平台、LED大屏和租用公交车载广告送税法下街道、进社区、到企业。落实首办负责制和限时办结制，税务干部广泛开展政策法规咨询服务、纳税辅导活动，提升基层一线服务水平。12月4日，迎泽地税局在单位附近宣传税收法律法规规章、解答群众法律咨询、小微企业税收优惠政策等税收政策，提高纳税人的税法遵从度。

【队伍建设】 2015年，迎泽地税局强化责任落实。按照制定绩效计划、实施绩效监控、开展绩效考评、运用考评结果和加强绩效改进的基本流程，有序实施个人绩效管理与目标责任制考核工作。4月1日至15日，将从事税源管理工作、在同一岗位任职满3年的公务员全部轮岗，轮岗率100%。其中，同一岗位上任职满10年的专管员跨所轮岗，共计64人，占应轮人数的61%；在同一岗位上任职满3年且不足10年的专管员本所内轮换，共计41人，占应轮人数的39%。年内轮岗总计105人，占全局专管员总数的77.8%，遏制人情税、关系税。5月14日，召开违规经商办企业专项整治工作动员大会，教育干部职工警醒自身，遵守《公务员法》，不违规经商办企业，不与民争利，不以权谋私。202名干部职工签订《不违规经商办企业承诺书》。7月16日至17日，开展中层干部述职测评活动，38名税源管理部门中层干部参与测评。通过面对面“交账”形式，夯实税源基础管理，促进基层领导班子和领导干部的责任意识、自律能力、整体合力。

强化地税文化建设，缔造共同价值观。7月，与全体干部职工签订《“除陈规陋俗 树文明新风”承诺书》，号召全局干部婚丧嫁娶从简。7月下旬，组织干部职工学习八段锦工间操。10月，举办“读好书，学先进，争做最美地税人”活动，弘扬以先进价值理念为核心的现代税务文化。组织干部参加在线学习，培养干部职工边工作边学习的良好习惯，每月按时组织全局干部参加全市视频业务培训。

【党风廉政建设】 2015年1月9日到2月中旬，迎泽区地税局开展“访企查廉”工作暨整治“吃拿卡要”专项活动，对400余户纳税人进户查访，查处基层部门和税务干部在廉洁自律、政策执行、规范执法等方面存在的问题。开展违规收送礼金、红包问题的专项整治工作。各税务所、直属局及各科室，每名干部职工对违规收送红包礼金问题进行自查自纠，组织开展拒绝收送红包礼金承诺活动，全局202名干部职工均签订《拒收红包礼金承诺书》，做出不送、不收红包、礼金、购物卡及其他有价证券的承诺。开展作风纪律监督检查。9月1日至10月10日，开展中秋国庆节日期间监督检查工作和中高档饭店及会所专项检查工作，制定监督检查工作方案，成立专项检查领导小组，逐户检查中高档饭店及会所，打击发票违法行为，规范税收征管秩序，增强纳税人遵从度。

【学习讨论落实活动】 2015年1月9日，迎泽区地税局邀请市委党校教授郑培君为全体人员作题为“反腐倡廉　从严治党”专题讲座。6月5日，组织干部职工集中学习，局长温秋生作题为“三严三实”的专题党课报告。7月13日，省委常委、副省长走访该局三个税务所，了解基层税务部门开展“三严三实”专题教育活动情况，勉励该局继续将“三严三实”专题教育抓严抓实抓出成效，基层税务干部将“三严三实”内化于心，外化于行，慎独慎微、敬业奉献，做为民的好干部，造福一方百姓。 （张润莲　张文颖）

商　务

SHANG WU

【概述】　2015年，迎泽区商务局在省商务厅、市商务局的指导下，在区委、区政府的正确领导下，围绕全区经济发展总目标，挖掘发展潜力，推进商贸流通业转型布局，强力推进互联网+工作及楼宇总部经济三年行动计划。全区商贸流通业稳步较快发展，呈现良好态势，为完成各项工作目标打下良好基础。

【经济指标完成情况】　社会消费品零售额。全区社会消费品零售总额完成3971131.1万元，同比增长10.6%；限上完成2557187万元，比上年同期增长10.0%，完成年计划2549085万元的100.3%。

招商引资。迎泽区年计划签约引资额230亿元，实际完成242.7亿元。新引进项目有太原市迎泽区龙城谷生态园建设项目、太原市南江大酒店棚户区改造安置用房项目、太原市桥东街棚户区改造安置用房项目、太原市迎泽区东太堡社区城中村改造项目（一期）、太原市迎泽区王家峰社区城中村改造项目等。

外贸出口总额。全区年计划27236万美元，实际完成21059万美元。

太原市肉菜流通追溯体系建设。根据市级部门部署，迎泽区现有东太堡蔬菜批发市场、迎东便民市场、启峰便民市场、双北便民市场、西太堡便民市场、万吉海鲜批发市场6家市场。各市场线路已全部完成铺设，并配齐电子设备。

【创新开展工作】　实施楼宇总部经济三年行动计划。根据迎泽区党代会报告、人代会政府工作报告中关于"大力发展楼宇（总部）经济。精心实施楼宇（总部）经济三年行动计划，在各街（镇）组建1~2家社区楼宇服务中心，量身打造"贴身贴心"服务模式，促进总部企业和高端业态集聚发展"的目标任务和工作重点要求，区商务局重新修订《迎泽区发展楼宇（总部）经济三年行动计划（2015~2017年）》讨论稿；起草《楼宇社区服务中心职责分工》。2015年5月13日，副区长高伟主持有关部门召开楼宇社区服务中心建设协调会，宣布《三年行动计划》正式实施，各街办（镇）开始协调中心办公场所，每个中心区政府将统一拨付工作经费。景峰国际、安业商务楼宇、鼎元时代等几处被确定为楼宇社区服务中心，三年行动计划全区目标为建设10家。

推动电子商务发展。（1）电子商务（双北）产业园：园区入驻企业达21家，全部正常运作，被山西省商务厅命名为山西省电子商务示范基地。（2）互联网+产业园：迎泽区互联网+智慧产业园是迎泽区委、区政府奋力开创“大众创业，万众创新”促进经济转型发展新局面的重要举措。目前园区已初步建成。（3）腾讯智慧迎泽：2015年11月11日，迎泽区人民政府与腾讯科技（深圳）有限公司就腾讯智慧迎泽（微社区、微商圈）、腾讯太原互联网+智慧产业园项目在并州饭店举行项目合作签约仪式，成为全国首家与腾讯达成“互联网+战略合作”的城区。(4)太原IDC(大数据)中心、双创孵化器及金融创投平台项目：太原IDC（大数据）中心规划建设一个T3/T4标准的高等级数据中心，10000平方米的专业高水准机房，提供2000个机柜的服务容量，直连电信运营商的互联网出口，与全国专业数据中心互联。已与国家广电无线局、中国通信服务有限公司成为长期战略合作伙伴。企业团队具有丰富的项目经验，已建设运营中电西南云计算中心项目。总投资预算为5.8亿元（分两期进行投资建设），建成投入使用后预估年产值5亿元。

【市场监管】　酒类市场监管。结合市商务局开展的全市酒类经营溯源制集中检查工作，区商务局积极推动酒类企业备案登记制，上半年登记酒类零售商户1352户。

整顿再生资源回收市场。区商务局依照《迎泽区再生资源回收经营者备案登记办法》，对再生资源回收站点进行整改，统一进行工商年检、公安备案和商务备案登记证明的换证。全区再生资源站点由整治前的130余家减少到50余家。

（杨慧霞）

教育　科技

JIAO YU　KE JI

教　育

【概述】　迎泽区教育局行政核定编制人数15人，其中正科1人，副科6人，科级以下6人，工勤人员2人；内设科室：办公室、人事科、计划财务科、基础教育科、安全科及区政府教育督导室（只设科室，没有相对应的编制数）。下属6个单位，即：教师进修学校、教研室、招生考试中心、信息技术教育中心、迎泽区少年宫、教育服务中心。

2015年，迎泽区教育局创建省级平安校园1所，市级平安校园4所，市级安全教育课程教学实验校13所，市防震减灾科普示范校4所。区级平安校园创建率100%。

【教育综合改革】　2015年，迎泽区实行幼儿园“网上招生”。重视进城务工人员随迁子女入学工作，坚持“六公开”，有序推进小升初工作。推动挂牌督导，促进教育均衡发展。建立督导评估奖励和评估通报制度，政府拨付1700万元作为学校综合考核奖励经费。迎泽区通过省、市两级督学挂牌督导先进县区的检查验收。举办社区公益讲座64场，新增8个早期教育试点社区。推进学习型社区创建，全区29个社区接受评估验收，郝庄镇完成学习型街道市级评估验收工作。维护校园安全稳定。落实安全工作“党政同责、一岗双责、齐抓共管”制度，推进学校安全能力“三化三建设”。

【教育软实力增强】　2015年，迎泽区提高生均公用经费，小学由840元增加到920元，中学由1000元增加到1100元。出台《迎泽区义务教育优质均衡发展五年规划》。推进特色办学。全区有17所学校通过太原市特色示范学校的评估认定。推进校长教师队伍交流，全区划分为六个交流片区，32所小学、6所中学参加交流教师188名，达到校长、教师交流10%的目标。开展“教师素养提升三三规划”，出台《中小学教师外出培训规定》，规范教师外出培训工作。

【学生工作】　2015年，迎泽区教育局制定《迎泽区中小学基本文明礼仪规范细则》，评选出全区“学生养成冠军”1008名、全省美德少年5名。开展法律进校园、廉政文化进校园活动。确立“课题引领下的校本教研区域推进”工作思路，以“翻转课堂、小班化实验、课程统整、综合实践活动”四大联盟科研为支撑，推进教育教学改革。小班化课题在市规划办正式结题并评为市级优秀课题。2015年，教研室获全市“升华杯”新课堂教学团体竞赛小学集体一等功、初中集体二等功，小学、初中团体一等奖，幼教团体二等奖，总成绩名列全市十县区团体赛第一。全区有21人获省教学能手称号。推进学校“体育、艺术2+1”活动。推进全区校园足球运动发展，双西小学现场足球课在全国“十城市”体育教学改革研讨大会上，获一等奖。狄村小学代表山西省参加全国少年足球联赛。举办“梦想四季奔跑在路上”八项公益活动，发挥“大篷车”流动少年宫指导站作用。开展送教下校、送科技下校、送文艺下校活动，覆盖面达全区60%以上。创建“小黄鹂”少年宫品牌项目，2015年，少年宫被评为山西省A级校外教育工作单位。

【教育项目建设】 2015年，迎泽区教育局推进重点项目建设，实施8所中小学校舍建设工程。其中完成1个续建项目，4个操场及附属改造项目，启动3所中学改扩建工程。新（改、扩）建马庄、起凤街、校尉营3所小学附属幼儿园，投入资金887.39万元，总建筑面积5926平方米，新增学位275个。投入资金近3000万元，建设数字校园19所，实现全区中小学数字校园基础设施建设“全覆盖”。

【少先队辅导员获奖】 由全国少工委主办的2014年全国少先队活动课展示活动在南京市雨花外国语小学举行。来自全国28个省、自治区、直辖市的180多名少先队辅导员参加展示活动。迎泽区教育局团委张艳蕊、青年路小学大队辅导员王志红、第三实验小学大队辅导员杨吉梅代表山西省参加活动，获全国少先队活动课说课优秀案例奖。

（张艳蕊）

【领导调研】 2015年3月19日，山西省副省长张复明到迎泽区调研校园安全能力建设工作。作为省编安全教材首所实验校的三十九中学、全市首家建成安全教育实践基地的大南关小学，列入调研学校行列。张复明一行在三十九中学听取学校校长在安全能力建设，与师生同上一节安全教育课。在大南关小学，调研组一行参观学校的安全教育实践基地。

2015年5月22日，省卫计委副主任、省政府妇儿工委委员谢红一行30余人，到迎泽区三晋幼儿园参观调研。副区长、教育局局长侯森陪同。侯森介绍迎泽区学前教育的发展概况。调研员们先后参观幼儿园的活动室、阳光读书房、食堂、保健室，观看幼儿们的作品。调研组全体人员对迎泽区三晋幼儿园给予高度评价和肯定。

2015年5月29日，太原市委副书记、市长耿彦波，副市长王爱琴、市政府秘书长刘鹓以及市教育局、团市委、市妇联等相关领导一行到迎泽区特教中心、新西小学慰问同学们，陪同慰问的区级领导有迎泽区委书记刘文华、迎泽区区长冯原平、迎泽区副区长贾津生、迎泽区副区长兼教育局局长侯森。市领导一行首先到迎泽区特教中心，耿彦波详细了解孩子们的学习、生活情况，感谢默默耕耘付出的特教老师。随后到新西小学，参观儿童画、剪纸、国画、手工、脸谱、篆刻、小小百家讲坛、中华童铭等国学社团活动。耿市长对迎泽区学校的办学理念、办学条件与师资队伍建设给予高度评价。（武强　贾捷　刘华）

【校本教研创新成果获奖】 2015年4月，迎泽区教育局教研室在太原市开展的校本教研创新成果评比活动中取得佳绩。这次活动迎泽区选送成果10项，其中优秀成果一等奖4项，二等奖3项，三等奖2项。选送成果90%获奖，高于太原市71%的获奖比例。其中一等奖获奖比例40%。一等奖获奖单位有三晋幼儿园、校尉营小学、青年路小学、双塔北路小学。这次活动为引领基层学校总结提炼本校校本教研的实践经验和探索过程，发现和推广迎泽区在校本教研的活动机制、模式、方法方式、途径策略等方面的典型成果奠定基础。

（李红意）

【首批特色小学示范校评估认定】 2015年5月13日至15日，太原市教育局特色小学示范校认定专家小组先后对迎泽区第二实验小学、朝阳街小学、太师一附小、桃园小学、双西小学、贵都小学、太师二附小、大南关小学和青年路小学进行考察认定。在九所学校自评基础上，评估组通过听取汇报、实地查看、查阅资料、教师座谈等方式对学校特色建设情况进行分析和评估，依据标准逐项打分。通过检查，专家组一致认为迎泽区高度重视学校特色发展工作，措施有力、执行到位、管理精细、内涵丰富，各学校用心打造特色，以特色统领学校各项工作、活动的开展，推动学校长远发展，带动全体师生共同成长，办学特色鲜明，通过打造特色实现促进学生全面健康发展，形成迎泽特色教育品牌。

（王慧玲）

【第二十四届中国儿童青少年计算机表演赛山西分赛区决赛】 由迎泽区少年宫举办的2015年迎泽区中小学生“梦想四季，奔跑在路上”系列活动之一的“第二十四届中国儿童青少年威盛中国芯HTC计算机表演赛”，山西分赛区决赛在迎泽区双西小学进行。212名选手参加比赛，其中迎泽区有23所学校170名选手参加。2015年1月起，迎泽区34所中小学10510名选手参加网上初赛，内容包含计算机网络基础赛、多媒体制作赛和高端作品赛三部分，8月，山西赛区选拔优秀选手参加全国总决赛。

（陈　义）

【“2015年绿丝带行动　护蕾行动”】 2015年6月15日，迎泽区妇联主席段瑜平，副主席郭晓军、史方郁在迎泽区教育局党委书记高力、副书记郭美萍陪同下，参加在迎泽区回民小学举行的主题为“知法懂礼、安全自护”绿丝带行动·护蕾行动的启动仪式。启动仪式上，段瑜平宣读《迎泽区妇联绿丝带行动·护蕾行动宣言》。区妇联和区教育局相关负责人为学生赠书。现

场举行签名仪式，在“2015 年绿丝带行动护蕾行动”条幅上签名，签下庄严承诺。（贾　捷）

【迎泽区少年宫通过山西省教育厅 A 级少年宫评定】　按照《关于做好 2014 年全省青少年校外活动场所质量管理等级申报工作的通知》安排，迎泽区少年宫经过自评和太原市教育局审核，2014 年 11 月中旬，山西省教育厅、山西省财政厅联合组织专家按照《山西省县级青少年校外活动场所评价指标体系（试行）》及《山西省县级青少年校外活动场所评价办法（试行）》，对全省 70 多个青少年校外教育活动场所进行评审。经过评审，迎泽区少年宫获 A 级称号，名列全省前三位。并在 2015 年全省校外活动场所质量等级申报评审通报中特别提出表扬。（曹　志）

【“升华杯”比赛创佳绩】　2015 年 7 月 3 日，太原市教育局和太原市总工会联合举办太原市“升华杯”教学竞赛表彰大会。迎泽区小学团体记一等功，中学团体记二等功。迎泽区参赛教师人人获奖，其中 6 人记个人二等功，一等奖获奖比例达 90%。（程惠萍）

【责任督学挂牌督导工作】　2015 年 7 月 14 日，迎泽区责任督学挂牌督导工作指导碰头会在市教育局举行。太原市教育局党委副书记、副局长、市人民政府教育督导室主任刘富海、市人民政府教育督导室副主任黄建林听取迎泽区责任督学挂牌督导的工作进展。迎泽区教育局副局长岳家靖做汇报。刘富海对迎泽区督导工作进展给予肯定，认为迎泽区督导工作思路清晰，推进措施具体，符合迎泽教育实际，做了大量基础性工作，在联盟督导和质量评估工作方面有自己的创新和亮点。7 月 22 日，山西省政府教育督导室主任贺茂义、副主任督学张利，市人民政府教育督导室副主任黄建林，在省教育厅听取迎泽区责任督学挂牌督导工作的进展情况汇报。迎泽区教育局副局长岳家靖做汇报。贺茂义对迎泽区督导工作进展给予肯定，认为迎泽区责任督学挂牌督导前期工作非常扎实，工作体系日渐完善，工作思路明确，体现迎泽教育督导工作的特色。9 月 7 日，迎泽区人民政府教育督导委员会主任、副区长贾津生，在迎泽区教育局纪检书记、督导室副主任陪同下到桃园小学，对学校开学工作进行专项督导。贾津生在桃园小学查看迎泽教育督导网的运行情况，听取督导室副主任对《迎泽区义务教育中小学校现代化管理监测评估指标》和《迎泽区课堂教学评价指标》信息技术软件的使用和管理情况的介绍。贾津生强调，监测评估要接地气，符合学校发展实际，真正通过科学规范的评估，起到引领学校发展、提升内涵品质的作用。迎泽区对 2015 年小学一年级招生和小学毕业生升初中工作实施专项督导。根据国家和山西省、太原市关于“小升初”工作的有关要求，为彻底解决招生分配工作中“打招呼、送人情”等问题，迎泽区对小学一年级招生和毕业生升初中工作进行改革，区督导委员会办公室组织一年级招生和小学毕业生升初中工作专项督导。区教育局重视督导工作，将督导委员会办公室成员纳入全区招生工作领导组，全面参与和监督全区小学一年级招生和六年级毕业生升初中工作。全区专职督学和责任督学作为学校招生工作领导组成员，全面参与监督学校招生工作。

（王　颖）

【省教育厅检查组督查迎泽区学前教育重点工作】 2015 年 8 月 18 日，山西省教育厅基础教育处副处长谢军华带队的检查组和市教育局副局长王树红、学前处处长田小真等一行 8 人到迎泽区督促检查 2015 年学前教育重点工作完成情况。

副局长郭宏对公办标准化幼儿园建设情况、集中整治无证园进展情况、公办幼儿园招生情况、优质幼儿园帮扶工作开展情况四项重点工作做汇报。检查组召开优质幼儿园帮扶工作座谈会，3 所省级示范园、3 所被帮扶园及被帮扶的县区娄烦县机关幼儿园代表共 10 余人参加会议，与会单位围绕各园如何开展帮扶工作、被帮扶园的收获等问题发言。检查组实地察看起凤街小学附属幼儿园的环境、幼儿活动场地、工程进度等建设任务完成情况后给予高度评价。（于　桃）

【第二届“我们在一起”主题摄影大赛】 2015 年，迎泽区教育局工会举办第二届“我们在一起”师生温情一刻主题摄影大赛。参赛作品 200 多幅。教师们通过手中的镜头，从多个方位、不同角度捕捉和呈现迎泽教育阳光、公平、快乐的精彩瞬间。经过评审，松庄小学、第三十七中的摄影作品获一等奖，三十六中等 7 所学校的摄影作品分别获二、三等奖。（张艳蕊）

【“国培计划”】 2015 年 9 月 7 日至 12 日，“国培计划”（2015）——示范性网络研修与校本研修整合培训项目县级培训者培训在北京大学进行，迎泽区专职督学、教师进修学校教师及部分项目学校负责人作为迎泽区项目管理者参加培训，培训有专家讲授、研讨交流、经验分享、案例分析、工作部署、团队建设、操作演练等内容。在培训中，参加“国培项目”的教师一行聆听专家教授对当前中国教师培训及“国培计划”的最新政策及动态、趋势的解读与分析；分享来自四川盐亭的 2014 年培训典型案例；结合迎泽区实际情况，制定迎泽区网络研修与校本研修整合培训项目实施方案以及项目校实施方案，在会上进行跨区域方案交流，北大专家在点评与指导中给予认可，最后完成上机实践操作，熟悉培训课程及研修平台的各项活动设计、各角色任务的平台操作，建成线下与线上学习共同体团队。（王月红）

【参加全国第八届两岸“同课异教”小学数学精品课堂教学研讨】 2015 年 10 月 10 日至 12 日，由中国人才研究会教育人才专业委员会主办的第八届“两岸同课异教”小学教学精品课堂教学研讨会在江苏溧阳举行，迎泽区新西小学教师张晓瑛获一等奖。在展示现场，张晓瑛执教三年级数学课《解决问题的策略——从条件想起》。

2015 年 10 月 16 日至 19 日，在苏州

善耕实验小学，中国大陆和台湾两岸名师学者进行全国第八届“两岸同课异教”小学语文精品课堂教学研讨会活动，迎泽区教研室及一线教师参加这次教学盛宴。会议中，迎泽区双塔北路小学的远方老师与台北市国教辅导团国小著名专家邢小萍、全国优秀教师薛晟进行苏教版三年级《金子》同课异教的教学，受到所有与会专家评委的高度评价，获一等奖。

2015 年 10 月 23 日至 26 日，中国人才研究会教育人才专业委员会在福建省厦门市北师大厦门海沧附属学校举办全国第八届两岸“同课异教”小学英语精品课堂教学研讨会。太原市迎泽区狄村小学教师高俊红代表山西省参加这次活动。受到所有与会专家评委的高度评价，获一等奖。

（陈静　李俐　杨珍）

【迎泽区通过山西省责任督学挂牌督导创新县评估验收】　2015 年 10 月 20 日，山西省教育厅副厅长任月忠带队，省政府教育督导室主任贺茂义、省政府教育督导委员会办公室正处长级督学张利，以及省政府督学尚秀芬、吴运通到迎泽区大南关小学、朝阳街小学，对迎泽区责任督学挂牌督导创新县工作落实情况进行省级评估验收。太原市教育局局长马兆兴、迎泽区副区长贾津生、副区长兼教育局局长侯森、市政府教育督导室副主任黄建林等市区领导陪同。迎泽区督学责任区督管领导、全体专职督学、责任片区督学、部分学校视导员参加活动。任月忠对迎泽区责任督学挂牌督导工作给予高度评价。　（苏虎纹）

【“十城市”第 27 届中小学体育教学改革研讨会】　2015 年 10 月 20 日，中国教育学会与卫生分会“十城市”第 27 届中小学体育教学改革研讨会在贵州省遵义市开幕。来自太原、长春、哈尔滨、沈阳、天津、石家庄、郑州、兰州、广州、厦门、成都、昆明、重庆等 13 个会员城市的代表，贵州省内各友好城市代表以及来自全国各地 3000 多名体育教育工作者汇聚遵义，进行体育教学研讨，集中展示全国各城市体育教学的最新成果。迎泽区双西小学体育教师杜君宇的现场课《足球》获赛会最高奖“一等奖第一名”，获“最佳教师”奖杯。

（曾秀东）

【迎泽区人大代表视察调研】　2015 年 10 月 27 日，迎泽区人大主任阴国平一行 20 余人，对迎泽区郝庄初级中学教学实验楼建设工程进行指导调研。迎泽区副区长、教育局局长侯森陪同。人大代表们一致认为学校教学环境、办学条件得到改善，校园面貌焕然一新，为学校可持续发展提供难得的机遇。　（王　荔）

【郝庄镇创建学习型街道（镇）评估验收】　2015 年 10 月 28 日，太原市创建学习型街道（镇）专家评估组一行 6 人对迎泽区郝庄镇进行评估验收。太原市教育局民成处、市社区学院、区教育局、区社区学院相关人员参加评估验收工作。评估会上，郝庄镇镇长介绍开展学习型街道创建工作的情况以及取得的成效。专家组成员观看郝庄镇创建学习型街道专题片，查阅郝庄镇创建工作档案。评估专家组到学习型单位——山西省煤炭规划设计院进行实地考察。评估专家组成员通过听取汇报、现场查看及群众座谈等形式，具体了解创建工作实况。（王天红）

【“万名家长评议师德师风”活动】 2015年10月29日，迎泽区教育局在全区中小学开展“万名家长评议师德师风”问卷调查活动。评议活动涉及全区41所中小学。收回问卷调查表33353份。全区专职督学、各学校德育分管领导和学校视导员对学校问卷调查活动开展情况进行全程监督、统计和汇总，并将对学生、家长意见相对集中的问题和不满意率相对较高的学校，通过现场办公、限期整改等形式，帮助学校解决存在问题。（区教育局政教科）

【迎泽区双塔北路小学综合档案室达到山西省三级标准档案室】 2015年11月17日，迎泽区档案局局长、省级评审员吴建华一行5人组成的山西省档案工作升级考评组到区双塔北路小学开展综合档案室升级评审工作。双塔北路小学校长戴子对学校综合档案室的建设情况进行汇报，评审验收组通过听取汇报、实地查看、评估打分等七个环节进行验收。经过评审，双塔北路小学的综合档案室达到山西省机关档案工作目标管理三级档案室的标准，当场颁发证书。（刘　华）

【迎泽区三所学校通过省二级图书馆验收】 2015年11月17日至19日，太原市教育装备中心省二级图书馆认定组对迎泽区建设路小学、小五台小学、孟家井寄宿制学校申报省二级图书馆进行检查验收并顺利通过。这次验收的三所学校图书馆均配备标准的藏书架并按照国家规定的《中国图书馆分类法》进行分类，统一采用计算机图书管理系统，从师生查询、借阅、还书等环节进行电子化管理，流通量高；生均册数均超过二级图书馆标准；教师阅览室、学生阅览室宽敞明亮、座位充足，为师生提供舒适的阅读环境。（孟晓红）

【全国中学语文创新课堂观摩研讨活动暨第六届全国中学语文说课大赛】 2015年11月13日至16日，“全国中学语文创新课堂观摩研讨活动暨第六届全国中学语文说课大赛”在湖南省浏阳市浏阳一中举行，全国各地数百位初中语文教师参加活动。在说课比赛中，迎泽区四十五中教师杨静彦的《散文家谈散文》获大赛特等奖，郝庄中学教师金艳卿的《背影》获大赛一等奖、张月婷的《窗》获二等奖。

（张月婷　王晓霞）

【学生健康监测报告与预防传染病工作现场检查】 根据太原市教育局、太原市卫生局《关于印发〈太原市学生健康监测网络直报督导方案〉的通知》精神，2015年12月16日，太原市疾控中心联合太原市中小学生卫生保健所，对区教育局及辖区内的三十九中、海边街小学、三晋幼儿园进行《学生健康信息监测网络直报》管理工作和学校传染病防控工作现场专项督导与评估。在督导过程中，上级各部门对迎泽区实际情况进行评估，依照《太原市学生健康监测网络直报工作管理督导表》《太原市学校传染病防控工作检查表》检查项目逐条评分。上级督导组对迎泽区在学校健康监测报告与管理、专业技术培训、学校传染病防控工作方面予以充分肯定。

（王云娜）

【山西省第四届初中校长课堂教学改革研讨会】 2015年12月16日，山西省第四届初中校长课堂教学改革研讨会暨太原市三十七中现场会召开，全省11个地市分管教育的领导、教研室主任、部分课改实验校的校长共200余人参加。会议总结山西省初中课堂教学改革的发展工作，探讨新形势下课堂教学新模式，推广课改学校的新成果。

（何晓艳）

【基础教育教学改革创育人模式汇报展示活动】 2015年12月15日和17日，迎泽区组织全区学校开展础教育教学改革创新育人模式汇报展示活动。全区43所中小学分成7个组，由教学分管领导汇报；聘请全区43所学校校长、14位区教研室教研员分别担任7个组的评委，下派7名区专职督学和7名巡视员做好7个组的指导监督和后勤保障工作。由汇报学校校长担任组长具体组织实施。全区有35所学校达到85分以上，其中90分以上的学校有19所，优秀率81.4%，良好率18.6%，全区学校全部达到良好以上。

（王喜花）

【“基于学生自主学习的微课资源建设与实践应用研讨”大会】 2015年12月28日，山西省电教馆举办的“基于学生自主学习的微课资源建设与实践应用研讨”大会在太原市教育宾馆召开。参加研讨会的人员有山西省各市电教馆相关负责人，“基于学生自主学习的微课（视频）资源建设与实践应用”试点校，国家级数字化校园试点校，部分省级数字化校园试点校，“山西省中小学优秀微课展示活动”前10名的学校校长及课题研究负责人。大会特邀嘉宾有上海师范大学教授黎加厚、中央电化教育馆研究部主任黄天元、山西省教育科学院副院长卢红等。大会由省电教馆主任原晓春主持，迎泽区孟家井寄宿制学校、灵石二中等5所学校就基于自主学习的微课资源建设与实践应用从不同角度进行汇报。黎加厚对汇报作点评，并就微课的资源建设与教学应用作精彩讲座。黄天元做总结发言。山西大同大学教授王丽珍就“互联网+”背景下如何开展课题研究对大家进行培训，卢红对大会进行总结。

（何晓艳）

科学技术

【概述】 2015年，迎泽区科技局完成区政务大厅便民服务中心网络信息化建设，推进迎泽公安分局“天眼工程”。加大科技创新投入，支持一批现代服务业新兴产业和现代都市农业发展项目，投入100万元支持华宇、美特好现代服务业信息化建设。推进科技服务平台建设和产学研协同创新，支持重点领域先进适用技术的综合集成和示范应用，投资40万元支持山西红十字口腔医院科技研发，投资30万元支持山西“优社优家”小企业发展电商产业。

【“优社优家”】 2015年，迎泽区优社优家社区电子便民服务平台依托“我的社区”、居家服务（养老）、十五分钟便民服务、社区便民惠民购物服务，将服务延伸到居民家中，对接商品供应前端和客户终端，实现“便民惠民，扎根社区”的理念。优社优家电子便民服务平台的销售以居家生活必需品米、面、油、蔬菜为主，优社优家有会员 9 万人，日均浏览量 282 次，平台累计销售额近 800 万元。

优社优家自 2015 年 4 月起开展微信端营销，有阳光蔬菜、阳光晚餐、办公室休闲时光——水果、生态蔬菜、端午节套餐等产品，联合光大银行、晋城银行、中国邮政、迎泽区慈善协会等企业和行业协会开展各种活动，微信端营销开展两个月，新增粉丝近 6000 人，达成订单数近 4000 单，销售额达 7 万元，平均每日浏览量 260 次。蔬菜平均为居民每月节省 150 元。2015 年 6 月 19 日开展的端午节活动，3 天销售营业额达 4 万余元，总成交订单 760 单。单日店铺浏览量达 3824 次。

【产学研协同创新】 2015 年 9 月，迎泽区举办 2015“北方国际高新科技成果暨创新产品洽谈博览会”，以“促进科技成果转化，服务创新驱动发展”为宗旨，征集符合迎泽区转型发展方向的重大科技成果，向全区电子信息、装备制造等领域的企业推介涵盖新一代信息技术产业、生物产业、航空航天产业、新能源新材料产业、节能环保产业、物流业、智慧城市和服务外包等专业领域的国际、国内高新及专利技术；推动重点高校与企业产学研融合，为迎泽区展示科技成果和创新产品，研讨“低碳引领，创新驱动”实体经济发展的新思想、新路径，做强实体经济，搭建创新示范、品牌推广、成果转化、信息导向、资本对接的全产业链服务平台，共享科技发展硕果。在东山科技园、青年路迈克斯咖啡设立众创空间。推进以“尊重知识、崇尚创新、诚信守法”为核心的知识产权文化建设，为建设创新型城区营造良好氛围。有效发明专利拥有量完成 830 件。

【科技兴企】 2015 年，迎泽区科技局对驻区科技型企业进行摸底调查，有 21 家科技型企业列入培育范围。通过分类指导、重点扶持、跟踪服务，优选 5 家企业为国家高新技术企业重点培育对象。高新技术企业新认定 3 家。高企销售收入占规模以上工业企业销售额 26%，技术合同成交额 0.9 亿元。

【科技惠农】 2015 年，迎泽区科技局支持农村科技特派员以农业技术创新为纽带，建立新型农民合作组织，解决实际问题。带领有专业特长的 26 名科技特派员到孟家井、柳沟、捐子等村，开展技术服务，实施农业技术承包项目 23 项，推广先进适用技术 30 项，农业新品种 20 个。

【党风廉政建设】 2015 年，迎泽区科技局参加区委、区政府召开的党风廉政建设工作会议，领会会议精神和要求，利用党支部会、班子成员会学习党的十八大以来会议精神，中央、省、市纪委全会精神，习近平总书记系列讲话精神，落实上级廉政建设要求。修订完善《党风廉政学习教育制度》，局财务、人事、下乡、车辆管理等制度5个，用制度管人、管事。党支部成员认真上党课，围绕反对“四风”、坚持问题导向，引导党员干部学习弘扬焦裕禄精神，对照“三严三实”要求，深入查找问题，向班子成员提建议和意见，收集整理为9条意见和建议。（杨　锐）

防震减灾

【概述】　2015年，迎泽区防震减灾局开展“三示范、一标准”创建活动。开展创建省市示范社区、示范学校、示范企业活动，按省级防震减灾示范区标准开展创建活动。迎泽区被评为“山西省防震减灾示范（县）区”、2015年度全国地震系统防震减灾年度考核先进县区、郝庄镇朝阳一社区被评为省防震减灾示范社区。

建立抗震设防联席会议制度。开展《山西省建设工程抗震设防条例》宣传，在区政府网站公示，印制《加强基础建设，提高抗震设防》宣传专辑，配合工程建设抗震设防宣传。

完善救援物资储备、调用机制。本着“平震结合，一物多用”原则，为区应急救援大队配备防震应急物资棉衣240件，应急灯340个，铁锹100个，应急包50件，手套200付。为区各街道办事处、郝庄镇及43个防震减灾社区配备10万余元应急物资。对科普基地软件进行升级改造。

【防震减灾工作管理台账】　2015年，迎泽区防震减灾局建立社区防震减灾工作管理台账。在社区开展台账建设，把应急管理、宣传、宏观观测、基本概况数据库纳入管理，设计印制《太原市迎泽区社区防震减灾工作手册》，对社区重点工作进行安排。召开社区工作手册完成情况展示会，评比出43家参展社区。对社区防震应急基础数据进行汇总，规范社区防震减灾工作。

【防震减灾宣传】　2015年，迎泽区防震减灾局制作《“画”说地震》宣传视频，发放到全区各社区和全区中小学校及幼儿园进行宣传。在“3·18”科技宣传周、“5·12”、“7·28”防震减灾宣传周、“9·11”应急宣传周等特定宣传日进行宣传，区各专业防救组、办事处、社区、驻地单位开展讲座80余次，演练60余次，创建防震减灾示范家庭86户，结互帮互联对子237对。

（冀雅萍）

卫生和计划生育

WEI SHEGN HE JI HUA SHENG YU

卫生和计生管理

【概述】 2015年3月27日，根据中共太原市迎泽区委、太原市迎泽区人民政府《关于迎泽区人民政府职能转变和机构改革实施意见》（迎发〔2015〕3号），设置迎泽区卫生和计划生育局，正科级建制。核定行政编制23名。核定工勤人员3名，使用事业编制。将原迎泽区卫生局职责、原迎泽区人口和计划生育局的计划生育管理和服务职责划入迎泽区卫生和计划生育局。将迎泽区发展和改革局承担的迎泽区深化医药卫生体制改革领导小组办公室的职责划入迎泽区卫生和计划生育局。迎泽区卫计局内设科室：办公室、医政医管与妇社科、疾控与基层卫生计生科、家庭发展与信息规划科、流动人口管理与考核评估科、行政审批与卫生监督科、区爱国卫生运动委员会办公室（爱卫办）；下辖单位：迎泽区疾病预防控制中心、迎泽区卫生局卫生监督所、迎泽区妇幼保健计划生育服务中心、迎泽区中心医院、迎泽区产科医院、迎泽区骨伤科医院、迎泽区中医医院、迎泽区口腔医院、迎泽区迎泽地区医院、迎泽区柳巷地区医院、迎泽区郝庄镇卫生院；下属事业单位：迎泽区红十字会、迎泽区医学会、迎泽区新型农村合作医疗管理中心、迎泽区计生协会。

迎泽区卫生和计划生育局围绕2015年工作目标，深化医药卫生体制改革，强化社区卫生服务和农村卫生体系建设，落实国家计划生育政策，推进迎泽区计划生育工作。加强疾病预防控制体系建设。加大重大疾病监控力度，儿童七苗接种率、建卡率、建证率均达100%。成立全球结核病控制项目管理办公室，登记管理新发初治涂阳病人，报告率、转诊率、系统管理率、密接筛查率均达100%。社区卫生服务工作健康发展。迎泽区获“全省妇幼健康优质服务示范区”称号、黑土巷社区卫生服务中心、桥东社区卫生服务中心、水西关街一社区卫生服务站和老军营社区卫生服务站获“全省群众满意基层医疗卫生服务机构”称号。推进农村卫生工作，将264医院定为迎泽区新农合区级定点医疗机构和迎泽区新农合省级和省外转诊定点医院。

【医院管理】 2015年，迎泽区制定印发《迎泽区卫生局深化学习讨论落实活动——推进行风建设“九不准”专项整治方案》，成立工作领导组。医疗机构和科室、科室和个人分级签订落实“九不准”行风责任书。卫生监督执法工作不断加强。加强对辖区医疗机构和生活美容机构的卫生监督和无证行医的查处力度。开展传染病防治专项整治工作。全年出动监督员1440人次，出动车辆320台次。检查医疗机构413户、779户次，监督覆盖率100%。

【医政管理】 2015年，迎泽区制定并实施《迎泽区公立医院绩效考核办法》。实施药品零差率销售，区财政给予足额补偿。提升迎泽区区级医院服务能力，加强重点专科建设。骨伤科、中医外科、皮肤科三个重点专科建设列为迎泽区重点工作，迎泽区财政拨付100万元作为专项经费给予扶持，各重点专科建设项目取得良好成效。

【人才招聘】 2015年，迎泽区卫生和计划生育局开展医疗卫生事业单位公开招聘工作，向太原市申报招录招聘计划，制定招聘方案和招考岗位一览表，发招聘公告，12月13日至15日组织现场报名，累计报名1385人，12月26日下午组织报考人员在三十七中和三十九中参加招聘考试，按单位按岗位公布成绩。

【集体荣誉】 2015年9月，迎泽区卫计局获“全省妇幼健康服务先进集体”称号。12月，黑土巷社区卫生服务中心、桥东社区卫生服务中心、水西关街一社区卫生服务站和老军营社区卫生服务站荣获“全省群众满意基层医疗卫生服务机构”称号。迎泽区荣获“全省妇幼健康优质服务示范区”及“太原市人口和计划生育工作目标责任制考核先进县（市、区）”称号。

【卫生监督】 2015年，迎泽区卫生和计划生育局对辖区373家医疗机构负责人进行相关法律法规的集中培训，对打击非法行医工作进行安排部署，开展传染病防治专项整治工作，查处违法行为7起，罚款人民币0.75万元。加强对辖区医疗机构和生活美容机构的卫生监督和无证行医的查处力度。检查生活美容场所207户次，重点对生活美容场所涉及非法医学美容的行为进行监督检查，对未取得医疗机构执业许可证擅自进行医学美容的2家生活美容场所予以取缔，罚款2家，罚款0.2万元，没收医疗器械1盒。接到涉及非法开展医疗美容的举报投诉案件1起，立案查处1起。传染病防治处罚7户次，罚款0.75万元，医疗卫生处罚11户次，罚款2.05万元，取缔无证行医7户，罚款0.7万元，没收违法所得0.12585万元，没收医疗器械1件。9月15日，迎泽区人大组织代表调研食品安全风险监测相关工作。

基础卫生服务

【基层公共卫生服务】 2015年，迎泽区卫生和计划生育局建立规范化居民电子健康档案446989份，建档率74.36%；2015年居民健康档案动态使用率大于50%，2015年孕产妇健康管理率92.03%，产后访视率94.99%；0~6岁儿童健康率95.60%，0~3岁儿童系统管理率85.18%，为14967名4~6岁在园儿童进行健康体检。重大公共卫生妇幼项目工作全面落实。共为185名农村孕产妇提供住院分娩补助；为2042名孕前和孕早期待孕妇女免费增补叶酸，其中农村220人，城市1822人；完成500名农村妇女的“两癌”筛查；对孕妇进行“梅毒、艾滋病、乙肝”指标检测，对发现的阳性患者及时进行干预。制定下发迎泽区2014年度至2015年度中央补助重大公共卫生城市癌症早诊早治项目管理方案。4月，制定下发基本公共卫生服务实施方案及各项工作目标分解。5月至9月对迎泽区突发公共卫生事件和医疗应急救援方案进行各职能部门的意见征求、修订工作和专家评审会。11月，开展迎泽区重大公共卫生项目和基本公共卫生服务全部项目的培训工作。12月，开展迎泽区2015年基本公共卫生服务年终绩效考核工作。

2015年3月，开展居家护理项目试点工作，确定12所试点机构和静脉采血、外伤小换药等8项试点项目。全年累计受益人次8896人次。7至9月开展贫困白内障患者实施免费手术筛查工作。开展迎泽区2015年度严重精神障碍患者门诊医疗补助审批发放工作。8月10日，迎泽区夏季征兵体检工作圆满结束。

【妇幼保健】 2015年，迎泽区出生医学证明发证数10845份，废证54份，废证率0.47%，首次签发率90.24%。补发出生医学证明123份。协助核查出生医学证明45份。开展爱婴医院创建和复核工作。先后接受市级、省级抽查复核，12所机构全部通过审核评估。对辖区内59所托幼机构的卫生保健工作进督导检查，评估内容涉及组织管理、保健工作人员配备、健康检查、卫生保健规模设施、卫生消毒、膳食营养管理等方面。59所托幼机构有55所基本合格，有4所限期整改。对幼儿园3105名儿童进行眼病筛查。

先心病免费筛查项目实际筛查人数8095名。其中筛查3岁以下婴幼儿4050人，发现异常26人，其中有4人已确诊并进行手术治疗；筛查3~6岁婴幼儿4045人，发现异常56人，3人确诊，其余为轻度异常或正常，建议定期复查。

【疾病预防控制】 2015年，迎泽区加强艾滋病防治工作，完成艾滋病自愿咨询检测，VCT咨询548人，HIV检测548人，HIV抗体待复检3人。梅毒检测服务535人。成立全球结核病控制项目管理办公室，登记管理新发初治涂阳病人58人，复治涂阳2人，涂阴病人115人，复治涂阴1人，完成任务指标88.9%，完成新发涂阳病人指标任务的77.3%。报告率、转诊率、系统管理率、密接筛查率均达100%，追踪到位率达质控要求。开展健康教育工作，开展健康生活方式、爱国卫生、高血压日、控烟等10次户外宣传、咨询活动，组织专业人员 30 多人次，摆放宣传版面 6 块，张贴宣传画 200 张，悬挂宣传标语 2 条，发放宣传画、折页、宣传单 10000 余份，健康知识口袋书 10000 册。

【农村卫生】 2015 年，迎泽区新型农村合作医疗保险参保人数 23923 人，参保率 99.9%。人均筹资达到 499 元。从 2014 年起对迎泽区直属县级定点医疗机构实行正常分娩起付线外免费政策，真正实现在迎泽区直属县级定点医疗机构正常分娩住院不花一分钱。从 2015 年起，实行高血压、糖尿病在县（300 元）乡（100 元）医疗机构起付线外免费住院，收治高血压、糖尿病病人 53 人，为农民节省费用 28 万元。将 264 医院定为迎泽区新农合区级定点医疗机构和迎泽区新农合省级和省外转诊定点医院，起付线从 800 元降到 300 元，补偿比例从 60%提高到 65%，并且开通绿色通道。2014、2015 两年间，264 医院的住院次均费用降低 2800 余元，为农民节省住院费用 223 万元，新农合基金少支出 112 万元。

【国家基本药物免费治疗】 2015 年，迎泽区共有 199 名低保原发性高血压患者和 89 名低保 2 型糖尿病患者自愿免费使用国家基本药物进行治疗，共计免费使用国家基本药物 95876 元。

计划生育

【计生工作考核评估】 2015 年 4 月，迎泽区卫生和计划生育局召开迎泽区人口计生工作会暨区人口计生领导组会议，与柳巷街办、迎泽街办等 7 个下级政府，迎泽区委办、政府办、纪检委等 34 个计生领导小组成员单位签订《计划生育工作目标责任书》。截至 9 月 30 日，迎泽区总人口 629676 人，出生 4550 人，符合政策生育率为 91.38%（指标值 85%）；人口自然增长率为 5.30‰（指标值≤6.8‰）；出生性别比 105.7（指标值 102–107）；综合节育率 88.22%（指标值≥85）；近两年社会抚养费率为 91.75%（指标值≥70%）。迎泽区获“太原市人口和计划生育工作目标责任制考核先进县（市、区）”称号。

【流动人口计划生育服务管理】 2015 年，迎泽区坚持流动人口服务月活动，强化区域“一盘棋”机制，与山西省内、省外 97 个地区签订《流动人口计划生育管理和服务双向协作协议书》，开展“十免费”服务。2015 年，免费为流动人口已婚育龄妇女康检服务 19696 人次，计划生育“四术”服务 17 人，免费开具流动人口孕检证明介绍信 238 份，免费进行孕前优生风险评估 104 人；早期教育辅导 309 人次，免费家庭随访 1141 人次，免费开展独生子女行为教育 771 人次。促进社会服务均等化，开展外来人口适应城市生活技能和健康知识培训 10 余场、受惠 800 人左右。5 月，开展流动人口服务管理联合督查专项行动。定期开展流动人口计生法律咨询维权服务，完成流动人口动态监测调查任务，迎泽区 20 个调查点，组织完成 1000 户信息摸底，400 份问卷调查任务。连续 7 年保质保量完成任务。国家流动人口司在督调中充分肯定迎泽区的工作，并提出建议作为经验推广。

【计划生育宣传教育】 2015年，迎泽区卫生和计划生育局举办迎泽区人口计生工作培训，人口计生系统工作人员和各相关部门负责人共300余人参加培训；邀请省、市专家为全区计生工作人员进行目标责任制考核指标体系、全员人口信息采集统计规范化培训等方面的培训。加大计划生育宣传教育进村入户力度。自制服务袋20000个、手提袋2000个、宣传袋5000个、小扇子3000把、小工具1000个、计生条例7000本、生殖健康手册10000本、服务指南10000本、药具手册10000册等。2015年，发放宣传品70000余个。郝庄镇小山沟村设计打造人口文化园，处于项目验收阶段。打造富有迎泽区特色人口文化精品工程，在迎泽区精心挑选出9个社区打造计生服务室。11月开展生育二孩意愿调查摸底工作。

【计生关怀活动】 2015年，迎泽区生育关怀投入287050元，其中计生失亲家庭35人1.75万元，计生困难家庭64户1.48万元，计生大病家庭50人10万元，计生孤儿7人0.7万元，计生伤残家庭168户8.40万元，计生夭亡家庭128户6.375万元；为计生家庭投入保险94820元，包括爱心综合险207人50450元，乡村级计生服务员331户4210元，计生四类家庭2008户40160元；中秋、国庆期间慰问135户计生特殊家庭67500元。9月为计生特殊家庭办理爱心综合保险。6月至9月为迎泽区农村领证独生子女家庭、城镇困难独生子女家庭、城镇及农村独生子女夭亡家庭、城镇家庭成员伤残的独生子女家庭办理意外伤害保险。

爱国卫生

【爱国卫生运动宣传】 2015年，迎泽区卫生和计划生育局印发《爱卫月活动倡议书》《鼠疫预防知识》《健康素养66条》等宣传资料90000余份，组织志愿者2000多人次，展出各种宣传版面120多块，悬挂宣传条幅80多条，清理垃圾80余车台次。

【春季灭鼠工作】 2015年4月至5月，迎泽区爱卫办制定下发《2015年迎泽区春季灭鼠工作方案》，印制《家居防鼠七妙招》《常用灭鼠药物安全使用知识》等宣传折页，组织开展迎泽区除四害防治培训，发放除“四害”宣传资料50000余份，组织各街镇、各部门开展集中灭鼠活动。迎泽区投放鼠药4吨左右，投放蟑药2吨以上。其中各街镇发放鼠药3.171吨。蟑药260千克，喷剂127箱。 （李 博）

文　化

WEN　HUA

文化行政管理

【概述】　2015年1月15日，迎泽区文体广电新闻出版局改名为迎泽区文化局（挂牌版权局），内设1室4科，即：办公室、文化科、文旅广新科、体育科、行政审批科；下辖4个事业单位，即：文化馆（自收自支、财务独立）、文物旅游服务中心、文体市场行政综合执法队、文化事业服务中心（自收自支）。文化局公务员编制10名、工勤编制1名，文化馆自收自支事业编制45名，文物旅游服务中心全额事业编制10名，文体市场行政综合执法队全额事业编制12名，文化事业服务中心自收自支事业编制11名；文化局实有公务员9人（包括1名退二线干部）、工勤人员1人，文化馆实有自收自支事业人员19人，文物旅游服务中心实有全额事业人员7人，文体市场行政综合执法队实有全额事业人员7人，文化事业服务中心无人员。

2015年，迎泽区文化局组织开展全区各类文化工作。在六街一镇举办以“金秋十月　文化惠民”为主题的迎泽区文化惠民活动。开展各类体育活动，举办三级社会体育指导员培训工作，组织举办柔力球培训，群众健身广场舞大赛，空竹比赛，木兰拳比赛，太极拳展示活动等。保护挖掘文物旅游资源。开展文物检查，对5处文物单位进行修缮。收回晋绥铁路银行旧址的使用权。申报“太原市台骀山滑世界”为国家AAAA级旅游景区。完成编撰《迎泽区老街老巷老景观》一书，挖掘整理迎泽区80多条老街老巷和部分老景观。加快文化基础建设。完成26个社区图书室的建设任务，实现全区社区图书室全覆盖。完成编撰《迎泽区文化惠民常识》。进行非遗项目申报。将“鼓楼羊杂割”“壶聚福锔瓷”“太原漆器描金彩绘手工技艺”3个项目列入第五批区级非物质文化遗产名录，推荐进入第五批市级非遗申报。

【行政审批】　2015年，迎泽区文化局行政审批事项有22项，按照“一口进出、限时办结”运行机制，保障“两集中、两到位”，推进流程再造工作。集中开展培训，组织相关人员参加市局业务培训，安排专人分门别类逐一做好文化市场经营单位主体信息和文化市场管理信息采集录入，为“全国文化市场技术监管与服务平台”（以下简称平台）的正常使用提供保障；出台平台运行管理制度，明确平台账号分配、使用权限、信息数据更新、日常管理维护等方面管理具体措施，确保平台安全运行。区文化市场监管服务平台正式运行，按照要求将所有事项全部纳入监管平台。

【行政权力改革】　2015 年，迎泽区文化局接受市文化局、市体育局下放的行政权力事项 12 项，并分别制作一次性告知书、承接事项流程登记表，在区政务服务中心公布。按照“减权、制权、晒权”工作思路，行使的各项行政职权及其实施依据、实施主体、办事指南、运行流程，以清单形式罗列出来，在迎泽区政府网站公布，接受社会监督。12 月中旬，根据政府办要求，梳理完成局权利事项清单和责任事项清单（共 145 项），并完成上报。

【市场管理】　2015 年，迎泽区执法队联合行政审批科工作人员在年审验证前对市局新下放的 30 余家印刷厂和 10 余家健身房进行全面摸排，做到心中有数，对发现隐患的经营单位下达整改通知书，整改完成的经营单位方可进行年审验证。杜绝人情执法，严格按照法定职责履行执法程序。2015 年，执法队出动执法人员 400 人次，检查经营单位 600 家（次），限期整改 10（次），发放整改通知书 20（次），举办安全生产大检查活动 2 次，处理违规经营单位 5 家。

公共文化服务

【社区图书阅览室】　2015 年，迎泽区完成社区图书室的建设任务。在前两年完成 60 个的基础上，完成剩余 26 个社区图书室的建设任务。通过前期与街道社区对接、选址，区采购中心公开招标，完成建设任务。新建成的社区图书室实现与省、市、区图书馆读者证通用、图书通借通还，在社区可直接办理读者证。

【社区全民建设场地设施全覆盖工程】　2015 年，迎泽区再建 30 个社区体育健身活动场所。根据各社区场地实际情况以小型、分散，方便居民就地、就近锻炼为原则，根据居民需求设计建设体育活动室、健身路径、健身广场、篮球场、羽毛球场等全民健身活动场地，为居民提供休闲、锻炼、活动的场所，满足百姓健身娱乐需求，提高群众健康素质和生活质量。

【电影放映与农家书屋工程】　2015 年，在郝庄镇 28 个村每月放映电影一场，全年放映电影 348 场。11 月 23 日，迎泽区文化局为全区 28 个村的农家书屋各配送价值 2000 元的图书，共计 56000 元。

【文化惠民基层行】　2015 年，迎泽区在春节、元宵节举办以“文化迎泽、幸福龙城——我们的节日”为主题的群众文化活动。以公园、广场为主要活动点，以社区、村为基础活动点，以文化馆馆办团队和社区文化专管员为依托，开展广场文化活动。发挥图书馆功能，提供优质服务。发挥迎泽区图书馆小而精、小而广的特点，本着一切为读者服务的宗旨，从加强业务管理、开展读书活动等入手，提高图书馆的综合服务水平。开展主题鲜明的读书活动。以区图书馆为主场地、各社区图书阅览室为分场地，组织各类读书活动。举办“迎泽之秋”国庆音乐会。8月，完成编撰《迎泽区文化惠民常识》一书。8月11日，区文化局与区纪检委共同组织的廉政精品话剧《谍杀》，在星光剧场演出，近千人观看演出。8月到9月，结合太原市文化惠民演出，将红色思想道德教育、廉政教育与剧目有机结合，组织12场话剧和歌舞剧。10月，举办以“金秋十月　文化惠民”为主题的迎泽区文化惠民活动。

【全民健身系列活动】　2015年，迎泽区组织“强健体魄·阳光生活”迎泽区全民健身社区行活动，在全区12个社区开展为期1个多月的社区行活动。各社区举办各类体育活动比赛，比赛内容有乒乓球、羽毛球、踢毽子、跳绳、秧歌、中国象棋等项目。依托文化馆馆办团队和街道办事处，6月12日，在文庙街道办事处五龙口三社区举办首届文庙地区“舞动幸福·健康人生”广场舞大赛。9月23日，太原市老年体协和迎泽区文化局共同组织举办中国人民抗日战争胜利暨世界反法西斯战争胜利70周年文体展演活动。10月10日，由区文化局主办、山西新生活健身器材有限公司承办的迎泽区群众健身广场舞大赛在省体育馆开幕，全区6个街办和郝庄镇共有29支代表队500多人参加比赛。11月14日、15日、21日、22日，由区文化局主办，全球华人羽毛球联合会山西分会承办，2015年迎泽区羽毛球比赛在迎泽区文体中心体育馆举行。11月16日至20日，迎泽区文化局主办，依托迎泽区空竹协会、迎泽区木兰拳协会承办以“强健体魄·阳光生活”为主题的迎泽区首届空竹比赛和木兰拳比赛。11月28日，由迎泽区文化局主办、太原市陈式太极拳协会承办的2015迎泽区太极拳展示活动在山西省体育馆进行表演展示。参赛队伍15支，人员近200名。12月26日至27日，区文化局与市乒乓球协会在迎泽区文体中心体育馆内联合举办省城迎新年乒乓球联谊赛。

文化队伍建设

【“两员”队伍建设】　2015年，迎泽区政府设立专项工作经费123.84万元，在全区86个社区组建社区文化管理员和社区体育指导员队伍。文化局建立社区文化管理员队伍，有利于整合社区文化资源，推进社区文化活动开展，规范社区图书室管理，丰富社区居民的精神文化生活。社区体育指导员的配备堪称山西省首例。迎泽区群众在健身、参加群众体育活动时，不出社区就可以得到体育指导员的指导，方便广大群众就地、就近，分散组织一些喜闻乐见的小型体育比赛活动，丰富社区群众的业余生活。

【文化队伍业务培训】 2015年2月5日，在迎泽区文体中心举办三级社会体育指导员培训工作，培训人数89人。6月18日至24日，在迎泽区文化馆组织举办柔力球培训，全区社区干部和体育骨干90余人参加培训。

文化产业

【文化产业发展】 2015年，迎泽区委、区政府拿出216万元对5个文化产业、4个非遗项目进行扶持，区文化局出台《迎泽区文化产业扶持资金管理办法》，签订专项资金使用承诺书，制定重点工作任务分解表，对这些企业在资金使用过程中再调研、再监督，确保专款专用。

文化遗产保护

【文物保护】 2015年，迎泽区政府拨付文物保护专项经费120余万元，用于抢救濒危文物。对皇华馆12号民居、开化寺南街34号民居、松庄慈云寺、新沟三清观、沟北龙池洞等5处文物保护单位进行集中抢救性修缮工作。区政府拨付文物保护专项经费，用于抢救濒危文物，对“新沟刘家大院”等10余处文物单位进行实地调研、查看、拍照、档案记录。结合东山生态建设，实施以“滑世界”为主题的小山沟城郊森林公园建设，区文化局帮助企业成功申报AAAA级景区。收回市级文物保护单位晋绥铁路银行旧址的使用权。1月，迎泽区文物旅游服务中心对辖区97处文物单位进行大检查、大摸底。2月，在对清真寺进行重大险情调查之后，逐级上报太原清真寺修缮保护立项请示。12月16日至19日，协助市文物局完成竖立山西大学堂等七处第七批国家级文物保护单位保护标志石碑。10月23日，协助太原市规划院完成城市改造过程中文物具体地点的标注。

【非遗项目申报】 9月，组织开展第五批非遗项目申报工作，专门聘请涉及申报行业的五名专家进行评审，将“鼓楼羊杂割”“壶聚福锔瓷”“太原漆器描金彩绘手工技艺”三个项目列入第五批区级非物质文化遗产名录，推荐进入第五批市级非遗申报。

文化安全生产

【安全生产培训】 2015年，迎泽区文物旅游服务中心、区文化馆联合在文化馆六层举办春季消防安全培训及消防演练活动。区文旅中心和文化馆全体工作人员及文保员和文化馆周边的经营户参加培训。6月16日，在区安委会的号召下在保利广场开展“安全生产宣传咨询日活动”。设计并展出“人员密集场所失火的逃生与自救”宣传版面、印发迎泽区文体广新局文体经营场所安全生产知识宣传单，并发放200余册安全生产知识手册。8月14日，执法队在区文化馆举办迎泽区文化市场法律法规暨安全知识培训。8月28日，区文化局组织文体市场20家经营单位参加位于柳巷中心区域唱响量贩式KTV的安全演练活动。12月15日，修订并印发《太原市迎泽区文体市场突发事件应急预案》。

【文化单位检查】 2015年3月，迎泽区执法队结合年检验证工作，对辖区所有图书、打字复印、音像制品、娱乐场所、网吧等398个经营单位全部签订《安全责任书》。3月中旬，执法队联合局行政审批科，在印刷场所年检换证之际，对辖区内的印刷企业进行全面检查。9月15日，执法队作为太原市10县区代表接受文化部文化市场司执法指导监督处检查组的检查。12月初，对全区61家体育、健身、棋牌经营场进行专项检查。12月22日至26日，组织迎泽区内20家歌舞娱乐场所负责人召开“圣诞节”前安全专项会议，并分组在平安夜、圣诞夜值班检查。12月底，对辖区内20多家宾馆饭店和桑拿娱乐等公共场所进行全面检查，并对辖区内违法设置卫星电视接收端进行严格查处。

（张姝媛）

史志工作

【概述】 2015年，迎泽区史志办在区委、区政府的正确领导下和省、市志办的精心指导下，深入贯彻落实《山西省地方志工作条例》，认真贯彻落实全国地方志机构主任会议精神，紧紧围绕编史修志及党的群众路线教育实践活动工作，积极推进地方志各项工作落实。

【史志编修】 史志办通过公开招投标，整体推进志鉴编纂、印刷、出版、发行等工作，这也是在修志编纂方面的一次探索。《迎泽年鉴》资料收集、组稿和编审工作已经完成。此外，还派人参加了《太原市晋源区志》和《太原市娄烦县志》编审工作；与区政协合作编写《迎泽区政协志》，已出版发行。

【史志资料宣传及利用】 对区门户网站“迎泽之窗”中的迎泽概况等内容进行更新，丰富史料，增加文物古迹、主要风景区、非遗项目、土特产、地理位置、气候、水资源等栏目。

【依法修志】 在当前开展的“十三五”规划修编中，将志鉴编修工作纳入全区规划；每年争取足额财政预算支持，依法依规依程序用好史志预算及相关预算经费，保证工作顺利推进。

（张国文）

档 案

【概述】 迎泽区档案局为正科级参照公务员管理事业单位，编制5人，正科1人，副科2人，科员2人。档案局实有人数5人。

2015年，迎泽区档案局以服务民生为己任，提高服务质量、加强干部队伍建设、加强档案业务指导、加强档案信息化建设、加大档案法制宣传力度、确保馆藏档案安全。档案工作在全区社会、经济建设服务中发挥重要作用。

【档案资源建设】 迎泽区综合档案馆贯彻国家档案局9号令，完善接收范围，依法做好接收工作，加大对民生领域档案接收力度，完善馆藏档案资源结构，档案馆接收范围拓宽，改善馆藏结构，档案资源存储率增强。2015年，接收婚姻登记处2014年婚姻档案7200件，区党的群众路线教育活动文件119卷，清点核对、检查目录后，正式对外开放。

【档案馆业务】 2015年，迎泽区档案局围绕国家综合档案馆测评标准，夯实档案馆各项基础工作。做好档案开放鉴定、档案信息化等安全工作，确保档案信息的绝对安全。做好馆藏档案的抢救保护，开展档案鉴定工作。按照《迎泽区档案局二〇一五年档案鉴定计划》，鉴定领导组依据机关文书档案保管期限表，按照“去粗取精”“实事求是”“有效利用”原则，对到期馆藏档案逐卷鉴定、决定存毁、提高馆藏案卷质量，实现有效利用。共鉴定档案5870卷。

【档案资源开发利用】 2015年，迎泽区档案局将馆内婚姻档案、知青安置档案、招工档案等分别建立目录数据库，部分实现全文电子化，提高档案检索率和检准率。全年接待大众百姓档案查询1500余人，提供档案利用1079人次，复印档案资料2500多张，出具有效证明材料617份，知青档案、复退军人安置档案、婚姻档案、公证档案等与群众利益密切相关，局馆加快开放档案审查，馆藏档案开放率达90%以上。

【档案规范化管理】 2015年，迎泽区档案局以提高档案管理水平为重点，推进机关、团体、企事业单位及农村、社区的档案规范化管理工作。区档案局按照《山西省机关档案工作目标管理办法》和《山西省企业科技事业单位档案工作规范化管理等级评定标准》要求，做好指导与考评工作，推动机关、团体、企事业单位及农村档案管理水平逐步提高。年内双塔北路小学档案室达到山西省档案目标管理三级标准，区城乡居民养老保险管理服务中心达到山西省档案目标管理二级标准。

【档案信息化建设】 2015年，迎泽区档案局加强档案工作数据库建设。采集档案信息，优先发展现行文件全文扫描系统，建立民生档案数据库。完成10万条目录的馆藏档案目录录入工作，专门为婚姻档案、安置档案、知青档案建立电子目录，馆藏档案资料逐步实现计算机检索。区档案局针对查阅招工录用合同档案的群众增多，查阅招工档案不便的情况，对12号全宗劳动局文书档案进行全文扫描，完成全文扫描共计662卷10万余张。

【档案普法宣传】 2015年，迎泽区档案局开展《档案法》《太原市档案管理条例》的宣传学习。在全区举办《档案法》宣传，制作宣传版面、宣传手册及档案馆简介，发放档案宣传资料500余份，向到访人员群众解答疑问、讲解建立档案的重要性和具体操作。 （温 洁）

社会生活

SHE HUI SHENG HUO

民政管理

【概述】 迎泽区民政局机关核定行政编制14名，实有12人。核定工勤人员2名，实有1名，使用事业编制。内设6个科室，即：办公室、优抚安置科、基层政权科、救灾救济科、社会事务科（行政审批科）、区社区建设管理科。下辖8个事业单位：迎泽区社会福利院，编制5人，实有3人；迎泽区郑村革命烈士陵园，编制5人，实有1人；迎泽区福利生产管理办公室，编制6人，实有5人；迎泽区城乡低保中心，编制6人，实有3人；迎泽区慈善会，编制3人，实有3人；迎泽区军队离退休干部管理服务所，编制4人，实有2人；迎泽区社区服务中心，编制38人，实有38人；迎泽区殡葬管理所，编制1人，实有0人。

2015年，太原市迎泽区民政局坚持"惠民生、重管理、强服务"，在全区开展城乡低保规范化管理、民政窗口及岗位服务效能、民政专项资金、婚丧陋俗、社会团体（简称社团）整治和村务公开整治6项民政专项整治工作；推进区政府重点工作和政府惠民实事；强化管理，改进社会救助和社会福利工作；夯实基础，推进社会治理和服务；优化服务，支持和服务国防建设；规范管理，加强专项社会事务服务，推动建设民本民政、法治民政、廉洁民政。迎泽区民政局被山西省民政厅命名"全省养老工作先进县"，被市委、市政府、市警备区评为市级"双拥标兵单位"，被太原市社区建设领导组评为"社区建设工作模范单位"，被太原市民政局评为全市"民政工作模范单位"。

【民政专项整治】 城乡低保规范化管理。2015年，迎泽区民政局建立工作人员近亲属备案制度，强化其依法行政的意识和能力，公开《申请城乡低保流程图》，设立街、居"社会救助"一门式受理窗口，印发《困难群众社会救助服务指南》和《告知单》，将入户调查与社会救助家庭信息核对平台结合，提高低保对象认定准确性。

社团整治。解决领导干部在社团兼任法人、社团占用党政机关办公用房和社团违规使用财政拨款等问题。全区原有社团21家，注销11家，剩余10家，其中：太原市迎泽区党建研究会法人及办公用房和太原市工商迎泽分局个体劳动者协会、太原市工商迎泽分局私营企业协会、太原市工商迎泽分局消费者协会、太原市迎泽区医卫工作者协会4家体制问题未明确。对规范后的社团和民办非企业单位（简称民非）进行年检，92家民非通过年检，新成立民非10家。

民政窗口单位及岗位服务效能整治。整治全区民政系统窗口单位服务意识不强、态度不好、效率不高和能力不够等问题。低保、社团管理、婚姻登记等各窗口单位及岗位进一步规范办事流程，发放办理事项一次性告知单，服务更加热心细心耐心、服务能力提高。

民政专项资金管理整治。对优抚、流浪乞讨人员救助、自主就业退役士兵一次性补助和救灾等资金、福彩公益金进行清查，整理各项民政资金拨付发放和电子档案资料，各街（镇）梳理发放记录和相关文件资料，与区财政对接，摸清资金结余和底数，规范民政资金分配、拨付使用和发放程序。

村务公开整治。联合区纪委、区委组织部等部门对全区各村党务公开和村务公开的11大项42小项工作进行督查，针对发现的村干部公开意识不强，公开不及时，公开内容不全面，公开形式单一，公开形式和公开档案资料管理不规范等问题进行重点督导，及时通报检查结果和整改意见，限期整改。

婚丧陋俗整治。各街（镇）成立红白理事会，整治婚丧嫁娶中的不文明行为。加强宣教，倡导婚事新办、丧事简办，鼓励控规模、降标准，遏制攀比、奢侈浪费。鼓励丧俗改革，不搞封建迷信，不在公共场所搭灵棚、奏乐扰民，不沿街游丧、抛撒纸钱。对党员干部违反规定的，报纪检、监察部门依法依纪查处。

【党风廉政建设】 2015年，迎泽区民政局开展学习讨论落实活动，坚持问题导向，查摆出4方面16个问题，确定6方面18条整改措施及整改时限、具体要求，区民政局上下补钙强身，坚定理想信念，改进工作作风，落实整改行动。加强党风廉政建设，制定并严格执行党风廉政建设主体责任清单和监督责任清单。对区民政局落实党风廉政建设“两个责任”情况进行述责。

【法治民政】 2015年，迎泽区民政局推进“六权制本”，强化法治建设，牢固树立法律红线不能碰，法律底线不能逾越的观念。贯彻落实中央、省、市、区有关规定精神。落实《关于党政主要领导不直接分管部分工作的若干规定（试行）的通知》精神，调整局领导班子分工，科学配置权力，将干部人事、工程建设项目、财务、行政审批和物资采购等权力交各位副局长分管。按照区政府要求，制定《区民政局权力清单》，推进“六五”普法工作，参加市民政局法制征文活动。推进党务公开和政务公开，及时公开党组织的重要事项决定、发展党员、党费收缴等情况以及社会救助、优抚安置信息、慈善捐助和三公经费支出等情况。把握婚姻登记处和低保中心迁入区政务服务中心的契机，充实工作人员，强化人员管理，创优服务环境。开展精神文明创建工作，请学雷锋先进、扶贫济困模范进行事迹宣讲。

民政服务

【婚姻登记工作】 2015年，迎泽区民政局办理结婚登记4519对，离婚1061对，补办结婚证791对，补办离婚证112对，开具无婚姻登记记录证明5658个。从2015年10月起，按照国家统一要求，停止出具无婚姻登记记录证明，实现平稳过渡。

【地名区划和殡葬管理工作】 2015年，迎泽区民政局开展全国第二次地名普查工作宣传发动工作，做好道路命名工作，命名3条道路；加强清明期间文明祭扫宣传管理工作，做好永宁园公墓清明期间的祭扫工作安排和防火工作。

·社会救助·

【“爱心粮”工程与救助活动】 2015年，迎泽区落实“爱心粮”工程和分级实施救急难救助工程。改进“爱心粮”救助发放方式，春节前，按户为低保账户打入“爱心粮”补贴230元，发放2005份，支出46.115万元。制定《迎泽区“救急难”救助工作实施细则（暂行）》（迎民字〔2015〕12号），为6街1镇预拨救急难救助金3万元，各街（镇）可根据情况发放50至1000元的临时救助。2015年，临时救助133户，69.25万元。

城乡困难群众医疗救助提标。执行《区城乡困难群众医疗救助办法》（迎政办发〔2014〕77号）规定，将城乡低保对象、重点优抚对象、见义勇为者、40%救济对象的医疗救助封顶线由3万元提至6万元，全年共医疗救助6398人次，支出238.58万元，其中：城市直接医疗救助197人次，农村70人次，发放救助金182.27万元；资助城乡困难群众参加城市居民基本医保3731人，支出19.05万元；以2015年1季度城乡低保在保人数和农村五保供养人数2394人为基数，按照200元/人·年的标准，为迎泽区6家门诊定点医院拨付36.26万元补足城乡低保对象门诊救助金。

【助老帮孤助残服务】 2015年，迎泽区百岁老人长寿保健津贴由300元/月提高到500元/月，80~99岁低保老人高龄津贴由50元/月提高到100元/月，社会散居孤儿养育金由1000元/月提高到1200元/月。2015年，为23名百岁老人发津贴12.2万元，现有百岁老人20名；为136名80~99岁低保老人发津贴7.48万元，为1381名90~99周年高龄老人津贴70.32万元；新确认社会散居孤儿3名，社会散居孤儿达24名，发放养育金33.48万元。开展困境儿童摸底工作，全区有困境儿童83名（含非迎泽区户籍）。以2015年10月份城乡低保在保人数中1–4级残疾人为基数，为全区低保残疾人901人按每人补贴1000元为标准发放一次性生活补贴90.1万元。

·基层自治组织与社区建设·

【社区惠民工程落实】 2015年，迎泽区开展社区提档升级工作。区政府安排5000万元资金推进社区基础设施建设，制定《社区提档升级项目实施流程》，规范社区提档升级工作。

落实社区惠民实事工程。贯彻执行《迎泽区社区（村）惠民项目管理办法》，加强社区、村惠民项目管理考核，配合区纪委对历年来社区惠民实事工程进行督查，针对存在的实施不规范等问题要求相关街道、社区整改到位。2015年，安排社区（村）惠民项目资金1720万元，确立、完成项目340个。

对符合条件的低保户参加城镇居民医疗保险实行财政全额补贴。区民政局对符合条件的2120名城乡低保对象从医疗救助专项经费中落实参加城镇居民医疗保险和新农合财政全额补贴14.72万元。

【社区工作队伍建设】 2015年，迎泽区民政局开展“领头雁”培训活动，组织村、社区主干，村级后备干部、村第一书记，大学生村（社区）干部围绕创建服务型社区进行培训，观摩万柏林地矿社区和柳巷校尉营社区，提高社区（村）干部的能力和工作积极性。鼓励社区工作者参加社会工作者职业水平考试，提高其专业化水平，全年为110名社会工作师进行初次登记注册和再教育登记工作。注册社区志愿者1720人。

【社区制度建设】 2015年，迎泽区民政局落实《迎泽区社区建设考核管理办法（试行）》《迎泽区社区工作者绩效考核办法（试行）》，初步建立合理客观、注重实效的评价体系和激励机制。

【基层政权建设】 2015年，迎泽区完成28个村的换届选举工作。结合重点村、难点村村情，严格依法选举，保障选民权益，确保村两委换届选举工作顺利完成。

·养老事业·

【社区养老服务】 2015年，迎泽区建成3个社区老年人日间照料中心和9个社区老年餐桌；免费发放“爱心一键通手机”3316部，“爱心一键通”服务覆盖全区城乡60岁以上的老年人。

扶持民办养老机构，在用床位补贴每床由600元/年提高到840元/年。全区各民办养老机构按季度申报，区民政局及时进行实地核查，共发放在用床位补贴22.34万元。

【社会养老机构管理】 2015年，迎泽区民政局加大对市民政局审批的驻区养老机构的安全检查监督力度，会同消防等有关部门对区内各养老机构进行安全工作排查验收，提高各养老机构安全管理水平；加快农村日间照料中心建设。督促建设上年开工的农村日间照料中心，同区财政协调落实建设资金和运费补贴款。2015年，新建占道村、小山沟村、枣园村、店坡村

4家农村老人日间照料中心，下拨建设补助资金12万元（每家3万元）。对建成的9家农村日间照料中心运行情况进行检查，下拨运营补贴资金45万元（每家5万元）。

·防灾减灾·

【防灾减灾】 2015年5月12日，迎泽区开展“防灾减灾”宣传周活动，普及防灾减灾相关法律法规知识；修订完善《迎泽区自然灾害救助应急预案》和预案操作手册，建立易发地和易发时间段风险评估机制，健全应对突发自然灾害紧急救助体系和运行机制，规范紧急救助行为和工作程序。

【综合减灾示范社区建设】 2015年，迎泽区推进综合减灾示范社区创建工作，文庙社区被评为国家级综合减灾示范社区，文庙五龙口三社区等6个社区被评为省级综合减灾示范社区。

·低保福利慈善·

【城乡低保】 2015年，迎泽区民政局审批城乡低保对象18553户次，24907人次。截至年底，城市低保对象1650户、2170人，农村低保对象311户、505人。全年发放低保金1705.81万元（含提标补发资金）。落实全省低保提标，从2005年1月起，全区城乡低保标准提高25元/人·月，提标补发45.08万元。落实低保对象电费补贴，补贴5.55万元。

【慈善活动】 2014年“慈善一日捐”活动以来，迎泽区民政局通过区慈善会募集和接收的善款物资总计80.84万元；通过区慈善会支出和交付善款物资总额68.41万元，救助困难群众1196人（户）次，其中：助医42人次，助学206人次，助困681人次，助孤20人次，临时救助6人次，定向救助241人次。2015年两节期间，开展“慈善促和谐，温暖送万家”主题活动，发放款物35.88万元，救助困难群众762人次；定向捐助逐步品牌化、项目化，推进慈善工作经常、持续、活跃地开展。开展“爱驻夕阳”慈善拍卖和“书送希望”系列活动，区文联、区工商联、学而思培训学校、优社优家电子商务公司、中国能源建设集团山西省电力勘测设计院和全市的爱心群众、艺术家和企业踊跃支持参与；联手共创“慈善+”。与《生活晨报》、易菲服饰联合开展旧衣捐助活动，与团区委、区教育局、各街道（镇）联合开展“慈善阳光希望”定向助学行动，38家爱心单位和个人资助65名寒门学子，支出善款16.05万元；通过长期结对帮扶，将人文关怀和物质援助进行到底，为受助家庭点燃希望。19家单位和个人开展定向捐助活动，捐助款物9.40万元，资助241人（户）次；开展应急赈灾工作。受山西天津商会20家单位和个人委托，向“8·12”天津爆炸事故遇难消防官兵家属捐款1.5万元；按照市慈善会安排，开展血友病援助，迎泽区3名血友病患者各获助0.5万元，慰问抗战老兵3人，发放慰问金0.15万元。推进新媒体宣传，区慈善会腾讯官方微博和微信公众账号全年发布信息99条。

【流浪乞讨人员救助和福利企业管理】 2015年，迎泽区民政局完善流浪乞讨救助设施，规范救助行为，加大救助力度，实施“夏送清凉、冬送温暖”流浪救助行动，为流浪乞讨人员发放冬衣、食品和药品。全年救助92名，发放0.54万元，送1人去市救助站接受救助。迎泽区2家福利企业通过市局、区税务部门年检。与区属福利企业签订安全生产责任书，落实安全工作的要求部署，狠抓安全常态化管理，组织全局干部职工、全区福利企业和社会养老机构进行两次消防知识培训，开展系列安全检查，防止安全事故发生。

·拥军优抚·

【双拥工作】 2015年，迎泽区双拥办发挥军地间的桥梁纽带作用，把国防教育和双拥教育纳入全民教育，扩大双拥教育的覆盖面，增强全民国防观念和社会和谐双拥意识。在全区各中小学开展革命传统教育，在社区设置双拥宣传栏，借助主流媒体，宣传迎泽区双拥优良传统和典型事迹；开展清明公祭革命烈士活动，培育爱国拥军、爱民奉献的良好风尚。加大拥军优属活动力度。发挥民营企业和社区（村）在双拥工作中的生力军作用，做到定服务对象，定服务项目，定服务时间，市、区有关部门及民营企业与全区74户重点优抚对象进行结亲帮扶，帮助其解决实际困难。

“双服务”活动丰富务实。区法院成立涉军维权合议庭，为驻区部队举办法律知识讲座。区计生局为军嫂体检。驻区部队创新“四帮建”活动。支援贫困地区希望工程和新农村示范点建设，参加平安工程和生态工程建设。区人武部民兵应急分队在棚改、防汛、维稳工作中发挥作用。

【优抚安置军休工作】 2015年，迎泽区民政局换发伤残军人证679个，换发烈士证85个。实施重点优抚对象医疗“一站式”即时结算服务，解决其住院难、报销难问题。为符合条件的“两参”人员续签卫生监督员岗位协议。春节期间，为40名特困优抚对象发放慰问金2万元，为重点优抚对象发放粮油等慰问品。全区有优抚对象1047名，其中：在乡老复员军人34名；残疾人员762名；“三属”人员28名；参战参核人员126名；60周岁农村籍退役士兵83人；老烈子14人。全年发放各类优抚金1940.6万元，其中：伤残金1191万元，一次性病故抚恤596万元，“三属”生活补贴41.73万元，在乡复员军人定期定量补助32.67万元，“两参”人员生活补贴48.72万元，老年烈士子女生活补贴3.65万元，60岁农村籍退役士兵生活补贴26.83万元。

【退伍人员安置】 2015年，迎泽区推进以自谋职业为主的退伍安置工作。接收2014年底退役士兵207人，接收2015年退役士兵119人，72人参加自主就业退伍士兵职业技术培训；办理自谋职业22人，发放一次性自谋职业金107万元，安置12人；完成第6批无军籍退休退职职工接收安置工作，新办理手续接收25人；提高无军籍退休职工退休金，办理4人病故抚恤。2015年，全区有无军籍退休职工506人。迎泽区民政局2015年发布优抚对象和优待抚恤金明细表。优抚在乡老复员军人34人，发放32.3万元；残疾人员773人，发放1191万元；三属人员30人，发放41.7万元；两参人员122人，发放48.7万元；60周岁农村籍退役士兵83人，发放8.8万元）；老烈子14人，发放3.65万元；总计1056人，发放1326.15万元。

（王小东）

人力资源

【概述】 2015年，迎泽区人力资源和社会保障局，行政编制15名，工勤编制2名，实有机关行政人员14名，工勤人员2名。机构规格为正科级，设5个内设科室：办公室、公务员管理科、事业单位管理科、劳动就业指导科、工资福利保险科。

区人社局所属事业单位共16个：区劳动就业管理中心，全额事业编制20人，实有13人，机构规格为正科级。区劳动保障监察执法队，全额事业编制11人，实有11人，机构规格为副科级。区失业保险中心，参照公务员管理事业单位编制13人，实有10人，机构规格为副科级。区城镇职工基本医疗保险中心（挂太原市迎泽区城乡居民养老保险管理服务中心牌子），全额事业编制11人，实有6人，机构规格为副科级。区机关事业单位社会保险所，参照公务员管理事业单位编制3人，实有3人，机构规格为副科级。区社会保险中心，参照公务员管理事业单位编制16人，实有14人，机构规格为副科级。区人才交流服务中心，全额事业编制3人，实有5人，机构规格为副科级。柳巷、庙前、文庙、桥东、迎泽、老军营劳动保障所，全额事业编制各2人；郝庄劳动保障所，全额事业编制3人。区人才市场，自收自支事业编制3人，实有1人；区职业介绍服务中心，自收自支事业编制5人，实有4人。

2015年，迎泽区创建经济发展和扩大就业联动机制，落实创业优惠扶持政策，统筹抓好高校毕业生、农村转移劳动力等群体的就业工作，城镇新增就业1.92万人。加大低收入人群保障投入，对符合条件的低保户、重度残疾人参加城镇居民医疗保险实行财政全额补贴。对全区城镇居民医疗保险中心参保的城镇低保户1243人、重度残疾人2143人实行财政全额补助。落实县以下机关公务员职务职级并行制度和待遇挂钩制度，完成符合《关于县以下机关建立公务员职务与职级并行制度的实施方案》晋升职级条件的200余名工作人员的工资待遇。依据《关于乡镇机关事业单位工作人员实行乡镇工作补贴的实施意见》，完成郝庄镇政府机关事业单位工作人员的乡镇补贴工作。

【迎泽区农村社会保险中心更名】 根据太原市迎泽区机构编制委员会办公室《关于太原市迎泽区农村社保保险中心更名及迎泽区城镇职工基本医疗中心增加编制的通

知》（迎编发〔2015〕3号），太原市迎泽区人力资源和社会保障局下属事业单位迎泽区机关事业单位社会保险所加挂的迎泽区农村社会保险中心，更名为太原市迎泽区城乡居民养老保险管理服务中心；更名后的太原市迎泽区城乡居民养老保险管理服务中心加挂到太原市迎泽区城镇职工基本医疗保险中心，原迎泽区机关事业单位社会保险所不再加挂。

【就业服务】 2015年，迎泽区城镇新增就业人数19048人，完成年计划的101.32%；创业就业人数3969人，完成年计划的105.56%；失业再就业人数7487人，完成年计划的101.18%；转移农村劳动力人数306人，完成目标任务的102%；城镇登记失业率3.43%，控制在4%以内。

【人事人才工作】 2015年，迎泽区人力资源和社会保障局完成18名高级专业技术人才职称评审推荐，214名中小学高级、一级、二级教师职称聘任工作，以及全区机关事业单位66名工人的技术等级报名审核工作。对全区3200余名专业技术人员进行“心理健康与调试”公需课程培训、年度考核。

全年培养技能人才1135人，完成年计划的100%；新增高技能人才70人，完成年计划100%；创业培训人数300人，完成年计划的100%；城镇失业人员再就业培训1838人，完成年任务的122.53%；农村劳动力技能培训1785人，完成年计划的119%；新成长劳动力培训1020人，完成年计划的102%。

区人社局配合相关部门，对全区各级机关、事业单位工作人员无故缺勤、长期不上班、擅自离岗、“吃空饷”等情况进行清查。会同区委组织部完成全区机关、事业单位2014年度考核工作，共审批公务员和参照公务员管理单位74个671人。其中优秀117人，称职（合格）546人，不称职（合格）1人，不定等次7人，未参加考核6人；审批事业单位137个，合计4006人，其中优秀591人，称职（合格）3316人，基本称职（合格）32人，不称职（合格）1人，不确定等次66人，未参加考核82人。

【劳动关系保障】 2015年，迎泽区人力资源和社会保障局授权由街道和社区劳动保障平台承担网格内用人单位劳动用工情况的综合管理工作，共设置7个二级网格（六街一镇），114个三级网格（86个社区、28个行政村）。劳动监察采集用人单位信息户数7993户，提高处置突发事件的能力。全年受理投诉举报案件539件，涉及劳动者2530人次，结案530件，结案率98%，及时录入案件信息，录入率98%，案卷抽检评查合格率达90%以上，为劳动者讨回工资、押金4342万余元。其中建筑企业案件160件，涉及农民工1595人，追回工资3816万余元。发放农民工工资支付卡1360本，农民工维权公示牌32块，落实应急周转金300万元，预存农民工工资保证金48万元。受理劳动仲裁案件193件，结案率达95%以上。（李　宁）

社会保障

【养老保险工作】 2015年，迎泽区城镇基本养老保险参保人数74981人，完成年计划的100.08%；基金征缴收入31960.37万元，完成年计划的135.01%。其中，城镇职工基本养老保险参保人数48326人，完成年计划的100.01%；基金征缴收入30840万元，完成年计划的131.72%。机关事业单位养老保险参保人数2591人，完成年计划的100.04%，基金征缴收入2416万元，完成年计划的107.38%。城乡居民养老保险参保人数26655人，完成年计划的100.21%，基金征缴收入1120.37万元，完成年计划的430.91%。完成城乡居民养老保险基础养老金待遇调整工作，每人每月由155元提高到170元。

【医疗保险工作】 2015年，迎泽区城镇居民医疗保险参保人数156900人，完成年计划的108.21%。为城镇低保对象和残疾人全额补助基本医保，城镇居民医疗保险补助低保对象1362人，补助金额70240元；补助残疾人2056人，补助金额262649元，两项共补助332889元。参保居民个人不再缴纳大病医疗保险。

【失业保险工作】 2015年，迎泽区失业保险参保人数17241人，完成年计划的114.94%，基金征缴收入完成1342万元，完成年计划的178.93%。

【工伤和生育保险工作】 2015年，迎泽区工伤和生育保险参保人数分别为21844人，完成年计划的129.79%；基金征缴收入分别完成529万元和662万元，完成年计划的242.66%和509.23%。 （李　宁）

残疾人

【扶危济困工作】 2015年，迎泽区残联落实山西省政府对一级重度残疾人发放护理补贴（或生活补贴）的政策，“两项补贴”由2014年每人每年480元提高到每人每年600元。全年为955名重度残疾人发放“两补金”总计571400元。区残联为户口在迎泽区并持有迎泽区发放第二代残疾证的2055名重残人员缴纳城镇重残人员大病补充保险。推进残疾人康复工作，区残联为辖区内85名贫困精神病残疾人免费提供药物救助，为14名精神病人提供免费住院治疗。助残日活动期间，为180名贫困残疾人集中发放轮椅、凳式手杖、铝合金掖杖、助行器等辅助器具；为200名残疾人发放市图书馆的电子图书卡；区残联编写《残疾人工作手册》《残疾康复知识问答》和《残疾预防知识问答》等4000余册并下发到残疾人手。落实太原市政府关于为残疾人办理助残乘车卡活动，共为2510名残疾人办理助残乘车卡。

【低保残疾人家庭无障碍设施改造】 2015年，迎泽区残联为低保残疾人家庭进行无障碍改造30户。从基层入手，以社区为单位，逐户调查，了解每位残疾人的具体情况，针对残疾人的具体需求进行改造，项目主要有：安装安全扶手、配置残疾人坐便器具、低位橱柜、伸缩晾衣架、闪光门铃等设施。全区残疾人低保家庭无障碍设施实现全覆盖。

【城镇贫困残疾人家庭室内维修】 2015年，迎泽区残联完成对城镇13户贫困残疾人家庭的室内维修。针对残疾人的具体需求对其房屋进行维修，主要包括：加固、墙壁粉饰、铺地、修理门窗等。

【金秋助学项目】 2015年，迎泽区残联对该年考入高中、大专及本科院校的残疾人子女和残疾学生进行一次性救助，救助金额：高中1000元、大专3500元、本科4500元；针对双残家庭中正在上大专及本科院校的残疾人子女和残疾学生进行持续救助，救助金额同上。全年共为69名学生发放助学金204000元。

【学习讨论落实活动】 2015年，迎泽区残联以“为民务实清廉”为主题，开展学习讨论落实活动，进行专项整治，主要有4项：坚决整治门难进、脸难看、事难办，群众意识不强和纪律松弛等问题；坚决整治公款送礼、公款吃喝、奢侈浪费问题；坚决整治办公用房、公务用车配备管理使用中的违规违纪问题；坚决整治“三公”经费超支、滥发钱物等问题。

【党风廉政建设】 2015年，迎泽区残联以“为残疾人服务”为主题，贯彻落实关于反腐倡廉建设的决策部署和要求，落实中央“八项规定”。在党风廉政建设中结合残联自身实际开展工作，作风建设取得新成效。专项清理工作成效显著。精简会议和文件，改进文风会风，会议以短会为主。从严执行公务接待规定，2015年残联没有产生公务接待费。在用车方面严格按照《公车管理制度制度》执行。完善《迎泽区残联规范权力运行制度》，共计19项制度。服务保障民生能力有效提升。

（逯慧　强玉梅）

老年人

【概述】 迎泽区老龄办为正科级参公事业单位。编制5人，实有4人。主要职能：以老有所养、老有所医、老有所为、老有所学、老有所乐为目标，推进迎泽区老龄事业发展；协调和指导全区老年工作，调查研究，提出合理化建议，做好区委、区政府的参谋；做好老年优待证的审批发放工作。

【“敬老文明号”】 2015年，迎泽区老龄办组织学习“敬老文明号”创建活动的相关文件，对创建工作的具体目标、阶段安排、工作标准和任务要求进行安排部署，成立办公室主任平庆如任组长的“敬老文明号”创建工作领导小组，开展以敬老为主题的宣传活动，贯彻落实《老年法》，维护老年人合法权益。2015年，区老龄办推荐柳巷街道办事处的校尉营社区、桥东街道办事处的并四社区、郝庄镇的朝阳三社区三个社区为太原市“敬老文明号”单位。

【老龄宣传】 2015年，迎泽区老龄办围绕“为老服务”主题，进行惠老政策宣传、老年优待政策宣传、《中华人民共和国老年人权益保障法》宣传。截至12月底，在国家、省、市各类媒体发表有关迎泽区老年人的报道814篇。向市老龄办报送老龄工作信息82条。

【“银龄安康”宣传】 2015年7月21日，按照太原市老龄办要求，迎泽区老龄办召开基层老龄工作暨意外伤害险知识培训会。会上，人寿公司的工作人员给各办事处工作人员讲解老年人意外伤害险的风险保障和社会管理职能。各社区开展老年法和意外伤害险宣传咨询服务活动。区老龄办印发意外伤害险宣传资料及22857份老年人意外伤害险的通告下发到各社区。全区办理老年意外险人数6万余人。

【“敬老月”活动】 2015年，迎泽区老龄办开展以“贯彻老年法，造福老年人”为主题的“敬老月”活动。全区193支老年活动队伍及各社区志愿服务队伍，全部开展文化体育走访慰问活动，参加各类活动的人数约2万余人（次）。区老龄办及各街道办事处、镇、社区、村老龄工作人员走访和慰问高龄、特困、空巢、病弱老人，达1550人（次）。不少志愿者采取为老人免费理发、打扫卫生等方式开展志愿服务共计1200余人（次）。

【重阳节慰问】 2015年，迎泽区老龄办对22位百岁老人进行慰问，总金额2.2万元。对436特困老年人每人发放300元慰问金，总金额13.08万元。对141名抗战老兵每人发放500元慰问金，总金额7.05万元。为全区12名99岁老人各发放500元慰问金，总金额0.6万元。 （平庆如）

民族　宗教

【概述】 迎泽区作为太原市三大宗教活动场所的集散地，主要包括佛教、伊斯兰教、基督教三大宗教，据统计，驻区有省、市、区8个宗教团体、8个宗教活动场所、18个宗教活动处所，其中有省佛教协会所在地文瀛公园、市佛教协会所在地白云寺、省市伊斯兰教协会所在地清真古寺、省市基督教“两会”所在地桥头街基督教堂；全区有教职人员50人，信教群众4万余人；具有清真饮食习惯的回族、维吾尔族、哈萨克族等少数民族6500多人，外来少数民族流动人口约682人，从事清真食品生产经营单位100多户。

2015年，迎泽区民族宗教局健全完善区、街道（镇）、社区（村）三级网络两级责任工作机制，由区民族宗教局、六街一镇、社区（村）组成约122人的工作队伍，形成街道（镇）党委、分管副主任齐抓共管的工作格局，推进安全维稳工作横向到边、纵向到底。全区民族宗教工作围绕“以各民族共同团结奋斗、共同繁荣发展”为主题，以加强和创新宗教事务管理为主线，以“三个着力”“三个提升”为工作目标，开展系列活动，完成各项目标任务。

开展专题学习、集中培训、巡回宣讲、知识竞赛等活动，提高全区民族宗教干部的依法管理能力，提升基层工作水平；开展少数民族惠民工程、民族文化展演、访贫济困等活动，加大民族团结进步工作创建力度，使得“重在平时、重在交心”嵌入式的管理模式与社区网格化服务有机结合；开展和谐寺观教堂的创建、讲经交流、慈善周、法规宣传月等活动，提高各宗教场所和教职人员自身建设的制度化、规范化、常态化。

【民族宗教知识学习宣传活动】 2015年，迎泽区民族宗教局在全区民族宗教界、基层民族宗教干部和广大信教群众中，开展贯彻党的十八届四中、五中全会精神、中央民族工作会议精神的学习教育活动，通过组建宣讲团、知识竞赛，开设宣传栏，发放《穆民通讯》报纸等形式，开展民族宗教政策法规、民族知识进机关、进街道、进社区、进寺院、进企业系列活动；举办讲座5次，参加人员500人次，印制民族宗教知识宣传资料2万余份，民族宗教干部工作能力和素质得到提升。

【民族宗教工作“两个责任”落实】 2015年，迎泽区民族宗教局把党风廉政建设“两个责任”纳入全局工作的总体布局，对照新修订的《中国共产党廉洁自律准则》和《中国共产党纪律处分条例》，严格落实党风廉政主体责任的部署要求，履行“一岗双责”，强化领导班子及成员的责任意识。廉洁从政，率先垂范，严格执行民主集中制、党内组织生活制度和请示报告制度。讲规矩、守纪律，把维护党的政治纪律、组织纪律放在首位，增强党性原则和宗旨意识。加强党员干部的组织管理和教育监督，营造团结、和谐、向上的民族宗教工作氛围。强化服务。推进作风建设制度化，以开展班子成员联系信教群众活动为契机，落实中央八项规定精神，严格按照“为民务实清廉”要求，转变作风，提高民族宗教工作的服务能力和水平。

·民　族·

【民族团结活动】 2015年，迎泽区民族宗教局开展民族团结进步创建活动。在少数民族重要节日期间，组织开展座谈联谊、走访慰问、帮扶共建、民族和谐饺子宴、民族文化展演等活动，促进各族群众“交往、交流、交融”；打造庙前街道南海一社区、南海二社区、柳巷街办开南社区民族团结工作模式，以点带面推进全区22个少数民族聚集社区对少数民族群众的服务与管理，开斋节期间，组织街道、社区（村）民族宗教干部对回族少数民族贫困人员、乡老、哈吉等穆斯林群众进行慰问，为300户青海兰州拉面馆送去2016年伊历；为阿富汗中医班穆斯林学员送去《山西剪纸》《清真寺风采台历》；在清真古寺举办“谨守中道、同促发展、共圆中国梦，回顾清真寺风采摄影展”活动。

【穆报编辑部重组】 2015年12月初，迎泽区民族宗教局完成对太原穆报编辑部的组织重组工作，吸纳哈吉、乡佬、阿訇、清真食品经营企业代表参与，拓展言论渠道，完善编辑部工作规范。开展太原穆报“五进”（进机关、进街道、进社区、进学校、进企业）宣传，定期为广大穆民发放穆报，做到辖区全覆盖。

【清真食品市场监管】 2015年，迎泽区民族宗教局将清真食品监管纳入全年依法行政工作的重要内容，在元旦、春节、中秋和国庆等重要节日，与工商、食药监局、市伊协开展清真食品市场联合执法检查；制定《清真食品义务监督员管理办法（试行）》《清真食品义务监督员工作手册》《清真食品市场监督工作记录本》《清真经营审批意见书》，确保清真食品市场安全有序。出动检查人员80人次，处置违规经营行为3起；审批发放清真标牌3户。

·宗　教·

【佛教文化寺庙创建活动】　2015年，迎泽区民族宗教局以“教风年”为主题，与区文化局共同举办“清净和谐、知恩感恩”佛教文化寺庙创建活动。规范场所内部管理、加强场所制度建设，开展弘法利生、公益慈善、文化交流活动。期间，为寺院创建活动解决资金5万元，用于讲经交流、僧人安居、课堂维修。

【讲经说法、政策法规宣传和社会公益活动】　2015年，迎泽区民族宗教局组织各宗教场所开展讲经说法、政策法规宣传月和慈善献爱心活动，通过培训、学习、交流，扶贫济困等方式，捐款捐物5万元。在公益慈善活动方面，组织佛教、伊斯兰教、基督教三大教派开展以“弘扬公益慈善”为主题的慰问、义诊，伊斯兰教邀请省市专家、大夫为少数民族贫困户和其他民族群众共计100余人进行义诊活动；基督两会到敬老院、贫困家庭送温暖、送祝福。

【宗教场所安全应急管理】　2015年，迎泽区民族宗教局落实安全工作制度，强化场所应急管理。完善《迎泽区处置民族宗教领域突发事件安全工作预案》，指导迎泽区桥头街基督教堂、太原伊斯兰教活动场所清真古寺制定宗教活动期间安全工作预案，与各宗教活动场所安全第一责任人签订“安全目标管理责任书”，在各宗教场所实行安全基本台账登记制度，敏感节点和重大节日每日零报告制度；加强与公安、安全、行政执法等部门的联动机制，避免群体性、突发性事件的发生。　（庞　洁）

红十字会

【红十字会工作】　2015年，迎泽区区直各机关、党委、中小学校等124个团体和个人参加捐款，捐款金额184883元。开展“红十字博爱送万家”活动，送出价值92060元的慰问物品和慰问金。惠及580多位孤寡老人、残疾人；对文庙街道办事处的3户困难户进行走访慰问，为他们带去救助物资和救助金。红十字会开展“博爱一日捐”募捐活动。　（李　博）

街　道（镇）

JIE　DAO（ZHEN）

迎泽街道

【概述】　迎泽街道办事处位于太原市中心地段，住址双塔西街39号。街道所辖范围北起迎泽大街，南至南内环街，西起新建南路，东至并州路，辖区面积4.8平方千米，常驻人口2.9万户，12万余人，县级以上驻地单位108个，是太原市科研、文化和群众集会活动的中心。第三次全国经济普查中，迎泽地区共普查单位1381个，其中法人单位1049个，产业活动单位332个。另有个体经营户2581个。

2015年，街道办事处内设18个职能科室：党工委办公室、纪检监察办公室、武装部、工会、团委、妇联、社会治安综合治理办公室、人大工委办公室、政协联络办公室、行政办公室、社区服务中心、经济服务中心、城建城管服务中心、计划生育服务中心、文体服务中心、低保和社会劳动保障事务所、交通安全委员会办公室、环卫所。办事处为正科建制，有公务员15名，机关工人2名，事业干部及工人35名。街道辖15个社区；在职142人，其中社区干部84人，社工56人，大学生村官2人。下属单位有迎泽劳动服务公司，为自收自支的事业单位，有职工11名。

【经济工作】　2015年，迎泽街道社会消费品零售完成20亿元，完成年计划的80%；建筑业总产值完成31.65亿元，完成年计划的81.11%；固定资产投资完成19.5亿元，完成年计划的60.3%。“六位一体”重点工程落地项目中，安天滨河国际项目、奥龙湾小区项目、供电局110千伏线路工程全部完成。

【城市管理】　2015年，迎泽街道办事处完成南沙河快速路道路改造房屋征收工作，共计征收房屋668套，面积32465.8平方米。完成青年东街棚户区改造房屋拆除工作，共计征收房屋1228套，面积69010.2平方米。经协调青年东街开工建设房屋1060套。

严格依法依规执法，开展不作为乱作为专项整治，区域环境秩序明显改善。全年累计开展集中整治130次，整治占道经营、伸出门店外经营30000余处，取缔露天烧烤300余处，暂扣经营工具、物品5500多件（其中三轮车、手推车、自行车共计500辆）。清除建筑墙体、玻璃门窗张贴的各类广告3000余个，清理乱设广告牌匾2600处，清理各类条幅600条，清理喷涂广告、小广告80000余处。

引深城乡清洁工程。通过发放资料、悬挂条幅等方式开展环卫宣传。加大垃圾清运力度，清理建筑垃圾226车，混合垃圾120车。处理数字化案卷7000余件，“12319”案件800余件，“12345”案件300余件，处理辖区单位、社区和居民反映的问题300余件，结案率100%。补签门前三包协议1500余份。

【民生保障】 2015年，迎泽街道办事处实施积极的就业政策，城镇新增就业人数2875人，下岗失业人员就业人数1178人，就业困难人员就业人数266人。城镇居民养老人数1000人，实际缴费人数808人，领取人数968人，比例为80.8%。认定就业困难人员66人。办理就业困难人员灵活就业补贴102人。举办三场招聘会，为各社区提供300多个放心岗位，组织200多名下岗失业人员参加，其中20多人与单位达成协议。

截至四季度，迎泽街道有低保户225户305人，发放低保金205万多元，实现动态管理下的应保尽保。为214户低保户发放供热补贴149800元，为住房困难居民45户87人申报廉租住房补贴金，做好53名未参保集体企业人员的日常服务和管理工作。开展社会救助，为 24名身患疾病的贫困居民发放救助金187232元；为2户困难家庭发放临时救助5000元；为11名贫困家庭发放临时医疗救助60370元，为2名低保户提供700余元的救急难的救助。

【社区服务】 2015年，迎泽街道办事处推进社区惠民资金项目，按照“五征四议两公开”原则，确立惠民项目63项。推行社区网格化“三进一巡、四问四看”工作法、网格巡查制度，推进双西一社区、双西二社区学习型社区创建。实施社区基础设施提档升级全覆盖，除并州路二社区列入片区改造外，南内环一、南内环四、双西一、双西三四个社区全部进行提档升级。

关爱弱势群体，春节期间对182名伤残军人和重点优抚对象进行慰问，对工龄30年以上退养贫困干部进行慰问。年初慰问60名特困残疾人，发放慰问金12000元；中秋慰问45名特困残疾人和15名联络员。发放慰问金13500元和15份米面油。重阳节慰问60名特困老人，发放慰问金18000元；慰问抗日老战士15名，发放慰问金7500元。发放老年爱心一键通手机750余部。

【计生工作】 2015年，迎泽街道办事处完善计生各项制度，严格实行计划生育政务公开制度、佩证上岗制度、服务承诺制度、一次性告知制度、限时办证制度、社区代办服务制度，方便群众，服务群众。开展人口计生惠民工作，优质服务进万家，对流动人口实施“十免费”服务。开展计生宣传服务活动，发放宣传品4万份以上。截至2015年9月30日，地区总人口120306人，育龄妇女26683人，已婚育龄妇女18762人，出生729人，性别比94.9:100，人口自然增长率保持在4.5‰。全年征收社会抚养费13户40360万元。办理生育服务证516个，独生子女证535个，再生育服务证142个。

【安全生产】 2015年，迎泽街道办事处开展安全生产大检查。针对“两节”“两会”等特殊敏感时段特点，突出重点行业、重点企业，全面排查治理各类安全隐患，做到安全检查“全覆盖”。排查单位1891家，发现隐患320处，整改31处，限期整改289处。

开展安全宣传。强化企业安全生产主体责任，与辖区企业签订目标责任书138家，签订承诺书1617家，对辖区内企业落实安全生产主体责任进行监督检查。开展新《安全生产法》的宣传，发放宣传资料15000余份。

推进“打非治违”专项整治，完善应急预案，开展消防应急疏散演练活动8次。对辖区内的危化、人员密集型企业和冶金工贸等20余家企业进行应急预案检查，要求企业制定有针对性的预案和定期开展应急演练。

【社会治安综合治理】 2015年，迎泽街道办事处推进平安创建工作，开展平安社区、平安单位、平安商场、平安校园、平安家庭创建。加强社会治安防控体系建设，15个社区治安联防小组不定期开展巡查巡防，在重大时间节点组织平安志愿者轮流巡逻，维护地方治安秩序。推进网格化管理服务，15个社区135个网格长每日上报网格信息，到10月底网格信息上报共14895条，结案率达90%。

开展矛盾纠纷及安全防范排查，安全排查1891家，发现隐患320处，整改31处，限期整改289处。排查矛盾纠纷138余件，调处127件，调处率92%。开展“一社区一警”活动和联系走访活动，全面了解各类重点人员的具体情况，实时掌握其行踪和思想动态，做到各类重点人员底数清，情况明。

开展普法宣传、法律服务、法律援助工作。开展法制大讲堂讲座15场，法制宣传活动6场，建立南二教育局宿舍、青三邮电大院2个法制文化大院。为社区配备法律书籍，建立法律图书角。组织太原市公证处与15个社区签约，组织律师与15个社区签约，为社区居民提供法律服务。开展人民调解，截至11月，共调解纠纷139起，成功137起，成功率98%。防止群体上访6起，防止“民转刑”1起。

社区矫正及安置帮教工作。每个服刑人员建一个日常管理工作档案。共组织9次集中学习教育，402人次个别谈话，入户走访119人次，对6名服刑人员进行心理矫正辅导。截至11月底，新接受社区服刑人员22名，解除矫正17名，1人因重新违法犯罪收监在押。在册管理33名。严管3人，普管5人，宽管25人。

【获奖情况】 2015年，迎泽街道办获奖情况：1月，被太原市警备区授予“2014年度先进基层武装部”称号；6月，被市委宣传部授予太原市委宣传部2014年度“好舆情信息奖”。

各社区获奖情况。解南一社区：1月，获国家民政部授予国家级荣誉称号“全国和谐社区建设示范社区”；6月，被中国木兰拳暨民族传统文化国际大赛组织委员会授予国家级奖项“江西宜春中国木兰拳暨民族传统文化展示国际大赛木兰拳类团体金奖”；9月，被山西广播电视台公共频道授予“谁是高手欢乐斗地主社区挑战赛三等奖”；11月，被迎泽区文化局授予“2015年第三届木兰拳（剑、扇）比赛二等奖”，被太原市体育局、太原市体育总会、太原市老年人体育协会授予“太原市第九届老年人运动会暨第二届老年健身节木兰拳（剑、扇）赛　一等奖”；获2015年迎泽区首届空竹比赛一等奖；参加2015年度太原市园林局组织的纪念林植树活动。双二社区：5月，被团省委授予“五四红旗团支部”称号。南三社区，11月，被太原市体育局、太原市体育总会、太原市老年人体育协会授予“太原市第九届老年人运动会暨第二届老年健身节木兰拳（剑、扇）赛　二等奖”。青二社区：11月，被迎泽区文化局授予“2015年第三届木兰拳（剑、扇）比赛一等奖”。并三社区：11月，被迎泽区文化局授予“2015年第三届木兰拳（剑、扇）比赛三等奖”。

【思想政治建设】　2015年1月12日，迎泽街道党工委召开学习讨论落实活动专题讨论会。街道党工委书记田华主持会议，区委第七督导组组长白志勇、副组长闫志慧参加讨论会，并进行总结点评，对下一步活动的深入开展提出指导意见。1月20日，迎泽街道举办学习讨论落实活动学习大讲堂。街道全体机关干部、社区支部班子成员共100余人参加学习。特邀山西省委党校哲学部教授白苏太以“传承中华传统美德”为主题，从如何继承和弘扬中华传统美德、促进公民道德素质的提高、社会文明程度的提高三个方面进行讲解。11月27日，迎泽街道召开“三严三实”专题教育安排部署会，街道各科室、执法中队、各社区工作人员参加会议，会议由街道办事处主任高宪强主持。会上，书记田华强调思想上高度重视；明确专题整治目标任务，解决基层干部不作为、乱作为问题，找出问题，认真落实。

【一村（社区）一法律顾问工作落实】　为贯彻落实《太原市司法局关于在全市开展一村（社区）一法律顾问工作的实施意见》以及《太原市迎泽区司法局关于在全区开展一社区（村）一法律顾问工作实施方案》的具体要求，2015年5月29日，迎泽街道举办“太原市迎泽区司法局关于一村（社区）一法律顾问”签约仪式。参会人数100人，迎泽区司法局局长王少骏及迎泽街道办主任高宪强讲话，各社区与法律顾问当场签订《一村一法律顾问律师进村居服务协议书》。

【“两代表一委员”进社区活动】　2015年6月26日上午，迎泽街道15个社区陆续开展“沟通零距离，服务面对面”的“两代表一委员”进社区活动。活动邀请党代表、人大代表和政协委员到现场接待群众，听民意、解民忧。活动期间共接待居民群众200余人。

【社区司法服务活动】 2015年11月6日，迎泽区司法局举办“2015年度全区社区、村干部人民调解、社区矫正、安置帮教工作培训”知识讲座。参会人员400余人。

（赵 罡）

桥东街道

【概述】 2015年，迎泽区桥东街道办事处下设科室：计生办、社管办、政协办、社会救助室、财务室、行政办、交安委、组宣、妇联、人大办公室、纪工委、团委室、党委办、经济办、安监办、环卫所、数字化城管、工会、综治办、司法所。有公务员编制15人，实有17人，其中正科级编制3人，实有7人；副科级编制10人，实有9人；机关工勤编制2人，实有1人。有事业编制51人，实有38人，其中副科4人，科级以下实有29人；事业工勤编制7人，实有5人。

2015年，桥东街办为企业在桥东地区生根发展创造良好条件和经营氛围。完成南沙河沿线及棚户区改造工程和建设南路的拆迁改造工程。发挥数字化平台效能，加强市容执法和城区清洁力度，城市管理工作取得新突破。重视安全生产工作，落实安全生产各项规章制度，有效防范安全生产事故发生，建设平安桥东。推进居家养老服务。

【经济指标】 2015年，桥东街道规模以上工业总产值全年总计划522154万元，1~11月完成450071.6万元，完成率86.2%；固定资产投资全年总计划249100万元（调整后），1~11月完成258293万元，完成率103.7%；建筑业总产值全年总计划149691万元，前三季度完成66394万元，完成率44.4%；批发零售业销售额全年总计划1610599万元（调整后），1~9月完成1235781万元，完成率76.7%；住宿餐饮业营业额全年总计划53349万元，1~9月实际完成37663万元，完成率70.6%;；社会消费品零售总额全年总计划709692万元，1~11月完成711251.3万元，完成率100.2%。

【城市综合治理】 2015年，桥东街道办事处围绕建设“一流现代宜居城市”目标，完善城市管理长效机制。推进数字化城市管理，升级智慧城市管理系统，加强平台操作员精细化业务培训。2015年，数字化城管做到“件件有记录，件件有回音，件件有落实”。全年受理案卷35000件，其中环卫接件9000件，执法接件26000件，办结率100%；12319接件12300件，结案率100%,；12345办理情况1600件，办结率100%；总值班室交办98件，办结率100%。

2015年，全区推进城乡清洁工程。街办共清理卫生死角9536处，规范杂物2850处，清理生活垃圾6600吨，清理建筑垃圾

8.5 万吨，清理混合垃圾 4520 吨；参加人员 6.3 万人次，出动车辆 8530 台次。

2015 年，街办制定防汛减灾实施预案，对辖区所有的危房、排水不畅地段等进行摸底排查。组建抢险队、突击队、医疗队，实行汛期 24 小时值班制度，落实各项度汛和应急抢险措施，实现辖区防汛安全零事故。

【行政执法】 2015 年，桥东中队全体执法人员放弃节假日休息，加班加点工作，采用机动灵活的工作方法，进行集中整顿。共拆除大型违章广告 1325 平方米，清理违章小广告 136712 处，取缔无证摊点 3386 处，整顿明火及烧烤摊点 92 处，夜市摊点 36 处，教育人数达 39360 人次，罚款 5 万余元。立案查处违章件 70 件，"伸舌头"经营 1800 个。

【社会保障】 2015 年，桥东街道办事处社区惠民项目立项 92 项；完成"全国社区教育示范街道"申报工作。新增就业 3301 人，失业人员再就业 1332 人，其中就业困难人员再就业 362 人，创业就业人数 588 人，认定就业困难人员 120 人，城镇失业人员再就业培训人数 139 人，自主创业 77 人，办理就业失业登记证 138 个，年检就业失业登记证 442 个。审核低保户 1192 户 1622 人，发放低保金 2671386 元，为未参保集体企业退休人员 45 人发放生活补贴 272700 元，审核上报廉租房 32 户，医疗救助 34 人，临时救助 22 人，街道办事处应急应难救助 5 人。

【计划生育】 2015 年，桥东街道办事处落实计划生育法定职责，强化流动人口计划生育管理和服务，开展"三晋康家"工程和创建幸福家庭活动，加强计生工作队伍和信息化建设，辖区计生工作稳步发展。

截至 9 月底，桥东地区总人口 124739 人，其中已婚育龄妇女 23189 人，出生 971 人（其中男 512 人，女 459 人），符合政策生育率 92.2%，人口自然增长率 5.99‰，综合节育率 87.29%。流动人口 5646 人，其中已婚育龄妇女 1415 人。开展"一站式"服务，办理生育服务证 532 个、独生子女父母光荣证 472 个、受理再生育服务证 108 个（其中单独二孩 92 个）。落实"单独两孩"政策，严格控制政策外生育。开展严肃查处党员干部违法生育行为专项活动。在评先、评优中，严格进行计划生育审查，对不符合要求的单位和个人实行"一票否决"制度。对 17 名个人、8 个单位进行计划生育审查。与 19 个社区，54 个驻地单位签订人口和计划生育目标责任书。

【调解与社区矫正】 2015 年，桥东街道办事处坚持以"社会矛盾化解、社会管理创新、公正廉洁执法为核心"，开展普法宣传、人民调解、社区矫正及安置帮教工作。围绕"法律八进"，开展普法宣传工作。到社区、单位、学校开展法律大讲堂 25 场。发放法律书籍及资料 7000 余份，宣传《宪法》《社区矫正法》《老年人权益保障法》《未成年人保护法》。开展人民调解工作。街居两级调委会共调解 456 件，调解成功率 98.2%。截至 11 月底，新接收社区服刑人员 26 人，解除矫正 26 人。在册管理刑释人员 109 人，在册管理的社区服刑人员 45 人，其中，暂予监外执行 3 人，缓刑 42 人，无 1 人脱管、漏管和重新犯罪。

【安全生产】 2015 年，桥东街道办事处贯彻落实区四届五次党代会精神和“党政同责、一岗双责、齐抓共管”的安全生产责任体系，树立红线意识和底线思维，落实安全生产“两个主体责任”，完善安全生产责任测评体系，提高安全生产监管标准化水平。

全年出动检查人员 1120 人次，检查各类生产经营单位 1220 余个，各类楼院 100 多个，发现问题 1290 个，现场整改 1280 个，限期整改 10 个。处理各类安全生产隐患举报件 62 件，全部按期完成整改。对昆烟山西公司、迪爱生油墨公司、太原轻型汽车厂 3 家粉尘防暴企业单位进行检查；对东方红、5 家美特好、迪爱生（太原）油墨公司、昆烟山西公司、振华气压机厂等 9 家冶金工贸企业进行检查，并签订安全保证书；对迪爱生油墨公司、昆烟山西公司、天和服装公司、太原轻型汽车厂等 7 家劳动密集型企业（作坊）进行检查；对美特好超市、东方红商厦、御都商城、贸易学校、省人民院等 101 个人员密集场所进行排查。按照“一岗双责”工作要求，对全地区 100 多个居民楼院进行全方位大检查，清理堵塞影响消防通道 30 多处的垃圾杂物 300 余吨；对中石油太原六站、利普加油站、晋龙捷泰油库、宏达试剂 4 家危化及易燃易爆单位进行排查；对使用特种设备场所进行全面排查，共签订责任书 100 多家份。结合 6 月“安全月”活动，19 个社区设置消防安全宣传栏 50 多块，制作宣传条幅 200 余条、板报 60 余块、安全提示标语 800 多份。驻地各大型单位宣传消防安全知识采用电子屏 50 余块、条幅 300 余条。联合食药监等部门出动宣传车不间断巡回宣传消防安全知识。全年处理区消管中心反馈问题 1000 多件，安装燃气报警器 100 多个，分别联合省贸易学校、三晋国际饭店进行“11·9”大型消防演练 2 次，组织各社区和驻地单位开展消防安全知识竞赛 30 多场。

【社区管理模式创新】 2015 年，桥东街道办事处新建 2 个日照中心，1 个居家养老中心。完成并三、桥南、双二 3 个社区的基础设施提档升级工程。11 月 25 日，完成桥北、南巷社区的学习型社区创建验收工作。

【廉政建设】 2015 年，桥东纪工委贯彻党的十八大、十八届四中、五中全会和中纪委十八届三次、四次、五次全会精神，以“三严三实”为标尺，推进“三转”，落实“两个责任”。

街道书记、主任履行党风廉政建设第一责任人责任，对重点工作亲自过问，对信访举报亲自批示，对批转案件亲自督办，推动案件查办工作。制定出台《关于落实党风廉政建设党委主体责任的实施意见（试行）》和《关于落实党风廉政建设纪委监督责任的实施意见（试行）》。桥东纪工委协助党工委将党风廉政责任细化列出《党风廉政建设党委主体责任清单》和《党风廉政建设纪委监督责任清单》，对领导班子的责任、主要负责人的责任、班子其他成员的责任都作出具体规定，增强各科室和分管领导抓好党风廉政建设的责任性，形成横向到边、纵向到底，上下联动的责任机制。

组织党员干部采取集中学习和分散自学相结合的方式，学习中纪委三中、四中、五中全会精神，学习《中国共产党廉洁自律准则》和新修订的《中国共产党纪律处分条例》；开展典型案例剖析会；观看省纪委录制的专题警示教育片。

开展廉政文化创建活动。开展以“创清廉社区、创清风家园”为题的廉政文化进社区活动。创建廉政文化示范点。街道的廉政文化活动被《山西日报》《太原日报》报道近10余次，并多次被中纪委、省纪委和市纪委网站采用。

在辖区19个社区建立信访举报箱，建立“街道、社区、居民三级信访举报平台”，落实信访首接责任制，做好信访调处工作。（张永军）

文庙街道

【概述】 文庙街道办事处驻文庙巷21号，因界内有文庙而得名。辖区位于迎泽区东北部，地势东高西低呈长方形。东自省传媒学院与东华苑住宅小区为邻，西至五一路与柳巷街道办事处辖区接壤，南起迎泽大街、郝家沟街与桥东街道办事处、郝庄镇辖区相连，北以五龙口街、府东街与杏花岭区为界。面积2.7平方公里。

文庙街道办事处辖区为历史悠久的老城区，有文庙巷、文津巷、侯家巷、上官巷、万寿宫、狄梁公街、上马街等老街道和文庙、皇庙、崇善寺等文物古迹多处，系山西大学堂、太原女师、进山中学等历史名校的诞生地。如今学校仍十分集中，素有文化地区之称。同蒲铁路横穿辖区中部，设有太原火车站，为省城的交通枢纽和门户之地。辖区经济和各项社会事业全面发展，特别是以万邦国际为代表的楼宇经济，带动周边经济迅猛发展。

2015年，街道辖41条街巷，设13个社区，常住居民总人口7.6万余人。街道办事处内设党委办公室、行政办公室、综治办公室、民政科、城建城管科、计生办、经济科、工会、团委、武装部、低保所、社保所、统计站、纪检办公室、人大办公室、政协联络组办公室、文化站、交安委等机构；在编人员55名。

2015年，中共文庙街道党工委、办事处深入贯彻十八届五中全会精神，以扎实开展“三严三实”专题教育活动和学习讨论落实活动为契机，紧紧围绕“强班子、带队伍、促发展”的总体思路，团结带领文庙地区广大党员干部群众，真抓实干，开拓进取，圆满完成了年初制定的各项工作任务，推动了街道各项事业的较快发展，全年完成社会消费品零售总额62553万元，完成固定资产投资额82240万元。基层党建不断加强，文化建设不断推进，社区建设成效显著，社会保障体系不断健全，社会治理稳定有序，生态环境明显改善。

2015 年 1 月，获第三次全国经济普查“先进单位”称号；4 月，获安全生产责任落实“先进单位”称号。

【基层党建】 2015 年，基层党员队伍素质不断提高，依托干部在线学院、远程教育等载体，采取专题党课、领头雁培训等形式，加大对基层党员干部的教育培训。继续加强社区发言人和宣讲员队伍建设，开展党的方针政策和街道惠民便民新举措的宣讲。严格执行入党积极分子“群众推优制”、发展党员“公示制”、“票决制”等制度，发展党员 12 名。积极开展在职党员到社区报到服务群众活动，结合社区精细化服务菜单，785 名在职党员认领任务，并做出承诺，开展活动 142 次。亮点工作不断涌现：一是培养了一支文庙党员先锋拆迁队伍。从街道党员干部中挑选出 15 名经验丰富、能力过硬的同志作为队伍骨干，主动担责任、挑担子，辗转支援南沙河抢险路松庄段、东风路松庄段、庙前街道 9 号院危旧房改造、松庄城中村改造前期摸底、赵北峰城中村改造、王家峰城中村改造等 6 项动迁工作。二是搭建两个党建微信平台，探索以“微课堂、微服务、微管理”为载体的“微党建”、“微社区”，全面推动新型党建及社区建设。全年指导搭建起上马一、建北两个社区公众微信平台，目前关注人群总计已达 5000 多人。

【社区建设】 2015 年，对双二社区进行了提档升级，办公场所面积达到 1000 平方米，设置有一站式服务、老年餐桌、医疗卫生、图书阅览、日间照料等功能，打造了 2500 平方米的室外休闲娱乐广场。双一社区老年餐桌全面投入运行，整体运营平稳。幸福社区日间照料室投入使用，居民参与热情较高。利用闲置房屋新建“大家读吧”，并探索性引进第三方，在保证书吧正常运营的基础上，为文庙、新城北街、建设北路 3 个社区居民提供了阅读、休闲、交流的平台。2015 年度五龙口三社区获得“全国民主法治示范社区”、“全国敬老文明号”等荣称号；双一社区获得“全国减灾示范社区”。

【文化建设】 2015 年，积极开展文明单位创建、“讲文明树新风”、道德讲堂、志愿服务、文明市民学校、国学大讲堂、未成年人思想道德建设、纪念抗战胜利 70 周年等活动，市民文明素质进一步提升。以重大节日、重要纪念日为契机，开展趣味运动会，知识问答、文艺汇演、书香伴我行演讲比赛、“强健体魄·阳光生活”系列健身活动等群众文化系列活动，丰富居民文化生活。针对不同人群先后开展青少年、女性、孕妈妈、流动人口图书推荐会，不断营造全民读书氛围。

【社会保障】 2015 年，牢固树立“以民为本、为民解困、为民服务”的工作理念，城市低保实现应保尽保。全地区共有 221 户、328 人享受低保，月发放低保金 193580 元；为 52 人申请大病救助 224468 元，为 3 人次申请临时医疗救助，为 13 人申报临时救助 77488 元，为 10 人申请“救急难”6300元。为48户无房困难家庭申报了廉租房补贴；对27户有意向进行实物配租的住户进行了摸底统计。认真落实促进就业各项政策，安排就业困难人员53人，灵活就业人员120人，创业带动就业632人，完成比例109%；下岗失业人员再就业1220人，完成比例106%；就业困难群体就业300人，完成比例107%。对辖区的24名重点优抚对象和64名伤残军人进行了走访慰问，为他们送去米、面、油、对联等慰问品。八一前夕对省公安厅警卫连和市消防支队广场中队进行慰问，送去价值3000余元的慰问品。

【计生工作】 2015年，投入资金十余万元，印制宣传资料、制作宣传品，开展各类宣传活动，保障了街道计划生育工作的顺利开展。为辖区28户困难计生家庭、57户独生子女特殊家庭上了意外伤害险，为1户家庭申请了大病紧急救助；六一期间对42名困难女童家庭进行慰问；全年开展流动人口服务月活动4次，联合督查行动1次，切实推进流动人口计划生育公共服务均等化；积极开展创建文庙“幸福一家人”主题活动；严格落实计划生育审核制度，严格执行“一票否决”制度。

【安全生产】 2015年，围绕“安全第一、预防为主、综合治理”的目标，以开展隐患排查治理为抓手，深化安全生产领域“打击治违”专项行动，不断创新监管方式，消除监管盲区，提高监管绩效，有效防止和遏制各类生产安全事故。对辖区1600余家单位及门面经营户进行排查，发现隐患817处，现场整改786处；发放消防安全告知书10000余份，液化气钢瓶温馨提示600余份；下发安全隐患通知书8000余次，与120家重点单位签订安全生产责任书；排查各类危房118处；对存在食品安全隐患的133处，全部下达了隐患整改通知书；全年未发生重特大安全事故，危险化学品、特种设备等行业实现零死亡、零事故，安全生产形势总体保持稳定态势。

【法制建设】 加强政府信息公开，推进法治街道建设，成立政府信息公开工作领导组和便民服务中心领导组，明确各自职责，政府信息公开走上规范、科学运行的轨道。将依法行政工作纳入对社区、科室目标管理考核，对法律宣传、惠民资金使用做出量化要求。定期组织班子成员、机关干部、社区干部学习《宪法》《行政许可法》等法律法规，提高干部队伍法律素质。深化行政审批制度改革，规范和改进行政审批行为，开展行政审批违规及滥用审批权问题专项整治活动，发现并整改问题8项。

【社会治理】 司法维权成效显著。深入开展“六五”普法工作，全年组织宣传10余次，受教育人数达5000余人；依法做好人民调解工作，全年排查调处各类矛盾纠纷383起，成功调处376起；加强社区矫正管理、落实帮教措施，累计接收127人，解除矫正104人，全部实行一人一档管理。与6家律师事务所签订“一社区一法律顾问”协议，充分发挥法律优势资源，推动社区各项工作依法进行，为创建法制社区、促进社区和谐稳定奠定基础。

综治工作平稳有序。以推进平安建设为重心，充分发挥网格长作用，广泛排查各类综治信息，及时化解预警；集中开展社会治安重点地区整治工作，对60家出租房、36家九小场所、24所学校、1处重点地区进行了整治；深入开展矛盾纠纷排查调处工作，圆满完成全国“两会”、“9.3”阅兵等重要会议节点的信访稳控任务；积极开展“平安家庭”、“平安单位”、“平安社区”创建活动，平安单位、平安家庭均达到90%以上，平安校园和平安社区达到100%。

【突发事件】 2015年，突发事件妥善解决：面对天塔小区存在的问题，联合多个部门，全力以赴逐一破解。对1号楼危楼进行整楼拆除，消除了附近群众的安全隐患；以片区整治为契机，主动对接环保、供热等相关部门，组成专项工作组，对整个天塔小区进行供暖改造，实现集中供热，解决了多年未解决的民生难题，让336户居民过上暖冬。

【生态环境】 2015年，着力保护生态环境，“美丽文庙”与日俱新。继续深化“靓丽星期五”活动。加强门前责任制巡视检查，补签门前责任书700余份。强化卫生监督员队伍管理巡视，加强巡视检查制度，发动驻地单位、志愿者义务劳动，及时清洗各类小广告，清除卫生死角，全年共清理生活垃圾400余车、2000余吨；应急队全年清理垃圾杂物300余处、1200车、6000余吨；检查清运居民院落下达任务图片、通知书290余份，完成率100%。数字化管理平台运行良好，共受理区数字中心交办案卷4715件，结案率99.98%，按期结案率99.99%，受理12319 案件669件，数字城管4046件；新配备腕表和GPS车辆，为及时处置案件提供了便利。

周边环境不断美化。取缔现有经营性小火炉147个，摸底燃煤锅炉10家并对不符合规定要求的6家进行取缔，出动人数100多人次、车辆70多次取缔烧烤摊点21处，对3个施工工地进行围挡；开展“3.12”植树节宣传活动，出版面2块，发放宣传材料1000余份，出动10余人，受教育1000余人。加强爱卫宣传执法工作，联合有关执法部门对80多家场所进行检查；开展了爱卫宣传活动，出版面30余块、条幅123条，发放宣传资料5000余份。大力开展除四害活动，春秋两季免费为社区发放鼠药39箱、蟑螂药13箱，实行统一时间、统一行动、统一布放鼠药。结合创建文明城市和创建国家卫生城市，对市区领导明察暗访发现的环境卫生等问题，及时督促整改；提前组织检查了小五台小学、电力大厦等备检单位。

市场整顿初见成效。联合派出所、执法局、食药监局，出动车辆50多次、人员200人次，对五龙口街中横马路市场存在的摊点众多、交通堵塞、消防通道不畅、秩序混乱等重大安全隐患问题集中整治，共拆除私搭乱建600余平方米、规范商户经营100余家、取缔明火10家，极大地改善了周边居民的生活环境。

防汛防震深入人心。落实防汛防震责

任制，制定应急预案，成立抢险队伍，对全地区80余处1000余间的危、旧、漏房进行了全面排查，并全部下达《危房紧急通知书》，做好应急处置工作。制定地震应急实施细则，开展民兵防震防汛减灾演练，组织防震减灾知识科普宣传，配备防震应急物资。

（冯利兵）

庙前街道

【概述】 庙前街道办事处位于太原市中心区域，东临解放路，西到滨河东路，南至迎泽大街，北接桃园三巷，总面积3.83平方千米，总人口69824人。

2015年，庙前街道办事处内设机构22个，即：党工委办、行政办、政协办、人大办、纪工委办、人武部、司法所、计生办、综治办、妇联、团委、财务科、社区办、社会事务科、社会保障事务所、最低生活保障所、协税护税办、经济统计科、文化站、安全办、城建管理科、环境卫生管理所。下辖14个社区，即：庙前街社区、海边街社区、南海街一社区、南海街二社区、新建路一社区、新建路二社区、桃园路一社区、桃园路二社区、桃园路三社区、桃园路四社区、水西关街一社区、水西关街二社区、水西关街三社区、水西关街四社区。

【思想建设】 2015年，庙前街道办事处中心组廉政建设内容学习8次，召开廉政建设专题会议6次，纪检监察案例通报会6次，廉政专题教育4次；制定“两个责任”清单，与14个社区书记进行主体责任约谈；畅通监督平台，建立来信、来电、来访和网络四类举报方式。强化制度保障，构建党工委落实主责“不松手”、书记带头执行“不甩手”、纪工委执纪监督“不缩手”、党工委班子成员履职尽责“共携手”的整体联动、统筹协调的工作新格局，修订和完善支部学习、工作纪律、社区考核、工作反馈、职工权益等9方面26项制度。强化案件查办，加强执纪队伍，增设纪工委委员，配置专职纪检干事，开展明察暗访8次，专项督查12次，案件线索核查30余次。全年立案3件，结案3件，重处分1人，行政警告处分4人。

【政治建设】 2015年，庙前街道办事处履行民主监督职能，人大工委提交各类意见建议31条，履行政协参政议政职能，提交提案14份，社情民意21份；发挥统一战线优势，加强楼宇统战工作，助推非公经济健康发展。坚持党管武装，定期召开议军会，建强民兵应急力量，全方位做好征兵工作，选拔12名适龄青年应征入伍。改善党的群团工作，适应新常态，开展“工会组织建设年”和“农民工入会”工作。开展“寻找最美家庭”活动，全年在14个社区“妇女之家”中推选出73户区级最美家庭，2户市级最美家庭，1户省级最美家庭。坚持党团联动，构建青年志愿者服务网络。指导社区开展维权工作。1~9月，共接待处理各类来信来访32起，维护妇女儿童合法权益。

【法制宣传】 2015年，庙前街道办事处举办法制宣传教育282场。畅通申诉渠道，成立街道信访接待中心，推行大接访制度；完善调解联动机制，成立矛盾纠纷联调中心，全年调处纠纷300余起。开展以“侨法宣传进社区”为主题的宣传活动，利用居民区宣传栏、社区电子屏、知识讲座等不同形式宣传侨法知识，为14个社区图书室送去《侨法进社区宣传读本》《涉侨知识手册》600册。全年开展法制宣传260次，受教育人数12000余人。为辖区社区图书角添置法律图书1500余册。开展法律巡回大讲堂20场。为社区居民开展现场法律咨询活动15次，为社区居民下发宣传资料10000余份，各类法制宣传书籍1000余册；办理法律援助案件5起。

【经济工作】 2015年，庙前街道完成固定资产投资额165530万元；城镇建设项目投资完成34562.7万元；社会消费品零售总额完成 98272万元；建筑业总产值完成2458231万元；批发零售销售额完成456751.7万元，住宿餐饮销售额完成98783万元。

【城市管理】 2015年，庙前街道办事处完成旧城街片区和水西关街南片区的改造工作，拆除燃煤锅炉4座，完成建筑节能改造20.8万平方米，增加绿化面积近2万平方米。推行城市管理网格化试点工作。7月16日至10月30日，完成小街巷综合整治工程；旧城街片区一标段、二标段综合整治工程；水西关南二片区标段、二标段、三标段综合整治工程。主要实施院面硬化、拆除违建、安装景观灯、楼宇门及塑钢窗户、人行道铺设，门头牌匾及亚克力发光字制作安装，墙体、修补、粉刷及绿化，草坪铺装工程，新增廊架等工程。

【民生事务】 2015年，庙前街道办事处推进社会保障“全覆盖”。居民城乡医保参保8617人，城镇居民养老保险参保1568人。推动就业创业，全年新增就业岗位3500个。规范低保听证制度，实行动态管理，全年累计保障3862人次。完成辖区14个社区的提档升级工作，新增办公面积4000平方米，打造南一、南二两个民族特色社区。慰问“春蕾”贫困女童7人，发放慰问金2100元；“六一”前夕慰问贫困学童9人，为其发放书包、书籍、水杯及救助金2700元。为辖区贫困“两癌”贫困妇女发放救助金7000元。举办各类女性文化学堂和家庭教育公益讲座6场。

2015年，辖区14个社区共实施惠民项目47项，其中社区服务3项、社区设施维护22项、社区环境卫生治理22项。新建路二社区打造300余平方米的老年人日间照料中心，内部设有10张沙发床及电视、音响等设施供老年人使用。

【文明创建】 2015年，庙前街道办事处践行社会主义核心价值观，打造“庙前微生活”微信平台，开设道德讲堂20次。“我们的节日”活动贯穿全年，开展青少年道德实践活动，全年受到新闻媒体关注3589次。在“弘扬家庭美德，传承德孝文化”系列活动中，海边街社区获“百佳示范社区”，居民侯美莲获“三晋百名贤妻良母”称号。14个社区注册在册志愿者327人。慈善一日捐捐款95132元，迎泽区排名第一。为居民温璟定向捐助11340元。

【司法行政】 2015年，庙前街道安置帮教核查30人，核实率、衔接反馈率均达100%。接收释解人员17人，在册管理人员73人，帮教率100%，安置率95%以上。协调社区将4名释解人员纳入低保范围。

组织社区矫正工作人员培训30次；组织社区矫正人员集中教育学习11次，矫正人员参加公益服务11次，对3名困难社区矫正人员进行慰问。对11名有可能判处非监禁刑犯罪嫌疑人做好审判前的评估工作。为辖区3名社区矫正人员配发定位手机。

组织调解员培训30次。全地区各调委会共调处矛盾纠纷255起，司法所参与调处社会矛盾纠纷20起。收集上报以案定补卷宗255卷，媒体报道50篇。

【双拥工作】 2015年，庙前街道办事处开展多种多样宣传、慰问活动，军民共建双拥模范城。端午节期间，海边街社区、庙前社区、水西关二社区和驻地消防中队、省人大警卫连、省委警卫连的战士们一起包粽子；南海二社区、庙前社区等8个社区在辖区组织举办“纪念抗日战争70周年”图片展。水西关三社区上门慰问困难优抚对象赵素秋。八一建军节期间，庙前街办和社区组织大型文艺汇演慰问省委警卫连，到省人大警卫连和庙前消防支队慰问，为战士们送去洗漱用品。

【所获荣誉】 2015年1月，庙前街道办事处获民政部“全国和谐社区建设示范社区”，获中国科协、财政部“全国科普示范社区”；2月获中央精神文明建设指导委员会“全国文明单位”；4月获省政府“省民族团结模范集体”。桃二、新二、南二3个社区荣获市级“妇女之家”示范点称号。

（高军莉）

柳巷街道

【概述】 柳巷街道办事处驻钟楼街东段北侧二市场31号。位于迎泽区北部，呈正方形，东至五一路，与文庙街道办事处为邻；西至解放路，与庙前街道办事处相连；南至迎泽大街，与迎泽街道办事处毗邻；北以鼓楼街、南肖墙为界，与杏花岭区相邻，总面积1.45平方千米，下辖60余条街、巷。街道下设起凤街、铁匠巷、开化寺南街、柴市巷、校尉营、海子边东街、海子边西街、宁化府、察院后9个社区居民委员会。

2015年，街道办事处内设16个机构：党工委办公室、行政办公室、人大办公室、政协联络组办公室、纪检办公室、综治办公室、社区办（民政科）、城建办、计生办、经济办、总工会、团工委、武装部、低保所、社保所、交安委等机构；在编人员55名。街道办事处下设柳巷劳动服务公司，代管信誉百货、皮革厂两家企业。

2015年，柳巷街党工委、办事处围绕“靓丽柳巷、诚信柳巷、和谐柳巷、智慧柳巷”目标，打造美丽和谐柳巷。街道获“太原市文明单位”、“太原市双拥标兵单位”等称号。

【经济建设】 2015年，柳巷街道地区限额以上社会消费品零售额完成82.26895亿元，完成全年计划的101.2%；固定资产投资完成22.99亿元，完成全年计划的100.6%；规模以上工业总产值完成3687.9万元，完成全年计划的100.6%；建筑业总产值完成4.22亿元，完成全年计划的100.3%。

【社区建设】 2015年，柳巷街道办事处对43项惠民项目工程进行指导、监督和管理。改善社区办公环境及服务场所，平均使用面积305平方米。搭建社区为老服务新平台，建成老年餐桌5个，月均接待老人930余人次。建立市首家“三社联动示范社区”养老机构——柳巷老年日托中心，接收半失能老人全托5位，日间照料20余位，200余人次参与康复训练，100余人次参加社区、社会组织共同举办的健康讲座、剪纸下棋等活动，受到省市区领导高度重视和群众好评。

【社会保障】 2015年，柳巷街道办事处关注弱势群体，落实惠民政策，城镇新增就业人数2280人，完成年计划的98%，创业带动就业人数950人，完成年计划的98%；6198位居民参保城镇居民医疗保险；每月为171户居民发放最低生活保障金12.9575万元，未参保企业退休职工享受困难补助37人；享受临时救助、救助大病人员34人次，救助金额21.3986万元；发放廉租房补贴42户84人14.2820万元。落实人口和计划生育工作责任制，为外来务工人员提供职业推介、证件办理等服务，流动人口计生服务管理水平不断提升。为有康复需求的68名残疾人，建立基本状况康复需求、资源档案，实行动态管理。

【和谐柳巷】 2015年，柳巷街道办事处开展安全生产大检查，检查单位1800家，夯实小餐饮饭店的安全基础。累计接收社区矫正人员93人，解矫78人，无一人脱管漏管或重新违法犯罪，帮教安置率100%。推进“三进一巡、四问四看”社区网格巡查，全年发现问题4652起，解决问题4613起，调解纠纷265起，排查消除安全隐患712起，为和谐柳巷建设奠定基础。

【智慧柳巷】 2015年，柳巷街道办事处推进“柳巷智慧生活圈”项目工程，推动“智慧柳巷”，促进商圈智慧升级。在主要街巷、餐饮、银行、社区、文化馆等115处设立热点，实现免费Wi-Fi覆盖，平均每日使用人数达4059人；在9个社区搭建微信服务平台，社区网格化运行实现信息化管理，实体商铺引入O2O、电子支付等消费方式，为柳巷商圈发展做出贡献。

【老旧区环境治理】 2015年，柳巷街道办事处推进老旧区环境治理，实行分片划区，责任到人。加大日常环境卫生保洁力度，通过网格员每日督查，上传网格平台全方位监控垃圾死角，发现问题及时处理，打造星级社区。海西片区整治工作，通过公开招标，7月进入施工阶段，对片区内的楼院进行硬化粉刷、门头牌匾更换。通过下派执法队指导员，协调武装部应急队、交警队、派出所等部门进行联合执法，乱摆乱设等现象得到控制，为建设靓丽柳巷奠定基础。

【党的群众路线教育实践活动】 2015年12月，柳巷街道办事处召开专题党建工作会议，开展“学讨论”活动、“三严三实”活动。召开非公党建专项工作推进会，引导非公党组织创建“双强六好”。组织集中学习5次。组织召开“两代表一委员”、社区、非公党组织书记、党员代表、居民群众代表等征求意见座谈会，征集意见建议17条。从街道各科室、社区、非公、居民中征集意见建议38条。开展谈心谈话活动。12月29日，召开街道班子专题民主生活会，开展批评与自我批评。查出不“严”不“实”问题14个，专门召开党工委会议进行问题分析，制定具体整改措施，制定和完善制度6条，相关工作规章4个，达到“洗洗澡、治治病”目的。

【党建工作】 2015年，柳巷街道党工委对社区党建工作进行全面自查和考核。加强对3个软弱涣散党组织的工作指导，查找问题，制定整改方案，明确责任人、整改时限，定期指导督查，全部整改完毕。严把党员入口关，发展党员9名，加强党费收缴、使用、管理工作，对2012年以来街道培养发展的党员相关档案资料全面自查。“两代表一委员工作室”接待群众11批85人，反映问题119条，现场答复88条，随后解决16条，剩余15条在追踪解决中。692名在职党员到街道社区报到，为居民群众办实事219次。（巩　锋）

表10　**柳巷街道办事处所辖社区名录**

序　号	社区名称	地　址	联系电话
1	宁化府社区	铜锣湾72号宝地小区	4137741
2	铁匠巷社区	后铁匠巷11号	4110775
3	校尉营社区	西校尉营28号四层	2022967
4	海东社区	郭家巷18号	4955636
5	起凤街社区	起凤街9号铁路宿舍7号、8号楼中间	2295012
6	柴市巷社区	西校尉营28号三层	4953455
7	察院后社区	二市场36号	4130507
8	海西社区	三圣庵2号楼	2362300
9	开南社区	前所街10号	4049509

老军营街道

【概述】 老军营街道办事处位于汾河东岸，东起新建南路，西至滨河东路，南起南内环街，北至迎泽大街。2015 年，辖区总面积 3.5 平方千米，常住人口 25152 户，75457 人。

老军营街道办事处内设 16 个职能科室：行政办、党工委办、计生办、城建科、环卫所、低保所、社保所、民政科、综治办、司法所、武装部、纪工委办公室、安监站、团工委、妇联、交安委。下辖 10 个社区居委会。辖区内共有单位 1548 家，其中工业企业 1 家；建筑企业 50 家；批零贸易业 320 家；住宿餐饮业 72 家；金融保险业 32 家；服务业 241 家；行政事业、社会团体单位 58 家；物业管理、中介服务及房地产企业 40 家；有个体经营户 785 户。

辖区内有 12 个楼宇，分别为汾东商务楼、滨河商务楼、中国日用化学研究院、鸿富商务楼、山西省林业科学研究院、桃园南路化工商务楼、城市花园、贵通大厦、省政府机关事务管理局工程处（文员公务中心）、上河铭座、华府大厦、金桃写字楼。共有 132 家单位，注册地在迎泽区的有 117 家单位（其中省级 24 家、市级 67 家、区级 26 家）。

【经济指标】 2015 年，老军营街道办事处规模以上工业总产值完成 15.80961 亿元，完成年计划的 110%。固定资产投资完成 28.2625 亿元。限额以上社会消费品零售额完成 5.0764 亿元。批发、零售业销售额完成 122.30958 亿元。住宿餐饮营业额完成 6.2972 亿元。建筑业总产值完成 13.5023 亿元。

【城市管理】 2015 年，老军营街道办事处城市管理工作成效显著。(1) 片区改造。南沙河沿线二片区。完成南沙河道路沿线居民楼围墙恢复、地面硬化及绿化工程，整饰建筑立面 28770 平方米，拆除围墙 1400 平方米，整修地面 5700 平方米，绿化 50 平方米，改造车棚、门房 910 平方米，完善配套设施，设置铁艺围栏等约 200 平方米。桃南西二巷片区。整饰建筑立面 23796.7 平方米，清洗立面 14050 平方米，整修街道 7428 平方米，修理绿化带 980 平方米，完善配套设施 3247 平方米。(2) 小街巷治理。粉刷墙体 73000 平方米，铺设人行道 7560 平方米，修整路面 13750 平方米，修复绿化 4056 平方米，完善配套设施 3414 平方米，拆除违建 500 平方米，清理垃圾 560 平方米。(3) 节能改造。完成 2015 年度既有居住建筑节能改造摸底工作，对南沙河、滨河东路沿线的居民小区进行楼栋节能改造，其中农牧场宿舍 12729.23 平方米、金辉苑小区 32819.56 平方米、省植保站 6351.91 平方米，锅检所 8794.65 平方米，供电局 4790.98 平方米，西区居民楼 8310.27 平方米，西苑公寓 10142.61 平方米，劲松公寓 8864.83 平方米，电镀厂 5135.805 平方米，冶金研究所 10152.23 平方米，共计 108092.075 平方米。(4) 星级社区创建。推行以“治乱”

为主的城乡清洁工程星级创建活动，对街巷等场合进行综合整治，做到配套设施完善、街巷干净整治、立面整洁靓丽、物品堆放有序、日常管理到位。建成五星级社区1个，劲松社区；四星级社区1个，新建南路第二社区；三星级社区4个，老军营小区第一社区、老军营小区第二社区、老军营小区第三社区、滨河东路第一社区。（5）小广告清理。由街道办事处牵头，居民区楼道及院落内的小广告由社区组织居民清理，驻地单位及各沿街门店组织员工各自清理门前三包范围内及机关内部的乱贴乱画。针对各街巷道路两侧路灯杆、电线杆及建筑墙体外的小广告，行政执法中队多次出动人员进行集中清理。（6）摊点规范整治。老军营城管执法中队对辖区内违法占道经营，进行多次集中整顿，规范自由市场，取缔占道经营60户，取缔无证占道摊贩200处，暂扣各种车辆50辆，杂物60车。增派执法人员，对地区范围内的烧烤摊点进行集中清理，实行全天侯蹲守。对辖区内建筑工地全面摸底，集中整治。设立垃圾处理情况上报卡，热情接待群众来人、来访、来电及上级机关、12319和新闻媒体对垃圾的反映情况，普通案件及时处理，重点案件集中处理，疑难案件定期汇报统一处理。网络化数字平台受理市容环境、行政执法、立面广告等案件近10000件。（7）绿化美化。全地区栽植乔木2000株，垂直绿化800米，新增单位附属绿地500平方米。配合区绿化局完成双塔西街提档升级。加强绿化养管工作，清理死树、危树15株。（8）廉租房申请。有30户，90人通过廉租房申请审核，在廉租房申请户中进行申请租赁公房的摸底登记。

【公共服务】　2015年，老军营街道办事处推进“居民驿站”建设。建立健全“五个日”工作长效机制，除每周一民情入户日定期入户外，全年街道社区共开展党员活动日45次，团队建设日30次，便民服务日　89次，群众文化日7次。引深“两代表一委员工作室”活动。组织两代表一委员沉到社区，驻室听民意、办实事。对征集到的意见建议，采取“收集—建账—协调—销号—回访”五步工作法，确保件件有着落，事事有回音。共访326户，1058人次，接待来访323人次，解决群众反映的问题13个。开展在职党员到社区报到服务活动，领办服务项目53个，结对困难家庭89户，参与走访党员1058人次，走访单位11个，服务群众2151人次，开展志愿服务117次。

【民生保障】　2015年，老军营街道办事处新增就业人员完成2381人；下岗失业人员再就业完成842人；就业困难对象再就业完成202人；城镇登记失业率控制在1.2%。保障城乡贫困弱势群体的基本生活。全年累计保障城市低保对象1487户次，1849人次，发放城市低保金104.84万元。发放电费补助8634.96元。慰问贫困残疾人各类款项达11.09万元。为19名大病群众申请大病救助金15.6万元。为29户家庭中的71人申请廉租住房补贴，补贴金额11.94万元。为44名残疾人配发普通轮椅、高靠背轮椅等辅助器具。开展生育关怀行动，对12户享受低保的计生困难家庭分别给予价值200元的救助，约2400元。对22户伤残计生家庭分别给予500元救助，共11000元。慰问特殊家庭38户人，共18700元。为8户独生子女伤残、死亡家庭申请一次性奖扶，23人申请特别扶助。

【安全生产】 2015年，老军营街道办事处树立安全发展理念，强化“红线意识”，构建“党政同责，一岗双责，齐抓共管”的安全生产责任体系。以“依法治安”为安全生产工作主线，开展安全生产各项工作，做到责任明确、措施到位，全年排查、检查单位2267家次、居民楼院789栋次；排查各类隐患434余项，当场整改隐患44项，限期整改隐患386项；举办安全知识宣讲2场，制作各类版面62块，悬挂宣传条幅100条，发放安全宣传资料7000余份，在居民楼院张贴防火通知1079余份；各类安全事故控制指标为“零”。

【文明创建】 2015年，老军营街道办事处开展文明创建活动，设置固定宣传栏20余处，小型宣传牌匾100余块，张贴各类文明创建宣传画1000余份，下发倡议书万余份。开展道德讲堂25次。组织“善行义举榜”、“道德模范”、“身边好人”人物评选，评选出来的身边好人故事在老军营街道微信平台上宣传。依托群众文化日，在全地区开展主题文化系列活动，其中有元宵节花灯文化沙龙、五一节为劳动者点赞、端午粽子情系军民、“全民读书”等活动。

【廉政建设】 2015年，老军营街道办事处落实党风廉政建设党工委主体责任。制定街道落实党风廉政建设党委主体责任清单，党工委书记履行第一责任人责任，重要违纪案件和信访举报案件亲自批示、亲自安排、亲自协调、亲自督办，并定期与班子成员、社区和部门负责人进行廉政谈话。班子其他成员根据工作分工，对职责范围内的党风廉政建设负起主要领导责任，做到“一岗双责”。

落实纪工委监督责任。开展党风廉政教育，召开廉政警示教育大会5次，组织观看廉政警示教育片8次，推进廉政文化“七进”活动，在社区开展“十分钟廉政党课”活动，开设廉政书角，举办廉政漫画展和廉政邮票涂鸦活动。加强日常督查。成立检查组，采取随机抽查、明察暗访、突击检查等形式，对公务活动、廉洁行为情况，工作纪律情况、“四风”问题进行明察暗访。全年检查48次，编制通报30期，下发整改通知14份。严格案件查办，全年查处各类案件5件，其中党内警告1人，行政警告2人、诫勉谈话2人。受理上级转办信访举报3件次。

【社区建设】 2015年，老军营街道办事处安排惠民项目44项，涉及整修院落、硬化路面、安装防盗门、空巢老人家政服务、老年餐桌补贴等，解决群众急盼解决的问题。引进养老专业服务。探索居家养老服务与社会中介机构合作模式，小区一社区与济南天瑞集团养老服务中心合作设立“日间照料中心”，为辖区老人提供日托、居家养老、精神慰藉等服务。推进社区双提档工程，按照“五统一”标准对小区二、小区三、新建南路第一、第二、第三五个社区提档升级，设置一站式服务大厅、计生服务室、民调室、图书阅览室、棋牌室、日间照料室、残疾人康复室，为开展老年大学、心灵驿站、爱心屋、广场群众活动打下基础。

【创新计划生育服务方式】 2015年，老军营街道办事处开展免费孕前优生检查工作。有80对已婚育龄夫妇接受国家免费孕前优生健康检查，发放斯利安78份，接受优孕风险评估602人。

围绕“国策相随、迎泽最美”主题活动，以“优生优育、幸福和谐老军营”为主题开展幸福家庭创建工作。评选出20户具有代表性的幸福家庭给予奖励。

开展“幸福梦·泽万家——生育关怀·情暖迎泽”计生家庭爱心救助活动，对7名大病居民，发放2000元救助金；计生协为失独、残疾计生共41户家庭分别发放500元慰问金；为辖区内12户低保计生家庭发放米、面、油。对患大病的郝沛沛等7户计生家庭分别给予2000元的大病救助，共14000元。对失亲的张建国等2户分别给予500元救助，共1000元。对12户享受低保的计生困难家庭分别给予价值200元的救助，约2400元。对22户伤残计生家庭分别给予500元救助，共11000元。中秋慰问特殊家庭18户29人，共8700元。市计生协中秋救助特殊家庭20户，共10000元。

开展“共同关爱成长，共创幸福家庭”主题系列活动，对17名符合活动条件的女孩家庭，其中7户为单亲家庭，6户为残疾家庭，3户为贫困家庭，1户孤儿，每户发放500元帮扶救助金，共计8500元。

落实计生家庭奖励扶助工作。为8户申请独生子女伤残死亡一次性奖励，23人申请特别扶助。

加大对驻地单位和街道社区计生干部依法行政培训力度。坚持每周以会代训的形式，要求每个工作人员在接待群众办证过程中热情接待、耐心解答、简化程序、依法办证。在“一站式”服务中，通过书面告知的方式让居民一次就了解和明白办证需要准备的材料，做到面对面解答，电话24小时解答，方便群众办事，让居民满意。截至2015年10月底，共办理生育服务证432份、独生子女父母光荣证245份、再生育服务证115份、流动人口婚育证明29份。

(张峥嵘)

郝庄镇

【概述】 迎泽区郝庄镇位于朝阳街58号。东与寿阳接壤，西至建设路，南与榆次交界，北至杏花岭。郝庄镇下辖28个村，6个社区。全镇人口55682人，其中农业人口23192人。主要从事农业、商业、服务业、运输业。辖区总面积86平方千米，耕地面积10290.2亩，退耕还林8000亩，果园4438.7亩。主要粮食品种为玉米、谷子、高粱、土豆和莜荞麦、豆类等小杂粮。辖区内有煤炭、铝钒土、石料、石灰、石膏等矿产资源，境内有慈云寺、芳林寺、永祚寺、白云寺等古迹。东山过境高速公路横穿南北，长风大街直通境内，307国道直通东西，交通四通八达，通讯极为便利。

郝庄镇内设21个科室，即：党政办、总工会、妇联、团委、综治办、计生办、纪检办、农业办、林业站、社会事务办、国资办、安全办、财政科、交管站、城管中心、审计办、文化站、村财办、新农合、新农办、统计办。郝庄镇公务员编制34人，实有28人；机关工勤编制4人，实有2人；事业编制45人，实有20人；镇财政自收自支编制22人。2015年郝庄镇党委、政府共获省级荣誉1项、市级荣誉2项。

2015年，郝庄镇新建小山沟、占道、枣园、店坡4个村的老年日间照料中心；小山沟城郊森林公园被评为东山地区唯一的AAAA级景区，洪杰等森林公园正在建设，东山生态走廊循环圈基本成型；推进传统服务业提质改造，对朝阳商圈及周边街巷进行综合整治和业态提升；扩大招商引资范围和领域，加强跟踪服务，加大协调力度。

【经济指标】　2015年，郝庄镇固定资产投资完成551775万元，同比增长37.8%；建筑业完成125641万元，同比增长380.4%；限上社会消费品零售额完成514286万元，同比增长25.6%；批发零售额完成限上555314.1万元，同比增长24.5%；住宿餐饮业完成799.7万元，同比增长6.3%。

【城乡违法建设整治】　2015年，郝庄镇开展集中整治违法建设专项行动，拆除违建28万余平方米。配合市重点道路建设，组织实施南内环快速化改造、南沙河快速路续建和东峰路建设等项目的房屋征收工作，共拆除125户宅基地及11余万平方米公共建筑，保证工程正常进行。协助市园林部门完成东中环、西太堡街、南十方街的高标准绿化工作。

【城中村改造和新农村建设】　2015年，迎泽区郝庄镇推进郝庄、东太堡、双塔、王家峰、赵北峰、枣园6个城中村改造，拆除2091户、1117个宅基地、65.72万平方米，以及31处、7.86万平方米公共建筑，拆除率93%。开展打击违法占地、违法建设，拆除各类违法建设30余万平方米。组织实施东峰路、南沙河快速路及郝庄片区5条小街巷等道路建设工程房屋征收工作。配合市园林局完成南内环东延段、长风东大街和东中环路绿线内附着物的征收工作和绿化工程的提档升级。完成全镇50个垃圾地埋桶站的建设，使全镇20个村实现垃圾上门收集，所有生活垃圾全部进焚烧电厂。全镇38条主次干路的清扫、保洁时间延长至16小时，完成31个无物业小区环境卫生的清扫、保洁工作。完成4个村（社区）三星级单元的创建，以及5个清洁示范引领村和5个清洁示范村的建设工作。

【社会保障】　2015年，迎泽区郝庄镇实施社区无物业小区整治、村里修补路面等37项、计340万元的惠民项目，实现社区（村）惠民项目资金全覆盖。全年审核、审批城市低保户90　户、127人，发放低保金80万余元；农村低保户317户、506

人，发放低保金210万余元；为28名五保户发放五保金17万余元；为125名优抚对象发放优抚金90万余元，其中两参人员发放59万余元；新建4个农村老年人日间照料中心。加强计划生育工作，提高均等化服务水平，落实国家、省、市、区奖励扶助政策，奖励金额合计1719740元。退耕还林兑现6576.24亩，每亩补贴90元；落实粮食直补兑现政策，通过阳光农廉网进行公示。按照《山西省保障低收入农户冬季取暖用煤管理办法》规定，为全镇7024户低收入农户每户发放300元补贴款。

【计划生育】 2015年，迎泽区郝庄镇出生人口1177人，征收社会抚养费1442353元；落实奖励扶助政策，发放奖励扶助金1719740元，奖扶对象个案上报率和奖励资金发放到位率均达100%。

【安全生产】 2015年，迎泽区郝庄镇树立安全发展理念，推进安全生产党政同责“三级五覆盖”，创新机制体制，开展安全生产大检查、打非治违和重点领域专项整治行动，突出加强人员密集场所、消防、危险化学品和易燃易爆品生产经营企业、油气管道、城镇燃气五方面的安全专项整治，全年没有发生较大以上安全事故，人民群众生命财产得到有效保障。树立维护稳定是第一责任的理念，开展“以群众举报乡村干部腐败为切入点集中解决群众信访诉求问题”专项治理，集中时间、集中力量化解一批重大不稳定因素。开展大接访20次，接待来访群众275批4538人次，其中集体访115批4080人次，化解上级交办信访积案22件，完成国家省市重大活动、重要节日期间和重大敏感时期的信访维稳任务。

【民主政治建设】 2015年，迎泽区郝庄镇人大围绕城中村改造、市政道路建设等重点项目进行视察调研，提升代表履职综合能力和履职意识。镇政协联络组加强自身建设，发挥民主监督作用，创新履职形式。镇工会开展金秋助学送温暖等活动，服务基层职工。镇团委开展非公团建活动，组织青年团员到山区村植树造林。镇妇联扩大妇女的组织覆盖、活动覆盖和工作覆盖，郝庄、马庄等5个社区被评为市级“妇女之家”。武装部严把兵役登记和征兵质量关，输送34名合格军人；发挥统一战线优势，为全镇转型跨越发展凝聚力量。

【党风廉政建设】 2015年，迎泽区郝庄镇开展“三严三实”专题教育实践活动。深入传达学习中央对山西重要指示、省委书记在太原调研考察时的讲话以及市委书记的重要讲话精神。落实主体责任，推进党风廉政建设。贯彻落实中央“八项规定”，抓好“四风”问题专项整治。履行“两个责任”。经镇党委会议专题研究出台《关于党政主要领导不直接分管部分工作的若干规定（试行）》。加大案件查处力度。全年共处理违纪案件18起，党纪处分18人、政纪处分4人，其中3人重处分（2人被开除党籍、1人被撤销党内职务），5人受党内严重警告，10人受党内警告，1人受行政记过，3人行政警告处分。

（雷转花）

2015 年度五一表彰名单

全国劳动模范：

王天明　郝庄社区居委会主任

山西省五一劳动奖章：

唐海玲　太原市迎泽区庙前街道办事处副主任

人物简介

王天明

王天明，1968 年生，中共党员，迎泽区郝庄社区居委会主任兼太原服装城（集团）有限公司党委书记、董事长。是太原市第十届政协委员、太原市第十次党代会代表、迎泽区二、三、四届人大代表、太原市企业家协会副会长、太原市总商会副会长、太原市迎泽区工商联主席。

太原服装城集团是省城最大的服装批发、零售集散地，也是省民营企业中成立时间长、规模和效益均列前茅的企业。王天明自上任以来，针对企业发展到成熟阶段所面临的转型难题，拓宽思路，进行了较大幅度的改革创新。在硬件方面，新建了省内规模最大的服装批发市场——东城服装城批发市场，原址改建太原精品服装城、太原西城服装城、太原御都服装城，2013 年筹建东方云镶鞋城和小商品市场。在管理软件方面，不仅大胆启用人才，更注重培养人才。2013 年与山西大学商务学院进行校企联合，开设中高层干部培训班，并将把此类工作长期进行下去。同时组织党员、干部和员工代表开展为期半年的十大发展议题大讨论，集思广益，广泛征求意见建议，应用于实践当中。在群众路线教育实践活动中，组织集团进行深入学习，将党务工作与经济发展有机的结合起来。

太原服装城集团连年跻身太原市服务业 50 强，山西省服务业 100 强。王天明于 2010 年获山西省劳动模范、太原市功勋企业家；2011 年获山西省“五一劳动奖章”；2012 年被评为太原市功勋企业家。2013 年被评为山西省第三届优秀中国特色社会主义事业建设者。2014 年度被评为山西省特级劳动模范。

唐海玲

唐海玲，女，1968 年生，中共党员，太原市迎泽区庙前街道办事处副主任。分管民政、司法、计生，承担着社区双提档、惠民项目、居家养老、社区网格化管理、民族宗教等工作。唐海玲连续 3 年高标准完成 11 个社区的双提档升级任务。在惠民项目工作中，在海边街社区开办了太原市首家老年餐桌；在社区网格化管理中，建立了“1+1+X”的网格化管理工作运行模式，实现信息一次性收集，资源多方共享，为群众提供多元化服务；在创建学习型街道工作中，以点带面，全面推进，街道获得全国创建学习型社区示范街道；在社会事务工作中，解决了流动人口居民入托、困难群众救助、残疾人扶助等实际问题，计生工作被评为山西省人口和计划生育依法行政示范街道，民族宗教工作被推荐为市级模范单位，南一社区还被国务院授予“民族团结进步奖”，打造了司法文化一条街，建立了全市首家“流动调解庭”。

唐海玲先后获得山西省优秀共产党员、太原市优秀共产党员、太原市“并州先锋”等荣誉称号，是省、市、区三级党代表，2011 年 12 月被国家人力资源社会保障部和司法部评为全国司法行政系统先进工作者，2012 年 7 月被司法部评为全国人民调解能手，2014 年荣获太原市五一劳动奖章。

（高　鸿）

附　录

FU　LU

文献辑存

中共太原市迎泽区委
关于制定国民经济和社会发展第十三个五年规划的建议

中共太原市迎泽区委员会

（2016年1月29日）

“十三五”时期是实现全面建成小康社会奋斗目标的决胜阶段，我区“十三五”规划必须紧紧围绕实现这个奋斗目标来制定。

中共太原市迎泽区第四届委员会第十次全体会议，认真学习贯彻党的十八届五中全会和省委、市委十届七次全会精神，深入分析我区经济社会发展面临的形势和任务，认为我区有条件与全国、全省、全市同步如期全面建成小康社会，但也面临严峻挑战，任务十分艰巨，全区上下必须坚定信心、团结一致、敢于担当、积极作为。全会研究了“十三五”时期我区发展的一系列重大问题，就制定“十三五”规划提出以下建议。

一、“十三五”时期经济社会发展的形势和指导思想

（一）“十二五”时期我区发展取得的新成绩

“十二五”时期是我区发展不平凡的五年。面对新常态新形势和工作环境、发展任务的严峻考验，区委始终保持坚定的政治定力和正确的政治方向，心无旁骛谋事业，聚精会神求发展，稳增长、促改革、调结构、惠民生、防风险各项工作取得新成绩。特别是2014年9月以来，区委在新的市委班子坚强领导下，团结带领全区广大党员干部和人民群众，认真落实省委“五句话”的总要求和市委抓好“五个一批”、推动“六大发展”、实施“三个突破”、实现“六个表率”的总体部署，坚持全面从严治党，一手抓党风廉政建设，一手抓发展第一要务，全区经济社会平稳较快健康发展，“十二五”规划目标基本实现。

经济总量持续攀升。地区生产总值突破500亿元大关，达到534.9亿元，居全市首位，年均增长8.4%；公共财政预算收入实现翻番，达到16.1亿元，年均增长16%；固定资产投资翻两番，达到190.9亿元，年均增长24.8%。

产业结构不断优化。实施了一批重大产业项目，服务业提质升级步伐加快，新兴产业和现代都市农业稳步推进，对外开放进一步扩大，服务业增加值保持全市领先，社会消费品零售总额比“十一五”末增长100%。

城市功能更加完善。实施了一批重大基础设施项目，城中村、棚户区改造取得历史性突破，路网改造、水利建设步伐加快，城乡面貌大为改观，城市综合承载能力进一步提升。

社会民生事业全面进步。实施了一批重大民生项目，持续推进保障救助提标扩面和公共服务优质均衡发展，民生保障及普惠程度进一步提高，一批重点工作走在省市前列，城乡居民获得感进一步增强。

生态建设扎实推进。实施“五大工程、五项整治”，省城环境质量改善和城乡环境综合整治取得明显成效，东山生态建设和城市园林绿化取得积极成果，常年运行锅炉全部完成清洁能源替代，宜林荒山全覆盖目标初步实现，森林覆盖率由17.53%提高到26.53%。

社会治理体系进一步完善。实施了一批重大改革事项，人民民主不断扩大，法治建设全面推进，政府效能进一步提升；化解了一批重大不稳定因素，社会治理不断创新，安全稳定形势持续好转，发展环境进一步优化，为“十三五”发展奠定了坚实基础。

（二）“十三五”时期我区发展面临的形势

从全国形势看，我国经济长期向好基本面没有改变，发展仍处于可以大有作为的重要战略机遇期，经济新常态下发展方式的转变，特别是消费需求的增长、消费结构的升级、消费拉动作用的增强，对于我区服务业转型、新兴产业催生及科技创新、基础设施建设和公共服务在更高水平上的优质均衡发展等，形成了倒逼态势，同时也为我们加快培育新投资和新供给，形成新动力和新优势，提供了更多机遇。

从全省全市形势看，我省深入推进转型综改区建设，加快实施“六大发展”、“三个突破”，着力做好煤与非煤两篇文章，大力支持太原率先发展等战略举措，为全省全市发展进一步释放了活力。特别是山西发展融入“一带一路”、京津冀协同发展和环渤海地区合作发展等国家重大战略，太原列入环渤海经济区、全国重大城市群和国家小微企业创业创新基地城市示范市，多层面发展战略的叠加，为我区拓展发展空间、加快产业提升、加速开放发展，提供了强有力的支撑。作为省会中心城区和省市服务业及民营经济大区，我区地位独特，优势明显，在承接区域融合发展、服务省市产业转型调整等方面，必须有所担当、有所作为，发挥更为重要的作用。

从我区情况看，区委主动适应和引领新常态，全面推进富民强区各项战略举措，为率先全面建成小康社会打下了坚实基础：传统服务业的提质升级、现代服务业与信息化的深度融合和总部经济的加快发展，有力促进了投资、消费和高端产业、新型业态的持续集聚，我区以服务业为主导的中心城区产业优势更为凸显；城乡路网等基础设施不断改善，城中村、棚户区改造进程加快，东部山区发展加速，有效拉大了城市框架，我区发展空间的增长新优势正在显现；社会民生事业全面进步、公共服务体系进一步健全，我区加快发展的社会人文基础更加厚实；特别是随着全面从严治党新局面的不断开创，各级各部门深入开展党的群众路线教育实践活动、学习讨论落实活动和“三严三实”专题教育，扎实推进党风廉政建设和反腐败斗争，全区政治生态持续优化，党风政风、党员干部作风和社会风气持续好转，风清气正、崇廉尚实、担当作为的干事创业氛围更加浓厚，人民群众对加快发展的期待和美好生活的向往更加强烈，为加快全面建成小康社会，提供了强大合力和良好环境。

我们也清醒地认识到，随着区域竞争的日趋激烈，我区传统的区位优势、资源优势和产业发展优势面临着严峻挑战，未来五年，转变发展方式、提升发展动力、保持发展速度的要求更高，我区经济社会发展中存在的一些矛盾和问题还急需破解：产业提升还不快，传统商贸服务业质量不高，现代服务业发展仍显不足，产业转型任务依然艰巨；发展的动力活力还不足，一些领域改革推进不快，创新发展的能力还不强，开放发展的深度广度还需提高；城市环境还不优，东部山区和城乡结合部城镇化进程仍然滞后，建成区基础设施老旧比较严重，城乡管理水平还不高，背街小巷环境卫生问题依然突出，环境保护、生态治理、绿化建设等任务依然繁重；社会民生工作还有短板，民生保障和公共服务优质均等化水平与人民群众的要求仍有差距，社会治安、安全生产还存在薄弱环节，信访问题存量仍然较大，一些领域矛盾多发，维护和谐稳定的工作依然艰巨复杂；法治政府、服务政府、效能政府建设力度还需进一步加大，干部队伍建设和反腐倡廉工作还需进一步加强，党的群众路线教育实践活动和“三严三实”专题教育成果还需进一步巩固，优化发展环境依然任重道远。这些问题解决不好，将直接影响全面建成小康社会目标的实现。

综合分析，我区发展既面临重大战略机遇，也面临严峻的现实挑战，需要准确把握中央和省委、市委对当前形势的分析判断，准确把握迎泽区发展的特征和趋势。必须坚持全面从严治党，继续保持“三个高压态势”，致力创造更优发展环境；必须坚持发展第一要务，主动适应新常态，积极转方式、调结构，实施创新驱动，努力保持经济平稳较快健康发展；必须坚持目标导向和问题导向相结合，着力补齐短板、破解难题、厚植优势，紧盯目标抓落实，全力完成各项发展任务；必须坚持把保障和改善民生作为工作的出发点和落脚点，着力办好一批民生实事，切实增强人民群众的获得感；必须坚持从严从实推进党员干部队伍建设，进一步增强机遇意识、忧患意识和责任意识，勇于担当，实干创业，带领全区人民在全面建成小康社会的征程中，不断开拓发展新境界，努力使我区成为推动全市经济社会发展的重要引擎、集聚全市高端服务业和现代服务业发展的重要高地、引领全市创新发展的重要力量。

（三）“十三五”时期我区发展的指导思想

高举中国特色社会主义伟大旗帜，全面贯彻党的十八大和十八届三中、四中、五中全会以及省委、市委十届七次全会精神，坚持以马克思列宁主义、毛泽东思想、邓小平理论、“三个代表”重要思想、科学发展观为指导，深入贯彻习近平总书记系列重要讲话精神，协调推进“四个全面”战略布局，坚持发展是第一要务，树立五大发展理念，落实省委“五句话”的总要求和推动“六大发展”、实现“六个表率”的总体部署，以提高发展质量和效益为中心，以保障和改善民生为根本，以实施“五个一批”为重要载体和抓手，统筹推进经济、政治、文化、社会、生态文明和党的建设，不断提升中心城区经济社会发展首位度，努力建设发展质量最优、生态环境最佳、开放程度最高、人民生活最幸福的省城最具活力城区，确保如期全面建成小康社会。

实现全面建成小康社会奋斗目标，必须坚持人民主体地位、坚持科学发展、坚持深化改革、坚持推进法治建设、坚持党的领导。

二、“十三五”时期经济社会发展的主要目标和发展思路

（一）全面建成小康社会新的目标要求。按照中央、省、市提出的全面建成小康社会的目标要求，综合考虑未来发展趋势和条件，今后五年我区经济社会发展的主要目标是：

——产业提升迈上新台阶。地区生产总值年均增长7.5%，力争提前一年实现比2010年翻一番。传统服务业竞争力不断增强，现代服务业规模不断扩大，产业体系更加完备；发展空间进一步优化，投资效率和消费基础作用进一步增强，科技创新能力显著提升，经济发展的质量和效益稳步提高，对全省、全市的引领和服务作用更加突出。

——民生改善达到新水平。居民人均收入与经济增长同步，提前一年实现比2010年翻一番；农村居民收入增速快于城镇居民收入增速，城乡居民收入差距进一步缩小，力争到2020年城镇居民人均收入达到4万元以上、农村居民人均收入达到2万元以上。社会保障和救助体系更加完备，公共服务体系更加健全、优质均等化水平明显提高。教育质量整体提升，优质教育资源不断扩大，人民群众接受高质量教育的需求得到更好满足；覆盖城乡居民的基本医疗卫生制度更加完善，基本公共卫生服务、基本医疗服务更加健全，实现人人享有基本医疗卫生服务，城乡居民主要健康指标水平全市领先；创业就业、社区服务、社区养老服务等体系及功能不断健全，人口均衡发展水平不断提高；安全稳定形势持续向好，人民群众的获得感和幸福感显著提升。

——城市功能得到新提高。城中村、棚户区改造基本完成，交通路网、水利等基础设施进一步完善，建设和管理水平全面提高，城市综合承载力和服务功能显著提升；文物古迹、历史文化街区得到有效保护和有序开发，城市特色、文化品位进一步彰显；新型城镇化加速推进，城乡一体发展格局基本形成。

——社会文明实现新进步。精神文明建设进一步加强，社会主义核心价值观更加深入人心，社会文明程度和公民文明素质明显提高；公共文化基础设施更加健全，现代公共文化服务体系基本建立，文化事业整体水平和文化产业综合实力明显提升。

——生态环境得到新改善。生产方式、生活方式绿色低碳水平显著提高，主要污染物排放量逐年下降，东山生态安全屏障基本形成，力争优良天气率达到80%左右，全区森林覆盖率达到32%以上，建成区绿化覆盖率达到37.21%，城乡人居环境全面改善。

——改革开放取得新突破。全面完成中央、省、市确定的改革任务，重点领域和关键环节改革取得决定性成果，发展动力显著增强。开放发展步伐加快，开放的领域不断扩大、深度和广度不断拓延，开放型经济格局和对外合作机制基本形成，经济外向度大幅提升。

——民主法治取得新进展。人民民主不断扩大，司法公信力明显提高，人民权益得到切实尊重和保障。法治建设全面推进，政府公信力和行政效率进一步提高，社会治理能力和水平明显提升，发展环境更加优化，社会更加和谐稳定。

（二）用五大发展理念推动“六大发展”。坚持以创新、协调、绿色、开放、共享五大发展理念为引领，着力推动创新发展、协调发展、绿色发展、开放发展、共享发展、廉洁和安全发展。

着力推动创新发展。坚持把创新摆在发展全局的核心位置，实施创新驱动战略，不断推进制度、科技、文化等各方面创新，激发全社会创新活力，为发展注入不竭动力。

着力推动协调发展。坚持以协调发展，促产城融合，拓展新空间、增添新后劲；促产业优化，培育新增长、培植新优势；促经济社会、城乡和三次产业统筹发展，推动各类发展要素的协调联动，不断增强发展整体性和平衡性。

着力推动绿色发展。坚持节约资源和保护环境的基本国策，把生态文明建设贯穿于经济社会发展的各个方面和全过程，推动形成绿色发展方式和绿色生活方式，推进环境质量改善和生态建设，努力建设资源节约型、环境友好型社会，实现经济社会与资源环境的可持续发展。

着力推动开放发展。坚持以开放促发展，主动对接国家、省、市重大发展战略，融入大开放格局，对内对外开放协调，引进来和走出去并重，引资和引技引智并举，通过实施互利共赢的开放战略，提升开放型经济、开放型城区水平。

着力推动共享发展。坚持发展为了人民、发展依靠人民、发展成果由人民共享，构建共享机制，维护公平正义，使全区人民更广泛地参与发展过程，更公平地分享发展成果。

着力推动廉洁和安全发展。坚持廉洁发展底线意识，实现经济发展与干部清正、政府清廉、政治清明的良性互动。坚持安全发展红线意识，保障人民生命财产安全，切实维护社会安全稳定。

三、推动创新发展，着力提高发展质量和效益

大力实施创新驱动战略，以全面创新，推动发展动力、发展结构和发展方式提质升级。

（一）培育发展新动力。加强供给侧改革，优化劳动力、资本、土地、管理等要素配置，推进大众创业、万众创新，激发新活力，释放新需求，创造新供给，促进新技术、新产业、新业态加速发展，加快实现发展动力转换。

充分发挥投资的关键作用，完善投融资体制和资本运作机制，做优投融资平台，优化投资结构，扩大有效投资，持续滚动实施一批重大产业、重大基础设施和重大民生项目。充分发挥消费的基础作用，以扩大服务消费为重点，带动消费结构升级，积极发展服务新业态，加快培育电子商务、信息消费等基于“互联网+”的新模式和新热点，优化和创新服务供给，提高服务和产品的供给规模和质量水平，引导消费方式由生存型、传统型、物质型向发展型、现代型、服务型转变。坚持创业就业并举，努力提高城乡居民的收入和保障水平，增强社会消费的信心和能力。

（二）拓展发展新空间。用发展新空间培育发展新动力，用发展新动力开拓发展新空间。

拓展城市发展空间。加快推进和完成城中村、棚户区改造，跟进完善产业及功能设施配套，释放城市发展空间潜力；统筹谋划东山地区和东中环、长风东街东延、南内环街东延、迎泽大街东延及建设路、南沙河快速路改造所激活的地块空间发展，规划功能片区，发展产业集群，形成新的增长极。

拓展基础设施建设空间。积极配合实施太原市地铁二号线及城市道路建设重点工程；主动争取，创造条件，改造一批道路街巷，建设一批公园绿地，完善城区基础设施功能；加快排水防涝体系建设，促进城区水系统良性循环，基本实现雨污分流。

拓展网络经济空间。实施“互联网+”行动计划，加快推进互联网+智慧产业园和太原大数据中心等重点项目建设，支持基于互联网的产业组织、商业模式、物流链创新，推动互联网、云计算、大数据、物联网等与经济社会融合发展。全面推进网络空间法治化，加强信息安全保障。

（三）构筑产业新优势。以创新驱动引领服务业转型升级，提升区域产业发展水平。

优化提升生活性服务业。改造提升柳巷—钟楼街商圈，推进智慧柳巷建设，完善业态功能，振兴老字号企业，促进传统商业、历史文化与现代消费的深度融合。改善朝阳商圈环境和服务功能，引导商圈企业创新营销模式，拓展线上市场，提升发展品质和竞争力。推进特色产业街区发展，培育亮点，打造品牌，巩固特色优势，扩大影响引领。完善社区服务业体系，加快发展居民和家庭、健康、旅游、体育、文化、法律、批发零售、住宿餐饮、教育培训等领域服务产业，建设社区便民商圈，推动生活性服务业向便利化、精细化、品质化发展。大力发展养老服务产业，发挥政府主导、政策引领、社会主体作用，建立健全以居家为基础、社区为依托、机构和医养融合为支撑的养老服务体系和供给机制，通过新建一批社区养老服务中心和城乡老年日间照料中心，引进一批养老机构，规范统一服务标准，实现居家养老服务基本覆盖城乡社区，全区千名老人拥有床位达40张以上，基本解决失能、半失能和其他有需求老人的服务需求。

发展壮大生产性服务业。着眼省市工业强基工程，推进服务业向工业的前期研发、设计，中期管理、融资和后期物流、销售、售后服务、信息反馈等全过程渗透，在服务外包产业上做好文章，形成现代服务业与新型工业化全面对接、深层融合、互促共生的发展态势。大力发展现代物流产业，推进物流基础设施和物流信息平台建设，支持物流企业应用新技术、新管理提升产业层级，鼓励强强联合，形成综合化、立体化、规模化的产业集群和园区。大力发展楼宇总部经济，加强规划引导、政策聚焦和龙头带动，加快楼宇社区服务中心建设，提升精准服务能力；抓住国家区域发展重大战略机遇，探索以“飞地经济”模式承接相关产业，力争引进一批国际国内知名企业区域总部及研发、运营、采购、结算中心，打造省市现代服务业和总部经济集群发展高地。

积极推进商文旅融合发展。充分挖掘我区历史文化底蕴，创新商文旅互动发展模式。按照全市规划布局，积极打造双塔寺视线通廊、迎泽大街视廊通道和南沙河生态通道，重点抓好文庙—文瀛湖、钟楼街、城西水系、迎泽大街、清真寺、关帝庙等历史文化风貌区及相关历史街巷的保护开发和整理恢复，通过改造重点文物遗存周边环境，挖掘整理宋、元、明、清、民国文化历史脉络，逐步修复一批历史街区和院落，引入民俗文化和地域文化表演展示、文化产品和古玩收藏交易等旅游元素，使碎片化的文化遗迹聚合成为由表及里的整体文化片区，唤起市民对城市文明的历史记忆，使文化街区成为商文旅一体化发展的载体和平台。进一步加快东山生态景观建设，整合文物古迹、文化遗存、城市景点、民间大院等资源和商业街区服务功能，策划都市文脉观光、东山休闲观光、老城老街老巷旅游等精品旅游线路，培育一批商文旅融合的标志品牌，构建商文旅渗透融合、互促提升的新型产业链。

（四）全力推进“三个突破”。加快推动科技创新、金融振兴和民营经济发展，促进经济持续平稳较快发展。

加快科技创新。完善区域创新体系和创新平台布局，加快形成科技创新引领经济社会发展新常态的体制机制和发展方式。加快建设特色鲜明的科技创新基地和平台，吸引更多科技企业入驻；加强科技成果转化服务，组织科技人员开展服务企业专项行动，促进科技成果就地转化，打造一批科技成果产业化示范基地和省市级农业科技合作社；强化企业创新主体地位和主导作用，推动产学研协同创新，实施“科技小巨人”企业成长计划，新增国家高新技术企业 3 家，省级高新技术企业数量达到 50 家，高新技术产业增加值占地区生产总值的比重达到 18%以上。

促进金融振兴。强化现代金融对经济发展的拉动作用。加强金融招商，积极引进金融总部和分支机构，提高区域金融服务对全省、全市发展的辐射影响力和服务支持力。强化政银企合作，密切与金融监管部门、政策制定部门的联系与沟通，支持金融机构与各类企业合作，推动金融资本与产业资本的融合互动。完善资本市场体系，鼓励发展区域性和行业性的信用担保机构，解决中小企业融资难、担保难的问题。鼓励支持企业利用主板、中小板、创业板和“新三板”，进入资本市场，扩大直接融资规模。加快发展政策性融资担保公司，引导金融机构加大对重大产业、重大基础设施和重大民生项目的信贷投放。加快构建高效统一、透明可控的政府性债务管理机制，确保举债有度、用债有效、还债有信。建设互联共享的公共信用信息系统，有效防范、依法处置各类金融风险，营造良好的金融生态环境。

大力发展民营经济。毫不动摇地鼓励、支持和引导民营经济发展，坚持做大做强现有企业，激活提升小微企业，引进更多外来企业，推动民营经济向品牌化、特色化、专业化方向发展。推进国家小微企业创业创新基地城市示范建设，完善“双创”孵化服务体系和政策支撑体系，发展一批众创、众包、众扶、众筹支撑平台。优化民营经济发展环境，依法划定政府与市场、企业、社会的权责边界，为民营经济发展提供高效公共服务和强力法律保障；推广政府与社会合作建设模式，推动民间资本向基础设施、重大产业、社会民生等全领域投资；鼓励民营企业开展创新合作，提升自主创新能力。积极落实民营企业产权登记制度，引导民营企业建立现代企业制度，支持企业改制上市。

四、推动协调发展，着力构筑均衡发展格局

坚持经济社会、城乡一体、物质文明和精神文明协调发展，在补齐短板中增强后劲，促进均衡发展。

（一）促进经济社会协调发展。更加注重围绕改善民生谋划发展，做到经济发展与民生改善相互促进、相互协调。不断加大对民生工程和社会事业的投入，全面抓好就业、社保、教育、文化体育、医疗卫生等民生工作，建立更加公平可持续的收入分配和社会保障制度；持续改善人居环境，注重人口均衡发展，全力维护社会公平正义，切实提高人民幸福指数。

（二）促进城乡协调发展。坚持以城带乡、城市支持农村，健全城乡一体化的规划、建设和管理机制，促进城乡功能互补、要素平等交换和公共资源均衡配置。

加快城中村改造。坚持政府主导和社会参与紧密结合，举全区之力打好城中村改造攻坚战，全部完成12个城中村整村拆除，全面做好安置工作，同步推进改造建设，并利用改造释放的空间，谋划布局一批产业集聚、功能完备、特色鲜明的发展片区，引领城市扩容发展、提档升级。

推进城镇化建设。加快推进棚户区和农村危旧房改造，加大保障性住房建设力度，努力改善城乡居民居住条件。继续推进县乡公路建设，完善东山地区路网体系。着力解决东山项目区生产、生活和生态建设用水问题，保障生态建设和生态产业持续健康发展。依法推进土地经营权有序流转，促进现代都市农业发展和美丽宜居乡村建设。加快便民市场、停车场、公共厕所等公共服务设施建设，提升城市综合承载能力。

提升城乡管理水平。推进城市管理网格化、数字化和精细化，优化网格布局，加快公共信息平台建设，建立全域覆盖、全过程监管的信息化管理体系。推进城市管理和执法体制机制改革，健全区、街镇、社区（村）三级管理体系，推进管理重心下移，强化街镇在城市管理中的组织、协调和监督职责，建立统一有序、各尽其责的常态长效管理机制。探索建立公众自觉维护、社会单位自治、全民参与管理的城市管理模式，拓展市民参与和监督城市管理的渠道。持续开展老旧片区、背街小巷和农村人居环境整治，严厉打击违法占地和违法建设，继续扩大机械化清扫冲洗作业覆盖面，进一步提高农村地区环境卫生管理水平，加快推进餐厨垃圾和建筑垃圾的循环利用，提升中心城区环境形象。

（三）促进物质文明和精神文明协调发展。坚持“两手抓、两手都要硬”，加快文化强区建设。

培育和践行社会主义核心价值观。深入开展“中国梦”和社会主义核心价值观宣传教育，持续深化群众性精神文明创建活动，加强未成年人思想道德建设，大力弘扬法治文化、廉政文化和红色文化。开展社会公德、职业道德、家庭美德、个人品德教育，加强和改进基层宣传思想文化工作。健全社会舆情引导机制，加强网络思想文化阵地建设。倡导志愿服务，弘扬社会主义新风尚。

建立健全现代公共文化服务体系。健全政府购买公共文化服务机制，完善基层公共文化设施及服务体系，推进公共文化设施全部向社会免费开放。建立非物质文化遗产保护基地中长期规划。倡导全民阅读，建设书香迎泽。以迎接2019年第二届全国青年运动会为契机，全力推进全国文明城市、国家生态园林城市、国家环保模范城市、国家卫生城市、国家森林城市“五城联创”，大力发展全民健身运动，加快实现社区全民健身场地全覆盖，引导市民树立主人翁意识，当好东道主，办好青运会，共建共享“五城联创”成果。

大力发展文化产业。用好文化产业扶持资金，引导重点文化企业开展产业招商和文化创新，扶持小微文化企业快速发展，促进文化创意、文化会展、动漫制作、非物质文化遗产开发等产业加快发展，努力打造一批文化产业品牌。

五、推动绿色发展，着力打造生态宜居环境

坚持节约资源和保护环境基本国策，强化绿色发展、绿色惠民理念，统筹生产、生活、生态三大布局，把生态文明建设融入发展的各方面和全过程，促进人与自然和谐共生。

（一）深入推进环境质量改善。实行最严格的环境保护制度，全面落实政府环保责任，采取主要污染物排放总量控制和环境风险防控措施，实施大气、水、土壤三大污染防治行动计划，空气污染指数下降15.5%。加快集中供热配套管网建设，建成区实现集中供热全覆盖。推进城边村气化改造，全面推广使用洁净煤，燃煤污染得到根本控制。严格控制机动车尾气污染和工地、裸露地面等扬尘污染。加强饮用水源保护，加大生活垃圾无害化处理和生活污水处理力度，整治美化南沙河，努力消除城市黑臭水体。全面推进采煤沉陷区生态环境治理修复，完成所涉及的7个村的搬迁安置。持续抓好既有居住建筑节能改造。

（二）构筑生态安全屏障。坚持把植树造林作为改善生态的基础工程。加快造林绿化，推进东山生态绿化，加快城郊森林公园建设，完成森林城市创建任务，探索建立资源环境承载能力监测预警机制，深化林权制度改革，调动社会力量参与生态建设，力争全区森林覆盖率达到32%以上，林木绿化率达到38%以上。加大城市绿化美化力度，加快主要道路、重点区域绿化提档，发展单位、小区绿化，推进垂直绿化、屋顶绿化、拆墙透绿，力争每年建设5个小游园和5个绿地，建成区绿地覆盖率达37.21%，绿地率达29.09%，人均公共绿地达到6平方米。

（三）促进低碳循环发展和资源节约高效利用。倡导绿色低碳生活方式，引导居民绿色消费、绿色出行、绿色家居。推进政府绿色采购，加强节能型机关建设。落实能源发展战略行动计划，强化约束性指标管理，实行能源和水资源消耗、建设用地等总量和强度双控行动。加快推动重点领域节能技术改造，促进企业节能降耗和产业转型升级。控制能源消费过快增长，严格淘汰落后产能，严控“两高”行业新增产能，推进清洁生产。实行最严格的水资源管理制度，实施水资源开发利用控制、用水效率控制、水功能区限制纳污三条红线管理，严控地下水开采，建设节水型社会。坚持最严格的耕地保护制度和节约集约用地制度，新增建设用地总规模控制在0.5万亩以内。严格控制公款消费，深入开展反过度包装、反食品浪费、反过度消费行动，形成勤俭节约的社会风尚。

六、推动开放发展，着力开创合作共赢局面

主动融入国家区域发展重大战略，在全面深度开放中寻找新的经济增长点，在强化区域合作中培育发展新引擎，建立和完善互利共赢、多元平衡、安全高效的开放型经济体系。

（一）建立健全对外开放政策机制。最大限度放宽投资准入限制，全面实行准入前国民待遇加负面清单管理制度；复制国内先进经验，构建适应对外开放的政府服务机制，切实推进投资便利化；加强投资咨询和商事法律服务，营造亲商、安商、容商、富商的良好氛围。

（二）加快各类开放平台建设。鼓励支持区域企业、行业协会、商务楼宇和园区积极搭建线上线下招商平台，健全和完善政府部门引荐、推介、联络、信息交流等服务平台建设，配合太原市推进国家跨境贸易电子商务服务平台建设，发展区域电子商务信息网络。以全国青运会等重大活动为契机，积极引进举办各类展会、论坛，主动邀请外地企业、机构及政府部门来区访问，拓展交往渠道，扩大交流合作。

（三）提高招商引资质量和水平。优化招商服务与管理机制，创优投资环境，加强项目储备，统筹对内对外招商平台，优选合作伙伴，强化招商职能与招商能力。创新招商引资方式，推进多元招商，深入开展产业链招商、精准化招商、股权招商、主题招商和园区招商，瞄准世界500强、中国500强、实力国企、知名民企以及行业领军企业、科技先导企业，争取引进一批投资额大、带动力强、支撑性好的大项目好项目，扩大外资利用规模，提高外资利用效率。

七、推动共享发展，着力提升人民幸福指数

坚守底线、突出重点、完善制度、引导预期，使全区人民在共建共享中共同迈入全面小康社会。

（一）增加公共服务供给。坚持普惠性、保基本、均等化、可持续方向，进一步提高公共服务共建能力和水平，积极推进城乡基本服务均等化，努力实现全覆盖，每年财政用于公共服务支出的增幅高于一般性财政预算收入增幅。加强对特定人群特殊困难的帮扶。创新公共服务提供方式，吸引和鼓励社会资本参与，多渠道增加民生投入，提高服务供给的能力与效率。加快数字化民生服务体系建设，提高民生信息产品和服务的供给。政府重点做好规划设计、标准制定、促进竞争、强化监管和财政保障等工作。

(二) 办好民生实事。坚持问题导向和以人为本，立足建机制、补短板、兜底线、促公平，每年办一批群众要求强烈、感受明显，针对性、实效性强的民生实事，着力解决群众在保障救助、福利服务和教育、文化、医疗、卫生、住房、交通、安全等方面的期盼诉求，着力抓好背街小巷整治、既有建筑节能改造、保障性住房建设、食品安全监测监管、农村饮水安全工程、公路安全生命防护工程和公共交通、停车场、公共厕所等事关群众切身利益的民生实事，提高基本保障、普惠服务和各项社会事业优质均衡发展水平。健全民生实事项目决策机制，做好信息公开，征求群众意见，加强监督检查，确保实事办好办实。

(三) 促进就业创业。将扩大就业作为发展的优先目标，推动经济增长和扩大就业良性互动，全区城镇新增就业 9.59 万人以上，城镇登记失业率控制在 4.0%以内。健全政策扶持、创业服务、创业培训“三位一体”工作机制，加强对灵活就业、新就业形态的支持，加快建立面向人人的创业服务平台，以创业带动就业，创建创业型城区。统筹做好高校毕业生、农村转移劳动力、困难人群、退役军人、残疾人等群体的就业工作。维护职工和企业合法权益。

(四) 稳步提高城乡居民收入。坚持居民收入增长与经济增长同步、劳动报酬提高与劳动生产率提高同步。严格执行最低工资标准，保障企业职工工资正常增长和支付。建立从源头上全面治理拖欠农民工工资问题长效机制。落实机关事业单位工作人员基本工资标准，实行乡镇机关事业单位工作人员工作补贴。多渠道增加居民财产性收入。落实强农惠农富农政策，千方百计促进农民增收。规范分配秩序，取缔各种非法收入。按照精准扶贫要求，完成对娄烦县静游镇的对口扶贫任务。

(五) 建立公平、可持续的社会保障制度。实施全民参保登记计划，深入推进“五险统征”体制建设，提高城乡居民养老保险水平，推进机关事业单位工作人员养老保险制度改革，巩固完善医疗保险制度，健全完善集工伤预防、康复与补偿相结合的工伤保险制度及管理服务体系，力争全区城乡职工、居民各项社会保险覆盖率达98%以上，各项社会保险金按时足额发放率达 100%。深化医保支付方式改革，健全城乡居民大病保险制度，实现省内异地就医即时结算。加快推进企业退休人员社会化管理。完善社会救助制度，推进和谐社区建设平台和社会救助体系平台建设，支持慈善事业发展，保障和改善群众基本生活。

(六) 加快教育全面发展。落实“科教兴区”和“人才强区”战略，推进教育现代化。加强社会主义核心价值观教育，把增强学生社会责任感、创新精神、实践能力贯穿教育全过程，全面提高教育质量。发展学前教育，加快居民小区配套幼儿园建设，逐步解决“入公办园难、入民办园贵”的问题。深化办学模式和体制机制改革，加快学校建设，新改扩建中小学 10 所，净增优质学位 3500 个，推进义务教育优质均衡发展。深化课题引领下的课程改革，促进教育教学质量稳步提升。加强师德师风建设。创新教师培训多元化合作模式，实施名教师、名班主任、名校长培养工程。加强体育、美育和心理教育，发展学生特长，提升学生身体素质、人文素养，素质教育取得新突破。实施“互联网+教育行动计划”，全面提高数字校园建设与应用，进一步畅通全民学习和终身教育通道，实现优质教育资源共建共享。保障外来务工人员随迁子女及留守儿童受教育权利，办好特殊教育，切实维护教育公平。

（七）提高全民健康水平。按照保基本、强基层、建机制的要求，深化医药卫生体制改革，坚持基本药物制度，推进医药分开，实行医疗、医保、医药联动，完善覆盖城乡的基本医疗卫生制度。加快推进区中心医院建设，完善公立医院管理体制和运行机制，加强人才培养引进，加强重点学科建设，发展特色专科医疗服务。构建科学合理的分级诊疗制度，优化医疗卫生资源配置，组建医疗联合体。坚持把基本医疗卫生制度作为公共产品向全民提供，保障基层医疗卫生服务机构公益属性，加快标准化建设，完善“家庭医生”签约服务制度，构建全面覆盖社区、农村和家庭，经济、便捷、安全、优质的医疗卫生服务体系。完善三级疾病防控网络和突发公共卫生事件及重大疫情应急机制，提升疾病预防控制能力。健全妇女儿童医疗卫生服务网络。坚持中西医并重，完善中医药事业发展机制，加强区中医院建设，推广中医药适宜技术。鼓励社会力量办医。实施食品安全战略，建立食品安全追溯体系，健全完善食品药品安全监管体系，严厉打击食品药品领域制假售假行为，形成社会共治格局，确保人民群众饮食用药安全。

（八）统筹人口均衡发展。坚持计划生育基本国策，积极落实、全面实施一对夫妇可生育两个孩子政策，改革完善计划生育服务管理，推进优生优育。加强对计划生育特殊家庭的帮扶。保障妇女权益，加强未成年人保护，发展妇女儿童事业。健全残疾人社会保障和服务体系，保护残疾人合法权益。鼓励社会力量兴办健康服务业，倡导健康生活方式。

八、推动廉洁和安全发展，着力夯实发展基础

坚持发展必须廉洁、廉洁促进发展，全面推进“六权治本”，强化廉洁发展社会氛围，全力抓好安全生产，努力维护公共安全。

（一）全面推进“六权治本”。建立完善权力清单和责任清单，抓住清权、确权、制权、晒权等主要环节，建立动态管理机制；推进市场准入负面清单。梳理制定权力运行流程和风险防控“两张图”，找准权力运行的关节点、薄弱点、风险点，建立健全各项规章制度，做到全面覆盖、全程到位、制度束权。着力打造统一的政务服务平台，实现简化程序、限时办结、严监严管。健全完善合力监督体系，全方位、全领域、全过程监督权力。围绕农村“三资”管理，推动“六权治本”向村级延伸，从根本上解决好发生在群众身边的腐败问题。

（二）提升推动廉洁发展的本领。引导领导干部牢固树立廉洁发展理念，提高推动廉洁发展的主动性和自觉性。加强重大决策程序建设，提升科学决策、民主决策和依法决策水平。进一步保障群众知情权、参与权、监督权，推进社会公平正义。

（三）营造廉洁发展社会环境。加强廉政文化建设，把返璞归真、固本培元与党的作风建设联系在一起，在加强党员干部党性修养和道德修养的同时，大力弘扬中华传统优秀文化，营造廉荣贪耻的文化环境。净化政治生态，构建良好政商关系。开展诚信体系建设，完善信用奖惩机制，营造良好社会信用环境。

（四）全面加强安全生产。强化安全红线意识，落实“党政同责、一岗双责、失职追责”要求，加强行业主管部门直接监管、安全监管部门综合监管、街道（镇）属地监管，健全安全生产监督管理和应急救援体系。严格实行安全生产目标责任考核“一票否决”。强化企业安全生产主体责任，严格查处非法违法生产经营建设行为。开展消防、燃气、危化、道路交通、建筑施工、特种设备、食品药品等重点行业领域专项治理，推广安全新技术，加强隐患排查，坚决杜绝重特大事故、减少一般性事故。有序推进危化企业和经营设施搬迁工作。坚持把安全作为各类项目规划建设审批的前置条件。建立健全区、街镇两级安全生产应急救援体系和安全生产监督管理体系。加强从业人员特别是高危行业从业人员安全教育。“十三五”期间，安全生产主要控制指标逐年下降。

（五）健全公共安全保障体系。全面加强社会治安综合治理，深入推进“平安迎泽”建设和民生警务工程，扎实开展治安突出问题重点整治，重点公共区域、重点行业领域平安建设视频监控系统实现全覆盖，社区（村）覆盖率从80%提高到90%以上，努力构建以信息化为支撑、高效运转的立体化社会治安防控机制。加强反恐维稳和社会面防控，严防暴恐事件和恶性刑事案件。深入开展“打黑除恶”专项斗争，严厉打击“两抢一盗”等多发性侵财犯罪，严密防范、依法惩治违法犯罪行为。健全应急管理体制和应急机制，加强应急救援队伍建设，合理布局应急避难场所，推广普及防灾文化。

（六）推进重大不稳定因素的化解。坚持源头治理、动态管理、应急处置相结合，完善社会矛盾排查预警和调处化解综合机制，牢牢把握预防化解不稳定因素的主动权，防止发生重大群体性事件。落实重大决策社会稳定风险评估制度，加大评估结果应用。建立流动排查、及时预警机制，对矛盾发现在早、防范在先、处置在小。加强和改进信访工作，深入推进信访事项网上办理，着力提升解决群众合理诉求、维护群众合法权益的水平。

九、推动全面深化改革和法治迎泽建设，为全区发展提供持续动力和法治保障

全面建成小康社会，必须坚持全面深

化改革、全面推进法治建设，必须坚持改革与法治双轮驱动，协调推进。

（一）深化推进各领域改革。全面落实国家、省、市各项改革任务和举措，不断引深重点领域和关键环节改革，精准发力，统筹推进，确保各项改革取得预期成效。加快国有企业改革，全面清理“僵尸企业”，有序发展国有资本、集体资本、非公有资本等交叉持股、相互融合的混合所有制经济，推进产权多元化，促进国有企业效率、效益不断优化。健全国有资产管理体制，提升区属企业国有资产运营水平。加强国有企业党组织建设，强化监督管理，促进国有资产保值增值。完善市场监管体系，健全公平竞争保障机制。

（二）加快推进政府职能转变。持续推进简政放权、放管结合、优化服务，打造有限、有为、有效政府。积极落实负面清单制度，放宽市场准入，切实减少对企业和市场的干预。深化行政审批制度改革，巩固提升“两集中、两到位”审批流程再造，健全三级政务服务体系。深化政府机构改革，优化政府职能。加强绩效考核，探索建立政府绩效第三方评估机制。推进财税体制改革，建立现代财政税收制度。健全公开透明规范的预算制度，优化财政配置，探索建立事权与支出责任相适应的运行机制。推进投资体制改革，营造公平竞争的市场环境。

（三）加快推进法治迎泽建设。强化法治对全面建成小康社会的保障作用，坚持依法执政，提高运用法治思维和法治方式推进工作的能力。推进依法行政，建设法治政府，实现“法无授权不可为，法定职责必须为”。深化司法体制改革，实行阳光司法，加强政法队伍建设，促进司法公正。完善法律顾问、法律援助等制度，构建完备的公共法律服务体系。强化法律在维护权益、化解矛盾中的权威地位，把信访纳入法治化轨道。健全“谁执法、谁普法”的责任机制，深入开展法治宣传教育，在全社会形成尊法学法守法用法的良好法治氛围和法治习惯。

（四）不断提升社会治理水平。加强和创新社会治理，健全完善社会服务管理体系，构建全民共建共享的社会治理格局。加强基层民主建设，健全基层自治组织和民主管理制度。畅通社会组织参与社会管理渠道，引导、鼓励各类公益性、服务性、互助性社会组织参与社会管理，提高社会组织承接政府转移职能、开展公益服务和中介服务的能力。加强社区办公服务用房、日间照料中心、社区卫生服务站等服务设施建设，加快推进社区服务场所和服务功能提档升级。

十、加强和改善党的领导，为实现“十三五”规划提供坚强保证

顺利实施“十三五”规划，全面建成小康社会，关键在党。必须切实加强和改善党的领导，深化对发展规律的认识，健全完善领导机制和工作体制，提高领导发展的能力和水平，更好推动经济社会发展。

（一）提高党领导经济社会发展的能力和水平。充分发挥区委总揽全局、协调各方的领导核心作用，创新领导发展的观念、机制、方式和方法，提高把握方向、谋划全局、提出战略、制定政策、推进改革的能力。完善区委研究经济社会发展战略、研究分析经济工作形势、研究重大方针政策的工作机制，健全决策咨询机制，提高决策民主化、科学化、制度化水平。

（二）坚决把纪律和规矩挺在前面。坚持全面从严治党，纪严于法、纪在法前，把握运用监督执纪“四种形态”，严格遵守党的政治纪律和政治规矩，严肃党内政治生活，全面落实“三严三实”要求，筑牢法律和党纪“两道防线”，坚决反对“七个有之”，切实做到“五个必须”。切实增强领导干部的政治意识、大局意识、核心意识、看齐意识，保持坚强政治定力，在“四个自觉”的基础上模范践行“三严三实”，为全区党员干部带好头、做好示范，为经济社会发展营造良好政治生态。

（三）始终保持惩治腐败、狠刹“四风”“打黑除恶”高压态势。从严落实党风廉政建设“两个责任”，强化权力运行的制约和监督，以“零容忍”态度惩治腐败，努力形成不敢腐、不能腐、不想腐的有效机制。坚决落实中央八项规定精神，遏制“四风”反弹回潮，推动党风政风和社会风气持续好转。持续推进“打黑除恶”专项斗争，依纪依法严肃查处领导干部充当“保护伞”，最大限度压缩黑恶势力滋生发展的空间。着力推动全面从严治党向基层延伸，创新完善党风廉政建设巡察制度，维护群众切身利益，让群众更多感受到反腐倡廉的实际成果。

（四）坚持从严治吏。认真实施“三个一批”，推进干部能上能下，建立干部调整退出的常态化机制。加强对领导干部特别是“一把手”的日常监督管理，完善干部考核评价体系和奖惩机制，强化领导干部经济责任审计监督。加强党的各级组织建设，落实基层党建责任，充分发挥战斗堡垒和先锋模范作用，更好地带领人民群众全面建成小康社会。

（五）加快建设人才强区。坚持党管人才原则，集聚各方人才，巩固党的执政基础。推动人才结构战略性调整，突出“高精尖缺”导向，大力实施重大人才工程。优化人力资本配置，用好用活现有人才，培养引进急需人才，统筹推进各类人才队伍建设。完善人才评价激励机制和服务保障体系，营造有利于人才成长和发展的良好环境。

（六）广泛凝聚富民强区强大合力。坚持人民主体地位，贯彻党的群众路线，激发全区人民的主人翁意识；发挥政治制度优势，发挥人大、政协和工青妇等群团组织的重要作用，形成围绕中心、服务大局、团结奋进、共谋发展的生动局面；巩固和发展最广泛的爱国统一战线，全面落实党的民族、宗教、侨务等政策，充分发挥民主党派、工商联和无党派人士作用；切实履行党管武装的政治责任，坚持把国防后备力量建设纳入区委、政府工作总体布局，纳入经济社会发展规划，搞好国防后备力量建设，支持驻区部队建设，巩固军政军民团结，最大限度地凝聚全社会推进改革发展、维护社会和谐稳定的共识和力量。

（七）切实抓好规划建议目标任务落实。制定我区“十三五”规划纲要和专项规划，要坚决贯彻区委决策部署，落实本建议确定的指导思想、主要目标、发展思路、重点任务和重大举措；要明确反映五大发展理念和实施“五个一批”、推进“六大发展”的指标，要有政府履行职责的约束性指标。全区各级各部门要把抓落实作为党性要求和铁的纪律，确保全会确定的各项决策部署落到实处。

实现“十三五”发展目标，使命光荣，任务艰巨。全区上下要更加紧密地团结在以习近平同志为总书记的党中央周围，坚决贯彻落实中央、省委和市委的各项决策部署，进一步坚定信心，抢抓机遇，务实创新，奋发作为，为全面完成“十三五”规划目标任务，率先全面建成小康社会而努力奋斗！

关于《中共太原市迎泽区委关于制定国民经济和社会发展第十三个五年规划的建议》的说明

（2016年1月29日）

中共太原市迎泽区委书记 刘文华

受区委常委会委托，现在，我就《中共太原市迎泽区委关于制定国民经济和社会发展第十三个五年规划的建议》起草的有关情况向全会作说明。

一、建议稿的形成过程

“十三五”时期是全面建成小康社会的决胜阶段。科学制定我区“十三五”规划建议，描绘好未来五年发展蓝图，对于协调推进“四个全面”战略布局，落实省委“五句话”总要求，用五大发展理念推动“六大发展”，不断提升中心城区经济社会发展首位度，努力建设发展质量最优、生态环境最佳、开放程度最高、人民生活最幸福的省城最具活力城区，确保如期实现全面建成小康社会奋斗目标，具有十分重要的意义。

区委高度重视“十三五”规划建议起草工作。2014年10月以来，在全区重要会议以及重大调研活动中，多次提出要求、做出部署，要求集中全区智慧、集思广益、精心编制好我区“十三五”规划，并专门下发文件，就“十三五”规划编制工作的指导思想、主要任务、进度安排、有关要求等进行安排。

建议起草工作始终在区委常委会的领导下进行。为加强对规划建议起草工作的领导，成立了由我任组长，冯原平、阎生华、侯富田、秦琦、刘锦春、贾津生、高伟、王国栋、侯森、何陈棋、薛凯同志任副组长，各相关部门负责同志为成员的“十三五”规划编制工作领导小组，组织有关部门同志成立建议起草组，并邀请山西财经大学企业发展战略研究所有关专家共同参与相关调研和起草，通过深入学习、认真研究、广泛调研、精心起草，形成了建议初稿。党的十八届五中全会和省委、市委十届七次全会召开后，起草组认真学习领会中央和省、市委精神，紧密结合我区实际，在广泛听取意见建议的基础上，从结构框架、目标任务、重大措施及文字表述上，对初稿做了大幅调整和完善。2015年12月15日，区委召开专门会议，对建议初稿进行研究修改；12月下旬和今年1月上旬，先后两次向相关区级领导和区委、区政府各部门征求意见。根据方方面面的意见和建议，起草组再次修改后，于1月19日提交区委常委（扩大）会审议讨论，决定进一步修改后下发征求区级党员老同志和区第四次党代会代表及各民主党派、工商联负责人、无党派人士的意见和建议。根据方方面面所提的意见和建议，起草组再次修改后于1月26日提交区委常委会审议，并根据审议意见做了进一步修改完善。

从征求意见情况看，各方面对建议稿给予充分肯定。普遍认为，建议稿充分体现了习近平总书记系列重要讲话精神和协调推进“四个全面”战略布局，贯彻了党的十八届五中全会和省委、市委十届七次全会精神，突出了五大发展理念及省委“五句话”总要求和市委实施“五个一批”、推动“六大发展”、实现“六个表率”的任务部署，顺应了经济发展新常态的内在要求，符合迎泽区改革发展实际。建议稿坚持创新发展、协调发展、绿色发展、开放发展、共享发展、廉洁和安全发展，突出目标导向和问题导向，强化底线思维，保持战略定力，瞄准短板和难点，回应人民群众诉求和期盼，提出了一系列新的奋斗目标和战略举措，是我区加快科学发展、率先发展的时间表、任务书和路线图。

在征求意见的过程中，各方面围绕事关全区改革发展全局的重大问题，提出了许多好的意见和建议，主要集中在以下几个方面：一是建议“十三五”发展主要目标任务，既要聚焦全面建成小康社会的总目标和新要求，全面贯彻中央和省委、市委的精神，也要充分考虑迎泽发展实际和发展趋势，做到切合实际、积极作为，更好地体现引领性和指导性；二是建议进一步加大力度推进产业转型，坚持投资和消费两个作用并重，坚持生活性服务业和生产性服务业并举，坚持创新驱动和开放发展并行，着力谋划和实施一批重大产业项目，推动服务业提质升级；三是建议进一步统筹产城联动，协调城乡一体发展，在加快城乡路网建设、城中村和棚户区改造等方面，着力谋划和实施一批重大基础设施项目，提升城市功能和承载能力；四是建议进一步加大保障和改善民生的力度，着力谋划和实施一批重大民生项目，在改善环境质量、发展养老服务业、促进城乡居民增收以及就业、教育、卫生、社会保障救助等方面推出一批重大举措，提升发展的整体性和平衡性；五是建议进一步优化发展环境，着力实施一批重大改革事项，化解一批重大不稳定因素，持续加强和改善党的领导，持续改善政务环境、法治环境，持续推动党风政风、社会风气和干部作风的转变。

对这些意见建议，区委责成建议起草组认真研究、逐条分析，进行了充分吸纳和体现。对于一些在建议稿中吸收不了的好的意见建议，下一步将吸收到规划纲要、专项规划以及具体工作之中。

二、建议稿的主要考虑

建议稿的起草，充分考虑“十三五”时期的发展形势，对我区经济社会发展的现实基础、重大机遇、严峻挑战和发展趋势等进行了科学研判，主要把握了以下几点：

一是突出“五个必须”：

必须深入贯彻习近平总书记系列重要

讲话精神和中央、省委、市委重大决策部署。坚持把习近平总书记系列重要讲话精神作为根本遵循，全面贯彻党的十八届五中全会和省委、市委十届七次全会精神，把中央、省委、市委“十三五”规划建议作为起草工作的基本依据，把“六个表率”和率先发展要求作为政治任务和强大动力，采取切实有效的措施，力争在协调推进“四个全面”战略布局、落实省委“五句话”总要求中当好表率，在全市全面建成小康社会进程中发挥省会中心城区重要引领示范作用。

必须充分适应和准确把握经济发展新常态。经过“十二五”的发展，我区加快转型的新动能正在形成，深化改革的红利正在释放，开放开发的空间正在拓展，全区上下思富求进的氛围更加浓厚，率先全面建成小康已具备较为坚实的基础，而且，未来五年，我们将面临国家、省、市多层面发展战略叠加的有利条件，全区发展仍处于大有可为的战略机遇期；同时，我们也深刻认识到，新常态下发展的内涵和条件正在发生深刻变化，增长速度在换挡，结构调整在深化，发展动力在转换。建议稿按照适应新常态、把握新常态、引领新常态进行了总体谋划，把发展质量和效益放在更加突出的位置，提出要以创新驱动，推动发展动力、发展结构和发展方式提质升级，保持经济平稳较快健康发展，实现发展速度与发展质量效益的统一。

必须坚持以新的发展理念为引领。党的十八届五中全会提出了创新、协调、绿色、开放、共享的发展理念，这是“十三五”乃至更长时期我国发展思路、发展方向、发展着力点的集中体现。建议稿以五大发展理念为主线，认真落实省委、市委关于推动“六大发展”、实施“三个突破”等新任务和新要求，以发展理念转变引领发展方式转变，以发展方式转变推动发展质量和效益提升。

必须瞄准影响我区全面建成小康社会的关键和短板。未来五年是全面建成小康社会的决胜阶段，建议稿紧紧围绕这个奋斗目标来展开。针对我区产业提升还不快、发展的动力活力还不足、城市环境还不优、社会民生工作还有短板、优化发展环境依然任重道远等问题，提出一系列重大举措，着力抓薄弱、补短板、解难题，努力突破制约我区改革发展和全面建成小康社会的瓶颈。

必须突出前瞻性、战略性、针对性和实践性。作为区级层面的规划建议，既要有前瞻性和战略性，科学把握新的发展理念精髓和发展思路方向，全面贯彻上级重大部署要求；更要有针对性和实践性，以务实落实为要，紧扣实际，突出特色，找准切入点和突破口，进行重点部署，以避免上下一般粗，确保上级精神落地生根。同时，考虑到建议通过后，要根据建议制定全区“十三五”规划纲要，两个文件之间要有合理分工，所以，建议重点明确了我区发展的指导思想、基本原则、目标任务、重大举措，而一些具体工作部署则留给纲要去规定，以更好体现和发挥建议的指导作用。

二是坚持“三个结合”：

坚持目标导向与问题导向相结合。既对照中央和省委、市委全面建成小康社会总体部署要求，提出我区具体的目标任务；又针对解决制约我区发展的突出问题，提出破解的具体思路、途径和方法举措。

坚持立足当前与着眼长远相结合。在深入分析支撑条件的基础上，提出各项目标任务建议，既提气鼓劲，考虑需要性和必要性，具有引领性和挑战性；又实事求是，考虑可能性和可行性，确保通过努力可以实现。

坚持定量与定性相结合。按照科学确定奋斗目标，形成合理目标体系的要求，就一些关键指标提出了明确和量化的目标，同时，也对各方面发展提出一系列方向性和指导性的任务要求，共同构成了我区“十三五”规划建议的指标体系。

三、建议稿的基本框架

在框架结构上，建议稿共十部分，分三大板块。

导语和第一、第二部分构成第一板块，属于总论。第一部分讲“十三五”时期经济社会发展的形势和指导思想，总结“十二五”时期我区发展取得的新成绩，分析“十三五”时期我区经济社会发展面临的新形势，提出“十三五”时期我区发展的指导思想。第二部分讲“十三五”时期我区经济社会发展的主要目标和发展思路，提出必须坚持以五大发展理念为引领，着力推动全区创新发展、协调发展、绿色发展、开放发展、共享发展、廉洁和安全发展，努力开创我区全面建成小康社会新局面。

第三至第八部分构成第二板块，属于分论。围绕贯彻落实党的十八届五中全会提出的新理念和省委、市委十届七次全会提出的新任务新要求，对我区经济社会发展的主要任务和重大举措集中进行阐述和部署。第三部分讲坚持创新发展，着力提高发展质量和效益，从培育发展新动力、拓展发展新空间、构建产业新体系、全力推进科技创新、金融振兴和民营经济发展“三个突破”等4个方面展开。第四部分讲推动协调发展，着力构筑均衡发展新格局，从推动经济社会协调发展、推动城乡协调发展、推动物质文明和精神文明协调发展等3个方面展开。第五部分讲推动绿色发展，着力打造生态宜居环境，从深入推进环境质量改善、构筑生态安全屏障、促进低碳循环发展和资源节约高效利用等3个方面展开。第六部分讲坚持开放发展，着力开创合作共赢局面，从建立健全对外开放政策机制、加快各类开放平台建设、提高招商引资质量和水平等3个方面展开。第七部分讲全面推进共享发展，着力提升人民幸福指数，从增加公共服务供给、办好民生实事、促进就业创业、稳步提高城乡居民收入、建立公平可持续的社会保障制度、加快教育全面发展、提高全民健康水平、统筹人口均衡协调发展等8个方面展开。第八部分讲推动廉洁和安全发展、着力夯实发展基础，从全面推进“六权治本”、提升推动廉洁发展的本领、营造廉洁发展社会环境、全面加强安全生产、健全公共安全保障体系、推进重大不稳定因素的化解等6个方面展开。

第九、第十部分和结束语构成第三板块。第九部分讲推动全面深化改革和法治迎泽建设，为全区发展提供持续动力和法治保障，从深化推进各领域改革、加快推进政府职能转变、加快推进法治迎泽建设、不断提升社会治理水平等4个方面展开。第十部分讲加强和改善党的领导，为实现“十三五”规划提供坚强保证，从提高党领导经济社会发展的能力和水平，坚决把纪律和规矩挺在前面，始终保持惩治腐败、狠刹“四风”、“打黑除恶”高压态势，坚持从严治吏，加快建设人才强区，广泛凝聚富民强区强大合力，切实抓好规划建议目标任务落实等7个方面展开。结束语号召全区上下要更加紧密地团结在以习近平同志为总书记的党中央周围，坚决贯彻落实中央和省委、市委各项决策部署，进一步坚定信心，抢抓机遇，务实创新，奋发作为，为全面完成“十三五”规划各项目标任务，率先全面建成小康社会而努力奋斗！

四、需要重点说明的几个问题

建议稿提出了我区“十三五”时期一系列新的发展目标、发展要求和重大举措。这里，就几个重点问题简要说明。

（一）关于地区生产总值增长速度

全面建成小康社会的一个重要目标就是到2020年实现地区生产总值比2010年翻一番。为此，全国、全省确定的年均GDP增速在6.5%以上，我市按照目标导向和率先发展要求，提出“十三五”期间GDP年均增长7.5%，到2019年提前一年实现地区生产总值比2010年翻一番的目标。我区作为省会中心城区，区位优势、产业优势和资源要素优势明显，在支持和推动全市率先发展中，应当有所担当和作为，也有条件发展的更快一点、更好一点。

从我区的情况看，“十二五”时期，全区GDP分别增长7.8%、10.6%、10.2%、6.4%和7.7%，年均增长8.4%，2015年全区GDP总量达到534.9亿元。据此测算，到2019年实现翻一番，年均增速需7.5%。为此，建议稿提出“十三五”期间GDP年均增长7.5%，以确保提前一年实现翻番，力争更好结果。

（二）关于产业结构的优化

转方式、调结构，很重要的一个方面就是产业结构的调整优化。从我区产业结构来看，服务业占绝对主导地位，占全区GDP的份额始终保持在85%以上，必须坚定不移地把加快服务业提质升级作为主攻方向和重要着力点。

针对当前我区服务业发展中存在的传统服务业质量不高，现代服务业发展不足，创新发展、开放发展的动力活力不强等短板，在对新常态下发展优势和机遇进行综合分析的基础上，建议稿提出，要以创新驱动引领服务业提质升级：通过发挥投资的关键作用和消费的基础作用，激发新活力，释放新需求，创造新供给，促进新技术、新产业、新业态加速发展，加快实现发展动力转换；通过拓展城市空间、拓展基础设施建设空间、拓展网络经济空间，开拓发展新空间，培育发展新动力；通过优化提升生活性服务业、发展壮大生产性服务业、积极推进“商文旅”融合发展，提升服务业发展水平，构筑产业新优势；通过加快科技创新、促进金融振兴、大力发展民营经济，以“三个突破”，支持和实现服务业发展动力、结构和方式的提质升级。

（三）关于城乡建设和管理

城市是发展的重要载体，实现全面建成小康社会目标，城乡建设管理水平必须与经济社会发展程度相适应，这也是全面协调发展的重要要求。

城中村和棚户区是城市发展的问题和困难所在，也是发展的潜力和希望所在。去年，我们全力推进城中村改造，在确保完成市下达的4个环内城中村整村拆除任务的同时，自加压力，又同步启动了2个村的整村拆除，目前，6个城中村整村拆除均进入尾声，可以说，我区城中村改造取得了历史性的重大突破。“十三五”时期，加快城中村改造仍然是全区工作的重中之重，要继续举全区之力，尽快打赢这一攻坚战，全部完成12个城中村整村拆除，同步推进改造建设，并利用改造释放的空间，谋划布局产业发展，引领和推动城市扩容提质，努力使城中村这一难点成为全区发展的亮点。同时，我们要进一步加快推进棚户区和农村危旧房改造，加大保障性住房建设力度，努力改善城乡居民居住条件。

作为省会中心城区，我区是省市的形象展示“窗口”，体现着太原市的现代化管理水平。针对当前城乡管理水平还不高，背街小巷环境卫生问题依然突出等问题，建议稿把提升城乡管理列为推动协调发展的重要组织部分，提出了四个方面的任务要求：一是推进城市管理网格化、数字化和精细化，加快建立全域覆盖、全过程监管的信息化管理体系；二是推进城市管理和执法体制机制改革，健全区、街镇、社区（村）三级管理体系，建立统一有序、各尽其责的常态长效管理机制；三是探索建立公众自觉维护、社会单位自治、全民参与管理的城市管理模式，拓展市民参与和监督城市管理的渠道；四是持续开展老旧片区、背街小巷和农村人居环境整治，严厉打击“两违”，继续扩大机械化清扫冲洗作业覆盖，加快农村地区清扫保洁、垃圾清运市场化、专业化进程，努力提升中心城区环境形象。

（四）关于改善环境质量

当前，人民群众对清新空气、清澈水质、清洁环境等生态产品的需求越来越迫切。改善环境质量是关系全区、全市人民及子孙后代幸福安康的重大工程，是贯彻五大发展理念的必然选择。为此，建议稿提出实行最严格的环境保护制度，围绕环境质量总体改善目标，采取主要污染物排放总体控制和环境风险防控措施，实施大气、水、土壤三大污染防治行动计划，加快造林绿化和城市绿化美化，构筑生态安全屏障，力争森林覆盖率达到32%以上，优良天气率达到80%左右，空气污染指数下降15.5%。

这里要着重说明的是，实现80%左右优良天气率的目标是令人振奋的，但也是有难度、有压力的。在生态环境上，我们就是要自加压力，变压力为动力。近年来，我区通过“五大工程”和“五项整治”等重大举措，环境质量持续改善，2013年全区二级以上优良天数为104天，全年优良率为32.9%；2014年达到189天，优良率为51.8%；2015年达到221天，优良率为61.9%。未来五年，我们要进一步加大力度，通过实施城中村拆迁改造、集中供热全覆盖、洁净煤置换、治理扬尘和尾气污染等有力有效举措，实现优良天数年均提高3.6个百分点、增加14天左右，是有希望也有条件的。尽管越往后工作可能越难，但实践证明事在人为！只要坚定信心，迎难而上，用目标倒逼措施，用责任强化落实，“十三五”环境质量改善目标就一定会实现。

（五）关于保障和改善民生

全面建成小康社会就是要让全区人民生活水平和质量普遍提高。要始终坚持把保障和改善民生作为各项工作的根本出发点和落脚点，努力实现共享发展。

建议稿按照“坚守底线、突出重点、完善制度、引导预期”的总体要求，着眼于解决人民群众最关心、最直接、最现实的利益问题，提出了一系列保障和改善民生的重大举措。如，全区城乡职工、居民各项社会保险覆盖率达98%以上，各项社会保险金按时足额发放率达100%；新改扩建中小学10所，净增优质学位3500个；构建全面覆盖社区、农村和家庭，经济、便捷、安全、优质的医疗卫生服务体系；坚持居民收入增长与经济增长同步，农村居民收入增速快于城镇居民收入增速，提前一年实现比2010年翻一翻，等等。此外，坚持推进城乡基本服务均等化，努力实现全覆盖，每年财政用于公共服务支出的增幅高于一般性财政预算收入增幅；坚持每年办好一批民生实事，着力解决群众在保障救助、福利服务和教育、卫生、住房、交通、安全等方面的期盼诉求，着力抓好背街小巷整治、既有建筑节能改造、保障性住房建设、农村饮水安全工程、公路安全生命防护工程和公共交通、停车场、公共厕所等事关群众切身利益的民生实事，切实把发展与民生更紧密结合起来，让人民群众有更多获得感和幸福感，进一步激发全区人民主人翁意识，调动一切积极因素，汇集发展正能量，为实现“十三五”目标任务提供有力支撑。

五、关于实现“十三五”目标的保障举措

主要有三个方面：

（一）加强和改进党对经济工作的领导。实现“十三五”建议确定的各项目标，关键在党。建议稿提出，要加强和改善党对经济工作的领导，充分发挥党总揽全局、协调各方的领导核心作用，全面从严治党，切实提高各级干部领导经济社会发展的能力，发挥党组织的战斗堡垒作用和党员的先锋模范作用，为经济社会全面健康发展提供根本政治保证。

（二）全面深化改革和建设法治迎泽。全面深化改革、全面依法治国是车之两轮、鸟之两翼，共同推动全面建成小康社会目标顺利实现。建议稿提出，要推动全面深化改革和建设法治迎泽，加快推进政府职能转变，进一步提高运用法治思维和法治方式推进工作的能力，为全区发展提供持续动力和法治保障。

（三）谋划推进“五个一批”。“五个一批”是推动“六大发展”的重要载体和抓手，实践证明是行之有效的措施。建议稿提出，“十三五”期间要继续谋划和推动“五个一批”。“五个一批”必须落实到具体项目和事项，必须落实到年度目标任务，必须有工作举措和责任体系作保障，以确保落实。要根据五大发展理念和“六大发展”任务，以及全区“十三五”目标任务，与时俱进、动态调整、滚动推进，使其更有针对性、更富实际成效。

同志们，讨论好、修改好“十三五”规划建议，是这次会议的主要任务。希望大家以对全区大局和长远发展高度负责的精神，深入思考，认真讨论，积极建言，齐心协力描绘好迎泽发展新蓝图，奋力夺取全面建成小康社会的新胜利。

迎泽区二〇一六年一般公共预算支出表（草案）

单位：万元

支出项目	支出预算	其中			同口径增长%	备注
		区级财力	专项转移支付	上年结转支出		
区级财力支出合计	206901	179823	8778	18300	6.46	
一、一般公共服务	15615	15582	11	22	-17.84	
人大事务	595	595	0	0		
行政运行	358	358				
人大会议	220	220				
人大会议	12	12				
代表工作	5	5				
政协事务	346	346	0	0		
行政运行	216	216				
政协会议	90	90				
委员视察	25	25				
其他政协事务支出	15	15				
政府办公厅（室）及相关机构事务	4539	4539	0	0		
行政运行	3312	3312				
一般行政管理事务	187	187				
机关服务	60	60				
专项业务活动	140	140				
法制建设	70	70				
信访事务	330	330				
事业运行	140	140				
其他政府办公厅（室）及相关机构事务支出	300	300				
发展与改革事务	1250	1250	0	0		
行政运行	146	146				
经济体制改革研究	14	14				
物价管理	290	290				
其他发展与改革事务支出	800	800				
统计信息事务	236	234	0	2		

续表

支出项目	支出预算	其中			同口径增长%	备注
		区级财力	专项转移支付	上年结转支出		
行政运行	122	122				
一般行政管理事务	10	10				
专项统计业务	2			2		
统计管理	24	24				
专项普查活动	15	15				
统计抽样调查	10	10				
事业运行	53	53				
财政事务	755	751	0	4		
行政运行	284	284				
财政国库业务	6	6				
财政委托业务支出	180	180				
其他财政事务支出	285	281		4		
税收事务	3430	3430	0	0		
行政运行	3430	3430				
审计事务	161	160	0	1		
行政运行	153	153				
审计业务	8	7		1		
人力资源事务	301	301	0	0		
行政运行	290	290				
军队转业干部安置	1	1				
公务员考核	2	2				
事业运行	8	8				
纪检监察事务	383	383	0	0		
行政运行	383	383				
商贸事务	650	650	0	0		
行政运行	300	300				
一般行政管理事务	30	30				
招商引资	290	290				
其他商贸事务支出	30	30				

续表

支 出 项 目	支出预算	其 中			同口径增长 %	备 注
		区级财力	专项转移支付	上年结转支出		
工商行政管理事务	150	150	0	0		
工商行政管理专项	150	150				
质量技术监督与检验检疫事务	100	100	0	0		
质量技术监督行政执法及业务管理	100	100				
宗教事务	125	125	0	0		
行政运行	108	108				
一般行政管理事务	12	12				
宗教工作专项	5	5				
港澳台侨事务	33	33	0	0		
行政运行	33	33				
档案事务	67	67	0	0		
行政运行	63	63				
一般行政管理事务	4	4				
民主党派及工商联事务	33	33	0	0		
行政运行	33	33				
群众团体事务	324	313	11	0		
行政运行	311	311				
其他群众团体事务支出	13	2	11			
党委办公厅(室)及相关机构事务	1478	1478	0	0		
行政运行	1167	1167				
一般行政管理事务	311	311				
组织事务	322	313	0	9		
行政运行	277	277				
一般行政管理事务	24	15		9		
机关服务	21	21				
宣传事务	168	162	0	6		
行政运行	143	143				
一般行政管理事务	19	19				
其他宣传事务支出	6			6		

续表

支出项目	支出预算	其中			同口径增长%	备注
		区级财力	专项转移支付	上年结转支出		
统战事务	103	103	0	0		
行政运行	103	103				
其他共产党事务支出	66	66	0	0		
行政运行	66	66				
二、国防支出	620	620	0	0		
国防动员	620	620	0	0		
预备役部队	50	50				
民兵	570	570				
三、公共安全支出	9240	8101	327	812	21.60	
公安	3030	3030	0	0		
行政运行	1043	1043				
一般行政管理事务	1882	1882				
其他公安支出	105	105				
检察	1990	1708	0	282		
行政运行	1346	1346				
一般行政管理事务	282			282		
"两房"建设	362	362				
法院	3864	3063	320	481		
行政运行	1983	1983				
一般行政管理事务	621		320	301		
"两庭"建设	1080	1080				
其他法院支出	180			180		
司法	356	300	7	49		
行政运行	201	201				
一般行政管理事务	49	5		44		
基层司法业务	47	47				
法律援助	59	47	7	5		
四、教育支出	38151	31995	369	5787	-11.66	
教育管理事务	1950	1950	0	0		

续表

支出项目	支出预算	其中			同口径增长%	备注
		区级财力	专项转移支付	上年结转支出		
行政运行	494	494				
一般行政管理事务	216	216				
机关服务	996	996				
其他教育管理事务支出	244	244				
普通教育	27188	25237	364	1587		
学前教育	1475	531	277	667		
小学教育	17171	16867		304		
初中教育	7839	7839				
其他普通教育支出	703		87	616		
成人教育	8	0	5	3		
其他成人教育支出	8		5	3		
特殊教育	273	263	0	10		
特殊学校教育	273	263		10		
进修及培训	345	345	0	0		
教师进修	154	154				
干部教育	191	191				
教育费附加安排的支出	8387	4200	0	4187		
农村中小学校舍建设	500	500				
城市中小学校舍建设	4887	700		4187		
城市中小学教学设施	3000	3000				
五、科学技术支出	2431	2400	0	31	2.14	
科学技术管理事务	92	92	0	0		
行政运行	92	92				
技术研究与开发	2260	2248	0	12		
应用技术研究与开发	12			12		
产业技术研究与开发	2248	2248				
科学技术普及	79	60	0	19		
机构运行	60	60				
其他科学技术普及支出	19			19		

续表

支出项目	支出预算	其中			同口径增长%	备注
		区级财力	专项转移支付	上年结转支出		
六、文化体育与传媒支出	1021	880	23	118	3.10	
文化	465	460	5	0		
行政运行	234	234				
机关服务	5	5				
图书馆	20	20				
文化活动	12	12				
群众文化	64	64				
其他文化支出	130	125	5			
文物	180	180	0	0		
文物保护	180	180				
体育	240	240	0	0		
群众体育	240	240				
其他文化体育与传媒支出	136	0	18	118		
其他文化体育与传媒支出	136		18	118		
七、社会保障和就业	42498	33626	4534	4338	13.44	
人力资源和社会保障管理事务	710	710	0	0		
劳动保障监察	153	153				
就业管理事务	400	400				
社会保险业务管理事务	97	97				
公共就业服务和职业技能鉴定机构	57	57				
劳动人事争议调解仲裁	3	3				
民政管理事务	9332	5417	0	3915		
行政运行	242	242				
拥军优属	3	3				
老龄事务	74	66		8		
行政区划和地名管理	298	298				
基层政权和社区建设	8700	4793		3907		
其他民政管理事务支出	15	15				
财政对社会保险基金的补助	2266	2266	0	0		

续表

支出项目	支出预算	其中			同口径增长%	备注
		区级财力	专项转移支付	上年结转支出		
财政对基本养老保险基金的补助	140	140				
财政对城乡居民基本养老保险基金的补助	2106	2106				
财政对其他社会保险基金的补助	20	20				
行政事业单位离退休	15367	15367	0	0		
归口管理的行政单位离退休	3753	3753				
事业单位离退休	11384	11384				
离退休人员管理机构	17	17				
其他行政事业单位离退休支出	213	213				
企业改革补助	2000	2000	0	0		
其他企业改革发展补助	2000	2000				
就业补助	3110	2282	828	0		
公益性岗位补贴	2282	2282				
其他就业补助支出	828		828			
抚恤	4567	3513	750	304		
死亡抚恤	883	883				
优抚事业单位支出	30	30				
义务兵优待	2600	2600				
其他优抚支出	1054		750	304		
退役安置	2454	810	1553	91		
退役士兵安置	300	242	58			
军队移交政府的离退休人员安置	1972	467	1414	91		
军队移交政府离退休干部管理机构	81		81			
退役士兵管理教育	100	100				
其他退役安置支出	1	1				
社会福利	211	190	8	13		
儿童福利	36	15	8	13		
老年福利	122	122				
社会福利事业单位	53	53				
残疾人事业	546	516	25	5		

续表

支出项目	支出预算	其中			同口径增长%	备注
		区级财力	专项转移支付	上年结转支出		
行政运行	78	78				
残疾人康复	39	32	4	3		
残疾人就业和扶贫	60	60				
其他残疾人事业支出	369	346	21	2		
自然灾害生活救助	15	15	0	0		
地方自然灾害生活补助	15	15				
最低生活保障	1407	200	1207	0		
城市最低生活保障金支出	1407	200	1207			
临时救助	488	320	163	5		
临时救助支出	478	320	158			
流浪乞讨人员救助支出	10		5	5		
特困人员供养	20	15	0	5		
农村五保供养支出	20	15		5		
其他生活救助	5	5	0	0		
其他城市生活救助	5	5				
八、医疗卫生与计划生育支出	16039	11520	2815	1704	7.25	
医疗卫生与计划生育管理事务	310	310	0	0		
行政运行	310	310				
公立医院	160	60	100	0		
其他公立医院支出	160	60	100			
基层医疗卫生机构	2297	2246	4	47		
城市社区卫生机构	356	356				
乡镇卫生院	24			24		
其他基层医疗卫生机构支出	1917	1890	4	23		
公共卫生	4891	1704	1912	1275		
疾病预防控制机构	664	663		1		
卫生监督机构	410	410				
妇幼保健机构	381	381				
基本公共卫生服务	3198	250	1879	1069		

续表

支出项目	支出预算	其中			同口径增长%	备注
		区级财力	专项转移支付	上年结转支出		
重大公共卫生专项	99		28	71		
其他公共卫生支出	139		5	134		
医疗保障	5717	5369	252	96		
行政单位医疗	1107	1107				
事业单位医疗	3007	3007				
优抚对象医疗补助	127		52	75		
新型农村合作医疗	191	170		21		
城镇居民基本医疗保险	969	969				
城乡医疗救助	300	100	200			
其他医疗保障支出	16	16				
中医药	43	10	15	18		
中医(民族医)药专项	43	10	15	18		
计划生育事务	1240	851	283	106		
计划生育机构	400	400				
计划生育服务	451	451				
其他计划生育事务支出	389		283	106		
食品和药品监督管理事务	1031	970	0	61		
行政运行	778	778				
一般行政管理事务	130	130				
药品事务	50	50				
事业运行	12	12				
其他食品和药品监督管理事务支出	61			61		
其他医疗卫生与计划生育支出	350	0	249	101		
其他医疗卫生与计划生育支出	350		249	101		
九、节能环保支出	3693	2000	264	1429	2537.69	
环境保护管理事务	283	225	0	58		
其他环境保护管理事务支出	283	225		58		
污染防治	1695	1000	198	497		
大气	497			497		

续表

支出项目	支出预算	其中			同口径增长%	备注
		区级财力	专项转移支付	上年结转支出		
其他污染防治支出	1198	1000	198			
天然林保护	3	0	0	3		
森林管护	3			3		
退耕还林	280	0	66	214		
退耕现金	280		66	214		
污染减排	1432	775	0	657		
其他污染减排支出	1432	775		657		
十、城乡社区支出	51132	50188	0	944	12.11	
城乡社区管理事务	2507	2500	0	7		
行政运行	445	445				
一般行政管理事务	7			7		
城管执法	2055	2055				
城乡社区规划与管理	405	400		5		
城乡社区公共设施	15471	15288	0	183		
其他城乡社区公共设施支出	15471	15288		183		
城乡社区环境卫生	30749	30000		749		
其他城乡社区支出	2000	2000				
十一、农林水支出	2800	2184	135	481	-69.58	
农业	906	751	78	77		
行政运行	108	108				
一般行政管理事务	15	15				
事业运行	193	193				
科技转化与推广服务	4			4		
病虫害控制	1		1			
农业生产支持补贴	53		52	1		
农业组织化与产业化经营	30		20	10		
对高校毕业生到基层任职补助	44	35		9		
其他农业支出	458	400	5	53		
林业	935	726	41	168		

续表

支 出 项 目	支出预算	其中			同口径增长%	备注
		区级财力	专项转移支付	上年结转支出		
行政运行	57	57				
森林培育	629	500		129		
林业技术推广	35			35		
森林资源管理	27		27			
林业防灾减灾	173	169		4		
其他林业支出	14		14			
水利	655	626	11	18		
行政运行	181	181				
水利工程建设	13			13		
水利工程运行与维护	226	223		3		
防汛	29	22	7			
大中型水库移民后期扶持专项支出	4		4			
水资源费安排的支出	1			1		
农村人畜饮水	200	200				
其他水利支出	1			1		
农村综合改革	304	81	5	218		
对村级一事一议的补助	124	75	5	44		
对村集体经济组织的补助	180	6		174		
十二、交通运输支出	665	607	0	58	3.91	
公路水路运输	646	607	0	39		
行政运行	560	560				
公路养护	57	47		10		
公路运输管理	29			29		
车辆购置税支出	19	0	0	19		
车辆购置税其他支出	19			19		
十三、资源勘探信息等支出	2531	300	300	1931	412.87	
安全生产监管	359	300	0	59		
行政运行	300	300				
其他安全生产监管支出	59			59		

续表

支出项目	支出预算	其中			同口径增长 %	备注
		区级财力	专项转移支付	上年结转支出		
支持中小企业发展和管理支出	2172	0	300	1872		
中小企业发展专项	2172		300	1872		
十四、商业服务业等支出	8	0	0	8	−96.51	
旅游业管理与服务支出	8	0	0	8		
其他旅游业管理与服务支出	8			8		
十五、国土海洋气象等支出	657	20	0	637	71.09	
国土资源事务	637	0	0	637		
其他国土资源事业支出	637			637		
地震事务	20	20	0	0		
行政运行	20	20				
十六、预备费	3000	3000				
十七、其他支出	16800	16800	0	0	108.70	
其他支出	16800	16800				
转移性支出合计	10518					
一、上解上级支出	10278					
二、援助其他地区支出	240					
合计	217419	179823	8778	18300		
	203499	176603	8778	18118		
	−13920	−3220	0	−182		

便民服务

2015年迎泽区公办小学学区范围

序号	学校名称	学校地址	招生班数	学区范围
1	校尉营小学	太原市迎泽区西校尉营21号	4	西夹道、南仓巷、靴巷、大剪子巷以东，五一路以西，南肖墙、鼓楼街以南，开化寺、海子边东街、海子边西街、皇华馆以北
2	桃园小学	太原市迎泽区桃园北路90号	4	滨河东路以东，新建路以西，桃园三巷以南，水西关街以北
3	海边街小学	太原市迎泽区海边街9号	3	新建路以东，南海街（都司街）以西，迎泽大街以北，西羊市街以南
4	三晋小学	太原市迎泽区庙前街19号	2	南海街（都司街）以东，解放路以西，西羊市街以南，迎泽大街以北
5	新西小学	太原市迎泽区水西关南街南一巷9号	4	新建路以西，滨河东路以东，迎泽大街以北，水西关街以南
6	回民小学	太原市迎泽区云路街33号	2	解放路以东，柳巷南路以西，云路街两侧（柳巷南路以西），迎泽大街以北。前所街，柳南小区六号楼
7	双语实验小学	太原市迎泽区解放路晋府店4号	2	解放路以东，鼓楼街以南，大剪子巷、靴巷、南仓巷、西夹道、前所街以西，开化寺街两侧
8	双西学校	太原市迎泽区双塔西街52号	6	新建南路以东，解放南路以西，南沙河以南，菜园街以北
9	滨河小学	太原市迎泽区桃园南路西一巷7号	5	滨河东路以东，新建路以西，迎泽大街以南，康乐街以北
10	大南关小学	太原市迎泽区文源巷53号	4	新建南路以东，迎泽公园以西，南沙河北沿岸以北，迎泽大街以南
11	桃南小学	太原市迎泽区桃园南路西里街3号	5	滨河东路以东，新建南路以西，康乐街以南，沙河桥东侧双塔西街以北，沙河桥西侧南沙河北沿岸以北
12	青年路小学	太原市迎泽区邮电后街3号	6	并州西街以南，青年路两侧，南沙河以北，并州路以西
13	迎泽街小学	太原市迎泽区新南四条12号	2	并州西街以北，迎泽大街以南，并州路以西，青年路两侧及以东

续表

序号	学校名称	学校地址	招生班数	学区范围
14	东岗小学	太原市迎泽区并州东街 75 号	4	并州东街以南，南沙河以北，东岗路以西，并州路以东及东岗小学围墙外侧
15	并州路小学	太原市迎泽区并州路西一里 51 号	2	并州路以东，南官坊、新生里、北联干休所以西，迎泽大街以南，并州东街以北
16	并东小学	太原市迎泽区并州东街东岗路南三巷 20 号	2	东岗路以东，建设路以西（南沙河北沿岸以北含铁路沿线），并州东街以南，南内环街以北
17	流沙坡小学	太原市迎泽区新生里 66 号	3	迎泽南街以南，并州东街以北，北联干休所、东岗巷东二里、二六四医院、南官坊以东
18	朝阳街小学	太原市迎泽区朝阳街北二巷 19 号	4	火车站铁路线以东，太行路以西，郝家沟街以南，南沙河以北
19	小五台小学	太原市迎泽区新城南街 2 号	3	迎泽南街以北、南官坊以东（桥东派出所）；五一东街以北、文庙巷以东、新城街以南，东安路以西（文庙派出所）
20	建设路小学	太原市迎泽区新城街 3 号	4	五一路以东，建设路以西，上马街、崇善寺、新城街以北，府东街路南以南
21	双南小学	太原市迎泽区双塔南巷 31 号	2	建设南路以东，南十方街以北；太行路以西，白云寺街、永祚寺西街以南
22	狄村小学	太原市迎泽区双塔南路 8 号	3	建设南路以东，东中环以西，白云小区（不含白云小区）以南，龙堡街以北
23	第三实验小学	太原市迎泽区菜园街 6 号	4	新建南路、解放南路以东，并州北路以西，南内环街以北，南沙河南沿岸
24	太师一附小	太原市迎泽区侯家巷 2 号	6	五一路以东，上马街以南，狄梁公街以西，崇善寺以南、文庙巷以西、五一东街以北
25	太师二附小	太原市迎泽区老军营小区小环路 2 号	8	新建南路以西，滨河东路以东，南内环街以北，沙河桥东侧双塔西街以南，沙河桥西侧南沙河南沿岸以南
26	三好小学	太原市迎泽区双塔寺街葡萄园 7 号	1	并州路以东、南内环街以北、东岗路以西、南沙河南沿岸以南范围，山西日报社宿舍院及山西日报职工子弟

续表

序号	学校名称	学校地址	招生班数	学区范围
27	第一实验小学	太原市迎泽区经园路汇隆花园北门	4	经园路以西，五龙口街以南，郝家沟街以北，太行路以东范围（东华苑小区、汇隆花园 A、B 区、戒毒所小区、五龙花园小区、华北广电小区）
28	起凤街小学	太原市迎泽区起凤街 2 号	1	五一路以西，柳南以东，儿童公园以南，迎泽大街以北
29	第二实验小学	太原市迎泽区双塔北路 9 号	6	太行路以西，建设北路以东，五龙口街以南、五龙口南巷以北
30	双塔北路小学	太原市迎泽区双塔北路一马路 608 号	6	五龙口南巷以南，郝家沟街以北，铁道以东，太行路以西
31	港道小学	太原市迎泽区郝庄镇港道村	2	按照行政村划接收学生，包括五个自然村：港道村、前水峪村、后水峪村、观门前村、观家峪村
32	松庄小学	太原市迎泽区郝庄镇松庄村	4	太原市迎泽区郝庄镇水峪村以西， 郝庄镇郝家沟村以东， 郝庄镇赵北峰村以北，太原市杏花岭区杨家峪镇淖马村以南
33	王家峰小学	太原市迎泽区郝庄镇王家峰村	1	按照行政村划接收王家峰村学生
34	马庄小学	太原市迎泽区郝庄镇马庄村	2	按照行政村划接收学生，包括五个自然村：马庄村、店坡村、新沟村、枣园村、赵北峰村
35	孟家井小学	太原市迎泽区孟家井村	1	按照行政村划接收学生，包括九个自然村：孟家井，柳沟，捐子，沟北，东祁家山，西祁家山，占道，前头河，张家河

迎泽区行政审批服务事项汇总表

序号	单位	审批事项名称
1	工商分局	公司登记
2	工商分局	个人独资企业设立
3	工商分局	非公司企业法人登记
4	工商分局	合伙企业登记
5	工商分局	农民专业合作社登记
6	工商分局	企业名称预先核准
7	工商分局	非公司营业单位注销
8	工商分局	有限责任公司注销
9	工商分局	个人独资企业及分支机构变更登记
10	工商分局	有限责任公司变更登记
11	工商分局	农民专业合作社及分支机构变更登记
12	工商分局	有限责任公司分公司变更登记
13	国税分局	税务登记
14	地税分局	个体工商户税务登记
15	地税分局	企业及其他非个体户税务登记(新办)
16	地税分局	企业及其他非个体户税务登记(变更)
17	地税分局	企业及其他非个体户税务登记(补办)
18	质监分局	计量标准器具核准
19	质监分局	制造、修理计量器具许可证核发
20	质监分局	特种设备使用登记(1次申请10台以下)
21	质监分局	特种设备使用登记(1次申请10~50台以下)
22	质监分局	特种设备使用登记(1次申请50台以上)
23	质监分局	计量检定员资格核准
24	环保分局	建设项目环境影响评价文件审批(登记表)

续表

序号	单位	审批事项名称
25	环保分局	建设项目环境影响评价文件审批(报告表)
26	环保分局	建设项目环境影响评价文件审批(报告书)
27	环保分局	建设项目竣工验收审批
28	环保分局	建筑施工夜间作业证明
29	环保分局	大气、水体排放污染许可证核发
30	国土分局	建设项目用地预审(初审)
31	国土分局	土地复垦设计方案审批及复垦后土地验收
32	国土分局	临时用地审批
33	国土分局	国家基础测绘成果资料提供使用的审批
34	国土分局	矿山地质环境恢复治理方案的审批或审查
35	国土分局	建设项目地质灾害危险性评估报告备案
36	国土分局	城镇居民土地登记分割发证—宗地分割
37	国土分局	城镇居民土地登记分割发证—分割转让许可证登记
38	国土分局	城镇居民土地登记分割发证—分割变更登记
39	国土分局	城镇居民土地登记分割发证—土地使用权抵押登记
40	国土分局	城镇居民土地登记分割发证—土地使用权抵押注销登记
41	园林绿化	非正常修剪树木的许可
42	园林绿化	古树名木采摘果实种子的审批
43	园林绿化	在城市的公共绿地内从事商业、服务经营活动的审批
44	园林绿化	公园内举办活动的批准
45	园林绿化	公园内拍摄影视作品的批准
46	园林绿化	城市古树名木的鉴定
47	城管局	挖掘和临时占用城市道路审批
48	城管局	燃气经营许可证的核发
49	城管局	新建、拆除或者改造城市环境卫生设施审核

续表

序号	单位	审批事项名称
50	城管局	因教学、科研以及其他特殊需要饲养家禽、家畜的批准
51	城管局	建筑物等设施悬挂宣传条幅
52	城管局	公共场地堆放物料及其他设施的同意
53	城管局	各类市场的环境卫生监管检查
54	城管局	对擅自占用城市道路作为集贸市场管理
55	城管局	公共场所举办宣传咨询等活动的审批
56	城管局	接纳城市建筑垃圾和生活垃圾的审批
57	城管局	建筑物或设施的外观造型、装饰及色彩方案备案
58	城管局	设置自行车存车处的审核
59	城管局	公共场地堆放物料、搭建建筑物及其他的同意
60	人防办	人防工程利用审核
61	人防办	已建人防工程拆除批准
62	人防办	已建人防工程的报废、改造
63	人防办	警报器拆除(迁移)审核
64	住建局	新设立物业服务企业资质核定
65	住建局	物业服务企业三级资质核定
66	住建局	物业服务企业资质证书变更
67	发改局	权限内政府出资的投资项目审批
68	发改局	企业投资项目核准
69	发改局	企业投资项目备案
70	发改局	招标方案核准
71	发改局	固定资产投资项目节能评估审查
72	发改局	县区政府出资的不使用上级政府资金的投资项目审批
73	发改局	企业投资不涉及跨县
74	发改局	企业投资县乡公路

续表

序号	单位	审批事项名称
75	发改局	企业投资其他城建项目
76	发改局	企业投资教育、卫生、文化、体育、广播电影电视核准
77	发改局	企业在县(区)主管河流上投资建设径流式水电项目核准
78	发改局	企业投资压缩天然气(CNG)加气子站项目核准
79	发改局	项目招标事项核准
80	发改局	企业投资5亿元以下项目备案
81	发改局	项目节能评估审查
82	发改局(转自经信局)	固定资产投资项目节能评估审查
83	发改局(转自经信局)	技术改造项目达产达效验收
84	发改局(转自经信局)	投资项目核准
85	发改局(转自经信局)	企业投资项目备案(5000万元以下)
86	发改局(转自经信局)	技术改造项目达产达效验收
87	发改局(转自经信局)	工业固定资产投资项目节能评估与审查
88	发改局(转自物价)	民办非学历学校(不含幼儿园)收费备案
89	发改局(转自物价)	民办学校(非学历)收费备案
90	发改局(转自物价)	社会力量办学收费备案
91	发改局(转自物价)	物业管理服务收费备案
92	婚姻登记	结婚证登记
93	婚姻登记	离婚证登记
94	婚姻登记	补发结婚证登记
95	婚姻登记	补发离婚证登记
96	民政局	民办非企业单位设立登记
97	民政局	民办非企业单位法人变更登记
98	民政局	民办非企业单位注销核准审批
99	民政局	社会团体成立登记

续表

序号	单位	审批事项名称
100	民政局	社会团体及分支机构、代表机构的设立登记
101	民政局	社会团体及分支机构、代表机构变更登记及修改章程核准
102	民政局	社会团体及分支机构、代表机构的注销登记
103	人社局	企业综合计算工时和不定时工作制审批
104	人社局	工伤认定
105	人社局	企业职工退休审批(正常退休)
106	人社局	企业职工退休审批(特殊工种)
107	人社局	企业职工退休审批(病退)
108	人社局	职业介绍机构资格许可
109	人社局	民办职业培训学校办学许可
110	人社局	补办退休证
111	人社局	连续工龄审批
112	人社局	调整工伤人员工伤保险待遇审批
113	人社局	遗属生活困难补助费审批
114	教育局	民办幼儿园办学许可证
115	教育局	民办学校办学许可证
116	农业委员会	动物防疫条件合格证核发
117	农业委员会	拖拉机、联合收割机登记注册
118	农业委员会	拖拉机、联合收割机驾驶证核发
119	农业委员会	动物诊疗许可证核发
120	农业委员会	动物检疫合格证核发
121	农业委员会	农药经营许可证核发
122	农业委员会	兽药经营许可证核发
123	卫计局	公共场所申请办理卫生许可审批
124	卫计局	供水单位卫生许可

续表

序号	单位	审批事项名称
125	卫计局	医疗机构设置许可
126	卫计局	医师执业(助理)注册
127	卫计局	护士执业注册(初审)
128	卫计局	助产、结扎和终止妊娠手术的医疗、保健机构许可
129	卫计局	放射诊疗许可审批
130	卫计局	护士延续注册
131	卫计局	护士变更注册
132	文化局	互联网上网服务营业场所设立及变更审批
133	文化局	娱乐场所设立及变更的审批
134	文化局	文艺表演团体设立及变更的审批
135	文化局	国内营业性演出备案
136	文化局	演出场所经营单位备案
137	文化局	个体演员、个体演出经纪人备案
138	文化局	出版物批发、零售企业设立及变更的审批
139	文化局	一次性内部资料性出版物出版审批
140	文化局	设立报刊记者站初审
141	文化局	乡镇、机关、部队、团体、企事业设立广播电视站审核
142	文化局	改建、拆除电影院审批
143	文化局	印刷企业、经营者设立及变更审批
144	文化局	专业性强危险性大社会影响大的体育项目经营许可
145	文化局	经营性体育活动场所设立及变更许可(备案)
146	文化局	体育类民办非企业登记审核
147	文化局	体育经营专业人员资格证核发
148	文化局	举办健身气功活动及设立站点审批及监督检查
149	文化局	县文物保护单位的保护范围和建设控制内建设作业审批

续表

序号	单位	审批事项名称
150	文化局	对县区文物单位必须做出迁移或者拆除方案的审核
151	文化局	体育类社会团体登记审核
152	商务局	酒类流通备案登记证
153	商务局	酒类批发许可证(初审)
154	商务局	再生资源备案初审
155	商务局	外商独资项目备案
156	商务局	设立旧机动车鉴定评估机构审批
157	商务局	对外劳务合作经营资格审批
158	商务局	鲜茧收购资格认定
159	商务局	黄标车一站式服务
160	交警大队	黄标车一站式服务
161	环保分局	黄标车一站式服务
162	司法局	基层法律服务工作者执业核准
163	财政局	会计代理记账职业资格审核(初审)
164	财政局	会计从业资格审批(初审)
165	安监局	危险化学品经营许可及变更许可
166	安监局	地勘工程备案
167	安监局	重大危险源备案
168	安监局	砖瓦粘土开采、非金属矿山建设项目安全设施设计审查
169	安监局	非药品类易制毒化学品生产、经营许可证核发
170	水务局	水源勘探、开凿或更新水井的审批
171	水务局	取水许可(50米以下)
172	水务局	河道管理范围内有关事项的审批
173	水务局	采砂许可证审批
174	水务局	河道排污口设置和扩大审批

续表

序号	单位	审批事项名称
175	水务局	蓄滞洪区避洪设施建设审批
176	水务局	水利建设项目的审批
177	水务局	开发建设项目水土保持方案及工程验收审批
178	水务局	水域滩涂渔业养殖、捕捞及水产苗种生产许可
179	水务局	河道管理范围内有关事项的审批
180	水务局	实施地下水动态监测
181	水务局	核发水域滩涂养殖证(初审)
182	水务局	捕捞业许可
183	水务局	水域滩涂养殖证核发
184	水务局	民间规模性水生生物增殖放流活动审批
185	水务局	水产苗种产地检验
186	水务局	内陆渔业捕捞许可证审批
187	水务局	专项(特许)渔业捕捞许可证审批
188	水务局	临时渔业捕捞许可证审批
189	水务局	农村集体经济组织修建水库批准
190	水务局	责令限期安装计量设施
191	水务局	对用水单位取得水资源使用权的调整
192	地震局	工程抗震设防及地震监测和环境保护内建设工程的审批
193	交通运输局	在辖区公路内申请办理超限运输许可
194	交通运输局	道路运输相关业务维修许可
195	交通运输局	道路货物运输、站场经营许可及变更许可
196	交通运输局	跨越穿越公路、修建桥梁或架设埋管道等设施的许可
197	交通运输局	占用挖掘公路或使公路改线跨越公路的设施设置许可
198	交通运输局	经营性道路货运车辆年度审验
199	民族宗教局	清真许可证及清真标志牌事项审批

续表

序号	单位	审批事项名称
200	民族宗教局	宗教活动场所事项初审
201	民族宗教局	变更少数民族成分审核
202	民族宗教局	宗教教职人员备案
203	民族宗教局	宗教场所负责人备案
204	民族宗教局	清真食品专用包装、标识备案
205	林业局	林木种子生产及经营许可(注册资金 1000 万元以下)
206	林业局	省内运输、携带陆生野生动物及其产品审批
207	林业局	非重点保护陆生野生动物驯养繁殖及其产品经营许可
208	林业局	林木采伐木材经营加工及运输许可
209	林业局	临时占用、征用林地审核
210	林业局	森林、林木、林地权属登记及证书核发
211	林业局	林业植物检疫证书(省内)核发
212	林业局	天然林保护范围内利用森林从事旅游、种植等经营许可
213	林业局	使用新型药剂进行生产性森林病虫害防治审定
214	林业局	在森林公园设置商业网店同意
215	林业局	县级森林公园总体规划的批准
216	林业局	市级义务植树基地的审核
217	林业局	义务植树尽责形式、组织登记、检查验收工作的审核
218	林业局	森林防火期野外用火的审批
219	林业局	林业工程绩效评价
220	林业局	占用和征地林地审核
221	食药监分局	麻醉药品和精神药品邮寄证明核发
222	食药监分局	麻醉药品、第一类精神药品运输证明核发
223	食药监分局(转自工商)	食品经营许可证审批
224	食药监分局	食品生产加工小作坊许可证审批

续表

序号	单位	审批事项名称
225	公安分局	刻制公章、公章丢失补制
226	公安治安	烟花爆竹道路运输、燃放许可
227	公安治安	旅馆业特种行业许可证核发
228	公安治安	养犬年检
229	公安治安	集会、游行、示威及大型群众文化体育活动安全许可
230	公安治安	金融机构营业场所、金库安全防范设施设计审核
231	公安治安	金融机构营业场所、金库安全防范设施竣工验收
232	消防大队	建设工程消防设计审核
233	消防大队	建设工程消防验收
234	消防大队	建设工程消防设计备案
235	消防大队	建设工程消防竣工验收备案
236	消防大队	公众聚集场所投入使用、营业前消防安全检查
237	公安分局	毕业生分配落户
238	公安分局	学校录取新生落户
239	公安分局	军人身份证
240	公安分局	边境通行证
241	公安分局	大陆居民往来台湾通行证
242	公安分局	港澳通行证
243	公安分局	护照申请受理
244	公安分局	港澳二次签注
245	机关事业保险所	机关社保参保登记
246	机关事业保险所	机关社保变更登记
247	机关事业保险所	机关社保注销登记
248	机关事业保险所	机关事业单位养老保险年度审核
249	机关事业保险所	机关事业养老保险基金征缴

续表

序号	单位	审批事项名称
250	机关事业保险所	死亡待遇及遗属待遇审核
251	机关事业保险所	养老保险待遇领取资格认证
252	机关事业保险所	养老保险关系的转移、接续
253	机关事业保险所	办理退(离)休人员待遇审核业务
254	机关事业保险所	参保单位发生人员增减变动
255	机关事业保险所	养老保险关系的终止
256	失业保险中心	办理失业人员失业保险金申领认定
257	失业保险中心	失业保险缴费基数核定
258	失业保险中心	缴费证明的出具
259	失业保险中心	企业和事业单位新参保
260	失业保险中心	失业保险变更登记
261	失业保险中心	失业保险申报缴费
262	失业保险中心	失业保险注销登记
263	失业保险中心	失业人员按月申领发放
264	失业保险中心	失业人员申领登记
265	医疗保险	居民医保参保单位缴费登记
266	医疗保险	居民医保多号合一
267	医疗保险	居民医保停保
268	医疗保险	急诊住院报销手续
269	医疗保险	急诊门诊死亡报销手续
270	医疗保险	生育报销手续
271	医疗保险	新生儿住院报销手续
272	医疗保险	未成年人门诊意外报销手续
273	医疗保险	大学生住院报销手续
274	医疗保险	医疗保险异地备案及报销手续

续表

序号	单位	审批事项名称
275	医疗保险	社区居民参保缴费手续
276	医疗保险	低保中心特殊人群参保缴费手续
277	医疗保险	残联重残人员参保登记手续
278	医疗保险	学校参保缴费手续
279	医疗保险	参保人员信息变更手续
280	医疗保险	居民医保参保单位社保卡领取
281	医疗保险	居民转职工参保登记手续
282	医保中心	城乡居民养老保险参保登记
283	医保中心	城乡居民养老保险转移,接续
284	医保中心	城乡居民养老保待遇发放
285	医保中心	城乡居民养老保险继承
286	低保中心	城乡最低生活保障
287	社会救助	城乡困难群众临时救助
288	社会救助	城乡困难群众医疗救助
289	新农合	住院分娩意外伤害省外住院及诊疗项目中涉及材料的补偿
290	新农合	错过缴费期新生儿的住院费用随母亲或父亲享受当年补偿
291	新农合	门诊大病(特殊重大慢性病)补偿
292	新农合	就医卡补办
293	职介中心	人事档案代理
294	职介中心	人事档案退休
295	职介中心	人事档案转递、借阅
296	职介中心	已退休、未退休人员死亡
297	职介中心	灵活就业困难人员社会保险补贴
298	职介中心	下岗失业人员及灵活就业人员就业失业登记证
299	职介中心	灵活就业人员医疗保险新增手续

续表

序号	单位	审批事项名称
300	职介中心	灵活就业人员医疗保险转入手续
301	职介中心	灵活就业人员医疗保险转出手续
302	职介中心	灵活就业人员医疗保险退休办事流程
303	职介中心	灵活就业人员医疗保险拿票手续
304	社保中心	企业职工基本养老保险单位参保登记
305	社保中心	企业职工基本养老保险新增人员参保登记
306	社保中心	企业职工基本养老保险变更登记
307	社保中心	企业职工基本养老保险注销登记
308	社保中心	企业职工基本养老保险缴费基数核定
309	社保中心	企业职工养老保险费征收
310	社保中心	企业职工养老保险参保人员因病或因工死亡待遇审核
311	社保中心	职业养老保险养老金核定
312	社保中心	工伤保险待遇核定

索 引

说 明：一、本索引以人名、地名、机构名称、活动名称、事件（事物）名称等主题词进行索引。二、本索引按主题词汉语拼音字母顺序排列（数字开头的主题词另行排序），主题词后面的数字和字母分别表示所在页码和分栏位置（a 表示左栏、b 表示右栏）。三、本索引主题词主要选自年鉴正文部分，特载、大事记、附录、照片不在索引范围内。

H

J

M

N

P

Q

R

S

W

X

Y

Z